TEÓFILO BRAGA E A POESIA POPULAR

Análise linguística, estilística, literária e proverbial do *Cancioneiro Popular Portuguez* e dos *Cantos Populares do Arquipélago Açoriano*

Doutora Anamarija Marinović

Título: Teófilo Braga e a Poesia Popular Análise linguística, estilística, literária e proverbial do *Cancioneiro Popular Portuguez* e dos *Cantos Populares do Arquipélago Açoriano*

Autora: Doutora.Anamarija Marinović

Prefácio: Professora Doutora Anabela Rita

Formatação: James BraveWolf

Ano da Publicação: 2015

Editor:auto-publicação

Fotografia: Joaquim Teófilo Fernandes Braga

Mpr_apaja_696.doc_044 (cortesia do Museu da Presidência da República)

Fotografia da capa: da autoria de Anamarija Marinović

Fotografia da contracapa: da autoria de James BraveWolf

ISBN: 978-989-20-6109-2

Agradecimentos:

Aproveito esta oportunidade para expressar os meus sinceros agradecimentos à Professora Doutora Anabela Rita, pelas palavras de coragem e pelo apoio ao longo deste projecto, ao Dr. Vítor Gomes do Arquivo Digital do Museu da Presidência da República por me ter disponibilizado a fotografia de Teófilo Braga, ao Centro República da Universidade Nova de Lisboa, por me terem permitido consultar alguma bibliografia sobre o período da Primeira República, a todos os meus Professores, aos funcionários da Biblioteca da Faculdade de Letras da Universidade de Lisboa, ao Professor James BraveWolf de Princeton pela formatação do livro e pelo dom artístico de ver a beleza nas mais pequenas coisas, a Yanna Maria BraveWolf, uma menina muito especial, pela ternura, beleza e alegria de vida, com que enriqueceu a contracapa do meu livro e a todos os colegas que me encorajaram a desenvolver este projecto.

Dedicatória:

Com muito amor e gratidão dedico este livro aos meus pais Nikola e Nataša, aos meus irmãos Vineta e Aleksandar, à minha madrinha Biljana, ao meu Pai Espiritual Monge Filipe, a todos os meus Professores, colegas e amigos, especialmente ao meu caríssimo amigo Teófilo Braga, com quem simpatizei, partilhei opiniões e discuti muito ao longo das páginas deste livro, defendendo-o, criticando-o quando era necessário e agradecendo o seu esforço por salvaguardar o rico e valioso tesouro da poesia popular portuguesa, e pretendendo demonstrar que este intelectual do seu tempo não é "um indivíduo que não interessa a ninguém", como o qualificam os ignorantes... e a mais alguém, que está no outro lado do mundo, à minha espera, para construirmos uma belíssima fortaleza à beira do oceano... Com muita Calma e muita Força.

Joaquim Teófilo Fernandes Braga

(Ponta Delgada 24 de Fevereiro de 1843, Lisboa 18 de Janeiro de 1924)

Índice

Resumo:

Esta obra pretende focar os aspectos políticos, literário, etnográfico e paremiográfico do trabalho de Teófilo Braga, com um olhar especial para a poesia popular, reunida no *Cancioneiro Popular Portuguez* e nos *Cantos populares do Arquipélago Açoriano* .A figura de Teófilo Braga é importante em Portugal não apenas como um dos Presidente da República Portuguesa, mas também como pessoa que se dedicou à recolha e preservação de uma parte do património imaterial português.

Através da análise de questões relativas ao estilo, linguagem e material fraseológico e proverbial, pretendemos aproximar os públicos (o académico e o mais geral) do tesouro da língua portuguesa e sua cultura popular e fazê-los reflectir sobre os valores universais que nelas se encontram e que através dela são transmitidos.

Palavras-chave:

Teófilo Braga, contexto histórico e político em Portugal no início do século XX, primeira República portuguesa, trabalho científico e literário, poesia popular, expressões idiomáticas, figuras de estilo, provérbios, literatura

Abstract

This book intends to focus the political, literary, ethnographic and proverbial aspects of Teófilo Braga's work, with a special overview of Portuguese folk poetry, gathered in Portuguese Folk Songbook (Cancioneiro Popular Portuguez) and Folksongs of the Azorean Archipelago (*Cantos Populares do Arquipélago Açoriano*). The figure of Teófilo Braga is important in Portugal not only as one of the Presidents of the Portuguese Republic, but also as the person who devoted himself to the collection and preservation of one part of Portuguese intangible heritage.

Through the analysis of issues related to style, language and phraseological and proverbial material, we intend to approach the public (academic and more general) to the thesaurus of the Portuguese language and its folk culture and make them reflect upon the universal values that they contain and transmit.

Keywords: Teófilo Braga, political and historical context in Portugal in the beginning of the 20th century, the First Portuguese Republic, scientific and literary work, idiomatic expressions, figures of style, proverbs literature

Acerca do livro *Teófilo Braga e a Poesia Popular Análise Linguística, Estilística, Literária e Proverbial do Cancioneiro Popular Portuguez e dos Cantos Populares do Arquipélago Açoriano*

Revisitar Teófilo Braga

Anabela Rita

FLUL; CLEPUL, SHIP,

Instituto Fernando Pessoa

Aquando do I Centenário da República Portuguesa em 2010,Anamarija Marinović, investigadora do CLEPUL e, na altura, doutoranda, informou-me que estava a trabalhar num livro sobre as recolhas de poesia popular de Teófilo Braga e fiquei curiosa pelo resultado, tendo em conta o seu olhar originariamente exterior sobre a cultura portuguesa, que estuda com afinco e amor, em particular, o folclore e a literatura de tradicional popular.

O presente trabalho será, certamente um contributo inovador para o estudo da obra teofiliana, da poesia popular e da língua e cultura portuguesas: através de um olhar estrangeiro já modelado pela vivência portuguesa. Sérvia de nascença e portuguesa por naturalização, a autora estudou com profundidade aspectos políticos, sociais, culturais e literários do Portugal na viragem do século XIX para o século XX, enquadrando Teófilo Braga e o seu trabalho no seu tempo, atenta à perspectivação da tradição pelo ideário republicano e do seu papel no esforço de refundação identitária anelante de áureo passado que considerava crepuscularizar-se na monarquia agonizante.

Dividido em quatro partes ("Contextualizações e reflexões teóricas","Análise linguística e gramatical do *Cancioneiro Popular Português* e dos *Cantos Populares do Arquipélago Açoriano" e "*Análise estilística dos cancioneiros compilados por Braga*", "Análise proverbial e literária") econtando com dois anexos (o primeiro, em que se enumeram as frases feitas incorporadas nos Cancioneiros de Braga;o segundo, com propostas para o uso das cantigas populares no contexto da sala de aula), esta obra de Anamarija Marinović cumpre dois objectivos: o da síntese do estado da arte e o da proposta pedagógica.

O primeiro dos objectivos, o da síntese do estado da arte dos estudos sobre a Literatura Popular e Tradicional, implica a inscrição do estudo desta componente da obra de Teófilo na linhagem dos estudos da matéria em Portugal e a reavaliação do seu papel nesse panorama, o que se reflecte na reavaliação desse trabalho do nosso autor no âmbito da sua obra em geral, diversa e heterogénea. Reconduzindo esta dupla reavaliação à evolução do pensamento português sobre a identidade cultural nacional e estética entre meados do séc. XIX e o final da I Guerra Mundial, passando pela implantação da República, estamos perante um importante exercício de reflexão sobre a nossa modernidade.

O segundo dos objectivos, o da proposta pedagógica, visa uma reaproximação da juventude da tradição literária e da época em que Teófilo foi protagonista, matérias de que a idade e as mudanças culturais (com a globalização, as TIC, etc.), incluindo os hábitos de leitura, tendem a afastar os jovens. E sugere, exemplificando.

A presente obra abrange aspectos como a vida social, cultural e política (o declínio da Monarquia, a ditadura franquista, o Regicídio, as ideias republicanas, o Positivismo), bem como o trabalho científico, académico e literário de Teófilo Braga, a sua epistolografia, o trabalho etnográfico, a sua perspectivada religião e da reforma ortográfica de 1911, dentre outros temas, atentandonas polémicas (a *Questão Coimbrã* e a "Querela dos Originais" com o intelectual brasileiro Silvio Romero) que sinalizam o pulsar das mentalidades.

Na atenção a aspectos linguísticos das cantigas, a autora assinala, com oportunidade, as irregularidades, o uso dos verbos, a dupla negação, a colocação dos pronomes, no plano estilístico, evidencia as figuras retóricas, na análise literária, destaca temas dominantes como o amor e a saudade (retomando reflexão da sua tese de doutoramento *Motivos de Beleza e Amor no Cancioneiro Popular Português e Sérvio*, 2014) e o trabalho de paremiologia e paremiografia portuguesas de Teófilo.

Espero que o amor da investigadora por Portugal e pela cultura portuguesa continue a conduzi-la por itinerários gratificantes ao encontro de temas, autores e obras que importa repensar, retomar, reavaliar. Agora, revisitemos Teófilo Braga através do olhar de Anamarija Marinović!

Nota prévia

Este projecto teve início durante o ano 2010, quando se comemorou o primeiro centenário da República Portuguesa e quando começámos a frequentar o Doutoramento na Faculdade de Letras da Universidade de Lisboa. Como uma das fontes do *corpus* da tese, intitulada *Motivos de Beleza e Amor no Cancioneiro Popular Português e Sérvio* (apresentada na Reitoria da Universidade de Lisboa a 28 de Julho de 2014) utilizámos o *Cancioneiro Popular Portuguez*, compilado por Teófilo Braga.

A figura de um Professor, político, pensador, poeta, ensaísta, crítico, simultaneamente um dos presidentes da República Portuguesa, encarregue de colecções de diversos volumes da literatura popular chamou a minha atenção e mereceu uma investigação mais profunda e pormenorizada, cujo resultado é o presente livro.

Deste modo, resolvemos juntar "o útil ao agradável", estudando para a tese e recolhendo o material para este volume, pretendendo problematizar alguns aspectos da vida e obra de Teófilo Braga na primeira parte, meramente teórica, e analisando os aspectos linguísticos, estilísticos e proverbiais, nos capítulos que se seguem, da índole mais prática e inserida no domínio da literatura comparada.

Ao *Cancioneiro Popular Portuguez* no *corpus* analítico desta obra, acrescentámos os *Cantos Populares do Arquipélago Açoriano*, outra fonte, embora não tão frequentemente consultada, da nossa tese doutoral. Esta escolha deve-se à origem açoriana do seu compilador e à indiscutível beleza e valor estético dos poemas representados na segunda colectânea. Como outra razão referimos determinadas características específicas do falar e pensar açoriano, que enriqueceram este trabalho comparado, fornecendo um material valioso para um estudo pormenorizado em termos linguísticos, estilísticos e proverbiais..

Nesta obra não está incluída a observação do trabalho de Teófilo Braga nos contos e no romanceiro, embora indubitavelmente mereça a devida atenção, apenas para não alargar demasiado o *corpus* a analisar, sendo os dois volumes em questão já fornecedores de bastante material para um estudo comparativo. Este aspecto, porém, será mencionado num capítulo deste livro, somente para completar a ideia do valor estético das suas antologias.

Não sendo historiadora, socióloga, ou política, não pretendemos desenvolver um trabalho demasiado pormenorizado nestas áreas, oferecendo, por sua vez, dados

13

que possam ser preciosos para a investigação no domínio de linguística, literatura popular, estilística ou paremiologia, que têm sido nossos focos de interesse nos trabalhos académicos.

Esperando poder suscitar debate e aumentar a curiosidade por Teófilo Braga, sua época e obra, entrego o presente volume à avaliação dos críticos e leitores no geral.

A.   M.

PARTE I

REFLEXÕES TEÓRICAS E CONTEXTUALIZAÇÕES

I Introdução

Os objectivos deste trabalho são diversos e multifacetados: mencionando o relativamente recente primeiro centenário da República Portuguesa (2010) e os noventa anos da morte de Teófilo Braga (2014, não propriamente uma efeméride "redonda", no entanto, seguramente uma data significativa), procuramos analisar e observar o lugar e papel da obra deste investigador em Portugal do seu tempo e da actualidade. Como no ano 2015 se comemoram os cento e cinco anos da implementação da República em Portugal, uma obra sobre um dos seus presidentes parece pertinente para dar a conhecer certos aspectos do seu trabalho.

Escolhemos precisamente esta personagem da política portuguesa, porque para além de ter pertencido ao Governo Provisório e exercido durante pouco tempo o cargo de Presidente de Portugal, foi uma figura relevante na história e teoria literária, no pensamento filosófico, político e social português, na etnografia e recolha de uma parte da herança da tradição popular, representada em dois volumes de *Contos Tradicionais do Povo Portuguez (1883),* três volumes do *Romanceiro Geral Portuguez* (1907), dois volumes do *Cancioneiro Popular Portuguez (1911),* e um volume de *Cantos Populares do Archipélago Açoriano,* publicado em 1869 e reeditado em 1982 pela Universidade dos Açores (sendo a obra já adaptada à ortografia em vigor à data da nova publicação).

Uma razão adicional para dedicarmos esta breve investigação a Teófilo Braga é o facto de na actualidade ser muito criticado e acusado nos círculos intelectuais. Entre as principais críticas e acusações que se lhe dirigem, destacamos as opiniões que qualificam o seu trabalho de compilador como demasiado académico pouco direccionado à recolha de dados no campo, contrariamente do seu colega José Leite de Vasconcelos. Esta imagem de "investigador de biblioteca" poderá pôr em causa a originalidade de alguns dos seus postulados teóricos e o próprio valor dassuas antologias. Quando os opositores da obra teofilina usam o termo "originalidade", por vezes até insinuam a possibilidade de se ter apropriado de ideias alheias, quer no sentido de influências, quer na designação literal da palavra. Alguns contemporâneos seus apontavam para a possível desonestidade intelectual ou até plágio, presentes na sua obra. Este tema será devidamente abordado e analisado, bem como outras polémicas em que esta figura estava envolvida.

Reiterando a questão das recolhas da literatura popular, ainda não sendo realizadas do mesmo modo que as dos outros compiladores, não diminuem o valor estético dos cancioneiros, nem o podem fazer relativamente ao trabalho do organizador destas duas antologias.

A parte da sua vasta obra que mais ocupa a nossa atenção são os dois cancioneiros: o geral e o referente ao Arquipélago dos Açores, primeiramente, por a poesia popular representar o *corpus* da nossa tese de Doutoramento. Em segundo lugar, para verificar até que ponto esta poesia é um género adequado para a transmissão de ideias e valores tradicionais e averiguar da sua idoneidade no contexto de um Portugal republicano, reformador e progressista da época teofilina. Compete-nos também investigar a possibilidade de o folclore ser usado para fins políticos e a posição de Teófilo Braga neste sentido.

Para esses efeitos, o contexto histórico, social, cultural e político português da criação da Primeira República poderá ser esclarecedor. Nesta conformidade, parece indispensável salientar algumas ideias (nomeadamente a antiguidade da Nação Portuguesa, a Alma do Povo Português) defendidas e apregoadas por Braga e determinados seus contemporâneos e analisar a sua (im) parcialidade enquanto pensador, crítico e historiador da literatura.

Na parte mais prática do estudo, concentrámo-nos em duas obras: o *Cancioneiro Popular Portuguez* e os *Cantos Populares do Arquipélago Açoriano,* investigando a linguagem e os recursos estilísticos e o uso das expressões idiomáticas, provérbios e expressões proverbiais nelas representadas. Escolhemos este aspecto de ambos os cancioneiros por diversos motivos: primeiramente, por considerar a linguagem da poesia tradicional bastante rica e ilustrativa, sendo os recursos estilísticos, seguramente, contributos para um maior valor estético dos poemas.

Não obstante a frequente dificuldade de distinguir entre uma expressão idiomática e um provérbio, daremos algumas definições dos conceitos, possivelmente facilitadoras da sua compreensão.

O levantamento de dados linguísticos e paremiológicos das obras a analisar e comparar poderia fornecer dados preciosos para as eventuais futuras análises linguísticas: principalmente verificar-se-ão o uso e a frequência de determinadas frases fixas, provérbios e expressões proverbiais na poesia popular em geral, e neste sentido, observar-se-ão a estrutura, rima e aspectos formais destas expressões e a sua inserção no género poético.

Posteriormente, averiguaremos a idoneidade de determinados provérbios no âmbito de diversos tipos de cantigas. Os *corpora* poéticos serão uma fonte de dados acerca da repetição dos mesmos provérbios e unidades fraseológicas em colectâneas de outros compiladores ou de certas peculiaridades dos cancioneiros organizados por Braga, procurando justificar os resultados da análise. A segunda colectânea de cantigas contém uma parte da herança do romanceiro. Comparando o material do cancioneiro ao do romanceiro, identificar-se-ão os mecanismos linguísticos, estilísticos e proverbiais comuns nos dois géneros poéticos e salientar-se-ão as especificidades e "fórmulas" presentes apenas num ou no outro. Nesse sentido, oferecer-se-á um enquadramento teórico que abordará os conceitos de cancioneiro e romanceiro elencando as características dos géneros, podendo esclarecer determinadas opções linguísticas, estilísticas e proverbiais.

Um dos objectivos do presente estudo é indagar da interligação entre a temática e linguagem dos cancioneiros, a situação política e cultural no Portugal da Primeira República e a construção da identidade nacional e a eventual ideia da superioridade portuguesa entre outras nações. Os cancioneiros de outros compiladores, consultados para esse efeito, revelariam a tendência nacionalizante na poesia popular portuguesa no geral, ou então, testemunhariam a favor de recolha intencional de determinadas cantigas por Teófilo Braga como pensador e político do seu tempo.

A parte final reserva-se à suma de resultados e observações acerca do trabalho deste pensador no âmbito da poesia popular, seu valor estético e lugar nas Letras portuguesas da sua época e da actualidade, tal como da relevância das próprias cantigas como repositórios do tesouro linguístico, estilístico e proverbial desta cultura.

Uma das desvantagens principais desvantagens desta obra, no nosso entender, prende-se com o facto de não termos tido oportunidade de nos deslocarmos aos Açores e de realizarmos uma pesquisa bio-bibliográfica mais pormenorizada acerca de Teófilo Braga, não podendo também ter acesso ao espólio teofilina, conservado na Biblioteca Pública de Ponta Delgada, o que poderá ser a nossa tarefa para as eventuais investigações posteriores neste sentido.

1.1   Motivações, metodologia, estrutura e enquadramento teórico

Não obstante termos referido as principais motivações e ideias guias da obra, nesta secção aprofundaremos a leitura crítica das obras teofilianas e as escritas em torno da sua vida e empenho intelectual, situando o autor no contexto histórico, político e sociocultural e observando o lugar e o papel do Portugal republicano na Europa do início do século XX. Discutir-se-á a repercussão das ideias republicanas, positivistas, socialistas, anti-clericais no pensamento de Teófilo Braga bem como o seu ideário acerca da Raça lusitana, a Nação Portuguesa, a Alma do Povo, derivado dos seus estudos de etnografia e literatura popular.

Pretende-se realizar um estudo interdisciplinar, recorrendo aos resultados das investigações históricas, sociológicas, linguísticas, literárias, políticas, epistolográficas entre outras, de forma a dar uma abordagem quanto mais completa possível do trabalho de Teófilo Braga enquanto pensador, político e compilador da literatura popular. Nesse sentido, como suporte teórico para as nossas ideias, serão utilizadas as obras de Amadeu Carvalho Homem (1989), José Miguel Sardica (2011), Joaquim Vieira (1999), Joel Serrão (1992), Fernando Catroga e Pedro Tavares de Almeida (2010), Maria da Conceição Vilhena (1987), Alberto Ferreira e Maria José Marinho (1976), António Reis (1989,1990), Ernesto Castro Leal (2011, 2012), Maria Fernanda Rollo (2012), Maria Alice Samara (2010) as próprias obras de Teófilo Braga, podendo, por vezes, ser consultada a nossa tese de Doutoramento como fonte adicional de informação.

A elaboração deste estudo prende-se com a metodologia de leitura crítica comparada, no caso das abordagens dos dois cancioneiros, análise textual contrastiva e outras metodologias qualitativas. A nossa obra carece da vertente da recolha de dados no campo, em primeiro lugar dada a impossibilidade de deslocações a Ponta Delgada, e também tendo em conta a natureza do nosso trabalho: os cancioneiros em questão já estão organizados e compilados por Braga, não se lhes podendo acrescentar nenhum material. Sendo a análise dos textos das cantigas estilística, linguística, proverbial e literária, somos da opinião de que os cancioneiros em si já trazem suficiente informação que nos pode servir de ponto de partida para esta investigação.

A obra sobre Teófilo Braga e o seu trabalho no domínio da poesia popular divide-se em duas grandes partes, sendo a primeira mais histórica, política e sociocultural, mais teórica e baseada nos resultados das investigações já realizadas neste sentido, enquanto a segunda está mais direccionada para as nossas reflexões a partir dos dados fornecidos nas cantigas populares portuguesas e particularmente as açorianas.

Diferentemente da maior parte dos nossos trabalhos anteriores, que sempre compreendiam uma dimensão ibérica e outra eslava, este aborda apenas a parte cultural portuguesa, pretendendo reiterar algumas polémicas e questões específicas da cultura portuguesa, envolvendo a figura de um dos primeiros presidentes da República Portuguesa (a teoria do moçarabismo, hoje em dia ultrapassada e, mesmo na sua época susceptível a discussões e opiniões contrárias, a *alma portuguesa* entre outras.). Alguns destes aspectos, aparentemente únicos na cultura portuguesa (nomeadamente a "alma nacional" e a "saudade," fervorosamente defendidos por Braga, acontecem também nas culturas eslavas, o que já tinha sido mencionado na nossa tese de Doutoramento (*cf.* Marinović 2014). Embora este trabalho se refira apenas a Portugal, poderá talvez suscitar algum interesse no espaço cultural eslavo, uma vez que, ainda que esporadicamente, Teófilo na sua vasta obra, menciona a "civilização eslava", sobretudo no contexto do folclore, ou, discutindo as origens dos povos europeus, como faz em *Viriato* (1882*)*. A sua visão particular sobre a antiguidade da Nação Portuguesa e o papel de Portugal na História Universal, segundo Maria da Conceição Azevedo (*in: Revista Portuguesa de Filosofia t.*43, fasc.3-4 Julh-Dez, 1987, p:308), deriva da "noção de mito e lenda, formas primitivas do Direito e da linguagem como influindo directamente sobre as instituições sociais e por isso constituindo um forte capital do conhecimento histórico". Daí, não admira nem a figura de Viriato, nem o interesse de Teófilo Braga pelos contos tradicionais, romanceiro, cantigas populares, tudo isso com o intuito de demonstrar as suas teses sociais e políticas e de enquadrar de certo modo a ideia da superioridade da Nação Portuguesa no cenário europeu. Aplicando os métodos de Sociologia e uma análise minuciosa, por vezes entendida demasiado literalmente, aos dados folclóricos, Teófilo procura constituir argumentos para as suas teorias de teor nacionalizante e nacionalista. Esse simultâneo miticismo e racionalismo teofiliano serão abordados nos subcapítulos que se seguem, fornecendo, certamente, material interessante para uma investigação mais aprofundada do assunto.

Em termos de estrutura, cada uma das grandes partes deste trabalho, divide-se em capítulos e subcapítulos, conforme a matéria a abordar, procurando não ser demasiado exaustivos em nenhuma das secções e equilibrando, deste modo as reflexões teóricas e os exemplos.

Por último, daremos a nossa visão de um assunto terminológico: o uso do adjectivo "popular" no contexto da literatura compilada nos cancioneiros de Braga. Embora em Portugal e no espaço cultural lusófono tenha havido e ainda persistam polémicas teóricas acerca da designação mais correcta para este tipo de literatura ("popular", "tradicional", "oral", "tradicional oral", "de expressão/tradição oral", (*cf.* Marinović, 2009, 2014), neste estudo utilizaremos o termo "popular", hoje em dia talvez ultrapassado, primeiramente por o próprio Teófilo Braga o ter usado nas suas obras, desde *a História da Literatura Popular Portugueza* (1902), até ao *Cancioneiro Popular Portuguez* (1911) ou ainda *Cantos Populares do Archipelago Açoriano* (1880). Em segundo lugar, a denominação "popular" parece-nos, vai ao encontro de uma série de outras ideias teofilinas que envolvem as referencias ao povo e à Nação (nomeadamente a antiguidade, a alma, as raízes, as origens, a política, o poder entre outras).

Procuraremos demonstrar que na vasta obra teofiliana o interesse pelo folclore se prende com as ideias directrizes político-sociais, linguísticas e literárias deste pensador e as em vigor na sua época.

1.2 Contexto histórico e cultural do Portugal do fim do século XIX. O declínio da Monarquia

Se bem que como início do regime republicano em Portugal se toma a data de 5 de Outubro de 1910, há que explicar toda uma série de circunstâncias históricas, políticas e culturais que influenciaram e aceleraram o declínio da Monarquia, abrindo o caminho ao desenvolvimento das ideias republicanas e à instauração do novo sistema político. Para melhor compreendermos todas as razões que produziram a insatisfação com o regime monárquico, compete-nos resumir a situação e o contexto do século XIX, citando uma breve cronologia dos acontecimentos mais relevantes. Este capítulo, À primeira vista parecerá uma enumeração de datas e acontecimentos organizados por ordem cronológica, mas optámos por esta estratégia, sem demasiadas fundamentações teóricas, apenas para enfatizarmos os acontecimentos mais marcantes da época e também, para não nos afastarmos demasiado do nosso tema do trabalho.

O século XIX em toda a Europa representa um século da formação de Estados-Nação e da afirmação da consciência nacional. Nesta linha de pensamento, Stefan Berger, no livro *A Companion to the Nineteenth Century Europe,* refere que o século XIX começou com uma revolução (pensando nos efeitos culturais e sociopolíticos da Revolução Francesa de 1789) e começou com a preparação para uma grande guerra (tendo em conta a Primeira Guerra Mundial entre 1914 e 1918). Assim sendo, podemos deduzir que se tratava de uma época conturbada em que os conflitos políticos eram frequentes e intensos, em que as guerras libertadoras determinavam as fronteiras de um país e em que a consciência nacional era uma forte componente da identidade cultural de cada comunidade. O despertar das tendências patrióticas não necessariamente deve ser considerado sob o prisma negativo, recordando apenas a relevância da afirmação enquanto identidades independentes através de símbolos nacionais.

O desejo da libertação das ocupações estrangeiras deu aso às insurreições, revoltas e guerras contra os invasores. Nomeadamente, nos países balcânicos, deram-se os movimentos e lutas pela libertação do poder imperial turco. Por isso, em 1804 deu-se a Primeira Insurreição Sérvia, como ponto de partida de um longo processo da "reconquista" da liberdade e independência.

Em Portugal, o século XIX começou com a Guerra das Laranjas em 1801, uma curta intervenção militar a nível peninsular, em que Espanha, apoiada pela França se apoderou de Olivença, localidade ainda hoje disputada entre os dois países.

Em 1806 dá-se a primeira invasão napoleónica de Portugal, realizada pelo general Junot e é então que a Rainha D. Maria I com toda a corte se traslada para o Brasil, começando Rio de Janeiro a ser considerada como sede do Governo Português e capital do Reino. A insatisfação do povo em Portugal foi muito visível.

Em 1809 e 1810 realizam-se mais duas invasões francesas, sendo as tropas francesas derrotadas pelas conjuntas forças militares luso-inglesas, tendo a batalha das Linhas de Toirres decisiva no sentido da libertação do território português e a vitória contra o exército francês. António Ventura (*in:* Couto, 2007) chama a atenção para um pormenor interessante do ponto de vista da terminologia. Em Portugal, estes acontecimentos históricos denominam-se de "Invasões francesas", em Espanha receberam o nome de "Guerrra de Independência" e no espaço cultural anglófono são chamados de "Guerra Peninsular". Cada uma das designações em questão parece muito significativa, podendo revelar-nos outras pistas na nossa investigação. No espaço português, o que se salienta é a palavra "invasão", que subsequentemente implica uma relação de hostilidade contra quem ocupou o país e um desejo de recuperar a liberdade perdida. Do outro lado da Península Ibérica, o que se destaca é a "independência". Nesse sentido, Ventura (*op.cit.*) acrescenta que por detrás desta designação se esconde um teor romântico e poético de lutar por merecer um lugar digno na História e uma autronomia suficiente para reivindicar o estatuto de Nação. Enquanto em Portugal e em Espanha, de uma forma ou de outra, se põe em primeiro plano a luta pela libertação do inimigo comum, o exército francês e a dominação cultural francesa, nos países anglófonos, no nome deste acontecimento histórico, está evidente apenas o aspecto geográfico. Mencionando apenas a localidade em que a guerra teve lugar, realça-se uma luta por libertar o território e não se entra tanto em motivações patrióticas ou outros ideais que podiam estar envolvidos no conflito entre Portugal, Espanha e Inglaterra por um, e França por outro lado. A respeito deste assunto,, Vasco Pulido Valente (2009:7) pronuncia-se da seguinte forma:

A mudança veio de fora. A invasão de Junot (a mais durável), a invasão de Soult (a de menos consequência), a invasão de Masala (a mais destrutiva) e até a tardia invasão de Marmont desfizeram o antigo regime.

Tendo cada invasão, na opinião do autor, efeitos diferentes, foram todas em conjunto, prejudiciais para a História portuguesa, causando não apenas uma instabilidade política no país, como proporcionaram uma relação ambivalente com França e os franceses.

Em 1816, morre D. Maria I e o seu filho D. João VI é proclamado Rei de Portugal, enquanto no ano seguinte D. Pedro, filho de D.João VI recebe o título do Príncipe do Brasil.

Em 1820 ocorre a Revolução Liberal no Porto, sendo proclamada a primeira Constituição de Portugal e instaurado o novo regime, constitucional-liberal, o que significou o fim da monarquia absolutista e o primeiro passo importante em direcção à democratização do país. No ano seguinte, 1821, D. João VI regressa a Lisboa com toda a sua corte, permenecendo D. Pedro no Brasil, como regente. Em 1822, com o célebre "grito de Ipiranga" dá-se a independência do Brasil, sendo D. Pedro proclamado Imperador e Defensor Perpétuo do Brasil, enquanto simultaneamente D. João VI jura a Constituição liberal.

Em 1823, D. Miguel I de Portugal efectua um golpe de estado, com o objectivo de acabar com o regime liberal em Portugal, tendo-se exilado na Áustria. Em 1825. D João VI reconhece oficialmente a independência do Brasil. Após a sua morte, D. Pedro é proclamado sucessor da coroa portuguiesa, com o título de D. Pedro IV de Portugal, Em 1826 este rei declara a Carta Constitucional. Dom Pedro, sendo Imperador do Brasil, abdica da coroa portuguesa a favor da filha, obrigando-a a casar com o tio D. Miguel, que em 1828 regressa a Portugal e é proclamado rei absoluto. Em 1832 inicia-se a guerracivil entre os liberais eos absolutistas, tornando a situação política em Portugal mais difícil e complexa. As tropas miguelistas são derrotadas nas batalhas de Almoster e Asseiceira. Com a Convenção de Évora-Monte considera-se acabada a guerra civil. No mesmo ano morre D. Pedro IV, D. Miguel exila-se e D. Maria II é aclamada rainha. Em 1836 é restabelecida a Constituição de 1820, criam-se vários liceus, fundam-se as Academias Reais das Belas Artes em Lisboa e no Porto, dá-se mais importância ao ensino e à educação e tudo indica que haverá mudanças positivas no país, pelo menos em termos da sua modernização. No entanto, a situação política continua a ser tensa e instável, porque acontece a Revolução de Setembro, com a qual são retiradas determinadas regalias e poderes à Rainha D. Maria II. Em 1838 é proclamada a nova Constituição, que causará ainda mais instabilidade no cenário político português, dando-se em 1842 um novo golpe de estado, liderado por Costa

Cabral, cujo objectivo era restabelecer a Carta Constitucional. Neste âmbito realiza-se uma série de reformas (do código administrativo, reorganizam-se as câmaras municipais,caminha-se para uma reforma de ensino). Porém, todas estas restruturações parecem ter dificultado a vida em Portugal e provocado uma insatisfação ainda maior entre o povo, conduzindo à chamada Revolução de Maria da Fonte em 1846. Uma data particularmente importante neste período é o ano de 1851, quando, com a revolta do Duque de Saldanha começa o período da Regeneração. Nesta linha de pensamento, Maria Cândida Proença e António Pedro Manique (*in:* Reis,1989, 13) referem:

Tal como o pecador se pode regenerar e aspirar á salvação, também a Nação, mesmo após ter caído no profundo abismo da mais infame decadência se pode salvar pela acção regeneradora de um movimento político.

Os autores em questão denunciam o estado da decadência cultural, económica, política, espiritual e moral do país. Porém, utilizando o paralelismo com a religião e remetendo para o vocabulário religioso ("pecador", "salvação", "decadência", "regeneração"), apelam para a fé que nessa época existia entre o povo numa espécie de "Resurreição" do país. Daí, não admira o surto de um patriotismo exaltado, ao mesmo tempo em que crescia um anticlericalismo, sendo a Igreja católica acusada do atraso do país. A este respeito, António Ventura (2000) refere que o anti-clericalismo em Portugal é um fenómeno tipicamente urbano e elitista, resultante da "tecnicização crescente" e uma maior qualificação profissional. Parece natural que as ideias anticlericais tenham surgido primeiro nas cidades, como núcleos culturais e centros de desenvolvimento, pilares de apoio do desenvolvimento e do progresso científico.

O anticlericalismo no espaço cultural português prende-se em grande medida com o antijesuitismo. A Maçonaria e a Carbonária, duas organizações secretas tiveram muita importância na campanha anticlerical e antijesuítica, propagando nos jornais, nas palestras, em localidades públicas uma imagem bastante negativa e desvalorizadora da Igreja católica, das congregações religiosas no geral e desta ordem em particular. Assim sendo, a imprensa de cunho republicano aproveitava todas as oportunidades para escrever textos sobre meninas violadas pelos padres, excessivas riquezas materiais de determinados bispos, de conventos como centros de corrupção moral, sendo a República apresentada como uma força salvífica e eticamente impecável.

O ano 1897, comemorado como o tricentenário da morte do Padre António Vieira, serviu como pretexto para Teófilo Braga escrever algumas observações, nada pacíficas acerca do pensamento deste pregador português. As "Maquinações de António Vieira Jesuíta", em que afirma que Vieira se dispersa na esterilidade do seu discurso, sendo esta, talvez, a crítica mais suave proferida sobre esta figura da cultura portuguesa[1]. Braga recusa a ideia do Quinto Império como possibilidade de Portugal recuperar a glória perdida e considera essa teoria mais uma manipulação religiosa do que propriamente um mito de fundação da cultura portuguesa.

A retórica anticlerical, antijesuítica e antireligiosa em Portugal nas vésperas da República atingiu tal grau que até foi organizado o Congresso Antoiclerical, realizado entre 29 e 31 de Julho de 1900, na sede da Associação dos Descarregadores dado Mar e da terra em Lisboa. Neste evento participaramalguns nomes importantes do republicanismo português como Heliodoro Salgado. José do Vale, Carlos Faia e outros. Nas últimas décadas da monarquia e imediatamente após a instauração do regime republicano em Portugal, muitos padres, frades e freiras foram presos ou internados nos hospitais psiquiátricos e submetidos a rigorosos exames médicos para se procurar verificar se a crença religiosa (e em particularmmente o jesuitismo) eram manifestações de loucura. Na nossa opinião, este gesto de determinados republicanos representa uma infracção flagrante dos direitos humanos e está contra o liberalismo ideológico e a liberdade de expressão de todos os cdadãos, ideais tão propagados pelos políticos anti-monárquicos.

No dealbar do século XX, em Portugal a situação política, económica e cultural era bastante tensa e complexa, merecendo, neste momento um breve olhar analítico: Como refere José Miguel Sardica (2011), um dos factores que contribuíram para a derrocada da Monarquia foi a "humilhação diplomática do Ultimato Britânico" pelo Lorde Salisbury a 11 de Janeiro de 1890. Entre os acontecimentos históricos que conduziram ao Ultimatum, destaca-se o célebre "mapa cor-de-rosa", cuja autoria se atribui ao então Ministro de Negócios Estrangeiros de Portugal, Henrique de Barros Gomes. Esse documento foi criado em 1881 pela Sociedade de Geografia e publicado em 1886.

Com este mapa, Portugal pretendeu reclamar o direito aos territórios entre Angola e Moçambique (os actuais Zâmbia, Zimbabué e Malawi). Para tal exigência, os Portugueses apoiaram-se na Conferência de Berlim de 1885, organizada por Otto von Bismarck, em que o continente africano devia estar dividido entre as grandes potências coloniais. Como afirma Nuno Severiano Teixeira (1990), em Portugal o Ultimatum Inglês foi sempre visto sob dois prismas: o da política externa do país no conjunto do cenário social, cultural e político da Europa e do mundo na época, e por outro lado, o prisma interno: o incremento da consciência nacional, a decepção da monarquia e a crença no ideal republicano. Esta dicotomia entre o "fora" e o "dentro", entre a tendência de apresentar o país no estarngeiro como uma nova força revigorada e emergente e a incapacidade de fornecer uma solução adequada para os problemas que afectavam o país, criava uma duplicidade de tensões adicionais, que condicionaram um profundo mal-estar do povo.

Na sequência de todas estas circunstancias socio-políticas e culturais, José Carlos Seabra Pereira (1995) caracteriza o fim do século XIX em Portugal com as seguintes palavras: "pessimismo agónico", "ostentação do desequilíbrio psiconervoso", "religiosidade excêntrica e ocultismo", bem como "crise complexa de moralidade e de intelectualidade, pobreza económica e miséria mental". O tom negativista do autor acerca do estado do seu país não surge sem razão, diagnosticando com precisão os problemas reais da cultura e da sociedade portuguesa da época. Na opinião de António Martins Gomes (2011:40):

A partir de 1891, o início de uma fase activa do republicanismo regista-se na radicalização notória da linguagem de diversos autores, empenhados em dar o seu contributo directo para a nova e crescente ideologia política. Apesar de a ideia republicana continuar a ser considerada como uma solução messiânica e salvífica, começou a prevalecer uma consciência generalizada de que, através da mobilização popular e do apelo determinante à revolta e ao emprego necessário da violência e das armas, é possível realizar-se-se a muito curto prazo a implementação do regime republicano.

O sentimento da derrota e da humilhação nacional imediatamente após o Ultimatum era tal, que não admiram certas tendências literárias e jornalísticas um tanto radicais, empregando todo o tipo de vocabulário para conseguirem ganhar muita aderência à ideologia que propagavam. No entanto, se não tivermos em conta o Regicídio em si, podemos considerar a revolução republicana em Portugal relativamente pacífica e sem demasiadas vítimas, baseando-se mais em princípios teóricos do positivismo e nas ideias evolucionistas que conduziriam ao progresso social do que propriamente na eliminação violenta dos inimigos.

Para melhor compreendermos o passado histórico de Portugal, devemos recuar algumas décadas e continuar a explicar os acntecimentos que marcaram o século XIX português e que foram decisivos para a instauração da República. Com a independência do Brasil em 1822, Portugal sentiu que estava a perder o poder colonial e decidiu concentrar-se no continente africano, tendência, ao que parece, geral, entre as potências coloniais europeias da época, baseada nos interesses económicos e políticos, e também num substrato ideológico sobre a supremacia da raça branca sobre as outras. Por seu turno, alguns avanços tecnológicos, nomeadamente a invenção dos barcos a vapor com uma maior capacidade de carga, aumentam também as possibilidades do desenvolvimento industrial das potências coloniais e surgem então muitas companhias de navegação de forma a promoverem a expansão colonial. A ideia de ligar as costas atlântica e pacífica, teria não apenas expandido Portugal geograficamente, como ajudaria para melhorar significativamente a economia do país. A este projecto chama-se-lhe "África Meridional Portuguesa." A partilha do continente africano entre as potências coloniais, e a delimitação dos poderes tinha sido realizada mediante uma convenção luso-francesa e outra luso-alemã, faltando qualquer acordo luso-inglês neste sentido.

Deste modo, a Grã-Bretanha opôs-se ao plano de Portugal, reclamando uma continuação territorial entre o Cairo e a Cidade do Cabo, tendo aspirado a fazer uma rota ferroviária. Sob ameaça de guerra se não desistisse das ambições coloniais entre Angola e Moçambique, Portugal viu-se forçado a ceder, permitindo aos políticos britânicos realizarem os seus planos. Esta atitude foi entendida como uma grande humilhação pública do país, aumentando o descontentamento entre o povo e fomentando as ideias contra a monarquia. Maria de Fátima Bonifácio (2010:116) refere que após a notícia da humilhação portuguesa por parte dos britânicos toda a cidade de Lisboa estava enlutada até tal ponto que a própria estátua de Camões, símbolo da nação, estava coberta de crepes negros. De acordo com a autora, "a Academia de Coimbra estava pronta para formar um batalhão de voluntários para defender a pátria, para lutar para vencer ou para morrer". O descontentamento com a situação política no país aumentou os movimentos patrióticos e as revoltas eram constantes, não apenas nas cidades, como também nas zonas rurais por todo o país. Nesta conformidade, Miguel Sanches de Baêna (1990:45) defende que "um sentimento de repulsa trespassara toda a nação, Havia que definir culpados e responsabilizá-los". Deste modo, o Rei e a casa real completa, a nobreza e os adeptos da Monarquia no geral foram acusados de serem ineptos de encarar semelhante humilhação nacional e aos olhos do povo, os governantes eram os principais responsáveis pela decadência e atraso do país.

Nomeadamente, ataxa de analfabetismo em Portugal nessa época atingia mais de setenta por cento, sobretudo nos meios rurais, em que, também se notava uma grave crise agrícola. O aumento do desemprego e do custo de vida, e por outro lado a descida de salários, contribuíram para uma decadência dos valores morais no país, o sentimento de pessimismo e de uma mediocridade a nível cultural. Joaquim Vieira (1999:25) refere-se a Portugal como "país modesto, pequeno e pobre" em que a electricidade ainda era escassa e vista como extravagância, em que a escolarização era u luxo das elites, e em que politicamente governava uma "coroa falida." O endividamento, o aparente pouco interesse da monarquia pelos problemas reais dos súbditos, o insufiiente apostamento na educação, saúde pública, no desenvolvimento tecnológico eram razões fortes para florescer a ideologia republicana entre o povo português. Relativamente ao analfabetismo em Portugal nos tempos que antecederam à República, Maria Manuela Rodrigues (*in*: Rollo, 2012;106) é da opinião de que no país era evidente uma bipolarização ente a "cultura inferior dos analfabetos" e a "cultura superior dos alfabetizados". Isto é, por "cultura inferior" poder-se-iam entender as tradições orais, as superstições, os saberes práticos associados à agricultura, previsão do tempo e os conhecimentos necessários para as necessidades mais imediatas do homem, geralmente do campo. A "cultura superior" já em si pode encerrar a ideia a erudição, a literatura dos autores cultos e um certo elitismo entre os intelectuais. Devemos enfatizar que ser alfabetizado nem sempre significava ter um gosto sofisticado pela literatura ou que toda a literatura criada no século XIX poruguês tenha satisfeito elevados critérios estéticos ou que tenha conseguido numerosos leitores.

Nesta conformidade, Maria Filomena Mónica (2010:11) sustenta que "os ricos continuaram a desfrutar dos frutos ds terra. Enquanto os pobres morriam de fome", para mais adiante continuar a descrever a problemática do país (*idem*, 14) sendo que:

O nível cultural da população era baixíssimo. Em 1900, oito em cada dez portugueses não sabiam ler nem escrever, sitiação que na Europa só encontrava paralelo nos mais remotos cantos do Império Austro-Húngaro.

Para reforçar o olhar pessimista para Portugal no início do século XX, a autora equipara o estado geral do seu país ao Império Austro-Húngaro também em decadência, embora sem citar os nomes dos "cantos remotos" dos territórios na sua jurisdicção, podemos pensar que se podia ter referido à Transilvânia, partes da Ucrânia ou eventualmente algumas das repúblicas que mais tarde integrariam a antiga

Jugoslávia. A nosso ver, a comparação com este império não seria a mais adequada, tendo em conta que os austro-húngaros investiam muito na alfabetização e difusão da sua cultura nos territórios colonizados. A nível de atraso tecnológico e cultural, talvez fosse mais apropriado um paralelismo com o Império Otomano, que deixou de existir após a Primeira Grande Guerra e que, de facto, não acompanhava de perto as alterações e avanços científicos, culturais e intelectuais que se realizavam nos países europeus livres do seu domínio. Referindo-se ao último monarca português e aà ausência de alternativas do regime monárquico, a invesstigadora (*idem*, 29) defende que "fizesse o que fizesse, estava perdido". Tendo em vista a pouca idade, a inexperiência e insuficiente maturidade e preparação do Rei D. Manuel II para assumir o reino de um país agonizante, bem como devido aos, por ventura, maus conselheiros que teve, cabe lembrar que a monarquia portuguesa não conseguia encontrar uma solução salvífica para Portugal na primeira década do século XX. Um outro problema bastante acentuado no país do final do século XIX e das primeiras décadas do século XX era a emigração massiva. Deste modo, A.H. de Oliveira Marques (op.cit.33) afirma que:

A prosperidade do Novo Mundo atraía milhões que não viam maneira de trepar na escala difícil da sociedade liberal europeia, superpovoada para as potencialidades da época, moldada ainda em formas quase feudais, ideologicamente oposta a qualquer intervenção estatal que estancasse a fuga da gente.

O surto da emigração, conjuntamente com um certo número de vítimas da Primeira Grande Guerra parecem ter deixado o país num estado ainda mais lamentável e social e culturalmente atrasado. Por seu turno, as autoridades monárquicas aparentemente ficaram indiferentes perante a saída dos súbditos da Coroa e não fizeram nada que melhorasse as suas condições de vida ou para mpedir que procurassem uma vida melhor fora das fronteiras do Reino. Daí, quase naturalmente, aumentar a desilusão com o sistema monárquico, acreditando-se que apenas com a derrocada do Rei a situação no país melhoraria significativamente. De acordo com Osvaldo Macedo de Sousa (2010:25):

Entre o povo, o republicanismo nasceu como um sentimento de dissidência, não como uma ideologia. Aos poucos, foi-se tornando uma filosofia de contestação, até se tornar uma necessidade de revolução.

Estas palavras parecem caracterizar, de uma forma certeira, a criação das ideias republicanas em Portugal: a nosso ver, nos seus primórdios, o pensamento republicano direccionava-se mais *contra* a Monarquia que *a favor* da República. Segundo afirma Douglas L. Wheeler (op.cit.44):

The republicanization of Portugal became especially rapid after the regicide. Monarchists grew stedily demoralized, and despite the constitutional support for royal power, Manuel's authority was weak.[2]

O regicídio, era, de facto o sinal mais grave da crise monáquica em Portugal, se bem que havemos que recordar que a República não foi implementada imediatamente após os acontecimentos de 1 de Fevereiro de 1908, como se verificará mais adiante no nosso estudo.

Levados pelo descontentamento geral com o estado das coisas no país e pelo sonho de um futuro melhor e uma sociedade mais justa, os adeptos da implementação do novo regime acreditavam que derrubar a Monarquia em si já era o suficiente que se podua e devia fazer para Portugal progredir. Por seu turno, os republicanos portugueses estavam ideologicamente bastante divididos em democratas como Afonso Costa, evolucionistas, representados por António José de Almeida,, unionistas, na figura de Brito Camacho, A diferenciação de pensamentos futuramente ocasionaria divergências a nível pessoal, o que também influenciaria as fragilidades do regime nos primeiros anos após a instauração do novo sistema político. Nesta conformidade, Fernando Rosas e Maria Fernanda Rollo (2010: 9), com um tom não pacífico de todo, abordam o aparecimento das ideias republicanas em Portugal:

Pois, o Republicanismo era pouco mais do que uma conspiração maçónica radical de alguns intelectuais urbanos subversivos, sedentos de poder e carentes de escrúpulos e de responsabilidade (…)

A interferência da Maçonaria e da Carbonária no processo da instauração da República em Portugal será analisada detalhadamente mais adiante. O que nos interessa agora é a observação dos autores sobre a moralidade de determinados adeptos do novo regime. Apresentados com palavras pouco ou nada elogiosas, os republicandos, tais como os vêem Rosas e Rollo, opõem-se completamente à visão idealizada que frequentemente se tem dos opositores da Monarquia (lutadores, honestos, moralmente incorruptíveis, firmes nas suas convicões).

Não admira, então que o Partido Republicano Português, fundado em 1876, e inicialmente insignificante tenha conquistado cada vez mais eleitorado, desde os intelectuais (Professores universitários, médicos, advogados), até às classes média e baixa.

Descrevendo a situação que afectava Portugal nos últimos anos da Monarquia, Amadeu Carvalho Homem (*in*: Rego, 2009:9) refere que nesse tempo o país estava dirigido por:

> Um rei imberbe, vacilante e tutelado por sua mãe, a rainha viúva, quatro gabinetes governamentais (…) que se sucediam de modo pouco pacífico, gerando nos próprios arraiais da Monarquia, uma tempesta de recriminações e amarguras; uma oposição republicana que se prepara para todas as eventualidades que vierem a suscitar-se.

Após o regicídio de D. Carlos I e do Príncipe Real D. Luís Filipe, a inexperiência e pouca preparação para os deveres que se exigiam do governante de um país em crise, juntamente com uma série de circunstâncias de carácter político e com determinados antagonismos pessoais, conduziram ao descontentamento do povo e ao florescimento de ideias republicanas em Portugal.

Teófilo Braga, na obra *Dissolução do Systema Monarchico Representativo* (1881), usando o método das ciências naturais, compara a crise da Monarquia em Portugal com um organismo doente, referindo que no país se observava (*idem,* 2):

Anarchia intellectual, moral e politica, deshonra completa dos homens publicos, esgotamento das forças economicas da nação, desmembramento do seu dominio colonial, reduzindo o territorio de Portugal á situação inevitavel de provincia de Hespanha, á governação limitada aos espedientes dos interesses partidarios e à totalidade da nação indifferente ao seu destino,soffrendo por inercia todas as leis estupidas que lhe dificultaram a vida e que lhe embaraçaram a actividade.

A visão bastante pessimista do cenário político e social português nas últimas décadas da monarquia deveria representar o prenúncio das posteriores mudanças de regime, necessárias no país e admite a Monarquia constitucional apenas como um período de transição para uma fase mais moderna na organização e no governo português. Mais adiante, na mesma obra, usa uma linguagem pouco correcta, criticando ferozmente os governantes a quem chama de "idiotas" (*idem*,23) e a quem acusa de se "venderem à Inglaterra". Obviamente, a linguagem usada para caracterizar os adversários não se pode considerar científica, muito menos neutra e isenta de juízos de valor, porém, pode explicar o fervor de um discurso impregnado de descontentamento com o estado das coisas em Portugal, sublinhando o desejo de uma transformação profunda e radical a favor da ideologia republicana. Por isso mesmo, Braga estava a favor de uma "Reconstrução cultural da Nação".

Os republicanos salientam a urgência da democratização do ensino. Ainda nos últimos anos do regime monárquico em Portugal, sentiram-se algumas ligeiras reformas nesse sentido, sendo em 1906 fundado o primeiro Liceu feminino. Para a nova educação era necessário criar uma série de símbolos nacionais e culturais, através dos quais se iria incutir no povo a relevância histórica da República e da ideologia republicana. Desta forma, foi implementada a nova bandeira, que se preserva até à actualidade, o novo hino, as festividades baseadas no culto panteísta, sendo uma delas a Festa da Árvore. Nesse dia, as crianças eram obrigadas a plantar uma árvore, criando-se nelas uma maior consciência da importância da natureza, e simultaneamente, pretendendo substituir as festas religiosas, estreitamente relacionadas com o regime monárquico. No ensino superior prestava-se muita atenção à Sociologia, ao Direito, às ciências exactas, enquanto a Teologia começou a considerar-se retrógrada e inimiga da razão. Mesmo no período anterior à República, houve uma série de reformas de ensino, começando pela do Bispo de Viseu Sá da Bandeira, que privilegiava o ensino de História a nível liceal. Outras reformas posteriores debatiam-se entre a aposta nos estudos humanísticos e uma formação científica mais sóbria Na opinião de Alexina Vila Maior (*in*: Rita, Vila Maior, 2010:22) Rodrigues Sampaio defendia a ideia de que "só através das letras e da cultura o povo poderia caminhar para a liberdade". A sua proposta de reforma data de 1872. Com a reforma de Luciano de Castro de 1880, pela primeira vez houve uma separação entre os cursos complementares de letras e de ciências, pretendendo direccionar os talentos dos alunos no sentido das ciências sociais ou exactas. Um período conturbado de "anarquia pedagógica", conjuntamente com o clima político, social e cultural no país, que veio preparar o ensino republicano. De acordo com Wheeler (1978), a situação em Portugal nas últimas décadas do regime monárquico, bem como nos primeiros anos após a implementação da República era preocupante: existia uma elevada percentagem do analfabetismo, e o baixo nível de instrução da população portuguesa criou uma ausência de consciência do povo sobre os problemas que o país enfrentava. Esta situação era idónea para se fazer uma forte propaganda a favor do republicanismo. As figuras importantes para a promoção das ideias revolucionárias eram os escassos intelectuais: professores, escritores, jornalistas e políticos. Outros factores que pareciam agravar a decadência da monarquia eram a corrupção, o grande aparelho administrativo, os elevados impostos, a economia portuguesa baseada na agricultura e pouca industrialização.

Um dos mais célebres filósofos portugueses da época, Leonardo Coimbra (*apud.* Ferreira da Cunha, *in:* Castro Leal, 2011:37) revoltava-se contra as "algemas da moral teológica do Catolicismo" e o "espírito da hipocrisia e embuste, da insinuação escorregadia e vil" do Jesuitismo".

O anticlericalismo, a luta contra o excessivo poder da Igreja, o racionalismo e o ateísmo, são apenas algumas marcas que o republicanismo deixou no sistema de ensino português. Segundo afirma José Eduardo Franco (*in:*Rita, Vila-Maior, 2011, 261):

O enfeudamento de Portugal num jesuitismo avassalador era visto como responsável pelo estado da infelicidade social e familiar e pela inoperância política que o país alegadamente vivia.

A campanha republicana, antireligiosa e antijesuítica baseava-se principalmente na necessidade de uma urgente reforma de ensino e de democratização da educação, indo ao encontro dos avanços científicos e tecnológicos que se deram na Europa ocidental e também apoiando o progresso e o desenvolvimento em todos os sentidos da palavra. Nesse sentido, na opinião dos republicanos, a Igreja católica e a religião em geral eram consideradas as principais adversárias de um pensamento mais liberal e livre das amarras da superstição e ignorância.

Segundo afirma Fernando Cristóvão (*in*: Rita, Vila Maior, *op.cit*, 161) a propaganda republicana, focada principalmente nos jesuítas e no seu trabalho, representava um "ajuste de contas com a Igreja" , sendo que a solução republicana devia consistir na "exorcização da decadência".

A libertação de Portugal da influência dos jesuítas, segundo se pensava na época que antecedeu à República, garantiria um maior bem-estar a todos os níveis do país, bem como prometeria uma maior realização pessoal e profissional dos seus cidadãos. Claramente, o ideal republicano, como foi formulado na retórica dos seus teorizadores, era uma grande utopia, no entanto, era necessário encontrar um "anti-modelo", um culpado fundamental de todas as desgraças que afectavam o estado, e eis o jesuíta para tal efeito. Mais adiante (*idem*, 264) o mesmo autor constata que "o jesuíta é, pois, figurado, como o inimigo por excelência da nação e da humanidade e por isso, a revolução tem que ser feita essencialmente contra ele". Não obstante toda a propaganda da igualdade, tolerância, mais direitos para todos e equidade em termos de liberdade de expressão e confissão religiosa, a política republicana parecia aplicar um conjunto de critérios aos seus adeptos e outro aos opositores. Apesar de criticar a Inquisição como um dos mecanismos retrógrados do poder da Igreja católica, o regime republicano parecia por vezes seguir os mesmos métodos para se vingar dos que não comungavam com a sua ideologia, perseguindo e castigando severamente os representantes das ordens e congregações religiosas. A anti-religiosidade em Portugal foi reforçada também pelo surgimento das filosofias materialistas em vigor na época. Contra os jesuítas e a sua influência em Portugal, manifesta-se também Guarra Junqueiro (*in*: Rego, 2009:43) com os seguintes versos:

> Também o jesuitismo
> hipócrita-romano
> Palhaço clerical,
> Ands pelos caminhos
> A comprar, a furtar,
> Assim como um cigano.

Parecem sintomáticas as acusações dos jesuítas de hipocrisia, pouca seriedade, corrupção e ladroagem, e neste caso a comparação com a etnia cigana poderia significar um desprezo absoluto por esta ordem por parte dos republicanos, que queriam um futuro mais brilhante para Portugal. Referindo-se ao anticlericalismo em Portugal, Luís Machado de Abreu (in: rollo, 2012,I, 159) sustenta que na época havia muita "crítica e repúdio pela presença e influência da instituição eclesiástica". Parece relevante recordar que a estas tendências de pensamento terá contribuído uma polémica de Alexandre Herculano, de 1850, intitulada *Eu e o Clero*, em que disputa a possibilidade do lendário Milagre de Ourique, baseando-se em argumentos científicos, o que provocou uma certa revolta entre os representantes da Igreja católica. De qualquer modo, a atitude anticlerical foi crescente não apenas até à implementação do novo regime político como ainda nos primeiros anos da chamada "República Velha", e o ódio à Igreja e aos símbolos religiosos parece ter minguado ligeiramente apenas com as aparições da Virgem Maria em Fátima em 1917.

Na opinião de Joaquim Vieira (1999), todas estas ideias prendiam-se com o desenvolvimento científico, progresso, associativismo, crítica do luxo e sumptuosidade monárquicos e a afirmação da austeridade republicana. O facto de se trazerem as discussões políticas para a rua, de emergirem a caricatura e a publicidade, significava, pelo menos aparentemente, uma libertação de todos os dogmas, um maior espírito crítico, uma maior presença do povo na vida pública (essencialmente a população masculina). A fotografia democratizou o uso dos retratos, fazendo com que aumentasse o desejo das pessoas de se exibirem. O teatro já não era visto como um privilégio das elites cultas. Com a República floresce também o jornalismo, o panfletaríssimo e a divulgação rápida de notícias, frequentemente difamações de políticos do antigo regime e da nobreza. Enquanto com a implementação da República se desenvolve o comércio lojista, crescem as cidades, parece que a província estagna. A dificuldades de o meio rural evoluir com a mesma velocidade que os centros urbanos relacionam-se com o ainda grande poder dos clérigos, a falta de cultura e de recursos, a pouca disponibilidade de erradicar os preconceitos relativamente às inovações técnicas entre outras.

Para além disso, o mesmo autor refere um específico carácter nacional do povo português, que em parte se revela no respeito pela masculinidade, idade e a questão da honra, sendo por isso, as posições prestigiosas na política confiadas a pessoas com mais idade, como nomeadamente Teófilo Braga e alguns ministros do Governo Provisório. Este conjunto de circunstâncias teria acelerado a implementação do regime republicano em Portugal. Para as maiorias não instruídas a salvação do país parecia residir apenas na queda da monarquia. Deste modo, João Chagas (*in*: Rego, *op.cit.*68)

Manifesta o seu optimismo republicano com as seguintes palavras: "De onde resulta a minha imbatível fé? De onde resulta? Resulta da confiança que tenho em mim mesmo e que tenho no povo". Se repararmos bem, temos aqui duas palavras de domínio religioso ou psicológico "fé" e "confiança" e o verbo "resultar" repete-se três vezes, o que reflecte uma dimensão superior à meramente política que se atribuía à República. Este termo, para os seus adeptos, ers muito mais do que um regime ou forma de governar um país, era uma força espiritual, em que se podia e devia acreditar, ter fé e confiança. O vocábulo "resultar", a nosso ver, cabe mais no domínio científico, como a consequência de uma experiência ou como o efeito desejado da aplicação correcta de determinados conhecimentos. Esta junção do espiritual e do prático constituía para os republicanos uma nova vertente pedagógica, necessária para ser implementada no país. Por um lado substituindo ou menorizando a religião e a Igreja, e por outro fornecendo uma dimensão pragmática da realidade, a educação republicana devia formar cidadãos úteis e conscientes, empenhados no desenvolvimento do país e com o progresso, evolução e reconstrução da Nação.

A 31 de Janeirode 1891, deu-se no Porto uma tentativa mal-sucedida de instauração da República. Na opinião de Vítor de Sá (1996:29):

O Porto foi nessa altura o centro das esperanças e das preocupações de todos quantos buscavam, para este país, uma vida colectiva, de liberdade institucionalizada, de desenvolvimento e de progresso.

Nesta altura da nossa investigação, parece-nos oportuno realçar o papel do Porto no cenário português do século XIX, porque foi justamente ali que em 1820 começaram as guerras liberais. Assim sendo, o clima intelectuale político nesta cidade parecia favorável ao reforço do pensamento republicano.

Os inícios da República, no entanto, não passaram sem crises, greves e problemas que reclamavam uma solução. O novo Governo deparou-se com uma série de obstáculos externos e internos. Carlos Ferrão (1976), destaca que o funcionamento correcto do Governo Provisório foi dificultado por um lado, porque Teófilo Braga desconhecia os negócios públicos e por ter sido incapaz de pôr em prática algumas reformas necessárias no país, e por outro, devido aos antagonismos pessoais entre ministros. Pelos dados recolhidos de uma série de entrevistas que Teófilo Braga deu aos jornais mais relevantes da época muitos desentendimentos pessoais dentro do Governo foram conhecidos porque ele próprio se referia aos seus colaboradores com termos geralmente de conotação negativa: "esse sujeito" (dirigido a José Relvas), "uma lástima" (João Chagas), ou utilizando a palavra "indivíduos" com um certo tom depreciativo. A eventual análise das origens do mau relacionamento entre os membros do Governo Provisório ultrapassaria os objectivos deste trabalho, e por isso, neste momento não aprofundaremos mais o assunto. Numa situação assim, quando os problemas e maus entendidos a nível pessoal interferiam nos assuntos referentes ao Estado, não se podiam esperar resultados fructíferos deste Governo.

Para os políticos portugueses que acabavam de tomar posse do poder e assumir novas responsabilidades, na opinião de Wheeler (op.cit.), as possíveis ameaças principais eram a invasão espanhola e o medo de perder as colónias. O tráfico negreiro das colónias africanas diminuiu bastante após o Ultimatum Inglês, causando numa crise económica em Portugal. Estas podem ser algumas razões de em Portugal, no início do século XX, nascerem e se agravarem ideias nacionalistas, baseadas nas teorias da antiguidade e particularidade da origem da Nação Portuguesa.

Nas ciências sociais da época, os conceitos dominantes e frequentemente explorados eram precisamente os da Raça, Alma do Povo, "concepção metafísica do povo". Por isso, como uma continuação lógica dos conceitos em questão, aumenta o interesse pelos costumes e crenças populares, pelo folclore e herança literária oral. Na perspectiva de Ernesto Castro Leal (2002:32), trata-se dos novos nacionalismos que provocaram "os nacionalismos de investigação e crítica cultural e espiritual". Dali, pode derivar o elevado número de publicações e revistas como *Nação Portuguesa, Revista Lusitana, Portugália, O Arqueólogo Português, Lusitânia, Revista de História.* O próprio Teófilo Braga dedicou-se à recolha e preservação de uma parte das tradições portuguesas. Na opinião de Manuel Viegas Guerreiro (1978), o facto de Braga não ter trabalhado no levantamento de dados no campo poderia atribuir uma dimensão mais erudita e académica às suas recolhas.

Há quem qualifique o facto de Teófilo ter registado estes poemas de uma sorte de ter tido bons informantes, procurando diminuir ou desvalorizar o seu trabalho académico, sendo esta uma hipótese sujeita à discussão e análise.

1.3 Teófilo Braga. Dados biográficos. Portugal da época.

Nesta parte da investigação delinearemos o contexto histórico e cultural em que nasceu Teófilo Braga e enumeraremos alguns dados biográficos do autor, que poderiam ser relevantes na análise do seu percurso profissional.

Joaquim Teófilo Fernandes Braga nasceu a 24 de Fevereiro em 1843 em Ponta Delgada, como filho mais novo de Joaquim Manuel Fernandes Braga, exiliado na Ilha de São Miguel, por ter apoiado os miguelistas e D. Maria José da Câmara Albuquerque. Sendo a sua mãe também de descendência aristocrática, podemos pensar se as ideias políticas que conhecia no meio familiar e em que foi educado influenciaram o seu posterior caminho de pensador e figura pública, embora num sentido contrário.

Estudando a biografia de Teófilo Braga, vemos que a sua vida foi marcada por uma série de contratempos familiares (a morte precoce da mãe quando Teófilo tinha apenas três anos, relação pouco afectiva com a madrasta, falecimento de alguns dos irmãos mais velhos ainda na infância, dificuldades económicas durante os estudos, posteriormente doenças e mortes precipitadas da esposa e filhos) que o transformaram, como refere Homem, (1989:10) num "pensador isolado". O sintagma em questão, não é, de facto, uma invenção de Amadeu Carvalho Homem, sendo que o próprio Teófilo Braga se designa assim na sua *Autobiografia Mental de um Pensador Isolado.*

A palavra "isolado", neste sentido, poderia referir-se mais ao seu carácter introvertido e reservado, do que propriamente à actividade social e política, pois a sua vasta obra torna-o conhecido publicamente, envolve-o em polémicas, expõe-no a críticas ou elogios, mas nunca o isola da actualidade portuguesa. Para ele, a vida social e a esfera familiar eram duas realidades completamente diferentes, sendo o seu casamento e a correspondência com a irmã Maria José, talvez as únicas alegrias às que se entregava sem reservas. Numa carta à irmã, (*in*: Braga, 1996:40) designa-se a si próprio como "vingativo e rancoroso, exaltado, terrível, perigoso, até o desvario", reconhecendo que as leituras das cartas dela o apaziguam, acalmam e que nelas sente o maior prazer e gozo, o consolo e o reflexo de uma mãe que ambos perderam na infância. Nas cartas que trocam, falam das vivências do quotidiano, de encomendas e prendas, de conhecidos e parentes, de determinados problemas de saúde de ambos, por vezes lêem-se autênticos desabafos e conselhos. Na correspondência à irmã, parece vislumbrar-se uma faceta diferente do carácter de Teófilo: um irmão sincero, terno, compreensível, sedento de amor, carinho e atenção, que consegue partilhar com a irmã, (*idem*,50) "alma que também sofre", encontrando no sofrimento uma dimensão mística, sublime e redentora. Conhecendo esta vertente da sua vida e personalidade, afigura-se-nos mais fácil conjugar a imagem de um Teófilo Braga amargado, ressentido, demasiado rigoroso consigo próprio e o seu "reflexo no espelho", um outro Teófilo: poeta, sonhador, carinhoso, apoiante e sensível. Como se com pessoas que verdadeiramente amava (a irmã mais velha e a esposa) se transformasse completamente, enquanto com os outros correspondentes se mantinha formal, distanciado, impenetrável. Estas duas dimensões da personalidade teofilina seriam talvez um material interessante para um estudo de psicologia, caracterologia ou outra disciplina, ultrapassando largamente os objectivos de um trabalho que se pretende inserir no domínio académico.

António do Prado Coelho (1921:XII) qualifica-o com as seguintes palavras:

Teófilo Braga há-de avultar com o tempo e granjear a consagração definitiva da posterioridade; e que há de potente nessa individualidade que proveio da disciplina filosófica de que tanto carecem os homens da nossa terra de ontem e hoje.

No presente parágrafo, parece evidente uma sincera admiração por Braga, seu intelecto e trabalho rigoroso e minucioso. Para este autor, são efectivamente as adversidades da vida que aguçaram o seu espírito, desenvolveram nele uma capacidade extraordinária de concentração e uma maturidade peculiar.

Amadeu Carvalho Homem (in: Rollo, 2012 I, 442) caracteriza Teófilo como "intelectual teorizador do ideal democrático". Com efeito, comparado com outros republicanos, nomeadamente Brito Camacho, Basílio Teles, Sampaio Bruno, Teófilo não era dos mais radicais, acreditando na República como numa encarnação do progresso e evolução. Dai, no seu trabalho científico pretende (idem, 443) "sondar as raízes populares da formação social portuguesa". Nesta conformidade, justifica-se o seu interesse pela etnografia, folclore e criações da literatura de expressão oral. Nas suas investigações, procura encontarr as origens da nação portuguesa numa "raça moçárabe", tese cientificamente ultrapassada, mas de certa forma, reflexo do seu idealismo e crença na pureza e antiguidade do seu povo e cultura. Nesta conformidade, Homem (idem, 443) refere que Braga "foi um daqueles varões, que no ato[3] da despedida da existência poderia ter afirmado com inteira propriedade: "Vivi!".

Nos primórdios da criação da ideologia republicana, a personalidade de Teófilo e as circunstâncias do seu percurso pessoal que teve de enfrentar serviram de exemplo de formação de um modo de ser próprio, mediante as dificuldades. O seu vulto surgia como o modelo mais sublime de seguir fielmente um ideal, não obstante os sacrifícios necessários para o efeito. Daí, na primeira página do jornal *Galeria Republicana* (número 13, *in*: Seabra, 2010, 12) constar a seguinte afirmação:

> Theophilo Braga é o carácter mais enérgico, a individualidade mais extraordinária que conhecemos em Portugal. É obra de si mesmo. A sua vida é o exemplo mais notável do que pode a força de vontade, quando é dirigida por uma consciência recta e orientada por um ideal superior.

Neste contexto, trata-se claramente de um admirador da vida, personalidade e méritos deste político de orientação republicana, mas, não podemos deixar de sublinhar que mesmo os opositores de Teófilo Braga e pessoas que não apreciam particularmenrte a sua vida e obra não conseguem negar o seu trabalho incansável, a entrega absoluta a um ideal e a dedicação com que escrevia os seus livros, embora os seus adversários discutam a qualidade das obras em questão Numa caricatura da época dos inícios da República, Francisco Valença apresenta ironicamente Teófilo Braga, iluminado pelos raios do sol, sendo em cada raio escrito o título de um trabalho científico ou literário teofiliano: *Systema de Sociologia, Lendas Christãs, . D. Ignez de Castro,Visão dos Tempos, Teocracias Literárias, Anthropologia Portugueza* . O rosto de Teófilo tem um ar convencido e pensativo simultaneamente, ilustrando a ideia de "Je sais tout" (eu sei tudo), escrita na parte de baixo do desenho. A frase em francês tem um duplo sentido: indica que o francês durante séculos foi considerado a língua da cultura e salienta a, talvez excessiva, erudição de Teófilo, que se correspondia com numerosos intelectuais do seu tempo justamente nessa língua.

Quando terminou o liceu, aos quinze anos, segundo afirmam muitos contemporâneos, Teófilo conseguia já pensar e expressar-se com a sabedoria e seriedade de um homem. A leitura das *Folhas Caídas* de Antero de Quental influencia-o a escrever os poemas *Folhas Verdes*, dedicadas ao seu primeiro amor. Rui Ramos (2006:8) afirma que Teófilo Braga "exagerou sempre as dificuldades", tendo suportado a negligência de uma madrasta pouco afectiva, o "menosprezo dos mestres", "a perseguição dos escritores já estabelecidos", mas que, mesmo assim, tinha apoios da família materna" que financiou o seu primeiro livro. Este autor refere também que, à moda dos heróis literários da sua época, Braga também procurou auto-glorificar-se, necessitando de uma dimensão quase mítica e lendária de si mesmo, definindo-se como alguém predestinado para grandes obras históricas. Não admira, então nem a sua autobiografia, nem a obra *Mocidade de Teófilo*, atribuída ao seu amigo Francisco Maria Supico (embora haja indícios de ter sido ele próprio a escrever também essa obra), em que expõe detalhes da sua infância e primeira juventude de forma a comover e exaltar o público, de hiperbolizar os seus esforços e méritos, de se apresentar simultaneamente como vítima e grande vencedor na vida. A vastidão da sua obra (porém, de qualidade e originalidade desiguais) poderia também constituir uma prova de o pensador desejar destacar-se da multidão de autores quer como pioneiro numa área, quer como referência indispensável sobre um assunto social, literário ou político. Hoje em dia, a grande parte da sua obra pode ser submetida a mais variadas críticas, sendo, porém, inegável o seu mérito na vida cultural portuguesa do seu tempo. Entre as acusações contra o trabalho de Braga podem constar a excessiva assertividade em algumas afirmações (particularmente as referentes à antiguidade da Nação e a supremacia dos portugueses sobre as outras nações, o moçarabismo entre outras), a tendência a procurar argumentos nos mitos e lendas e de os submeter à uma minuciosa análise positivista, considerando-os verdades irrefutáveis, a pouca tolerância às críticas e a indissociabilidade dos planos pessoal e profissional. Deste modo, não era raro ofender os seus adversários literários ou políticos com base em pormenores da sua vida familiar, afectiva ou até em defeitos físicos, não se limitando a usar linguagem pouco própria de um intelectual da sua categoria. Nesta comformidade, Brito Camacho (*in*: Consiglieri, 1984, 37) dirige as seguintes palavras ao seu rival: "O Sr. Teófilo Braga, com as afirmações que acaba de fazer, fica colocado na situação do mais vil e miserável caluniador." Não tendo deixado bastante claro de que tipo de afirmações se trata, podemos pensar que em questão deve estar alguma disputa pessoal entre os dois intervenientes. Continuando a linhe de pensamento dos adversários do pensamento e trabalho teofiliano, Augusto de Vasconcelos (*idem*, 38) sustenta que: "Sinto que se trata de um velho; porque, embora não lhe guarde nenhuma consideração nem respeito, não ouso dizer-lhe que mentiu." Os seus rivais consideram-no deplorável, decrépito, mentiroso, desonesto e digno de desprezo absoluto. Isso revela-se na afirmação de Teixeira Gomes (*idem*) que é da opinião de que Teófilo é "um homem que foi sempre uma concretização dos mais baixos ódios, amassados na mais virulenta peçonha", acrescentando que (*idem*) "os diputados independentes abandonam a sala quando Teófilo entra", atribuindo-lhe ainda as seguintes características: "uma falta de nobreza absoluta" e a de "mente odiosa". Por esta linguagem, em nada pacífica, podemos compreender que quer o pensamento

43

político, quer o trabalho académico, quer o relacionamento pessoal de Teófilo Braga não deixava indiferente a ninguém, provocando rancor e ódio nos seus opositores, bem como a maior admiração entre os seus seguidores. Afonso Gayo, no jornal *ABC*, de 22 de Abil de 1913 (*apud, idem*), com uma determinada desilusão, referindo-se a Teófilo, afirma que:

> En una hora de arlequinismo político há deshecho cuanto prestigio había acumulado en cincuenta años de trabajo y de estúdio. Sus admniradores y discípulos asistirán tristemente a esta muerte civil sin grandeza ni apoteosis.

Não se tratandoo literalmente do momento da morte de Teófilo, mas da sua queda enquanto político e cidadão, que se deve, em grande medida, ao comportamento vingativo e ao carácter rancoroso deste político e intelectual português, que tem o seu lugar e valor na culura portuguesa, mas que, a nosso ver, teria podido ser brilhante se tivesse mais cuidado em distinguir as esferas profissional e pessoal e se não fosse alternadamente tão fervoroso no seu discurso político e tão "absolutista" nas suas opiniões pessoais, com que etiquetava facilmente e de forma negativa, a todos os que não pensassem da mesma forma que ele.

António do Prado Coelho (*op.cit.*) refere que da mãe, Teófilo teria herdado a tendência para o belo e para a imaginação e do pai o raciocínio lógico e a metodologia das ciências exactas. Desta forma, entrelaçam-se e unem na sua personalidade o gosto pela Arte e a inclinação para a ciência, posteriormente relevantes no seu percurso profissional.

O Liceu de Ponta Delgada, para Teófilo foi muito mais que um lugar de estudos, foi um refúgio em que se sentia acompanhado e activo, tentando compensar a ausência de afectividade em casa. Segundo José Luís Brandão, que no seu artigo "Teófilo Braga e o Liceu da Ponta Delgada" aborda este aspecto da sua vida, esta instituição de ensino deu-lhe uma "sólida preparação" e formou o seu carácter como firme e consistente, o que posteriormente se reflectirá nas suas ideias, postulados e acções.

Depois de abandonar a casa paterna, chega a Coimbra, onde pretende estudar Teologia, desistindo da ideia após ter sido reprovado no exame de Latim, optando pela carreira de Direito. Nessa cidade conhece Antero de Quental, António Feliciano de Castilho, escritor de prosa Vieira de Castro, figuras importantes dos círculos intelectuais da época, que mais tarde o envolveriam na Questão Coimbrã e que o direccionariam no seu trabalho como poeta, crítico literário e compilador das antologias da literatura tradicional.

Posteriormente, verifica-se que determinadas tragédias pessoais provocaram nele uma crise de fé, o que se reflectirá nas suas opiniões relativas à Igreja e ao clero. A religião cristã interessa-lhe mais como uma questão metafísica, inquieta-o a origem do cristianismo, a sua repercussão na poesia, embora não pareça particularmente religioso. Defende as ideias da liberalização da sociedade do poder eclesiástico, porque na sua opinião, a Igreja católica incentivava o espírito individualista e egoísta. Uma das primeiras decisões do Governo Provisório após a implementação da República foi justamente a proibição do ensino religioso nas escolas, o encerramento de determinados conventos, a legalização de casamentos civis e uma tentativa de minimizar o a influência e a visibilidade da Igreja católica na sociedade portuguesa. Nos discursos políticos que proferia na qualidade de Presidente do Governo Provisório, manifestava-se de uma forma bastante crítica contra a Monarquia e a ideia do poder divino na eleição do Rei. Braga (2006:29) parece claro ao afirmar que "a democracia (...) provém da massa popular plebiscitária, onde é essa grande massa de cidadãos activos que confere o mandato para o corpo legislativo".

Entre as principais ideias teofilianas destaca-se o equilíbrio entre o individualismo e o altruísmo, porque de acordo com Homem (1989:178), o ser humano pertence a categorias mais abrangentes como "a Família, a Pátria e a Humanidade".

Apesar dos desacordos com as autoridades religiosas, parece que nunca deixou de acreditar nem em Deus (embora à sua maneira) nem nos ideais da justiça, solidariedade e moralidade humana, tal como no progresso da sociedade e na República, que deveria trazer uma "regeneração moral" (*idem,*175). Adversário da Igreja católica e do poder eclesiástico, na correspondência à esposa, Maria do Carmo Barros Leite, admite baptizar o filho Teófilo apenas por motivos administrativos, sabendo que algum dia, quando fosse adulto, o rapaz iria necessitar da certidão do Baptismo para poder frequentar a Universidade ou aceder a um emprego público. Nesta atitude de Braga, a nosso ver, pode notar-se um certo traço de "correcção cívica" e do desejo de cumprir rigorosamente com todas as formalidades, de modo a mostrar-se publicamente como um cidadão de conduta moral irreprovável, mas também pode reflectir-se uma certa "deslealdade" às suas convicções mais profundas. Se ele próprio não era particularmente religioso e não desejava dar aos seus filhos uma

45

educação baseada nos valores católicos, a nossa opinião é que não os devia baptizar por meras razões pragmáticas.

Algumas linhas de pensamento foram seguramente traçadas graças às leituras das obras de Vico e Augusto Comte, positivista francês na filosofia, e Victor Hugo, Leconte de Lisle, Goethe e Schiller na literatura.

Na vida privada e pública regia-se pela simplicidade, manifestada nas propostas de o Governo Português dever ter menos ministros, de o Parlamento ser reduzido apenas a uma câmara, de ele próprio ter pouco tempo livre e escassas distracções, e como destaca Jacinto Baptista (1964), no seu hábito de ir de eléctrico para o trabalho, mesmo quando exercia a função de Presidente da República. Rigoroso, cumpridor, legalista, republicano, reformador, são apenas alguns qualificadores que se podem aplicar à personagem de Teófilo Braga.

Mais adiante, iremos abordar a questão do desenvolvimento das ideias republicanas em Portugal para verificar da coerência entre a ideologia e a própria personalidade do pensador e político em questão. Antes de entrarmos na análise e discussão do trabalho político de Braga, torna-se necessário abordaroutras vertentes de pensamento e esrita deste autor: o seu trabalho académico e literário, quer como historiador de literatura e crítico, quer como poeta e escritor, a epistolografia, o seu ponto de vista acerca do ensino, educação e reforma ortográfica, a recepção da sua obra dentro e fora de Portugal, o trabalho na área da etnografia e na recolha da literatura popular e as especificdades dos dois cancioneiros que estamos a analisar, o que nos permitirá situar melhor este pensador português no contexto e tendências intelectuais da sua época.

1.4 Trabalho académico, científico e literário de Teófilo Braga

Neste subcapítulo focamos o trabalho de Teófilo Braga enquanto teórico, historiador e crítico literário, poeta e compilador de colectâneas de literatura tradicional, para abordarmos os cancioneiros, objecto particular da nossa investigação.

O enquadramento e a contextualização dos cancioneiros de Teófilo Braga no conjunto da sua vasta obra teórica parece fundamental para a nossa análise, ajudando-nos a compreender melhor as posições do autor relativamente a vários fenómenos literários, aos seus contemporâneos, aos grandes vultos da poesia portuguesa e à poesia em si e à poesia popular como seu subgénero.

Da profícua obra do autor elencamos apenas alguns títulos, relevantes para a investigação da cultura portuguesa e as afirmações de Braga, relativamente à sua antiguidade, valor, peculiaridades e carácter único no mundo: *História da Literatura Portuguesa,* publicada inicialmente entre 1869 e 1872 e reeditada em 2005, *O Povo Português nos seus Costumes, Crenças e Tradições (1994), Historia da Poesia Popular Portugueza, As Origens, 2 vols, (1904), Romanceiro Geral Portuguez,vols.I-III, (1907), Cancioneiro Popular Portuguez.* (1911) e *Cantos Populares do Arquipélago Açoriano.*

Como crítico e historiador literário, Teófilo Braga escreveu uma vasta obra. Não obstante as numerosas observações e reacções contrárias, quer por parte dos contemporâneos, quer por parte dos investigadores de hoje, devemos sublinhar que este pensador português abriu o caminho para determinadas investigações nos domínios da crítica e história literária em Portugal. Entre as críticas que se podem fazer à obra teofiliana, destacaríamos o excessivo biografismo,um possível resíduo da orientação positivista do autor e uma escolha não demasido criteriosa de escritores e obras que analisa. No que respeita à primeira questão, somos da opinião de que Braga, pretendendo explicar cada actividade ou pensamento de um determinado poeta ou escritor, frequentemente se dispersa em pormenores que não têm uma verdadeira relevância para a análise e contextualização da sua obra. Nomeadamente, enumerar os nomes e apelidos dos familiares de um autor, averiguar da veracidade da existência das damas amadas às que um poeta dedicou os seus versos, referir momentos da infância que, na sua perspectiva, teriam determinado as aspirações literárias de um intelectual, pode ajudar a contextualizar melhor a personalidade literária em questão, mas não se deve interpretar como o único facor decisivo para a criação e compreensão do papel de um autor nas letras portuguesas.

No que se refere aos critérios da escolha dos escritores a abordar, parece-nos que a este nível a sua precisão e exigência positivista falham, porque, ao contar a história da literatura portuguesa, Teófilo Braga não é imparcial e cientificamente neutro. Isto é, os autores, épocas e obras que ele próprio aprecia merecem os maiores elogios (por vezes, com razão, nomeadamente, tratando-se de grandes vultos como Gil Vicente ou Luís Vaz de Camões), enquanto as tendências literárias e os nomes que as representam, com que Teófilo pessoalmente não simpatizava, eram alvos de vitupérios e acérrimas críticas. Desta forma, o Padre António Vieira, Bernardim Ribeiro ou Barbosa do Bocage são injustamente menosprezados. Após um mau-entendido com Antero de Quental, Teófilo Braga começou a encontrar "defeitos" na sua obra , chamando a atenção para a necessidade de um "exame de consciência", de que escreve num dos seus livros. Reagindo a esta atitude, Antero (*in*. Consiglieri, *op.cit*.68), sustenta:

Que o Sr. Braga tem intenção de ser filósofo na sua História de Literatura, é erto, mas por ora, ainda se não demonstrou que as intenções e factos fossem a mesma coisa. O Sr. Braga baralha tudo e confunde, porque não entende mais. (...) Mas tem culpa e muita, quando, para explicar que não entende, vai descobrir num homem, que sempre lhe mostrara afeição, intenções pérfidas e inveja e não sei que mais, envolvendo isto em insinuações, que fazem rir, pelo que são de tolas, mas nem por isso não deixam de ser tão nojentas como as suas calúnias, como ele mesmo, caluniador.

Continuando a depor contra Teófilo e o seu trabalho, Antero de Quental acrescenta tratar-se do(idem) "abismo da i,mbecilidade humana" e defende que (idem, 72), "O Sr. Teófilo adsora-se a si mesmo nos seus vinte volumes.". Nesta linha de pensamento, seguem-se e encadeiam-se outras palavras injuriosas como "Nabucodonosor do nosso meio literário". Observando e contrastando o trabalho literário e a personaçlidade de Braga, o poeta continua a analisá-lo com as seguintes palavras (*idem, 73*):

O Sr. Braga como literato tem o seu valor, nunca lho neguei, antes o apoiei sempre; o Sr. Braga como homem é APENAS UM VILÃOSINHO MUITO MESQUINHO. SIM, É MUITO PEQUENINO E MUITO VILÃOSINHO.

Abordando os dois parágrafos citados, torna-se evidente que determinadas palavras e actos de Teófilo Braga afectaram profundamente Antero, seu antigo amigo e apoiante, para reagir desta forma. Criticando a sua ausência de imparcialidade como historiador literário, Antero tem toda a razão de lhe dirigir essa crítica, porque aprece pertinente separar as esferas pessoal e profissional e não julgar as qualidades literárias de alguém com base nos desgostos pessoais. Antero sublinha isso na segunda citação, salientando os méritos académicos do seu adversário, enfatizando o antagonismo com a sua personalidade em letras maiúsculas e em número de diminutivos com que o caracteriza.

Uma outra crítica aplicável ao trabalho de Teófilo Braga enquanto historiador e crítico literário é a sua tendência de interpretar todos os fenómenos literários, sociais e culturais sob o prisma político, ocasionalmente até forçando os argumentos para mostrar que a sua perspectiva é a única correcta e merecedora de aceitação científica.

João de Palma-Ferreira, no prefácio ao primeiro volume da *História da Literatura Portuguesa* (*in:* Braga,1984) expõe uma série de afirmações, que a nosso ver, nitidamente criticam o trabalho de Teófilo enquanto historiador literário. Segundo este autor, após a publicação dos sete volumes, esta obra esteve (*idem*, 8) "perante o quase total silêncio da Nação", o que pode ser um indicador bastante claro de que as investigações de Braga não tinham inicialmente uma forte repercussão nos círculos intelectuais da sua época. Este "silêncio" poderia também referir-se à qualidade do estudo realizado, que, da perspectiva de hoje, pode revelar muitas imprecisões e desvantagens. Palma-Ferreira, entre as críticas que lhe dirige, cita também (*idem*, 16) as "exagerações de Teófilo na fabulação do génio criador dos moçárabes, em religião, em arte, em direito em poesia". Se víssemos bem as quatro áreas às que Braga atribui a supremacia cultural aos moçárabes, observaremos que por detrás desta afirmação está apenas uma grande admiração que o autor tinha pelo mundo moçárabe, tendo na realidade argumentos relativamente fracos. Sabendo que os moçárabes eram cristãos que conviviam com os árabes, parece lógico haver influências e contactos entre estes dois grupos, mas mesmo assim, não se pode pensar nessas interferências como em efeitos de uma forte dominação ou assimilação cultural. Um elemento importante na citação acima referida é, de facto, a ideia da "fabulação", que já em si compreende um afastamento da realidade objectiva e uma vontade de ir para além dos factos científicos. Outra crítica, no nosso entender, relevante desta parte do trabalho de Teófilo enquanto historiador literário, segundo Palma Ferreira (*idem*, 19) a "impaciência que leva a conclusões prematuras e o espírito sistemático que leva a conclusões falsas". Nesta linha de pensamento, podemos acrescentar que a vasta obra teofiliana, publicada em tão pouco tempo, certamente merecia uma devida revisão científica, porque por vezes parece tratar-se do desejo de abranger toda a literatura portuguesa e quase que apoderar-se dela na totalidade. Apesar de querer ser sistemaático e detalhado, parece-nos que ocasionalmente lhe faltou uma metodologia bem definida e que procurava terminar as suas obras rápido, pensando que todas as suas afirmações e conclusões são verdades axiomáticas, que devem ser aceites universalmente, Refutando um dos argumentos de Braga, João de Palma-Ferreira (*idem*, 20) refere que:

> A luta civilizacional não podia ser a luta das raças originais contra as tradições sufocadoras. (…) Para dar fundamento ao génio nacional, tnha que inventar essa raça primitiva.

Esta crítica parece-nos bastante bem fundamentada, porque, para explicar a especificidade da literatura e cultura nacionais, Teófilo começa a procurar as raízes mais longínquas, frequentemente omitindo, ignorando ou transformando factos históricos, condicionando as suas investigações pela influência geográfica na criação do carácter e da mentalidade, bem como pelas peculiaridades étnicas de cada povo. Palma-Ferreira (*idem*, 35) caracteriza a investigação de Braga com as seguintes palavras: "polémica, precipitação e uma certa credulidade". Precisamente estas três qualificações definem bem toda a obra teofiliana, porque, devido às suas posições literárias, políticas, académicas e sociológicas, Teófilo teve numerosos adversários (até parece muitos mais do que seguidores). Com o implacável desejo de escrever e justificar todas as suas ideias com os argumentos positivistas, nacionalizantes e políticos, (e a nosso ver também dado um certo medo de se afastar das suas crenças e ideais), Teófilo tira conclusões que, hoje em dia, podem parecer anacrónicas ou cientificamente ultrapassadas. Do ponto de vista da etnografia e antropologia actuais, bem como da perspectiva histórica da literatura, a "credulidade" de Teófilo pode manifestar-se nas afirmações acerca da raça pré-árica, em que , na sua opinião, se encontram as raízes da literatura portuguesa. No primeiro volume da sua *História da Literatura Portuguesa, (idem,*61), Teófilo refere que "a raça portuguesa é uma das mais puras da Europa". Ainda podendo suscitar polémicas racistas ou nacionalistas, esta afirmação prende-se com a visão dos "factores está´ticos das literaturas", que, Braga entendia como "a raça, as tradições, a língua e a Nacionalidade". O autor interessava-se pelos aspectos da poesia camoniana, pelos escritores do século XVI, o que não consideramos um mero acaso: este autor desejava salientar as obras e autores do período glorioso da História de Portugal, com a finalidade de sublinhar novamente a grandeza da Nação Portuguesa, um conceito que parecia merecer muita atenção dos círculos intelectuais dominantes durante o período da Primeira República Portuguesa. Em 1880, Teófilo Braga foi uma das pessoas responsáveis pela organização das comemorações do tricentenário da morte e Luís Vaz de Camões, figura que marcou profundamente não apenas toda a cultura portuguesa, representando também uma parte significativa das investigações teofilianas enquanto historiador de literatura. Na sua *História das Ideias Republicanas em Portugal* (*op.cit.*163) refere-se ao célebre poeta com as seguintes palavras "representante e símbolo da civilização de um povo que se sente fora da vida histórica". Justamente este grande acontecimento histórico e cultural, procurou reunir novamente os Portugueses em torno de um ideal: uma Pátria que deve renascer em toda a sua glória e esplendor. Na *História da Literatura Portuguesa, vol. II Renascença* (1984), dedica-lhe dois vastos capítulos, sendo, a nosso ver, a parte intitulada "Camões e o Sentimento Nacional", particularmente reveladora não apenas no que se refere à contextualização de Camões, como também no que respeita ao conceito da Alma Nacional, que será discutido mais adiante. No volume seguinte, destinado ao estudo dos Seiscentistas, abordam-se "os Líricos camonianos" e a sua influência nos autores posteriores, a quem ele designa de "camoístas"

Da sua vastíssima correspondência, editada em português, francês e italiano vemos que era umintelectual, ao mesmo tempo apreciado e polémico, de excelente educação clássica, com uma profunda compreensão da realidade portuguesa e europeia. Escrevia sobre os temas actuais, recomendava livros aos amigos e conhecidos, regendo-se por altos critérios estéticos. Entre as figuras públicas relevantes para a época citam-se nomes como Eça de Queirós, Giuseppe Pitré, Gaston Paris e incluso um intelectual de espírito livre da origem sérvia, jornalista e crítico do *Figaro* de Paris.[4] Os correspondentes discutiam temas literários, sociais, políticos, enviavam-lhe cartas de circunstância, e pelo que conseguimos notar, respeitavam-no, como profissional e como pessoa, dirigindo-se-lhe com formas de saudação que variavam desde "ilustríssimo ignore" até "caríssimo amicto". Porém, nem todas as palavras escritas dirigidas a Teófilo Braga tinham continham elogios para a sua personalidade ou actividade profissional. É mais do que conhecida a polémica entre o investigador brasileiro Silvio Romero e o pensador português, que será observada mais adiante. Apenas para destacarmos um ilustre nome das Letras portuguesas, referimos Camilo Castelo Branco, que nas *Noites de Insónia Oferecidas a quem Não Pode Dormir* o qualifica pejorativamente, sendo "malabar de feira saloia", apenas a mais suave das críticas. Depois da morte dos dois filhos de Teófilo, Camilo parece compadecer-se e dedica o soneto "A Maior Dor Humana" a este acontecimento. Com isto a rivalidade entre os dois parece ser suavizada.

Nas teorias científicas, hoje em dia discutidas, criticadas e em certa medida ultrapassadas, Braga defendia o ponto de vista que se podia entender como ligeiramente nacionalista, pretendendo demonstrar que as raízes portuguesas e a integridade do seu território, a unidade linguística e os traços mais importantes da identidade nacional datavam desde há muitos séculos antes que a História oficial as reconhece e apregoava que essas ideias deviam ser incutida aos portugueses desde a infância. Por isso, não admira a etnografia ser uma das áreas de interesse deste investigador e pensador. Segundo Leal (2000), Teófilo Braga procura construir um "mito da origem" sobre a antiguidade do povo português, que na sua opinião, tem raízes que datam desde antes da cultura indo-europeia. Claramente, estas teorias hoje em dia não se podem considerar científicas nem fundamentadas em argumentos firmes, resultando apenas de um desejo forte de reivindicar a antiguidade da Nação portuguesa e uma certa superioridade de Portugal no mapa cultural europeu. Uma atitude assim mais se pode enquadrar no domínio literário ou poético, em que se entrelaçam o mito e a realidade, do que propriamente num contexto académico, imparcial e analítico.

Como poeta, nas *Miragens Seculares,* Braga abordou os temas do tempo, da transitoriedade da vida, bem como da tradição que tem os seus ciclos e que procura alguém que "o novo espírito lhe insufle", referindo-se assim ao papel da tradição nos tempos modernos. A tradição como "alma das idades" deve, segundo o autor, unir os homens e dar-lhes a saber que pertencem a um todo. Na obra em questão. o poeta ressalta que os sentimentos expressos na poesia devem deixar de ser individuais e pessoais reflectindo o espírito colectivo. Neste caso, poder-se-ia falar sobre a pertença a uma Nação, ideia baseada na criação de um novo clima político. A sua outra obra poética relevante, *Visão dos Tempos* recorre às imagens do mundo das antigas Grécia e Judeia, glorificando momentos do passado nacional desses dois países. Salienta-se, dessa forma, que cada povo antigo deve preservar o melhor do seu tesouro cultural. A questão que surge agora é: serão as representações das antigas Grécia e Judeia apenas metáforas de uma imagem idealizada e mitificada do papel de Portugal no cenário histórico europeu?

Nas investigações de Braga, nomeadamente *História da Literatura Popular Portuguesa* entre outras, como traços típicos do povo português referem-se o orgulho excessivo e o génio amoroso. A segunda característica nacional portuguesa, em certa medida, parece explicar a inclinação dos portugueses pela poesia lírica, e particularmente a amorosa, sendo esse aspecto abordado posteriormente. Na nossa Tese de Doutoramento (Marinović, 2014) procurámos verificar que estas características não são exclusivas do povo português, podendo ser encontradas também nas culturas eslavas e servindo para explicar os fenómenos de *alma portuguesa* e *alma eslava* como traços definidores do carácter colectivo das comunidades culturais em questão.

Na linha das ideias incentivadoras da consciência nacional, Teófilo Braga tenta descobrir as origens da literatura portuguesa através da língua, relacionando as características da língua portuguesa com outras línguas faladas na Península Ibérica. No Primeiro volume da *História da Literatura Portuguesa* (2005:99), o autor tem uma teoria sobre o surgimento das línguas e da poesia, afirmando que "quando os povos criam as suas línguas, os sons com que as falam são também os mesmos com que, pela intensidade as cantam." Sendo, na opinião do pensador, a língua inseparável da poesia, e esta, por sua vez, estreitamente ligada à dança e ao canto, resulta lógica a ideia de o sistema de versificação da poesia de cada povo ser o mais "natural" para uma determinada língua. Ainda não sendo sempre cientificamente mais satisfatório, o factor da "naturalidade", esta é uma das possíveis formas de percebermos a razão de um determinado tipo de versos e estrofes predominar numa cultura.

João Palma-Ferreira, no Prefácio á *História da Literatura Portuguesa* de Braga, refere que:

Nas origens da poesia popular portuguesa, Teófilo começa por relacionar a poesia à semelhança das línguas com que os outros povos peninsulares a repetem e com toda a que oralmente se conserva no Sul da Europa.

Procurando as arízes remotas da expressão linguística e da criação poética, Braga pretende demonstrar a existência de um "*substratum* antropológico" comum à alta Itália, Irlanda e Bretanha. Após um olhar superficial para estas três zonas, poder-se-ia pensar que a sua escolha não é aleatória, sendo que os celtas deixaram as marcas da sua presença cultural. Nas suas afirmações, Teófilo, parece-nos, ousa ir mais longe, defendendo a ideia de que a cultura portuguesa tem as suas raízes numa antiga raça "pré-céltica", derivando determinadas semelhanças entre os lusos e os lígures, ou afirmando ainda a vinculação portuguesa à "civilização proto-árica". A nosso ver, os argumentos para estas hipóteses, podem parecer ligeiramente forçados, baseando, nomeadamente a etimologia de certas palavras em mera semelhança fonética, ou procurando "enquadrar" a cultura portuguesa em tempos e espaços não correspondentes a factos históricos e geográficos. Os conceitos de "raça", "civilização" ou "cultura" tais como eram entendidos por Braga, hoje em dia podem ser questionados, discutidos ou considerados ultrapassados, ms na altura em que foram formulados, faziam parte da linguagem científica aceite e , podia servir como arma de propaganda política, em defesa da antiguidade da Nação e da consciência nacional. Daí, a literaturaservir também de meio de consciencialização neste sentido.

Referindo-se à poesia popular portuguesa, na obra *O Povo Português nos seus Costumes, Crenças e Tradições* (1994:34), Teófilo Braga menciona "uma poesia mais profunda do que as emoções do momento", continuando a afirmar que as formas poéticas tradicionais "constituem o objecto da nacionaliteratura" (*idem,p.35)*.

De acordo com as tendências psicologistas na literatura e na etnografia em vigor na época, tudo podia ser relevante para se definir e melhor entender o carácter de um povo: a sua fisionomia, os traços da mentalidade, os factores geográficos e climáticos. Sendo a poesia um género idóneo para exprimir afectos, considerados do domínio subjectivo, pessoal e íntimo, a arte poética pode ser utilizada para se interpretar características colectivas de cada povo. Tendo em conta as formas métricas, a temática da poesia popular e o modo da elaboração dos temas, pode-se deduzir que as prevalecentes numa comunidade e no seu imaginário são transmitidas e cultivadas em parte graças à poesia. Nesse contexto, o neologismo de Teófilo Braga *nacionaliteratura* (literatura nacional) faz sentido e perde qualquer conotação nacionalista.

Aprofundando o ponto de vista sobre a poesia popular o pensador atribui-lhe uma conotação extremamente positiva, apontando para o seu carácter profundo e seriedade e o seu papel na transmissão de valores e crenças ao povo. Desta forma, no prefácio aos *Cantos Populares do Arquipélago Açoriano* (1982:XXII) refere que "a poesia para o povo não é um folguedo, como a inspiração individual, é o acto mais sério da vida". A citação tem um significado múltiplo: por um lado, deseja-se salientar a vertente pedagógica, educadora e moralizadora da poesia tradicional, e por outro, pode remeter apenas para o aspecto formal das cantigas: em palavras simples e versos breves são expressos pensamentos de sabedoria e experiência. A. do Prado Coelho (1946) elogia o trabalho metódico, sistematizado e organizado de Teófilo Braga e, referindo-se ao seu interesse pela poesia popular, particularmente pelo romanceiro, menciona os sintagmas "miradouro privilegiado" e "esforço construutivo". Observando a poesia lírica do povo português desse prisma, Braga conhecia-a bem, desejava preservá-la e transmiti-la a gerações futuras.

Por sua vez, sob o "esforço construtivo" este investigador parece entender a intenção de Teófilo Braga não apenas de recolher a poesia tradicional, mas também o desejo de estudá-la, esclarecê-la, interpretá-la e aproximá-la dos jovens, que nunca deveriam esquecer as suas raízes, origens e pertenças culturais. Devem conhecer a sua literatura, para serem melhores portugueses, disponibilizando-se a servir à Nação.

Mesmo sendo açoriano, Teófilo Braga trabalhou juntamente com Álvaro Rodrigues de Azevedo na compilação das cantigas e romances populares da Madeira, não se interessando pelo "patriotismo local" a favor da recolha do património oral português. Este facto é menos conhecido na biografia e obra do autor a estudar, mas testemunha bem o seu gosto e preocupação por Portugal e a sua arte popular.

Na *História da Poesia Popular Portuguesa* (1902:1) salienta-se que a

> Poesia popular é um acto psychologico do mais alto interesse para o conhecimento do homem primitivo, porque é producto imediato desse estado de personalidade, concepções da natureza, mitos, expressões tradicionais, espontaneidade e verdade dos caracteres das nacionalidades.

Analisando este parágrafo, repararemos em vários segmentos que nos podem fornecer dados preciosos para a investigação: em primeiro lugar, é mencionado um "acto psicológico", isto é, a poesia observa-se como um fenómeno que nasce do íntimo do ser humano e o indivíduo, um primeiro autor dos poemas, doa a sua obra ao colectivo, que se apropria dessa obra, tornando-a parte de uma cultura colectiva.

Um outro termo que nos chama a atenção pertence ao vocabulário da antropologia: "o homem primitivo". Neste caso, a palavra "primitivo" não tem a conotação negativa, de "subdesenvolvido", refere-se apenas a um estado primordial em que o homem se encontrava na altura em que criava os poemas. A terminologia, hoje em desuso, deriva, seguramente de Taylor, considerado Pai da antropologia e da sua célebre obra *A Cultura Primitiva*, publicada pela primeira vez em 1881.

Segundo Teófilo Braga, os mitos e crenças tradicionais entrelaçam-se com a espontaneidade e verdade, remetendo para um estado de pureza, ou para o mais autêntico que um povo tem. A palavra "nacionalidade", neste contexto, indica um conjunto de pertenças culturais (étnicas, linguísticas, psicológicas, religiosas, mitológicas) fazendo os povos e culturas distinguirem-se entre si.

No posfácio do *Cancioneiro Popular Portuguez* (1911) o compilador menciona uma "ignorância criadora" , capaz de inventar poemas em que o povo exprime afectos, mundividências e tendências morais. A referência ao sintagma supracitado pode subentender as maiorias não alfabetizadas das camadas sociais baixas, que recorriam à oralidade para criar, cantar e transmitir a literatura, posteriormente chamada popular/oral/tradicional. Ao usar o vocábulo "ignorância", Braga não parece desvalorizar a sabedoria popular, salientando a capacidade colectiva de inventar, memorizar e divulgar obras de arte, pequenas em tamanho, mas imensuráveis em riqueza estética. Na sua opinião, uma série de factores influenciou a criação da literatura, e particularmente, a poesia popular: o canto e a dança, as actividades ao ar livre na Primavera e no Verão, épocas de trabalhos agrícolas por um lado, e por outro, períodos de as pessoas se juntarem mais para presenciar a renovação da natureza e da vida. Dessa união do homem com o mundo nasce o verdadeiro lirismo. Embora algumas destas hipóteses hoje em dia possam ser discutidas e consideradas ultrapassadas, havemos de observar que no cancioneiro popular português está inerente o profundo conhecimento da natureza, suas leis, mudanças, vicissitudes....

Serão, por isso, frequentes s casos de cantigas populares em que se mencionam os nomes de plantas e seus significados, a natureza é vista como amiga do homem, serve para ouvir as suas confissões e lamentos, ajuda a encobrir os namorados, desperta os sentimentos e descobre-se ao homem em toda a sua beleza. Dali, a possibilidade de a poesia nascer de um ambiente de extrema proximidade do seu criador com o meio em que está inserido. Por vezes, especificamente no cancioneiro amoroso que canta os desenganos e infelicidade, a natureza pode ser cruel, feia, traidora, tornando-se assim num *locus horrendos*. É então que os jardins se fecham, as águas secam, o céu se carrega de nuvens e nuances cinzentas, aumentando a situação de desespero e isolamento do homem.

Prosseguindo a análise das origens da poesia popular, o autor distingue os termos "cantores" e "cantadores", especificando que em Portugal faltam os primeiros e abundam os últimos. Na nossa opinião, essa diferenciação não parece bastante clara, mas supomos que os "cantores" sejam apenas poetas populares que declamavam sem serem acompanhados por algum instrumento musical, enquanto no segundo grupo caberiam os genuínos poetas e poetisas líricos, que sabiam que a ligação entre a voz, a melodia, o ritmo e a música era extremamente estreita.(esclarecer e reformular)

Por último, convém mencionar mais uma vez o trabalho de Teófilo Braga na recolha de dados relacionados com a herança popular portuguesa. No âmbito da sua vasta obra distinguem-se o *Romanceiro*, os dois cancioneiros a analisar, o *Adagiário Português* e os contos tradicionais. Já referimos s que neste trabalho teria sido influenciado por Almeida Garrett e por algumas ideias políticas do seu tempo, podendo ser acusado de pouca originalidade e do trabalho de gabinete em vez do de campo, entre tanto, o seu nome acaba por parecer inevitável em qualquer estudo da literatura oral portuguesa.

Mesmo sendo o valor do seu trabalho de compilador questionado, veremos que Manuel Viegas Guerreiro (1978) o defende, sublinhando que Braga reproduz fielmente aquilo que ouve, diz ou lê e que como tal o aponta nos livros que edita. Antes de iniciar a leitura dos cancioneiros compilados por este autor, pensámos que as formas incorrectas de acordo com as regras da linguagem-padrão estariam escritas em itálico, para se diferenciarem do resto do texto. Da mesma maneira, como acontece em algumas outras colectâneas da literatura popular, em itálico podiam estar destacados os provérbios e ditados populares, precisamente para salientar a vertente pedagógica da recolha de dados referentes á herança cultural do povo. Ao contrário do que esperávamos, em Teófilo Braga não se encontra nenhuma forma específica de sublinhar a presença de um provérbio. Ainda que esta maneira de diferenciar o provérbio do resto da cantiga esteja presente em Viana (1956) outros cancioneiros (geralmente regionais e de tamanho menor), não podemos ter a certeza se foram os compiladores que desejavam destacar elementos que lhes pareciam importantes, ou os posteriores redactores ou editores da obra.

Nos capítulos posteriores, analisaremos algumas particularidades de duas obras da poesia popular coligidas por este pensador, sem descurar dos cancioneiros de outros grandes vultos da etnografia portuguesa como Leite de Vasconcelos, Jaime Cortesão e seus contemporâneos.

1.5 Epistolografia teofiliana privada e profissional. Temas, destinatários, razões.

De entre a vasta obra teofilina, cumpre-nos agora analisar a parte epistolográfica, seus temas, destinatários, ideias, de forma a esclarecermos alguns aspectos da personalidade e pensamento deste estudioso. Para os efeitos deste estudo, analisaremos as cartas nas línguas portuguesa e italiana, excluindo a parte da epistolografia em francês, seguramente rica e valiosa, apenas por desconhecimento dessa língua. Verificaremos até que ponto os reflexos e as projecções do "eu" teofilino são resultantes de um longo e complexo processo de auto-glorificação, de posicionamento subjectivo ou imparcial perante determinadas questões literárias, políticas, sociais e culturais da época. Procuraremos indagar se as suas rivalidades ou afinidades pessoais com determinados escritores e intelectuais influenciou o julgamento sobre o valor literário e universal das suas obras.

Pelo que se notou, na sua correspondência está latente um tom formal e rigoroso quando discute os temas "sérios", a política, a sociedade, a religião, a literatura, a crítica literária, e um tom mais intimista quando se dirige à noiva e posteriormente esposa Maria do Carmo Barros Leite, e à irmã Maria José. Tal atitude era de esperar, tratando-se de distanciamento e uma relação pouco próxima com os correspondentes de Portugal e outros países, e de um nível de confiança e carinho quando se trata de familiares.

Dirigindo-se à noiva e posteriormente esposa de mais variadas formas, desde "Exma. Sra." , "Maricas", "Mariquinhas", "minha linda", "minha querida mulher", "minha santa mulher", Teófilo revela não apenas as fases do relacionamento com ela e o grau de proximidade, como também o seu estado de ânimo, desejo de comunicar e partilhar as ideias, preocupações, angústias e alegrias, sendo os temas e a linguagem adaptados à ocasião e situação. Cuidadosamente datadas, estas cartas por vezes não indicam a destinatária de forma alguma, sabendo-se, porém, que se trata da noiva ou esposa de Teófilo por outras formas de tratamento e pelo conteúdo. Assina sempre as cartas pelo nome e apelido "Teófilo Braga", mantendo deste modo um tom formal. Despedindo-se como "seu creado obrigado", ou simplesmente "creado", para nas fases posteriores da correspondência se notar cada vez maior diminuição de distanciamento entre os namorados e esposos, vislumbrando-se um mútuo carinho, respeito e confiança. Com um tom simultaneamente sério e intimista, com Maria do

Carmo Barros Leite discute tudo: desde a leitura de Hegel, até à realidade quotidiana, declarando-lhe o amor de formas mais poéticas e românticas, comentando pormenores da sua vida estudantil, ambições políticas e temor de se "conspurcar" no mundo da vida pública. No seu discurso confessional e intimista, partilha com a esposa até momentos de fragilidade e dor, referindo que (*idem*, 49) "a compaixão tem isso de mau, faz-nos sofrer as nossas dores e as dos outros". Por detrás desta aparente ausência de sensibilidade, podem entrever-se dois aspectos importantes da personalidade de Teófilo: a não religiosidade e a tendência a esconder o seu lado mais vulnerável. Daí, observar a compaixão do ponto de vista negativo.

Expressa a sua opinião sobre os grandes cla´ssicos da literatura espanhola, elogiando particularmente Cervantes e Lope de Vega, qualificando as suas obras como preciosidades que guardará com muito gosto na sua biblioteca. Para além dos autores que escreviam sobre assuntos mundanos, Braga leu a Bíblia e autores religiosos, e considerou necessário partilhar o seu ponto de vista com a mulher.

Refere-se, nas suas reflexões à Virgem Maria, com um certo respeito e piedade, pensando que o sofrimento da maternidade é o único que ela tinha de divino e que a teologia a tornou muito impessoal e abstracta. Nestes momentos, parece que até deseja acreditar em Deus e no Além, ficando, porém, coerente às suas convicções positivistas e científicas, despojadas de quelquer crença religiosa. Sobre a mulher no geral, Teófilo parece ter uma opinião bastante positiva, o que revela no seguinte excerto (Braga, 1994:43): "Hoje para descobrir a mulher como a natureza a deu, bella, pura, é necessário disputal-a à sua educação, arrancal-a de tuddo que a cerca, regeneral-a num diluvio d' amor".

Opinando sobre a mulher e dirigindo-se a uma mulher especial, aqui aparece um Teófilo Braga apaixonado, emocionado, ao mesmo tempo filósofo e poeta, longe do implacável crítico literário que não escolhe palavras para ofender a quem não lhe agrada. Parece que a irmã mais velha e a esposa são as únicas duas pessoas com quem se mostra afectuoso, verdadeiramente preocupado, entregue sem reservas ao mundo íntimo das duas, protegendo-as, amando-as e salvaguardando a pivacidade como algo sagrado e puro, impossível de cair na imundície profana da vida social. Confessa que a estadia em Coimbra não lhe agrada, que tem dificuldades de adaptar-se, queiza-se da solidão e tem uma visão sombria e triste da cidade. Desta forma (*in*: Braga, *op.cit.*26) refere: "custa-me mais do que imagina, sou como um arbusto que se transplanta". A sua sensação de não pertencer a esse lugar enfatiza-se e acentua com a descrição do seu primeio local de residência na nova cidade (*idem*, 27): "uma rua estreita, infecta, como todas em Coimbra". Esta citação pode repugnar o leitor, servindo também para revelar o sentimento de abandono, miséria e angústia, em que Teófilo se encontrava, devido às dificuldades económicas e instabilidade emocional, provocada pelo afastamento dos Açores. Mais adiante (*idem*, 53) continuamos a presenciar o isolamento e solidão do jovem estudante, reflectido nas seguintes palavras: "esats qautro paredes frias me fecham". O frio e a humidade , conjuntamente com o espaço fechado ilustram-nos o ambiente lúgubre em que é obrigado a viver, influenciando, talvez a formação de determinados traços de carácter deste pensador português. A imagem da sua infelicidade profunda numa cidade desconhecida, estranha e hostil para ele, completa-se com a seguinte afirmação: "Estou que não posso ligar duas palavras, não sei por que é essa desolação". Apenas as atempadas respostas da noiva e posteriormente esposa, fazem algum sentido para ele, oferecem-lhe a alegria e sossego dos que tanto carência. Dai, não admira a sua reflexão filosófica sobre o amor como " o supremo fim da existência" (*idem*, 58) e a constatação de que "a felicidade no amor é a segurança" (*idem*). Procurando segurança e estabilidade em tudo, mostra-se como muito rigoroso e implacável no trabalho e nas convicções, confessando à esposa o seguinte: (*idem*, 157) : "Eu não sou falsário, nem tenho a cobardia de sacrificar a ideia que é eterna à bajulação de um momento". Nesta frase pode revelar-se um idealismo supremo de Braga, bem como a sua incapacidade de fazer compromissos, de diminuir os seus altos critérios de justiça, verdade e luta por uma sociedade melhor, se bem que nisso os seus adversa´rios possam ver apenas intolerância, rigidez e uma determinada escravidão aos ideais, que por vezes chocam com a realidade. O rigor e uma excessiva entrega ao trabalho da escrita é confessado à esposa da seguinte forma (*idem*, 159): "O trabalho de emendar é dez vezes mais custoso do que escrever". Qualquer investigador ou estudante que alguma vez escreveu um trabalho académico pode identificar-se com esta afirmaão, uma vez que compreende um labor árduo e nem sempre fácil de corrigir, suprimir, reformular e restruturar a ordem das ideias, de forma a esclarecer o pensamento e torná-lo mais acessível para o leitor.

Ler Teófilo Braga, a nosso ver, nem sempre é uma tarefa simples , e não o dizemos apenas por ter utilizado vocábulos e ortografia hoje em dia em desuso, mas também por o autor ter balançado entre o desejo de ostentar a sua erudição e vasta cultura, de convencer o público leitor da "verdade absoluta" das suas afirmações e de ser lido por um grande número de leitores. No entanto, há que reconhecer-lhe o minucioso trabalho na escolha das palavras mais adequadas e expressões mais contundentes com que pretendia expressar as suas ideias e opiniões.

Na correspondência com a irmã e com a noiva /esposa parece não haver qualquer malícia, ironia, desejo de projectar a sua imagem como melhor ou superior do que é na realidade, mantendo a postura educada e intelectual e mostrando que é um irmão e marido que "muito estima/ama" qualquer uma das destinatárias da correspondência familiar, demonstrando-se também como um pai terno e carinhoso, que tem saudades dos filhos, manda-lhes beijos, usa diminutivos para lhes falar. O antagonismo acima referido, na personalidade de Braga, parece resultar de uma clara e firme divisão entre as esferas pública e privada , entre os afectos e as rivalidades, entre os temas da família ou os mais "sérios" como a literatura, a sociedade, a política ou a religião.

Os conhecedores da obra de Teófilo referem que na escrita das cartas à irmã Maria José (tratada por "minha freira") e à mulher, ele deixa de ser uma pessoa rígida e amargada, mostrando o seu lado mais humano e terno. Mesmo quando discute assuntos banais referentes ao quotidiano (o salário da criada, disposição dos móveis em casa, o preço de determinadas mercadorias), sente uma grande confiança e liberdade e parece que, até esses temas, que em outras ocasiões poderiam parecer aborrecidas, nestas cartas transformam-se em pequenos pilares de segurança e ranquilidade domésticas.

Na correspondência com Inocêncio Francisco da Silva (1928), seu amigo e partidário de opiniões, Teófilo Braga dirige-se-lhe com as seguintes palavras: "Ilustríssimo Senhor", assinando as cartas com "Seu maior admirador". A nosso ver, este foi um dos poucos interlocutores e correspondentes de Braga com quem não teve graves divergências e com quem manteve uma relação simultaneamente profissional e amistosa. Podendo discutir com ele os temas literários e filosóficos, sente-se à vontade com o seu amigo e põe-no em pé de igualdade consigo próprio, trocando ideias intelectuais. Deste modo, Braga afirma que a grandeza do homemse edifica à força de vontade, ou que (Braga, 1928, XIII). "o homem é tão criador como Deus; se um cria o arquétipo do belo, o outro forma sobre ele o tipo; um dá o real objectivo e o outro o real subjectivo".Não negando a existência de Deus e o seu papel relevante na criação do mundo, Teófilo acredita firmemente na humanidade e na força criadora do homem, o que posteriormente moldará as suas ideias revolucionárias e republicanas.

1.6 Olhar de Teófilo sobre o ensino, a educação e a reforma ortográfica de 1911

Nesta secção do estudo abordaremos a posição de Teófilo Braga relativamente ao sistema de ensino, educação, reforma ortográfica de 1911 e à língua e ortografia portuguesas no geral, procurando estabelecer algumas semelhanças entre essa e a mais recente reforma da grafia, que ocorreu em 2010 e que deveria entrar oficialmente em vigor em 2015. Far-se-ão, neste sentido equiparações entre as polémicas que ambas as reformas provocaram nos círculos intelectuais portugueses das respectivas épocas e reflectiremos as ideias de Braga inseridas no contexto revolucionário por um e conservador por outro lado do seu pensamento. Neste momento, parece necessário apontar para alguns problemas que afectavam a população portuguesa, no que diz respeito à educação, antes da implementação da República: já foi referida uma elevada taxa de analfabetismo, sobretudo no meio rurar e entre a população feminina. Este facto foi frequentemente utilizado pelos republicanos como argumento contra o regime onárquico: na opinião dos adeptos da República, o Rei e os governantes monárquicos não desejavam dar uma educação adequada ao povo para o manterem na ignorância e o manipularem mmais facilmente. Embora esta possa parecer uma acusação grave, é verdade que nos últimos anos da Monarquia não se dedicava a devida atenção ao ensino e à educação em Portugal.

Defendendo a vontade dos adeptos da República de melhorarem o ensino, José Vala Roberto (2010) salienta que o novo regime pretendia educar o povo, para criar cidadãos esclarecidos, úteis à sociedade e com uma clara consciência civil e nacional, o que contribuiria para o progresso do país, destacando o facto de terem sido abrtas seiscentas e sessenta e seis novas escolas em Portugal após a implementação da República. Para o ensino de leitura foi usada a *Cartilha Maternal* de João de Deus. Complementando o ensino intyelectual, o regime republicano considerou necessário introduzir a educação física e uma certa educação militar, tendo começado a existir os batalhões escolares, para fomentarem o sentimento da necessidade de defender a Pátria entre os jovens.Nesta linha de pensamento, Maria Alice Reis (1979) fala acerca da "metodologia da paciência", que prepara o aluno para o exercício da cidadania.

Apesar de os republicanos terem investido muito a esse nível e terem introduzido reformas importantes, a prometida luz do conhecimento não estava imediatamente disponível a todos. Entre as razões para isso, o autor (*op.cit.* 12): refere:

> A população passa fome, os bens essenciais a escassearem e quando os há, o povo não tem dinheiro para os comprar. A escola não é uma prioridade. Para trabalhar na fábrica ou amanhar os campos, não é preciso saber ler.

Para além da situação económica no país, é indispensável salientar a mentalidade de certas famílias, que viam na escola e no ensino dos filhos apenas uma despesa desnecessária e um obstáculo para o início de uma actividade profissional que aportaria mais meios financeiros para a sustentação da família. Defendendo a vontade dos adeptos da República de melhorarem o ensino, Vala Roberto (*op.cit.*) salienta que o novo regime pretendia educar o povo, para criar cidadãos esclarecidos, úteis à sociedade e com uma clara consciência civil e nacional, o que contribuiria para o progresso do país, destacando o facto de terem sido abrtas seiscentas e sessenta e seis novas escolas em Portugal.

Acerca do ensino e da sua relevância para uma comunidade, Ana Lúcia Fernandes (in. Rollo, 2012, II, 515) pronuncia-se da seguinte forma:

> Educar uma sociedade é fazê-la progredir (…). E só se pode fazer progredir e desenvolver uma sociedade, fazendo com que a acção contínua, incessante e persistente de educação atinja o ser humano sob o tríplice aspecto: físico, intelectual e moral. Portugal precisa de fazer cidadãos, essa matéria prima de todas as pátrias.

O valor cívico do ensino e educação é sublinhado em todos os textos de teor republicano, bem como o seu papel no progresso e desenvolvimento da sociedade. É verdade que, tendo acesso primeiramente à alfabetização, abre o caminho para o conhecimento e pode desenvolver o gosto pelo estudo e pela ciência, mas por vezes, e sobretudo nos meios rurais, a escolarização não passava das quatro classes obrigatórias e das competências mais básicas e necessárias apenas para o quotidiano. O ensino no Portugal republicano sofreu várias reformas entre 1911 e 1919 a níveis normal, liceal, técnico e superior, tendo variado também o número e tipo de disciplinas, sendo todos os reformadores consentâneos com um princípio fundamental: laicizar a escola e eliminar qualquer influência da Igreja da vida quotidiana dos alunos, por isso foi suprimido o ensino da Doutrina Cristã das escolas[5].

Por sua vez, os que tinham acesso ao ensino mais completo, tinham que lidar com outras prioridades da República, sendo a reforma e simplificação da ortografia uma das tarefas principais a serem resolvidas. O que se notava nos círculos alfabetizados (embora não necessariamente muito cultos) em Portugal era a existência de várias grafias da mesma palavra, conforme os escritores, as tipografias, os revisores e as Universidades. Para ilustrar essa ausência de regras na escrita, Ivo José de Castro (in: Rollo, 2012, II) refere que nos manuscritos autógrafos de Camilo Castelo Branco se podiam encontrar, na mesma obra exemplos como "relação", "relaçam" ou "relaçon", de origens e épocas diferentes. Para evitar a futura profusão de erros ortográficos e arbitrariadades , mesmo nos documentos oficiais do Estado ou ainda no *Diário do Governo,* o chefe dos revisores da Imprensa Nacional, José António Dias Coelho, considerou necessário escrever uma carta às autoridades a denunciar a situação e a exigir uma nova reforma ortográfica, que estabilizasse e padronizasse o sistema de escrita oficial. Esta iniciativa foi muito bem recebida e em beve, reuniu-se uma comissão que começou a trabalhar no assunto. Nem sempre as discussões em prol da simplificação da grafia de determinadas palavras foram pacíficas e científicas, dados os antagonismos entre determinados membros da comissão, nomeadamente Adolfo Coelho e José Leite de Vasconcellos, que foram apaziguados com a presença de outros elementos como Carolina Michaëlis de Vasconcelos,Gonçalves Guimarães, José Joaquim Nunes entre outros.

Na época dos últimos anos da Monarquia o ensino e a educação foram muito discutidos pelos adeptos da República, todos eles alegando a necessidade de introduzir mudanças na metodologia, na abordagem,na própria leccionação, de forma a incutir nas crianças e jovens os ideais republicanos. A respeito do ensino, Joaquim António da Silva Cordeiro (*op.cit*, 177) refere que:

A criança é um ser que se está fazendo – *natura naturans*- imaginação estética, de surpresa em surpresa pelo mundo, cria-se criando.

Deste modo, o autor nega a crença religiosa cristã, segundo a qual toda a criança que nasce é enviada por Deus para o mundo para cumprir uma determinada missão, sendo também discuradas quaisquer especulações sobre a predeterminação e o destino. De uma forma muito científica, o autor defende a aprendizagem como um processo de interacção da criança com o mundo que a rodeia, sendo o seu carácter formado através do uso da imaginação, criação e surpresa com os novos conhecimentos. Referente ao ensino da leitura e ortografia, tinham-se ideias semelhantes e por isso muitos republicanos apelavam para a necessidade de as mães aprenderem a ler primeiro, para poderem ensinar os filhos. Dai, a figura de João de

Deus surgir nas leituras republicanas como uma referência inevitável, sendo o próprio Teófilo grande apologista do seu trabalho.

Já que posteriormente se falará com mais atenção na frafia das palavras nos cancioneiros que estamos a analisar (cf. Cap. 2.12), nesta secção decidimos abordar o contexto sócio-cultural e político da reforma ortográfica e o seu significado no âmbito da ideologia republicana, bem como o uso da ortografia como veículo de democratização do ensino público em Portugal. Continuaremos esta secção com o comentário sobre a grafia das palavras, aliás, uma das primeiras reformas do regime republicano em Portugal, para mais tarde inserirmos o valor da ortografia nos postulados republicanos sobre o ensino e a educação a modificar.Segundo Ivo José de Castro (op.cit.), a reforma ortográfica do primeiro ano do regime republicano estava linguisticamente bem preparada e não incentivava reacções tão emotivas como a última e mais recente. Entre as alterações efectuadas,mencionaremos apenas algumas: a simplificação de "falsos grupos consonânticos" como nos exemplos "augmentar", que passou a escrever-se como "aumentar", "assignar", que foi substituído por "assinar". Foram eliminadas as consoantes duplas médias ("belleza" passou a ser "beleza", "affirmar" perdeu uma consoante. A simplificação ocorreu também no grupo consonântico "mn" , como nos exemplos "condemnar" e "damno", que ficaram registadas como "condenar" e "dano". As consoantes duplas que se mantiveram são "ss" (passar), "rr" (ferro), mm e "nn". (Anna). O conjunto "ch", com o valor fonético de "k" (Christo) perdeu-se. Algumas consoantes mudas perderam a sua importância etimológica ("escriptura", "funcção", ou "victima") receberam novas formas sem a consoante que não se pronunciava. Uma novidade é a marcação do til e dos acentos gráficos, sobretudo nas palavras homógrafas, para se evitar a confusão dos significados. Desta forma, começaram a aparecer palavras como "fora" (tinha sido, pretérito mais-que-perfeito simples do verbo "ser" e "fóra" (preposição oposta de "dentro", mas também, com a introdução do acento circunflexo, pretendia-se marcar uma vogal fechada, o que acontecia em "flôr", actualmente escrita sem acento, "gêlo", m vez de "gelo" entre outras. O "h" inicial manteve-se, enquanto o médio, intervocálico d«começou a cair em desuso, Daí, hoje em dia, conhecermos palavras como "sair" e não "sahir" como se pode encontrar em alguns manuscitos da pré-reformae outras. O "ç" começou a usar-se mais, embora o seu valor fonético fosse igual ao "ss". A contracção de preposições "de" e "em" deu-se em vez da antiga elisão vocálica. Daí escrever-se "duma" e não "d'uma", como antigamente. Entre os reformadores mais radicais havia ideias de suprimir todas as grafias diferentes para o mesmo som (nomeadamente , manter o "ch" e eliminar o "x", escrever "k" sempre que se ouve este som, mas estas tendências não foram aceites, defendendo-se, até certo ponto, o princípio etimológico e a origem grega, latina ou francesa de determinadas palavras. [6]

Embora reformulada em 1911, a ortografia portuguesa desde o século XIX suscitava polémicas nos círculos intelectuais em Portugal e no Brasil, uma vez que, como refere José Pereira da Silva, no artigo "Um século da ortografia oficial em língua portuguesa":

> Até então, qualquer pessoa poderia escrever um tratado de ortografia e ser seguido por um número razoável de adeptos, sem qualquer compromisso público com a política oficial linguística dos países da lusofonia (Brasil e Portugal).

A necessidade de unificar a ortografia e de a padronizar nos dois espaços linguísticos em questão, fomentou muitos estudos e debates sobre o tema, independentemente das qualificações e nível de erudição dos autores, não havendo um consenso geral acerca do tema, o que implicou também possíveis conotações nacionalizantes ou pouco académicas. Como uma destas ideias, já se generalizou a opinião de que "no Brasil se fala e escreve mau português", frequente argumento dos opositores de quaisquer inovações ortográficas em Portugal. Nesta conformidade, o autor supracitado vê nesta atitude uma certa imposição da norma portuguesa como correcta e por ventura também uma determinada arrogância intelectual dos estudiosos que, até à reforma, não apenas se escrevia conforme o livre arbítrio de cada quem, mas também existia uma certa tensão na fala e na escrita, que exigia uma resposta

> à provocação de alguns professores, filólogos e editores portugueses, que já não suportavam a humilhação de terem de corrigir e serem corrigidos sempre e de diversas maneiras, sem jamais poderem ter segurança de que seu texto estaria ou não adequado a seu público leitor.

Na nossa opinião, introduzir aqui um discurso demasiado emocional e invocar a humilhação como um dos factores que conduziram à reforma ortográfica de 1911, bem como a de 2011 parece exagerado e pouco fundamentado cientficamente. O que vale mencionar é que no final do século XIX havia muitas divergências a nível ortográfico, gramatical e lexical entre Portugal e Brasil e que houve muitos esforços, embora nem sempre adequados para uniformizar a grafia. O primeiro trabaço mais sério neste domínio foi desenvolvido por Aniceto dos Reis Gonçalves Viana, que tinha conhecimentos do grego e do sânscrito e aprendeu sozinho várias outras línguas (castelhano, italiano, catalão, francês, romeno, holandês, inglês) e escreveu gramáticas das línguas inglesa e francesa. Foi conhecido como foneticista e lexicólogo. Já em 1883 escreveu *Essai de phonetique et phonologie de la langue portugaise d'après le dialecte actuel de Lisbonne (*Ensaio da Fonética e Fonologia da língua portuguesa segundo o dialecto actual de Lisboa*)*, tomando por norma o "dialecto" de Lisboa. Em 1900, este autor publicou *Bases da transcrição portuguesa de nomes estrangeiros*, posteriormente incluída na *Ortografia Nacional* (1904) Dadas as suas publicações, conhecimentos e autoridade linguística, fez parte da Comissão para a rrforma ortográfica, conjuntamente com Adolfo Coelho, Cândido Figueiredo, Jose Leite de vasconcellos, Carolina Michaelis de Vasconcelos, Epifânio Dias e outros.

No dia 17 de Dezembro de 1910, após apenas dois meses e meio da Implementação da República, o chefe do serviço de revisão da Imprensa Nacional de Lisboa, José António Dias Coelho, (*apud.* Pereira da Silva, *op.cit.*) designou como "discutíveis","grosseiras" e até "vergonhosas as publicações, oficiais ou particulares, que se podem ver como produtos da Imprensa, reclamando a urgência de uma grafia uniforme, por parte do Governo para impedir "a anarquia ortográfica" e os prejuízos pecuniários que as numerosas emendas dos documentos oficiais trazem à editora. Para além destes efeitos das diversas grafias, referem-se a confusão entre os letrados e a má reputação da Imprensa e do próprio Estado pela aparente incapacidade de uniformizar a escrita. A simplificação da ortografia, traria, de acordo com Dias Coelho, "maior facilidade do ensino da leitura da nossa bela língua". Aqui, já se pode notar uma ideia republicana, de o ensino não dever ser apenas um privilégio das elites, tornando-se no veículo de alfabetização das massas e uma maior consciência linguística, cultural e política do povo. As qualificações "nossa" e "bela" podem remeter para claras indicações de que a língua é um elemento importante da identidade nacional . Neste contexto, a ortografia unificada poderia ser um veículo que fortificaria a noção da língua portuguesa como uma e indivisível, tornando essa identidade ainda mais clara e conbsistente. No dia 17 de Fevereiro de 1911 no *Diário do Governo* foi publicada a decisão favorável do Governo Provisório da República Portuguesa de uniformizar a ortogradia, nomeando a Comissão de especialistas eminentes para este egeito.Um dos obstáculos para o trabalho regular da comissão era que Carolina Michaelis de Vasconcelos não ter residido em Lisboa, pelo que não conseguia estar presente em todas as reuniões, e os outros membros não se queriam pronunciar sozinhos sobre um assunto tão complexo e importante como a unificação da ortografia. Por isso, a Comissão teve de integrar ais seis membros.

A 23 de Agosto de 1911 a Comissão alargada concluiu os trabalhos e escreveu as *Bases para a Unificação da Ortografia,* publicadas a 12 de Setembro de 1911 no *Diário do Governo.* O prazo para a adaptação dos escritores, editores, autores dos manuais e o público leitor em geral às novas regras de ortografia foi de três anos. Conjuntamente com as *Bases para a Unificação da Ortografia* foi publicado um Relatório, que consistia de quatro partes: na primeira enumeram-se os documentos que oficializaram a formação, na segunda explicaram-se os motivos da formação da Comissão, na terceira expõe-se o Formulário Ortográfico com a simplificação da grafia e a quarta é o Prontuário Ortográfico.

A Comissão baseou-se na obra *Ortografia Nacional,* embora implementando algumas modificações necessárias.

Teófilo Braga, não sendo filólogo, não pertenceu à Comissão, porém, como Presidente do Governo Provisório, na altura em que a reforma ortográfica foi feita e ratificada, pode-se dizer que a aprovou. Defendendo a ideia da alfabetização e do poder da educação. Na opinião de Artur Manso (expressa no artigo "As soluções positivistas para a educação em Portugal"), Teófilo parece encarar a educação como uma tentativa de formar adultos politicamente conscientes, capazes de pensar e raciocinar de acordo com a mentalidade republicana e a ideologia do cientismo positivista. Agindo em conformidade com estes ideais, pensava Braga, impedir-se-ia o atraso do país, cuidando-se do progresso intelectual e moral dos seus cidadãos. *Nas Soluções Positivistas da Política Portuguesa* (1912) Teófilo defende a ideia da necessidade de os políticos explicarem ao povo os seus direitos e deveres com a Pátria. Mais uma vez, estão subjacentes os conceitos do Povo, da Nação e da Pátria como pilares de uma identidade portuguesa indiscutível, libré da influência dogmática da Igreja católica e de todos os ensinamentos que se podem entender como retrógrados e anti-progressistas. Tendo uma maior instrução, acreditava Braga, o povo não se conformaria com ser governado com base no medo e na tirania de um grupo reduzido de governantes, que o manipulariam, como, no seu entender, acontecia durante o regime monárquico.

Tendo tudo isto em conta, Braga considerava que a educação começava na capacidade de ler e escrever, sendo para isso necessária uma reforma ortográfica do sistema existente. Em Fran Paxeco (1917:16) notam-se observações linguísticas que nos parecem pertinentes para o nosso trabalho: "A ortografia nunca será imóvel, por isso nas línguas sempre se dão sempre o neologismo e o arcaísmo". Parece-nos interessante a visão da ortografia e da língua como organismos vivos que se adaptam á nova realidade e que acompanham as mudanças sociais. O que, a nosso ver, não está de todo correcto, é identificar a ortografia e a língua e discutir na mesma frase a forma de escrever e a lexicologia. De todas as formas, a relevância da ortografia num processo da normatização da língua é preponderante e daí a necessidade de simplificar a grafia das palavras para tornar o sistema de escrita mais acessível a um vasto número de pessoas. A menção justamente do neologismo e do arcaísmo pretende sublinhar as transformações sociais que a língua acompanha. Se numa sociedade um conceito deixou de ser usado, a palavra também caira'em desuso, tornando-se arcaica e pouco compreensível para os falantes ou leitores de uma época mais moderna. A própria palavra "república" e o adjectivo "republicano" em um certo momento da História eram neologismos, para, com a implementação do novo sistema político se tornarem cada vez mais comuns e habituais na língua. Embora à primeira viste nos parecesse inusitada a vinculação imediata entre a ortografia e a lexicologia, devemos salientar que as novas palavras criadas frequentemente provinham de uma língua estrangeira, necessitando de uma "adaptação" na língua de acolhimento. Dai o papel relevante da ortografia. Mesmo quando se usam os processos de sufixação na formação de neologismos, não podemos deixar de sentir uma certa estranheza quando ouvimos pela primeir vez uma palavra até então desconhecida. Aqui, novamente entra em cena a ortografia com o seu papel de "mediadora" entre a escrita e a pronúncia, fazendo com que o novo conceito ou termo encontrem mais facilmente a sua aceitação junto do público leitor ou falante.

Não obstante os argumentos republicanos favoráveis à uma ortografia simplificada, mais próxima do princípio fonético (uma letra para um som) do que do etimológico (respeitar a origem grega, latina ou francesa da palavra), para nós permanece ainda enigmático o facto de o próprio Teófilo Braga nas suas obras não aplicar as novas regras. A bibliografia que consultámos até agora não nos foi demasiado esclarecedora neste sentido.

Deste modo, O *Cancioneiro Popular Portuguez*, publicado em 1911 continua a ser escrito de acordo com as normas "antigas", conservando o "y", "th", "ph", letras duplicadas "beleza", "inocente" entre outras e não regista determinados acentos, hoje em dia em uso nas palavras portuguesas ("paciencia" em lugar de "paciência", "á" em vez de "à", mantendo porém, acentos que actualmente se perderam ("fóra" - antónimo de "dentro" e "fôra" - pretérito mais-que-perfeito simples do verbo "ser", "flôr" em vez de "flor". Esta grafia, complexa e até certo ponto semelhante à latina, hoje em dia poderia ser um testemunho dos estádios de desenvolvimento da língua portuguesa e poderia representar uma fonte preciosa de material que ajudaria os linguistas a realizarem as suas investigações nesta área.

De qualquer forma, é indispensa´vel salientar o papel da Repíblica na massificação da educação e do ensino, em parte graças á simplificação da ortografia e as suas regras, tornando o sistema da escrita mais acessível ao povo e não apenas ás elites intelectuais da época.

1.7 Recepções da obra teofiliana dentro e fora de Portugal

Precisamente dadas as numerosas ambivalências e antagonismos na vida e obra de Teófilo Braga, compete-nos referir que a recepção da sua obra dentro e fora de Portugal foi também sujeita às mais diversas opiniões, críticas e análises: desde a admiração e reconhecimento até à suspeita e desvalorização absolutas. Neste contexto, será incontornável mencionar os seus trabalhos pioneiros em certas áreas, nomeadamente em sociologia, investigação do folclore, direito e filosofia, questionando a originalidade, uma categoria muito discutível no seu caso, que o envolveu em polémicas com o investigador brasileiro Silvio Romero, que ficaram conhecidas sob o nome de *Querela dos Originais*. Procuraremos também ver como o seu labor académico foi visto em outros países europeus, nomeadamente França e Itália, noutros espaços de língua portuguesa nomeadamente no Brasil, e como é que as projecções da sua obra influenciaram o desenvolvimento do seu pensamento.

Entre as características positivas que os seus colaboradores reconhecem, havemos de destacar que era, segundo refere Agostinho Fortes (*in*: Peixoto *et-Al,*1929) "trabalhador incansável e prestimoso cidadão", sendo a profissão com a que mais se identificava a de Professor. Na opinião deste investigador, Teófilo entregava-se a esta profissão com devoção e dignidade, procurando formar a consciência de cidadãos nos seus alunos, e pretendendo ver em qualquer pessoa um elemento útil na nova sociedade. Alice Moderno (*idem*, 22) descreve a personalidade de Teófilo com as seguintes palavras: "no seu destino estranho couberam todas as grandezas e todos os infortúnios". A autora deve referir-se aos contratempos a nível pessoal e profissional que Braga enfrentou desde a infância, conseguindo transformá-los em sucessos na sua carreira política e literária. Nesta linha de pensamento, Ana de Castro Osório (*idem, 24*) descreve a figura de Teófilo Braga como "admirável carácter de exemplar integridade", vendo nele omodelo de dignidade e a firmeza de convicções, indispensáveis para um intelectual e político. Eugenio Carre (*idem,*176) deve-lhe"¡ Amor y respeto a sua verdadeira memoria!, enquanto Ferão Boto Machado identifica Teófilo Braga com a (*idem,*191) "suprema glorificação do trabalho" e designa-o como (*idem*) "o maior dos democratas" . Referindo-se a uma parte da ideologia de Teófilo, Carlos Lemos (*idem, 157)* considera que "A Alma Portuguesa é o teu maior engenho", para, no mesmo estilo, José Veríssimo acrescentar (*idem,* 272): "O Sr. Teófilo Barga (...) é um dos primeiros e raros escritores portugueses que de nós e das nossas cousas trata com realtivo conhecimento delas e uma inteligente simpatia por nós". O que nos chamou a atenção é este autor mencionar Braga como escritor, antes do que como etnógrafo, político, historiador, compilador de literatura de expressão oral, sociólogo ou político, pondo-o em pé de igualdade com os maiores vultos das letras portuguesas. Esse "relativo conhecimento" das "cousas portuguesas" e a "inteligente simpatia por nós" fazem de Teófilo um sincero amante da cultura portuguesa, que pretende difundi-la e estuda´-la com muita dedicação e envolvimento pessoal, compreendendo a forma de ser do seu povo e falando nela com gosto, embora nem sempre de um modo neutro e isento de juízos de valor. Mesmo quando o qualificam como nacionalista, os seus colaboradores e contemporâneos não vêem nele um inimigo de outros povos e cultura, mas um grande patriota e digno representante do mundo português, conferindo-lhe a missão de restituir o antigo esplendor a um Portugal decadente e retrógrado. Rebelo de Bettencourt (*idem,*323) considera que, acima de tudo, Teófilo Braga acreditava na cultura, "que é a nossa progressiva redenção". Esta visão da cultura como um elemento salvífico para a humanidade tende a ser ligeiramente evolucionista, embora hoje em dia esta ideia possa ser descartada, d evido a numerosos exemplos na História da humanidade que demonstraram a impossibilidade de a cultura transformar o ser humano em um ser melhor, havendo casos de numerosos ditadores e figuras públicas que tinham feito muitos males, apesar de possuir uma invejável cultura e educação.

Mário Soares, grande admirador da vida e obra desta figura portuguesa (1950:3) refere que "a sua obra- a mais vasta que em algum tempo escritor português produziu- reveste-se dum carácter verdadeiramente enciclopédico, tal a diversidade de aspectos que abrange", acrescentando que foi sujeita a uma dupla recepção, que consistia em (*idem*) "mais calorosos aplausos" e na " mais severa impugnação".

Descrevendo bem os elementos mais relevantes da obra teofiliana, Soares foca o desejo que Braga tinha de abranger o maior número de áreas do conhecimento humano, sistematizando-o, comentando-o e analisando-o de acordo com os minuciosos critéios científicos , inseridos no espírito positivista. Resumindo em dois sintagmas toda a recepção e interpretação da obra teofiliana, o autor divide claramente o seu público em apoiantes e opositores, em aqueles que o admiravam e defendiam não obstante os seu erros e por vezes pouca objectividade científica, e os que se opunham a toda e qualquer ideia sua, sem observarem o eventual valor das suas afirmações.

Na linha de pensamento dos adeptos e apoiantes da obra de Teófilo Braga, Joaquim António da Silva Cordeiro (1999:189) chama-o de "admirável ponto de referência" e "eminente Professor"que (*idem*, 195) "espalha os germens de todo o desenvolvimento intelectual". Para além do evidente respeito por ele como pessoa e uma notável admiração pelo seu trabalho, este autor não deixa de mencionar alguns dos defeitos de Teófilo, como nomeadamente (*idem*, 196) a "intransigência estóica", considerada uma "virtude de carácter" e simultaneamente "defeito de inteligência". Este sintagma qualifica bem o rigor e a disciplina de Braga na vida pessoal e privada, mas também uma dificuldade de aceitar uma opinião divergente da sua e uma intolerância com os seus rivais literários, políticos ou ideológicos, que perjudicou a qualidade científica e a imparcialidade académica em muitas das suas obras, particularmente as da área das história de literatura ou crítica literária.

Começámos a nossa apresentação da recepção da vida e obra de Teófilo Braga com uma série de opiniões favoráveis e elogios, apenas para mostrar uma parte da intelectualidade portuguesa que estava a seu favor, apoiando e glorificando o seu trabalho e as circunstâncias em que viveu e criou. No entanto, não devemos esquecer que as citações aqui referidas fazem parte de um *in memoriam* e que, por conseguinte, o seu tom deve ser solene e orientado para as suas virtudes, não podendo deixar espaço para críticas e vitupérios da sua pessoa e obra. Tendo em conta a data de publicação do livro (1929, apenas cinco anos após a morte de Teófilo), pode-se entender que entre os seus colaboradores a sua memória estava ainda bastante viva e presente, formando a imagem de uma figura digna de respeito e admiração. Não obstante, a opinião sobre este pensador e político português nem sempre foi assim unívoca e uniforme. Os opositores de Braga vêem nele uma pessoa mesquinha, amargada, escrava do trabalho e das formalidades, desvalorizando todos os aspectos da sua vida e obra. No Brasil, nomeadamente, a criação literária e teórica de Teófilo deparou-se com as mais diversas recepções, criando uma ideia ambivalente sobre o autor e a sua escrita. Deste modo, Fran Paxeco (1917:9) afirma que: "a primeira impressão, ao raiarem os poemas de Teófilo, foi de um visível espanto cá e lá. Os redutos arca´dicos, estremeceram- de pasmo e de ódio". Nesta citação já parece patente a ambiguidade das possibilidades interpretativas da obra teofilina. Vários intelectuais brasileiros, entre eles Machado de Assis foram benévolos com Teófilo, apreciando o seu labor, sobretudo na área política. Entre os seus apoiantes, inicialmente encontrava-se também Silvio Romero, que posteriormente se tornaria em um dos seus acérrimos rivais. Não obstante criticar as ideias positivistas e republicanas, Romero (*idem*, 79) denomina Teófilo Braga como "Mestre nas Letras, na História e na Filosofia (…) Mestre também na política", afirmando ter recebido conhecimentos e ideias interessantes desta personagem ambivalente. As divergências mais sérias entre os dois intelectuais começaram a tornar-se mais visíveis

Após termos abordado as recepções da obra teofiliana nos círculos intelectuais e entre os públicos em Portugal e fora das suas fronteiras, nomeadamente no espaço cultural brasileiro, compete-nos enumerar e analisar algumas polémicas em que o seu nome esteve envolvido. Neste contexto, será incontornável discutir algumas acusações de pouca qualidade científica, escasso valor informativo ou académico dos seus livros e até de plágio, bem como as suas divergências com o folclorista brasileiro Sílvio Romeiro, conhecidas como *Querela dos Originais*. No Brasil e em Portugal do final do século XIX, a polémica (oral ou escrita), conjuntamente com o pamfletarismo era uma forma, nem sempre pacífica, de os intelectuais expressarem e trocarem a sua opinião sobre um determinado assunto que estava em voga. A Este respeito, Marçal de Menezes Paredes[7] pronuncia-se da seguinte forma:(op.*cit*.109) "a discussão dá-se tal qual um duelo, de onde não sai ileso um dos dois (ou mais) argumentos em disputa"

A discussão entre estes dois intelectuais talvez não passasse de uma entre muitas, se não envolvesse assuntos relativamente novos: os direitos de autor, a propriedade intelectual, a originalidade das obras, o que adquiriu um nível nacional e patriótico e ao mesmo tempo ibero-americano. Uma vez que a obra teofiliana foi muito conhecida no Brasil (tendo as suas ideias republicanas influenciado o percurso da independência deste país e o seu rumo republicano, não admira que Silvio Romero também a tenha lido e conhecido bastante bem. Os dois investigavam e recolhiam a literatura popular dos respectivos países, procurando usar o critério etnográfico para demonstrar a antiguidade das suas nações e a pureza e originalidade das literaturas nacionais. Nos seus escritos, Romero lamenta a ausência de possibilidades de publicar e divulgar as suas obras no Brasil, precisamente devido ao método etnográfico e uma certa postura radical nesse sentido. Para ganhar mais audiência, Romero encontra uma oportunidade em divulgar o seu trabalho em Portugal.Foi justamente graças a Teófilo Braga, que editou as suas obras em Portugal, que Romero conseguiu divulgar as suas ideias nacionalistas acerca da literatura. Apesar de Brasil ter conseguido independência, a delimitação das identidades e culturas nacionais, ainda era um terreno perigoso e negar a influência da cultura portuguesa na formação da identidade nacional brasileira seria, por um ladio, uma estratégia de reivindicar o seu próprio percurso cultural, e por outro, poderia ser entendido como uma afronta para Portugal.

Como os pontos de vista e focos de investigação de ambos os autores eram de tal ordem semelhantes, parecia que se iriam entender facilmente. Porém, foi justamente isso que originou a polémica, no que se falará mais tarde.

Num primeiro tempo, pode-se dizer, que até havia um certo respeito entre eles, até tal ponto que foi o próprio Teófilo a prefaciar *Os Contos Tradicionais do Brasil*, compilados por Romero. Entre tanto, no arigo intitulado "A poesia Popular no Brasil"[8], o intelectual brasileiro analisa algumas obras de Teófilo, Nomeadamente o *Cancioneiro Popular Portuguez, O Romanceiro Geral* e a *História da Literatura Portuguesa*, e parece que não lhe perdoa uma drástica mudança de opinião de românticoexaltado a positivista racional e anti-metafísico. O que poderia atingido Teófilo Braga mais do que estas acusações, é a posição de Romero relativamente à situação da intelectualidade em Portugal, que o pensador brasileiro qualifica de medíocre.

Romero acusa Teófilo de se ter apropriado do critério etnográfico, próprio da sua investigação. Entre as acusações dirigidas a Braga, encontra-se também uma muito grave, a de ter alterado partes do texto original do pensador brasileiro, sem o consultar nem lhe pedir autorização. O que acontece é que no estudo introdutório Braga utilizou partes do texto incorporado na introdução dos *Contos Populares do Povo Português,* que já tinha sido parte de uma outra obra de Braga.

Vale recordar que nos círculos políticos, literários e intelectuais da época, Teófilo Braga tinha numerosos rivais, que se deviam em parte, ao seu comportamento e relações interpessoais nem sempre fáceis de compreender, ao seu carácter e frequentes mudanças de humor, e em outra parte à sua prolífera produção científica, suspeita por vezes até de pouca honestidade e originalidade. Justamente a isso alega Romero no seu texto "Uma esperteza.Os Contos Populares do Brasil e o Sr. Teófilo Braga. Protesto"[9] chama o trabalho de Teófilo de "charlataneria", o que não ficará sem resposta. Para se defender, Teófilo escreve uma carta de resposta e coloca-a numa obra de Fran Paxeco, quem aproveita esta ocasião para continuar a ofender Sílvio Romero de formas mais graves e sem ter cuidado com a linguagem. Em vez de esta disputa ficar a nível de uma rivalidade pessoal, rapidamente abrangeu outros intelectuais da época, Augusto Franco e Zeferino Cândido no Brasil, ou o referido Fran Paxeco e ainda Eugénio Silveira em Portugal. Para a polémica se tornar ainda mais complexa e interessante, havia no Brasil admiradores de Teófilo e em Portugal defensores de Romero e ao contrário. Procurando defender-se, como ambos eram conhecidos fora das fronteiras dos respectivos países, frequentemente se serviam das fontes espanholas ou francesas para elogiar o seu trabalho e desvalorizar o do colega.

Nesta polémica, não apenas a originalidade e autenticidade dos trabalhos ocupava um lugar importante, como também a "originalidade" de cada nação. Para o substrato que constuía a nação portuguesa, Teófilo tomava a "raça moçárabe", enquanto Romero se baseava a identidade brasileira no conceito da mestiçagem, sendo ambas as teorias hoje em dia consideradas cientificamente incorrectas e ultrapassadas. No entanto, o que as une é uma certa "impureza": o mestiço brasileiro, nem é índio, nem é descendente de europeus, bem como o moçárabe é um cristão que vive ao lado dos árabes e adapta-se ao seu modo de viver. Criando desta forma um imaginário colectivo que destacaria ambas as nações, a portuguesa e a brasileira, Teófilo e Sílvio trabalharam muito em prol da especificidade das suas culturas, pretendendo demonstrá-la cientificamente, embora nem sempre da forma mais adequada,

A nosso ver, ambos foram personalidades conflituosas, que não aceitavam facilmente uma opinião divergente da sua, que não tinham pruridos em utilizar estratégias pouco académicas para comprovar a sua autoridade e supremacia na área a investigar e essa parte do seu carácter diminuiu até certo ponto o valor e a imparcialidade dedeterminados trabalhos de cada um.

Se tivermos em conta que esta polémica não foi a única em que Teófilo participou (lembremo-nos também da Questão Coimbrã, posteriores disputas com Alexandre Herculano, Antero de Quental, Adolfo Coelho ou ainda alguns colegas do ambiente político), poderemos entender que este autor português ,seguramente, foi uma pessoa difícil de abordar, bem como o são, por vezes, certas obras da sua autoria, o que pode provocar opiniões contrárias acerca da sua pessoa e trabalho. Porém, justamente esta característica de ambivalência mantém vivo e activo o interesse dos investigadores, que o continuam a estudar, quer para procurar defendê-lo, quer para menorizar os sus méritos na ciência, literatura e política portuguesas.

1.8 Lugar e valor da literatura popular na obra teofiliana

Tendo em conta que quase que não existe género folclórico que de uma ou outra formma não fosse abordado por Teófilo Braga (desde os provérbios e adágios, contos, cancioneiro, romanceiro) e que as obras *História da Poesia Popular Portuguesa* e *O Povo Português nos seus Costumes, Crenças e Tradições* são da sua autoria, impõe-se a ideia de que a literatura popular ocupa um lugar significativo na vasta obra teofiliana, que, para além da investigação do folclore e da recolha de diversos géneros da literatura de expressão oral, abrange publicações da História de Literatura, Direito, Sociologia, Filosofia, Epistolografia, Política, Poesia e outras áreas. Já foi dito que muitos investigadores criticam Teófilo por não desenvolver o trabalho de campo, por ser um "intelectual de gabinete" e por as suas antologias serem repetitivas e pouco originais em comparação aos trabalhos dos seus colegas..

Contudo, a nosso ver, é inevitável deparar-se com alguma obra de Braga no domínio da literatura de expressão oral, ainda que nos sirva de ponto de partida e reflexão crítica.

A respeito da relevância de estudar a literatura popular e de compreender as tradições, Teófilo Braga tem a seguinte opinião (Braga, 1984, 79):

> Assim como se conhece a originalidade das literaturas pelo fundo das tradições populares em que se baseiam, do mesmo modo se contraprova a sua vitalidade pela aspiração moral ou política de que ellas são a expresão.

Uma questão que nos parece importante aqui é a da "originalidade das literaturas", conceito, a nosso ver, bastante bem enquadrado no contexto do Romantismo, quando era indispensável procurar e comprovar a autenticidade de cada criação literária, no sentido de demonstrar a antiguidade de cada Nação e, com base nisso, reivindicar o direito a um Estado, livre, independente e autónomo, com as suas fronteiras bem definidas. Jacinto do Prado Coelho (197), na sua obra homónima, salienta a originalidade da cultura portuguesa como um conjunto de factores que influenciaram a sua manifestação peculiar: a expansão marítima portuguesa e a ligação íntima com o mar, a longa presença céltica na Península Ibérica, uma "vocação heróica", propi´cia para grandes viagens e aventuras , um "temperamento discreto, matizado", que consiste na moderação, bom senso, controlo de sentimentos excessivos. Nas palavras de Miguel de Unamuno (*apud.* Prado Coelho, *op.cit.*), o culto das almas do Purgatório em Portugal está mais presente e tem uma maior força do que em Espanha, refletindo-se num certo "culto da dor", que moldou o carácter português. Tudo isto, conjuntamente com a saudade, a posição geográfica do país, as divergências entre Lisboa como "Metrópole" e o resto de Portugal como "Província", a ambivalência entre o desejo de "inserir" o país nas tendências culturais europeias e não perder a identidade nacional contribuiu para a criação de uma literatura única, diferente de todas as outras.

A questão da "originalidade das literaturas" hoje em dia é muito discutível, sabendo-se que nenhuma literatura no mundo é monolítica e uniforme, nem absolutamente "pura" e "nacional", tendo vários elementos contribuído para o carácter único dessa específica literatura, que a distingue entre todas as outras.

Na época romântica,esse surto do nacionalismo, ou a nosso ver, patriotismo, justifica-se dados os factores históricos e contexto cultural de libertação e de recriação das nações. Dali, não admira o ressurgimento do interesse pelo folclore, tradições, costumes e herança popular, transmitida oralmente de geração em geração. Foi precisamente no século XIX que se desenvolvem a antropologia, a etnografia e a psicologia como disciplinas científicas autónomas, pretendendo explicar as raízes e as peculiaridades de cada povo ou comunidade. A linguística, a filologia e a lexicografia desempenharam o seu papel relevante no sentido de contribuir para a "dignidade" das línguas vernáculas como instrumentos de ensino e de cultura, em nada inferiores ao latim e ao grego, consideradas como línguas da erudição. A etimologia das palavras, o interesse por escrever ou compilar dicionários e estudos de gramática comparada deram resultados interessantes na análise das raízes comuns das línguas, bem como na descoberta de particularidades de cada uma delas.

Na época que precedia imediatamente à implementação da República em Portugal, tinha uma intenção semelhante à do Romantismo, de demonstrar a antiguidade e o carácter único da Nação portuguesa, a regeneração da Nação através da herança cultural, um distanciamento da ideologia monárquica e a demonstração de uma certa superioridade da cultura portuguesa sobre as outras, manifestada no particular "génio da nação", um ancestral modo de ser, viver, sentir e encarar a realidade, expresso na poesia popular, provérbios, contos, lendas e outros géneros literários. De novo surge o estudo de etnografia, antropologia, psicoogia, fisiognomia, literatura popular etimologia das palavras, desta vez procurando ir mais além das provas históricas imediatas e baseando-se num substrato cultural mais antigo que o greco-romano e com um intuito bastante claro: o de desenhar a cultura portuguesa no mapa do mundo como uma das mais puras e mais antigas na Europa, da qual poderão descender outras culturas europeias. Buscando o esplendor da Nação nas épocas mais remotas e por vezes negando mitos de herança europeia comum, Teófilo Braga considera a literatura popular portuguesa uma fonte por excelência dessa particular "alma" da nação. Nas suas investigações, este autor por vezes peca, querendo derivar a etimologia das palavras das línguas árabe ou celta, mesmo quando os dados não estão certos, ou que existe apenas uma ligeira semelhança fonética, o que hoje em dia não se pode considerar academicamente correcto, nem cientificamente aceitável.

Todos os estudos que Braga desenvolveu neste âmbito, quer de recolha, quer de análise da literatura popular, abundam em possíveis interpretações histórico-políticas, a nosso ver, nada inocentes e com o claro intuito de "indoutrinar" os seus leitores de ideias nacionalistas e nacionalizantes, perfeitamente enquadráveis na ideologia republicana. A originalidade, antiguidade e a imaginada superioridade da literatura e cultura pportuguesa sobre as outras, ideias de que Teófilo era um acérrimo defensor, tinham o seu eco nos círculos intelectuais da época e adquiriram o devido valor cultural (se bem que hoje em dia sujeito à discussão) serviram em grande medida, como um marco para o estabelecimento de um imaginário republicano e para uma maior consciencialização nacional.

Actualmente, alguns estudos teofilianos podem considerar-se ultrapassados, cientificamente pouco fundamentados ou demasiado subjectivos, porém, consideramos que na área da literatura de expressão oral, é inevita´vel cruzar-se de várias formas com as obras, deixando ao critério dos investigadores avaliarem a sua qualidade cientifica rigor académico e valor estético.

1.9 Especificidades do *Cancioneiro Popular Portuguez e Cantos Populares do Arquipélago Açoriano* de Teófilo Braga

Começando a parte mais prática do trabalho, compete-nos mencionar, em primeiro lugar, algumas características comuns da poesia tradicional, a sua autoria, surgimento, vias de transmissão, variantes, para posteriormente contrastar duas obras do mesmo compilador, o que nos parece por vezes mais difícil do que analisar obras de organizadores diferentes.

A dificuldade que pretendemos salientar no caso de Teófilo Braga é precisamente o carácter geral no caso do *Cancioneiro Popular Portuguez (1911)* e o regional nos *Cantos Populares do Arquipélago Açoriano (1982)*. O trabalho de Braga na colecção de mais do que um cancioneiro não é um exemplo solitário na literatura portuguesa. Para melhor ilustrarmos a situação referente à recolha de dados da herança popular portuguesa, parece inevitável citar os três volumes do *Cancioneiro Popular Português* (1975) de José Leite de Vasconcelos, também organizador da antologia intitulada *Poesia Amorosa do Povo Português (1890)*. O seu colega Pedro Fernandes Tomaz coligiu três obras diferentes relacionadas com a herança poética da tradição portuguesa: *Canções Populares da Beira (1896)*, *Velhas Canções e Romances Populares Portuguêses,(1913)* e *Canções Portuguesas* (1934).

Sendo Teófilo Braga oriundo dos Açores, podemos deduzir que as tradições deste arquipélago são as que melhor conhecia, que lhe foram as mais próximas e que uma parte da rica tradição oral açoriana merecia ser recolhida e preservada por ele. Ao longo das leituras dos dois cancioneiros a comparar, notámos algumas diferenças. Após um primeiro contacto não tínhamos a sensibilidade e minúcia suficientes para determinar exactamente as peculiaridades de cada uma das antologias.

Procurando esclarecer o objectivo da investigação, torna-se necessário estudar a temática, estrutura, motivos e outros aspectos formais, concentrando-nos posteriormente nas características do conteúdo. A primeira diferença "visível" é que o *Cancioneiro Popular Portuguez* está dividido em dois volumes e contém apenas matrerial lírico, enquanto os *Cantos Populares do Arquipélago Açoriano* têm apenas um volume, em cuja segunda parte se registam canções lírico-épicas, nomeadamente romances. Isto não significa a escassez de romances tradicionais uma vez que o *Romanceiro Geral Portuguez* organizado por Braga tem três volumes, tal como o de Leite de Vasconcelos ou o de João David Pinto Correia, coligido posteriormente. O facto de no segundo livro se encontrar uma secção destinada também aos romances pode ser apenas um indicador de natureza prática: lembrar os açorianos que na sua terra paralelamente existem, criam-se e transmitem-se dois géneros poéticos diferentes, embora nem sempre facilmente separáveis.

Como afirmou José Leite de Vasconcelos na *Poesia Amorosa do Povo Português*, o tema dominante na poesia tradicional portuguesa é certamente o amor. Para explicarmos tal situação, poderíamos recapitular alguns dos postulados das teorias do carácter nacional português, a sua inclinação para o melancólico, um determinado fatalismo, a inevitável Saudade, o que será analisado posteriormente (citar a minha tese).

Nesta parte da investigação compete-nos dar algumas referências básicas sobre a definição da literatura popular, e o lugar do cancioneiro dentro dela. Ainda que pareça simples, o termo *literatura popular/ tradicional/oral* tem vindo a causar polémicas entre os estudiosos e mencionaremos apenas algumas das tentativas de se resolver esta questão. No que respeita à literatura oral, o "problemático" parece ser o vocábulo literatura, proveniente da palavra latina *littera* que sigifica "letra" e letra não se pode aplicar à oralidade. A duplicidade de significados do *popular* (o que vem do povo, feito ao gosto do povo, e famoso) provoca ainda maiores maus entendidos entre os especialistas, e a continuação referiremos apenas as opiniões de José de Almeida Pavão Jr. (1981) e Manuel Viegas Guerreiro, considerando estes dois investigadores entre os maiores especialistas na matéria. O primeiro autor destaca que "popular" provém do "povo", podendo ser oposto ao "artístico", "culto" ou "literário" e faz uma distinção importante entre o popular como criação do povo e o popularizante, uma categoria que abrange obras de autores conhecidos, cultos, inspiradas na tradição e ao gosto do povo. Por sua vez, Manuel Viegas Guerreiro (1978) opta pelo uso do termo "literatura popular" encontrando algumas imprecisões nas designações deste conceito como "literatura oral" ou "literatura tradicional". Porém, numa obra editada em 1992, justapõe os três termos (literatura oral/popular /tradicional), deixando, desta forma, ao critério do leitor o uso do vocábulo mais apropriado.

Nos autores africanos e brasileiros, nomeadamente Joaquim da Costa Lourenço Rosário (1989) e Luís da Câmara Cascudo (1984), é frequente a utilização do termo "literatura de expressão oral", considerada por muitos investigadores como a mais próxima da realidade e a mais correcta.

Passaremos agora a explicar a origem, autoria e vias de transmissão da literatura popular, para depois determinarmos melhor o lugar da poesia popular dentro deste âmbito e explicarmos algumas das especificidades da poesia lírica portuguesa. Vasile Alexandri (*apud.* Irinescu 2003) afirma que as características mais importantes da literatura popular são quatro: é anonima, oral, colectiva e sincrética. O anonimato do possível "proto-autor" pode explicar-se de várias formas: a escacez de documentos escritos que possam confirmar a autoria de determinadas obras, a forte consciência da pertença do indivíduo a um colectivo, a grande influência da mentalidade e filosofia judaico-cristãs, em que cada artista importava apenas como um "servo de Deus", sem se destacar demasiado o seu carácter pessoal, o desejo de legar a sua criação à comunidade. Esta pode ser a razão de, até na literatura medieval culta, são conhecidos poucos nomes dos autores. A oralidade da literatura tradicional deve-se ao facto de na Idade Média, quando a maior parte das obras literárias populares surgiu , a grande maioria das pessoas ser analfabeta. O segundo motivo que justifica o carácter oral desta literatura é que nas épocas mais antigas do desenvolvimento das sociedades humanas, a palavra ter um grande valor, uma vez que servia não apenas como meio de comunicação, mas também como instrumento de diversão, educação, transmissão de ideias, valores e consciência nacional e ética. Viegas Guerreiro (1978) destaca que a literatura popular foi inventada para ser ouvida e não lida, porque quando se lê, perde uma dimensão importante e assemelha-se a um cadáver que não se decompõe. A colectividade da literatura popular remete tanto para a sua autoria e transmissão, como para o facto de os costumes, modos de ser, estar, agir e pensar das pessoas são inseparáveis das formas que surgem na sua cultura. Por último, o pensador romeno menciona o sincretismo como uma das características fundamentais da literatura oral, o que revela que a esta literatura pode abranger dentro do mesmo género elementos do lírico e do épico, como é o caso dos romances, ou que numa cantiga lírica possam aparecer provérbios, adivinhas e outras formas da sabedoria secular dos povos. A literatura tradicional é também sincrética porque se conjuga bem com a música canto, dança e outras artes.

Para completarmos as ideias neste parágrafo, diremos algumas palavras sobre a autoria da literatura tradicional. Esta questão é tão complexa, que durante muito tempo provocou opiniões e teorias opostas entre vários investigadores. Alguns defendiam as teorias de vários proto-autores (e esta é uma das possibilidades de se explicarem as variantes do mesmo conto, lenda ou poema popular), enquanto hoje em dia prevalecem as hipótese de um autor primordial, que por variados factores ficou em anonimato. Tal como inicialmente uma obra literária oral tinha um único autor, nunca devemos esquecer que também se trata de obras colectivas. Quando se fala nas criações de carácter colectivo, é muito difícil alguém acreditar que um grupo de pessoas, poetas populares, se tenha reunido numa praça, mercado ou outro espaço público com o único objectivo de criar um poema que depois será deixado em herança a inúmeras gerações de descendentes. Para esclarecer o surgimento e a transmissão da literatura, e concretamente a poesia popular, José de Almeida Pavão Jr. (1981) utiliza o sintagma "Poeta-Povo", na qual "poeta" implica a noção de um criador, e "povo" designa um colectivo, com um papel importante na correcção, rejeição ou aprovação de determinadas criações populares. O investigador realça a densidade e concisão das quadras populares como resultado de um longo processo de elaboração, após o qual as ideias ficaram bem organizadas, sintetizadas e reduzidas ao essencial. Dali, a aparente simplicidade e espontaneidade dos poemas populares.

Sobre a importância da poesia popular, Leite de Vasconcellos (1890:10) exprime-se de forma muito simples: "não há povo sem poesia." Mais adiante, este pensador salienta que:

> Para se encontrar a poesia perfeita, não é preciso folhear os grandes poemas, essas concepções ora arrojadas, ora delicadíssimas, que são a glória e o orgulho das literaturas, basta interrogar o povo.

Com esta afirmação, deseja-se, seguramente, enfatizar o papel do povo na criação, preservação e divulgação de uma parte da sua herança. A linguagem falada, as modalidades da voz e dicção do cantor(a) popular, a sua ligação com a música ajudam tornar a poesia em meio mais apropriado para exprimir sentimentos individuais ou colectivos. Quando nos referimos a sentimentos, temos em conta mais à poesia lírica, enquanto a épica se dedica a narrar acontecimentos do passado, sensibilizando desta forma, o leitor para os valores universais de heroísmo, ptriotismo e coragem. Na poesia lírico-épica, o elemento narrativo e objectivo aparece fortemente entrelaçado com o subjectivo e emocional.

Na perspectiva de Leite de Vasconcelos (1890:54), verificamos o lugar da poesia em geral, e sobretudo da tradicional, e o seu valor como imprescindíveis na criação de uma identidade pessoal e nacional, de um conjunto de critérios morais a serem transmitidos ao povo, porque:

Quem se ri da poesia popular, ri-se de si mesmo, está em contradicção consigo mesmo, porque não há ninguém, embora bronco e rude, que num minuto de vida não precise de socorrer de um provérbio, de uma rima tradicional.

Tendo em conta que até aproximadamente os inícios do século XIX, a literatura tradicional tinha sido desconsiderada até tal ponto que quase não se estudava nas escolas, podemos deduzir que o movimento romântico procurava devolver a dignidade à herança e riqueza desse tipo de criações populares. O próprio Teófilo Braga (1902:3) afirma, que, conhecendo a literatura tradicional, as pessoas podem aproximar-se da litreratura culta, sendo que: "a poesia popular tem de abranger o carácter generativo, oral e rudimentar, conduzindo para as formas perfeitas fixadas pela literatura."

Com esta ideia, destaca-se a importãncia da linguagem vulgar, simples e espontânea, podendo servir de ponto de partida de as massas desejarem "cultivar-se" e conhecer outro tipo de obras.

Em defesa da poesia popular, Braga qualifica-a como "uma das mais sinceras manifestações subjectivas da humanidade" (*idem,* p.43.*)*. Aqui se salienta a sinceridade, com que o povo aborda os temas mais profundos inerentes ao ser humano: amor, morte, vida quotidiana, bem como a subjectividade que atribui um teor específico às cantigas. O carácter colectivo e universal da lírica popular é sublinhado na palavra "humanidade", uma vez que nos cancioneiros, algumas constantes da vida emocional humana são elaboradas de forma muito portuguesa.

Sabendo isso, Teófilo Braga colige a literatura popular para preservar do esquecimento uma parte do tesouro cultural do seu povo e da humanidade. Gostando, entendendo e compilando a literatura tradicional portuguesa, provavelmente deseja mostrar a capacidade do povo português de criar e apreciar obras de elevado valor artístico, e pretende dar a conhecer temas, motivos e preocupações humanas, independentemente do espaço geográfico e cultural em que estas obras surgiram. O autor mostra um determinado orgulho por saber que precisamente as cantigas populares do arquipélago em que nasceu são consideradas as mais antigas que o povo português criou.

Para melhor compreendermos esta parte da obrade Braga, concentrar-nos-emos nos aspectos formais do *Cancioneiro Popular Portuguez* e dos *Cantos Populares do Arquipélago Açoriano*. Através da sua estrutura, temas, motivos e linguagem poderemos desenvolver eaprofundar a nossa investigação acerca das características da poesia oral portuguesa.

O primeiro pormenor a salientarmos são os títulos das respectivas obras. Numa é utilizado o termo *cancioneiro*, que já à partida parece simples, indicando uma colecção de canções.

Enquanto Malaca Casteleiro (2001:662) define este conceito como: "cancioneiro m. (de canção do lat. Cantio, onis+ suf. –eiro) 1. colecção de canções 2.Colecção de composições poétiicas da antiga lírica galego-portuguesa *Cancioneiro de Ajuda, Cancioneiro da Biblioteca Nacional*. 3. Conjunto de composições poéticas ou de canções de um ou vários autores que apressentam afinidades formais ou temáticas", podemos reparar que a primeira explicação é muito geral, enquanto as últimas duas se referem exclusivamente a cancioneiros da literatura culta. Em Jacinto do Prado Coelho (1981:146), após uma série de entradas relativas aos cancioneiros de autores conhecidos, cita-se também uma definição do cancioneiro popular, abrangendo as seguintes características: cantigas, geralmente quadras de verso de sete sílabas, em que os primeiros dois versos anunciam a temática geral e os últimos aludem a um caso particular, Destaca-se a contribuição feminina para a transmissão e conservação das cantigas populares, o estilo é espontâneo e conciso, refleccte uma sensibilidade especial e uma profunda visão do mundo. Todas estas características correspondem ao conteúdo das obras compiladas por Jaime Cortesão. José Leite de Vasconcelos e Teófilo Braga, porém existem algumas diferenças na organização, estrutura e temática, o que se analisará posteriormente.

Os compilades da poesia popular nos títulos das colectâneas, geralmente usam o termo "cancioneiro", como mais geral e mais comum. Braga, nas duas obras que coligiu, teve duas opções diferentes: "cancioneiro" e "cantos". À primeira vista, não parece haver diferenças significativas, sendo os dois termos denominadores de antologias de poesia, destinada para ser cantada. O segundo, aplicado à colectânea de cantigas populares açorianas talvez pareça mais simples, implicando também o aspecto tradicional, de cantar nos Açores (desde as janeiras, até à Noite das Estrelas e várias outras manifestações populares em que o canto parece ser um elemento indispensável).

No caso das obras recolhidas por Teófilo Braga e outros compiladres da época, no título aparece a qualificação "popular". Na altura, esta designação parecia a mais adequada e não aparentava poder levantar discussões terminológicas.

Comparando os cancioneiros de Braga e dos outros organizadores, constatamos a diferença em termos de volumes, estrutura, critérios estéticos, localidades de recolha. Observamos também que cada compilador agrupa as cantigas por ordem temática, dependendo a forma de abrir a colectânea de critérios pessoais. Leite de Vasconcelos, nomeadamente, situa em primeiro lugar na sua antologia as "cantigas de começo", que abordam o processo da criação e transmissão poética. Jaime Cortesão, por sua vez, dá a preferência às cantigas sobre a natureza e a terra natal, provavelmente para destacar a relevância das raízes e da proximidade do homem com o meio natural. Teófilo Braga, porém, opta por abrir o primeiro volume do *Cancioneiro Popular Portuguez*, pelas cantigas amorosas, seguramente por serem as mais predominantes na poesia popular portuguesa.

No que respeita à variedade de temas, verfica-se também que, a pesar das inúmeras semelhanças entre as obras em questão, vale sublinhar algumas diferenças: nomeadamente, o terceiro volume do cancioneiro de Leite de Vasconcelos está quase todo dedicado a cantigas de carácter religioso, enquanto em Cortesão e Braga esse número é bastante reduzido. No primeiro caso, pode dever-se ao tamanho da colectânea, enquanto no último podemos, tal vez avistar uma certa posição de Braga relativamente a religião e à Igreja católica.

Na sua segunda parte do *Cancioneiro Popular Portuguez* o compilador dedica uma secção ao "cancioneiro sagrado", concentrando-se mais nos "os fastos do ano", isto é, as datas das festas religiosas, algumas personagens bíblicas, modos de memorizar mais facilmente determinadas orações e mandamentos da Igreja. Cita também as cantigas das romarias, como partes da tradição religiosa portuguesa. Semelhante atitude de Braga não é, a nosso ver, indicadora da sua descrença ou de qualquer crise da fé a nível pessoal, que o pudesse levar a omitir propositadamente cantigas religiosas ou diminuir o seu número no *Cancioneiro Popular Portuguez*.

Vale mencionar também que a religiosidade popular portuguesa se pode caracterizar mais como próxima do povo e da natureza, do que propramente o seguimento rigoroso dos dogmas católicos. Na nossa Tese de Doutoramento (*op.cit.)* abordámos este problema e vimos uma sincera e profunda religiosidade, proximidade com Deus, Virgem Maria e os santos, a plena confiança que o povo tem em expor-lhes os seus temores, dúvidas, felicidades, inquietações, bem como em dirigir-lhes críticas e arrufos, quando necessário, embora por vezes, por detrás do cristianismo institucionalizado se escondam tradições muito mais antigas. No nosso estudo verificou-se também que as recorrências às forças divinas são as mais frequentes quando é necessário pedir uma intervenção na matéria amorosa.

Nos *Cantos Populares do Arquipélago Açoriano* há poucos poemas populares referentes aos "mandamentos da egreja", aos sete sacramentos e uma secção intitulada "doutrinal de orações", dedicada às festas populares, ensinamento de orações e regras morais propostos pela Igreja cristã. O que nos chamou a atenção na segunda colectânea de poesia popular portuguesa é justamente a palavra "doutrinal". Não obstante um determinado anticlericalismo e anti-dogmatismo de Braga, esta palavra pode revelar o seu carácter metódico, rigoroso e interessado mais proprimente nos ensinamentos morais destas cantigas do que no seu conteúdo religioso.

Nos comentários do compilador ao *Cancioneiro Sagrado (*1913:II:469) consta também o seguinte: "Há nas sociedades humanas forças que conservam pela estabilidade dos Costumes, e forças que impulsioinam pelo desenvolvimento de Ideias". Na siua opinião, tal é o caso da religião e de um número de costumes "que se praticam sem noção do que representam *(idem).*

Para além de amor e religiosidade, os temas presentes nos cancioneiros de Teófilo Braga e outros autores da época são: cantigas para crianças, satíricas, históricas, destacando-se também o *Cancioneiro Político.* Embora Leite de Vasconcelos tenha encontrado cantigas de carácter popular com temática histórica e política (incluíndo algumas canções que datam do século XX referentes a certos acontecimentos e personagens da criação da República), focaremos mais aabordagem de Braga desssas cantigas nas suas colectâneas.

Como subtítulo ao Cancioneiro Político, Braga refere o sintagma: "Histótia de Portugal na Voz do Povo", remetendo para o facto de que na sua colectânea poderemos encontrar referências a vários acontecimentos desde os primeiros séculos da História portuguesa até à sua época.

Nas notas prévias a esta parte do *Cancioneiro Popular Portuguez,* o compilador explica a origem de determinadas expressoões, que posteriormente adquiriram o sentido idiomático ou proverbial, nomeadamente "velho como a Sé de Braga", "a lá vão Leis do querem Reis", e outros, fazendo componentes das cantigas.

Das personagens históricas que mereceram o seu lugar no imaginário poético do povo português mencionam-se o rei D. João III, o rei D. Sebastião, o Cardeal D. Henrique, bem como a Inquisição e a Igreja como duas instituições de extrema importância para a História de Portugal

Todas as personagens e instituições enumeradas, do ponto de vista dos transmissores da poesia popular, são dignos de acérrimas críticas e acusações: traição, o excesssivo gosto por dinheiro, o facto de terem "cedido" Portugal aos Espanhóis. Por outro lado, é celebrado o Marquês de Pombal e a sua atitude epolítica após o terramoto em Lisboa em 1755. Para esse efeito, é citada a sua célebre frase: "sepultar os mortos e cuidar dos vivos" e fechar os portos". (Braga,1911:433)

Quando o rei perguntou ao seu General o que se haviade fazer nesse momento, segundo reza a lenda, a resposta foi esta, reflectindo o pragmatismo e utilitarismo da política dos adeptos de Pombal: sepultar os mortos poderia referir-se a meras questões higiénicas, para se impedir a difusão de doenças contagiosas, como também pode encerrar uma dimensão simbólica de acabar com o passado. A segunda parte da frase refere-se À ajuda aos sobreviventes do terramoto, bem como se pode entender como a necessidade de viver no presente e ser realista em cada momento, enquanto a última pode indicar a urgência de fachar literalmente os portos e agir com prudência para evitar novos problemas que agravariam o estado depois do terramoto.

Posteriormente, a poesia popular encontra formas de se revoltar contra o Marquês designando-o como ladrão e desejando-lhe morte na prisão. Por um lado, observamos a capacidade do povo de elogiar certos méritos de uma figura importante da sua História e, por outro, não deixa de reprovar determinados comportamentos que o caracterizam de ladrão. Resta pensar se as cantigas populares que surgiram na época da criação da Primeira República vêem o Marquês de Pombal nesse prisma depreciativo também por representar o regime monárquico.

Ao rei D. Henrique, a poesia do cancioneiro reservou-lhe um lugar (*idem, 399*)"no Inferno muitos anos" por ter "deixado em testamento Portugal aos Castelhanos". O mitificado rei D. Sebastião numa parte da herança popular portuguesa é qualificado como "sem experiência", o que o levaria a Portugal por caminhos, segundo muitos especialistas, historicamente errados. A rainha D. Maria I, na poesia do cancioneiro, é qualificada como pessoa que de "nada dispõe," aludindo-se desta forma, indirectamente, à sua doença mental e incapacidade de governar.

O monarca português D. João III no imaginário popular é visto como "ingrato", "cruel", "tirano". Estas designações poder-se-iam entender melhor no contexto histórico, sabendo que este rei, filho de D. Manuel I, foi conhecido como extremamente religioso, o que o levou a permitir um grande poder à Igreja Católica, tendo introduzido a Inquisição em 1536. Continou com o governo absolutista, daí entenderem-se as designações que a cantiga lhe atribui.

Portugal personificado (*idem,411*) numa imagem poética, lamenta-se de que a França lhe "pegou o seu mal", e continuando a pronosticar um futuro pessimista à identidade nacional e cultural, no verso "jamais serei Portugal".

Dom João V, numa quadra popular do cancioneiro compilado por Braga, não vale "nem cinco réis". Aqui podemos pensar na ambiguidade da palavra "reis", como "moedas anteriores ao escudo" e o plural da palavra "rei".

Alude-se, noutras cantigas, também às conspirações dos fidalgos contra determinados reis portugueses, tal como a determinados vícios dos membros da nobreza. Leia-se a quadra (*idem*, 425):

> Quem furta pouco é ladrão,
> Quem furta muito é Barão,
> Quem mais furta e esconde
> Passa de Barão a Visconde

Neste caso, trata-se de um episódio histórico, que opróprio Teófilo Braga explica nas "Anotações ao cancioneiro político". Referino-se à figura do Barão de S. Lourenço, Ministro das Finanças, que tinha a reputação de corrupto e que, não obstante, tinha sido promovido a Visconde. Esta cantiga, no nosso entender, denuncia também a duplicidade de critérios da justiça do regime monárquico, segundo os quais o pobre e quem rouba pornecessidade ("quem furta pouco") é julgado de uma maneira, difamado e considerado como ladrão, enquanto os membros da nobreza, expostos a maiores tentações e crimes acabam por ser privilegiados e socialmente aceites e respeitados.

A crítica da luxúria, da desonestidade e a sátira contra os comportamentos dos bastidores do regime monárquico põe de manifesto o descontentamento do povo com a situação no país. Cantigas como esta poderiam talvez favorecer o espírito revolucionário republicano, apregoando a necessidade de mudanças políticas e sociais e a implementação de um outro sistema de valores. A voz popularexprime também a opinião sobre uma solução democrática para determinados problemas actuais no país. Veja-se o exemplo (*idem, 426*):

> Se te queres salvar
> E a Lusa Nação
> Larga tudo e agarra-te
> À Constiuição .

Criticam-se os membros da realeza e alta nobreza e exige-se a democratização e liberalização do país. Satirizando a situação política em Portugal, o povo através da poesia anónima continua a exprimir as suas opiniões sobre os soberanos que o governaram durante séculos: O Rei D. Pedro III exilado no Brasil é chamado de "rei dos macacos" e por sua vez, no imaginário popular D. Maria II é obrigada a fiar numa roca para pagar as dívidas. Enquanto à primeira vista D. Miguel traz "salvamento a Portugal", mostra muito respeito pela mãe e beija-lhe a mão, nos versos posteriores notaremos a referência a ele como a alguém que (*idem, p.434*) "tem cem anos de perdão". Esta alusão seguramente remete para o provérbio popular português (*in*: Parente, 2005:314) "ladrão que rouba a ladrão tem cem anos de perdão".

Não obstante D. Miguel I ser indirectamente caracterizado de ladrão numa cantiga, noutra é designado como "legítimo herdeiro", podendo implicar a duplicidade de perspectivas entre o povo durante as Guerras Liberais Portuguesas.

A tradição oral portuguesa defende e celbra a personagem de Maria da Fonte como mulher corajosa e leal à Nação, e nela vêem-se elementos que o povo deseja aplicar à imagem de um "verdadeiro português": coragem, patriotismo, lealdade. Se estes traços de carácter se referem a uma mulher, simultaneamente personagem histórica e mítica, provavelmente, pretende-se destacar que na construção da identidade nacional e na transmissão de valores a gerações futuras o papel dos géneros masculino e feminino é de igual importância.

Embora Teófilo Braga procure explicar e justificar os acontecimentos históricos, inspiradores das cantigas políticas e à primeira vista tenha um tom neutro e imparcial, observamos que as partes da História portuguesa, escolhidas para fazerem parte do seu *Cancioneiro Popular Portuguez*, bem como os actores desses acontecimentos foram representados de forma bastante negativa. Deste modo, parece-nos que o compilador pretendeu insinuar que a poesia tradicional, considerada a voz do povo, reflectia as suas opiniões, tendências e desejos de uma mudança radical na sociedade.

Reunindo uma série de erros e comportamentos não desejáveis dos reis, nobres e representantes do clero português, Teófilo Braga, utilizando elementos da herança oral do seu país, deseja salientar, suave e indirectamente as desvantagens do sistema monárquico.

Por isso, provavelmente, no cancioneiro coligido por ele, não aparecem D. Manuel I, D. João II, Afonso Henriques e outros reis gloriosos de Portugal. Nesta colectânea apela-se para a formação de uma forte identidade nacional, através de exemplos positivos como Maria da Fonte. Revelando os defeitos dos representantes da monarquia e do clero, insinua-se nestas personagens a ausência de uma verdadeira pertença à Nação portuguesa.

Nos *Cantos Populares do Arquipélago Açoriano*, a parte do cancioneiro reune poemas de temática amorosa e religiosa, enquanto na parte do romanceiro existem temas novelescos, marítimos, sacros, mouriscos e históricos. A tematização dos acontecimentos históricos no romanceiro, género lírico-épico, próprio de episódios narrativos, já carece da dimensão satírica e irónica com que são aborddos no cancioneiro.

Partindo de viagem para o além-mar (1982:304), um rei português deixa de ter todas as características negativas descritas no *Cancioneiro Popular Portuguez*, passando a ser "Sua Alteza Deos a guarde". Embarca num belo navio, é valente, defensor e lutador, figura digna de orgulho da nação. Esta diferença na apresentação das personagens reais na poesia popular lírica e lírico-épica coligida por Teófilo Braga pode dever-se, por um lado ao facto de os romances históricos servem também para documentar episódios do passado nacional e reforçar a identidade cultural.

Como forma de completarmos esta secção, parece-nos imprescindível mencionarque no *Cancioneiro Popular Português,* coligido por José Leite de Vasconcelos (1975), existe uma parte de conteúdo histórico e político, intitulada "Os Ecos da História", em que os acontecimentos cantados se organizam cronologicamente desde a Idade Média até ao século XX. Apenas para ilustrarmos o conteúdo destas cantigas, diremos que o rei D. Dinis (*op. cit. 488)* "fez tudo quanto quis/ E se mais quisera/, 'inda mais fizera", a Nossa Senhora chora ao ver os Portugueses derrotados em Alcácer-Quibir, criticam-se as invasões napoleónicas. Para o Cardeal-rei D. Henrique é reservada a mesma cantiga anteriormente citada em Braga, e o mesmo lugar no Inferno. D. Miguel é coroado e o povo dedica-lhe letras de ouro nas páginas da história. D. Pedro não é exposto a críticas, a D. Maria II (*op. cit.* 496) ajuda "a vencer esta batalha real". Para Maria da Fonte reservam-se os mesmos elogios que na obra de Teófilo Braga. Menciona-se Sidónio Pais, já da época da I República, mas a nosso ver, em Leite de Vasconcelos não parece haver tendências de usar a literatura popular para fins políticos, mas apresentando os factos históricos como reflexos da realidade e em simultâneo como partes do imaginário popular.

As cantigas coligidas por Leite de Vasconcelos também podem ter um carácter educativo e também promovem os valores nacionais, mas de uma outra forma, mostrando que os reis dignificaram e glorificaram certas épocas do passado de Portugal, e que também a monarquia faz parte da identidade portuguesa e do orgulho de ser português. Leite de Vasconcelos apresenta também cantigas que evocam a pariipação dos portugueses na I Grande Guerra, destacando o heroísmo e a glória.

Nos volumes do *Cancioneiro* deste compilador nos *Ecos da História* revelam-se os fenómenos científicos, nomeadamente cometas e a sua apreciação em Portugal. Parece-nos qua a secção das cantigas de conteúdo histórico e político da colectânea organizada por Leite de Vasconcelos é muito mais abrangente e imparcial do que no de Braga, podendo este último não estar completamente isento de valores de juízo respeitantes à monarquia e ao clero.

1.10. Da Questão Coimbrã à literatura portuguesa do fim do século
Contexto cultural e o papel de Teófilo nas disputas literárias do seu tempo

Esta parte da investigação requer um olhar para o contexto sociocultural e as crições literárias que surgem em Portugal na segunda metade do século XIX português, analisando o papel da literatura na sociedade, quer como uma fuga aos problemas do indivíduo, quer como uma reacção politicamente comprometida e uma arma que denuncia as desigualdades e injustiças sociais. Para este subcapítulo, daremos um panorama literário a partir da Questão Coimbrã, também conhecida como a Questão de Bom Senso e Bom Gosto, que se realizou em 1865, e que representa uma disputa literária que se iniciou noc círculos intelectuais da Universidade de Coimbra e cujo objectivo principal foi determinar a posição da literatura e o pepel dos escritores na sociedade. O foco das querelas incidia sobre a apreciação da "literatura pela literatura", isto é, abordava as preocupações meramente estéticas da literatura e a sua função evasiva na realidade , tendência à que se contrapunha um papel mais proactivo de todos os géneros literários relativamente à situação em que o país se encontrava.

Para Carlos Reis (1989), tratava-se de uma oposição entre o passado e o futuro, bem como a de romantismo e o positivismo. Em outras palavras, quando o Romantismo em Portugal, com a sua linguagem, temas, preocupação com a recuperação do passado nacional, tinha atingido a sua decadência, era necessário procurar outras inspirações e correntes literárias, mais actuais e consentâneas com a realidade portuguesa da segunda metade do século XIX. Diferentemente da França. Inglaterra, Alemanha e outros países europeus mais desenvolvidos e industrializados, Portugal era na altura ainda um país rural, conservador, com a baixa taxa de alfabetismo e sentia-se um atraso intelectual relativamente às correntes socioculturais que estavam em voga na Europa. Na opinião de José Carlos Seabra Pereira (*in*: Reis 1995:52), a literatura portuguesa do século XIX caracteriza-se pelo "pessimismo agónico, "ostentação do desequilíbrio psiconervoso, religiosidade excêntrica e ocultismo", revelando uma "complexa crise da moralidade e de intelectualidade, de pobreza económica e de miséria mental". O autor defende que a intelectualidade portuguesa da época estava revoltada contra a excessiva influência estrangeira nos estilos, modas e tendências literárias e que procurava questionar os padrões pré-estabelecidos, buscando (*idem*, 51) "elemento e estímulo iminente para a revolução do futuro.". Com o desenvolvimento das ciências naturais e o s avanços tecnológicos descobertos no Ocidente europeu, parecia natural alterarem-se também os paradigmas literários, e o lirismo exacerbado, excesso de imaginação ou a exagerada representação das paixões já não pareciam ter cabimento nas Letras portuguesas.

No ano 1865, quando se realizou a disputa literária em Coimbra, António Feliciano de Castilho, considerado a maior autoridade nas Letras portuguesas após a morte de Almeida Garrett e um fervoroso defensor da "literatura oficial", e de um *status quo*, respeitante aos cânones e modelos literários prefaciou o "Poema da Mocidade" de Pinheiro Chagas, dedicado a Feliciano de Castilho e por ele posfaciado. Simultaneamente Antero de Quental deu a conhecer as suas *Odes Modernas*. Estes dois textos parecem paradigmáticos como dois pólos opostos no que se refere ao universo tematológico das tendências literárias em colisão.

José Esteves Pereira , no artigo "A tensão entre progresso e tradição" (*in*: Reis, 1990) refere tratar-se de um antagonismo entre o romantismo de raízes arcádicas", representado na pessoa de Castilho e tendências mais reaccionárias representadas em Antero.[10]

Por um lado, temos um elogio à juventude, sonhos devaneios, amores, glorificação do primeiro amor e da sua doçura, própria de uma idade bela e irrepetível, baseando o poema numa série de clichés literários, que podiam parecer sem vida e originalidade, e por outro, um clamor pela transformação poética e pela introdução da contemporaneidade e mudança, que parecia urgir na sociedade e na literatura. Pinheiro Chagas (*apud*, Ferreira, Marinho, 1988) manifesta abertamente a posição contrária a quaisquer inovações, revoltando-se contra o estilo de Antero de Quental, pronunciando a seguinte crítica: "Chamar ode ao que nem é uma charada". Nesta afirmação, parece notar-se bastante bem uma postura "clássica" relativamente à literatura, que propõe o respeito das formas métricas e modalidades estróficas, a linguagem e um universo temático próprio de cada género literário.

Na opinião de Alberto Ferreira e Maria José Marinho (*op.cit.*) trata-se de uma disputa literária que marcou a dissolução definitiva do Romantismo e o início do Realismo em Portugal.O Realismo, como o seu próprio nome sugere, enquadra-se numa visão objectiva, fiel, impessoal e crítica da realidade social. Daí, nas literaturas europeias, não admira o interesse dos escritores por uma galeria de personagens de estatutos sociais baixos: operários, criados, prostitutas, prisioneiros, endividados. Como uma espécie de "manifesto" do realismo europeu considera-se o conjunto de obras de Honore de Balzac, intitulado *Comédia Humana*. Na Rússia, por exemplo, é habitual atribuir-se ao Realismo uma forte dimensão de crítica social, tendo-se tornado célebre uma frase da obra *O Revisor* de Nikolai V. Gógol "O espelho não tem culpa se o rosto é feio". O "espelho" em questão é a obra literária e o "rosto" é a sociedade que se representa, critica, satiriza ou caricatura. Neste sentido, a literatura deve ser socialmente empenhada, para ajudar os leitores a reflectirem sobre os problemas que afectam uma sociedade, tendo uma função correctiva e didáctica.

Em Portugal, o texto que serve para esse efeito é uma comunicação de Eça de Queirós, inserida no âmbito das Conferências do Casino, intitulada "Que é, pois, o realismo?", em que esta corrente é entendida como uma lei ou guia para o pensamento humano "na eterna região do belo, do bom e do justo". Assim sendo, trata-se de uma estética muito mais complexa do que uma representação fiel, quase fotográfica da realidade objectiva.

Segundo Annabela Rita (*in*: Rita, Vila Maior,2011:57), o que se procurava na literatura portuguesa da segunda metade do século XIX, quando o país estava a caminhar para a preparação de um novo clima político era:

> O esteta comprometido na (re)construção da identidade colectiva, abalada por brutal mudança de paradigma, em plena crise da consciência: a visão de um mundo estabilizado por acção de uma transcendência omnipotente (…)

Daí, não admira tanta preocupação dos participantes na Questão de Bom Senso e Bom Gosto pelo compromisso social e político da literatura, em vez de colocar em primeiro plano a "estética pela estética". Ao contrário do que se possa pensar após uma primeira leitura desta questão, os participantes das discussões literárias em Coimbra davam um lugar importanteá beleza do estilo e à linguagem elaborada, apenas num outro sentido, utilizando a palavra como arma de críticasocial em vez de a observarem como mero adorno discursivo. Um dos textos mais representativos desta querela literária, foi, seguramente o contributo de Teófilo Braga, intitulado "Teocracias literárias" em que (Braga, *in*: Ferreira, Marinho, *op.cit.* 15) exprime os seus pontos de vista, um tanto radicais, referentes à criação literária da época. Leia-se o excerto:

Tudo o que se escreveu até 1836 desde o começo do século, não passa de uma reprodução automática de formas arcádicas, já sob maneira divertida, já sob o estilo sublime.

Como referência, Teófilo propositadamente menciona o ano em que Feliciano de Castilho publicou um poema longo en quatro cantos, intitulado *A Noite no Castelo*.

Pretendendo menorizar o estilo, a imaginação e os modelos literários do seu rival, Braga não parece ter proridos em empregar as seguintes palavras (*idem*, 339):

> O Sr. Castilho não é bem Homero, mas dormita sempre, abalado ao canto das cigarras ddebaixo da olaia, enquanto não sabe o que é o homem, nem procura saber a razão do movimento da sua época.

Comparando o seu rival a um dos maiores vultos das letras clássicas, Teófilo Braga é, naturalmente, irónico, denunciando o mecanismo de imitação como uma mera falta de originalidade da escrita de um dos poetas mais aclamados nos círculos intelectuais doséculo XIX português. As cigarras e a olaia, conjuntamente com o verbo "dormitar" são claras associações ao *locus amoenus*, característico do romance pastoril e da literatura arcádica no geral. Esta tendência opõe-se à literatura como uma arma activa na luta social e política e na criação de uma maior consciência acerca dos problemas que afectam um país no seu tempo e das necessidades humanas mais imediatas.

Nas suas acusações contra o poeta em questão, Braga (*idem*) vai mais longe, designando a sua criação literária de fingimento, como se poderá verificar na citação que se segue:

> A mentira é uma perversidade da morte, principalmente no que diz respeito aos sentimentos, que não discute, mas deixa impressionar somente. Não é assim que se é pontífice das letras.

Menosprezando a reputação e estatuto que António Feliciano de Castilho tinha na intelectualidade portuguesa, Teófilo alude à superficialidade do sonteúdo das suas obras, sendo o factor sentimental apenas um elemento enfático que serve para agradar ao público. Na perspectiva teofiliana, qualquer sentimento numa obra deve ter a sua razão de ser, merecendo uma análise profunda. Aqui, já é visível a inclinação de Braga para a explicação racional e científica de todos os fenómenos, própria da filosofia positivista, cujo grande defensor e propagador em Portugal era justamente este político português.

Não se limitando à disputa da qualidade literária da escrita do seu adversário, Teófilo Braga debruça-se também sobre aspectos pessoais, pondo a relevo seus os defeitos físicos. Desta forma (*idem*), afirma que "o Sr. Castilho deve a sua celebridade à infelicidade de ser cego". Considerando esta opinião uma acusação grave e uma prova de que o aclamado historiador e crítico da literatura portuguesa não sabia distinguir muito bem as esferas profissional e privada quando era necessário atacar os que não comungavam nas mesmas ideias com ele, o que nos parece pouco académico e eticamente incorrecto.

Retomando a ideologia da Questão Coimbrã, é frequente ouvir-se falar na racionalidade, materialismo, argumentos científicos e negação de qualquer misticismo como características mais destacadas do grupo de escritores que participaram na disputa de Coimbra, defendndo a urgência das mudanças na literatura. No entanto, sendo todos eles republicanos, preocupados também com a vertente ética da literatura e das artes, José Estéves Pereira (*op.cit.*) afirma que esta geração era muito anticlerical e anti-religiosa, acrescentando que todos eles invocavam a necessidade de um "espiritualismo corrector". O factor espiritual tinha aqui um significado moral, já que os participantes nesta querela conheciam e liam as obras de Kant, Hegel, Schopenhauer e outros grandes vultos da filosofia alemã e provavelmente foram influenciados pelas suas ideias, Na mesma linha de pensamento, Sérgio Campos Matos (*in*:Silva Cordeiro 1999) refere tratar-se de "positivistas na ciência" e "realistas na arte", que, não obstante, apreciavam a "dimensão humana e poética dos valores cristãos" tais como a compaixão, o amor, a fraternidade, o perdão, a caridade e a esperança. Em tudo isto basear-se-á uma nova educaçã republicana, de modo a criar cidadãos moralmente correctos, honrados e úteis à Nação.

Outra circunstância indispensável para se compreender o cenário cultural português da segunda metade do século XIX, são seguramente, as *Conferências Democráticas do casino Lisbonense*, popularmente conhecidas apenas com o nome abreviado de Conferência do Casino. Nelas Participaram os maiores vultos da intelectualidade portuguesa da época: Eça de Queirós, Antero de Quental, Francisco Adolfo Coelho, Teófilo Braga. Augusto Soromenho, Manuel de Arriaga, Oliveira Martins Realizaram-se entre 22 de Março e 26 deJunho de 1871. Estes autores pertenciam ao Grupo do Cenáculo, mais conhecido como a "Geração de 70", Muitos especialistas na matéria consideram as Conferências uma continuação da Questão Coimbrã.

Descrevendo o ambiente em Portugal na altura destas duas grandes disputas literárias, Álvaro Manuel Machado (1976:24) sustenta que:

O tédio invadia a acapital e contaminava novos e velhos. O baixo nível de cultura era mascarado por uma imitação grotesca da vida nos grandes centros mundanos europeus. Imitação, antes de mais de Paris, de que Chiado é uma ridícula amostra.

Insatisfeito com o clima intelectual no país da segunda metade do século XIX, o autor é ligeiramente irónico, pretendendo justificar a revolta dos participantes das Conferências contra o atraso no ensino, na política, nos pontos de vista intelectuais, que reinavam em Portugal daquele tempo. Nesta conformidade, Machado designa Antero de Quental, Eça de Queirós e Oliveira Martins, principais defensores das novas ideias de "revolucionários falhados". Parece clara a palavra "revolucionários", enquanto, à primeira vista, não se entende bem o adjectivo "falhados" com que qualifica estes escritores, tendo em conta que a sua actividade produziu uma mudança radical e profunda nas Letras portuguesas. O falhanço, no caso dos três, pode prender-se com uma certa amargura e insatisfacção com que encaravam a realidade em Portugal. Todos eles estavam de acordo com que a modernização do país, nomeadamente a amplificação da rede dos caminhos de ferro iria aproximar Portugal das correntes científicas, tecnológicas e culturais europeias. Nessa época, a Universidade de Coimbra, a única no país, como refere Luís Reis Torgal (*in*: Reis, 1990:252) estava dividida "entre o dinamismo e o estrangulamento cultural", imagem que ilustra bastante bem o conflito e as tensões entre as correntes universitárias da segunda metade do século XIX em Portugal.

Conscientes das relevantes mudanças socio-culturais, económicas e políticas que se tinham estado a desenvolver na Europa (e que poucas ou quase nenhumas tinham chegado a Portugal), estes escritores consideravam que o seu país deveria ser mais proactivo e participativo nos "movimentos do século". Na Europa contemporânea com um Portugal intelectualmente estagnado, na altura da Questão Coimbrã Marx publicou *O Capital*, Lewis Carrol escreveu *Alice no País das Maravilhas* e na Rússia Tolstói deu a conhecer *A Guerra e a Paz,* sendo todas as três obras incontornáveis no cânone cultural ocidental.

A literatura, segundo eles, não deveria ficar passiva perante a realidade, tornando-se em voz de agitação das novas ideias entre o povo. Entre as conferências realizadas, mencionaremos "O espírito das Conferências"e as "Causas da Decadência dos povos peninsulares", pronunciadas por Antero de Quental, "Literatura

Portuguesa", proferida por Augusto Soromenho, "a Literatura nova ou o Realismo como Expressão da arte" de Eça de Queirós e "A Questão do Ensino" de Adlfo Coelho. Quer pelos assuntos, quer pela forma de os abordar, estas conferências não tiveram uma recepção pacífica em Portugal, sendo envolvidas as autoridades e a polícia para as proibirem. Algumas, como nomeadamente "O Socialismo" de Jaime Batalha Reis, "Os historiadores críticos de Jesus" de Salomão Sárraga, "A República" de Antero de Quental, "a Instrução Primária" de Adolfo Coelho e "a Educação Positiva na Ideia democrática" de Augusto Fuschini. Sendo apenas os títulos bastante sugestivos, podemos pensar como seriam recebidos e interpretados pelo público, criticando abertamente a Monarquia, a Igreja, o sistema de ensino, exigindo reformas profundas na sociedade portuguesa.

Na opinião de Osvaldo Macedo de Sousa (*op.cit.* 18) "As Conferências do Casino de 1870 foram um marco de viragem do pensamento político que vigorava em Portugal". Exactamente, este foi o evento cultural que a nosso ver, mais favoreceu o florescimento das ideologias anti-monárquicas. A este respeito, João Medina, num dos seus estudos, refere a relevância das conferências para a criação do socialismo em Portugal.

1.11 Positivismo em Portugal Ideias positivistas de Teófilo

Nesta secção do nosso trabalho focaremos o desenvolvimento das ideias positivistas em Portugal e o papel de Teófilo Braga na implementação da doutrina positivista em Portugal, e o seu reflexo no pensamento político, sociológico, literário, educativo e jurídico que pretendia aplicar no seu pais.

Por "positivismo" entende-se uma corrente filosófica, que surgiu na França nos finais do século XIX com Augusto Comte, inicialmente denominada de "filosofia positiva".. De acordo com Alastair Macintyre (*in:* Mitchell, 372) trata-se de uma "doutrina acercado desenvolvimento histórico e do carácter da sociologia. Este autor é da opinião de que esta tendência filosófica procurava saber das leis universais e invariáveis que governavam a sociedade humana e que a "generalização do método científico forneceria o fundamento para uma forma mais racional da vida social." Entre os pilares do positivismo conteano encontrava-se a crença numa educação moral e numa "racionalidade pública segura." Primordialmente, as ideias positivistas tinham por objectivo formar cidadãos úteis que garantiriam a segurança e ordem no estado. Desenvolvendo as ciências naturais como padrão principal do conhecimento humano, os apoiantes destas ideias glorificavam a razão humana, o que posteriormenteinfluenciaria a crítica da religião como um fenómeno reservado Às sociedades num nível inferior de desenvolvimento.

Em Portugal, as críticas da religião interligavam-se estreitamente com o anticlericalismo, conduzindo à cada vez maior laicização do Estado e cada vez menor poder da Igreja Católica. Esta instituição é tida pelos positivistas como retrógrada e uma das principais responsáveis do atraso cultural e científico do país. Os apoiantes da filosofia positiva consideravam as doutrinas religiosas como incompatíveis com o conhecimento e com as descobertas científicas, contrapondo-se neste sentido duas forças: a racional e a metafísica. Elevando a ciência a um patamar muito superior ao filosófico e pretendendo fazer dela um instrumento que substitua a religião, os positivistas, diminuíram o poder da religião apenas ao regulamento do comportamento moral, enquanto entendiam esta corrente filosófica como um novo sistema de "dogmas", capaz de reger todos os fenómenos sociais, culturais e humanos. Na opinião de Miguel Bombarda (*apud*, Garnel 2007) a sociologia não é mais do que uma "extensão de ciências biológicas", isto é uma disciplina científica que pretende observar, prevenir, diagnosticar ou curar as "doenças" de uma sociedade, do mesmo modo como a biologia e a medicina servem para tratar o corpo humano. Justamente por este paralelismo entre o organismo humano e o social, não admira que muitos médicos prestigiados portugueses fossem republicanos. Para além do mencionado Bombarda, há que referir Alfredo da Costa, Egas Moniz, Júlio de Matos, José de Almeida entre outros. Tendo em conta o conceito de transformação a nível cosmológico e o da evolução na área de biologia, Teófilo Braga formula a sua teoria do progresso como factor regulador e ordenador da sociedade.

José Luís Brandão da Luz (*in:* Calafate, Pimentel, 2004) refere que as ideias positivistas em Portugal começaram a difundir-se a partir da Universidade de Coimbra, sendo um dos principais apoiantes deste modo de pensar o eminente matemático José Falcão. Por seu intermédio, Emídio Garcia que conferiu ao seu magistério um pólo da difusão das ideias positivistas em Portugal. Mais adiente, este autor (*idem,*272) afirma que:

A filosofia positivista e o ideal republicano constituem os dois vectores mais salientes que habitualmente apresentam Teófilo Braga no panorama da história e da cultura portuguesas, embora se tivesse também distinguido nos campos da poesia, história e da teoria da literatura, da etnologia, da historiografia, da sociologia e da psicologia.

Procurando aplicar o método positivista a todas as áreas de estudo, incluindo as humanidades, Teófilo Braga e os seus seguidores ocasionalmente caem num certo facilitismo com que avaliam os fenómenos sociais e pretendem encontrar argumentos positivistas para tudo: daí, hoje em dia poderem detectar-se muitos pontos fracos e argumentos forçados nos estudos de antropologia, etnografia, psicologia ou até a própria literatura popular. Nomeadamente, não concordamos com que todas as festividades religiosas e tradições folclóricas europeias se possam reduzir apenas aos períodos do ano solar, nem que os costumes cristãos sejam meras substituições dos rituais pagãos. Está certo que algumas vezes as datas de determinadas festas cristãs coincidem com os seus "equivalentes" pagãos e que a Igreja, para facilitar e acelerar a cristianização tenha aceitado algumas cerimónias antigas, mas, no nosso entender, não o fez por não ter nada próprio para oferecer ao povo, mas porque frequentemente resulta difícil erradicar hábitos ancestrais.

Na visão de António do Prado Coelho (*in*: Braga, 1943:6), relativamente às ideias positivistas de Teófilo" foi o evolucionismo panteístico contido nas ideias de

Hegel e Schlidermacher, mais que a doutrinação de Strauss ede Littré, seu tradutor, que introduziu Teófilo Braga à negação de qualquer credo religioso." Toda esta bagagem cientista e materialista pode explicar certas ideias teofilianas, mas não pode substituir o substrato religioso, que durante séculos tem constituído um pilar importante da cultuar humana.

Na nossa perspectiva, a filosofia positivista peca também em pensar que se apoderou de todas as esferas do conhecimento humano, pretendendo regularizá-lo e moldá-lo aos seus critérios minuciosos e rigorosos. Esta atitude "todo-poderosa" do positivismo, torna-se, de certa forma, também absolutista e dogmática, como a mesma religião tão propugnada pelos defensores desta corrente filosófica. A respeito do positivismo, o próprio Teófilo Braga (1891, 281) expressa-se da seguinte forma:

A philosophia positiva exerce uma acção directa sobre a disciplina da intelligencia e n'este ponto os próprios metaphysicos reconhecem o seu poder, limitando-a a um methodo, a subordinação dos factos sociaes a uma concepção scientifica dá-lhe um carácter de generalidade e pela unificação com que relaciona a especialização crescente das sciencias é uma synthese universal com todos os elementos de philosophia. É por isso que os escriptos que aderem a esta philosophia começam pelo processo da reorganização mental e pela comprehensão do altruísmo subordinam as paixões ao sentimento da solidariedade humana como base concreta de toda a sanção moral.

Analisando este parágrafo, notaremos uma profunda fé de Teófilo nesta nova disciplina, elevada a nível de filosofia ou até ciência autónoma, como uma força superior, reguladora do comportamento moral e do conhecimento humeno. As paixões estão compreendidas como destrutivas ou desviadoras do pardão da conduta racional, pelo qual devem ser submetidas a um rigoroso exame e convertidas em solidariedade, que, na opinião de Braga, é capaz de adquirir uma dimensão mais universal e tde servir como a voz de consciência, sancionando os comportamentos considerados moralmente inaceitáveis. Pretender explicar com a terminologia positivista o universo dos sentimentos e das acções humanas que não cabem no domínio do racional parece-nos bastante discutível, por se tratar de fenómenos que posuem uma dinâmica própria, frequentemente não subordinável a critérios das ciências exactas.

Ainda que se trate de um dos positivistas mais conhecidos em Portugal , Teófilo Braga não o foi sempre, tomando-se como a data oficial da sua "conversão" ao positivismo o ano de 1872, quando, segundo escreve Ramalho Ortigão (1903), se inicia a "renovação mental" deste pensador português, que tinha decidido "passar determinadamente uma esponja por cima de todo o seu passado" e basear o seu pensamento em uma nova base, científica e filosófica, preferindo-a à formação jurídica e literária que tinha adquirido. Seguindo as ideias filosóficas comteanas,Teófilo vê na filosofia uma forma de sistematizar e racionalizar o universo que o rodeai. Para ele, qualquer disciplina filosófica não deve ser contemplada isoladamente, mas apenas integrada num sistema mais amplo, estudando as regras e leis que regem cada fenómeno. Acreditando firmemente na evolução e emancipação da Humanidade, Braga defende a ideia de que a ciência é capaz de dar uma explicação plausível para tudo, negando, desta forma a necessidade da intervenção de Deus e outras entidades sobrenaturais no mundo.

1. 12 Teófilo Braga e a religião

Nesta secção do trabalho, compete-nos analisar a relação de Teófilo Braga, a Igreja e a religião, que nem sempre parece simples e clara. Entre os seus dados biográficos é fácil encontrar a informação de ter estudado Teologia em Coimbra, sem chegar a formar-se. Como uma das causas da desistência deste curso cita-se quase sempre a reprovação no exame de Latim, que, a nosso ver, poderia ser apenas a razão directa, sendo os verdadeiros motivos do abandono deste caminho muito diferentes: desde a ausência da genuína vocação religiosa, até às ideias positivistas, socializantes e revolucionárias de que era partidário. Na Anotação ao Cancioneiro Sagrado (Braga; 1911:469), Teófilo Braga considera que:

> Há nas sociedades humanas forças que se conservam pela qualidade dos *Costumes* e forças que impulsionam pelo desenvolvimento das *Ideias*. O *Costume* persiste, fica, e a *Ideia, avança*, separando, transformando-se, tornando-se antinómica: e a medida que as sociedades se elevam na Civilisação, pela justa relação das Leis, os Costumes transmittem-se automaticamente, sem sentido (...)

Na sua perspectiva, tal é o caso da religião na idade moderna, seno que alguns costumes se ptaricam apenas como actos culturais, afirmando que a Igreja cristã apenas adoptou e adaptou algumas velhas tradições pagãs do ano lunar, introduzindo-as no ano solar, pelo que se rege a vida civil e disfarçando-as de "mysterios religiosos". No cancioneiro sagrado. Braga vê apenas "a belleza da ingenuidade das concepções primitivas" e uma profunda comunhão do povo com a natureza sem a opressão dos dogmas clericais. Estas afirmações enquadram-se, a nosso ver, no seu ideário positiviata, racionalista e laicizante, pretendendo explicar cientificamente o fenómeno da religião.

Na obra *O Povo Português nos Seus Costumes, Crenças e Tradições* (1986), Braga tenta demonstrar que as religiões surgiram para as pessoas, num nível primitivo de consciência, explicarem e racionalizarem o medo do desconhecido e que as"superstições são sempre vestígios da ruína de uma religião". Isto é, quando certos rituais começarem a ser praticados sem a compreensão profunda ou explicação plausível, tornam-se superficiais e interpretados de acordo com o nosso próprio entendimento. Ao longo da História, verificou-se que quanto mais presente está a superstição numa sociedade, tanto mais é inferior a instrução religiosa de uma comunidade. Este fenómeno manifesta-se sobretudo em meios rurais em que algumas tradições pagãs se misturam e entrelaçam com as cristãs, porque foram aprendidas assim "desde sempre". Procurando uma prova científica para a afirmação de que a religião cristã é , na verdade, apenas uma substituição dos velhos ritos ancestrais, Braga (op.cit) refere que a cruz é uma "modernização" do culto pagão das árvores, tendo este símbolo substituído a antiga "árvore da redenção". Curiosamente, o culto e a festa das árvores, ocupam um lugar significativo no ideário republicano, de que Braga era um fervoroso apologista.

Discordando da visão, no nosso entender, demasiado simplista com que os coetâneos de Teófilo se referiam ao cristianismo como forma de substituir os cultos pagãos e da religião como uma tendência das sociedades primitivas de explicar o mundo, procuraremos encontrar nos exemplos do cancioneiro sagrado português exemplos da verdadeira e sincera fé, que não é apenas produto de um auto-conhecimento e de uma união quase mística do povo com a natureza. Nesta linha de pensamento, o próprio Teófilo Braga (1984:37) parece explicar a sua posição anti-religiosa, substituindo-a em contrapartida, por um patriotismo exaltado e o espírito nacionalista como um factor preponderante na procura e criação de uma literatura e cultura nacionais. Leia-se o excerto de uma das suas obras mais relevantes, *A História do Romantismo em Portugal:* "A religião era uma instituição official, separada do sentimento e por isso incapaz de servir de vínculo de unificação emocional." O autor, nesta afirmação, parece identificar a religião cristã e a instituição da Igreja católica, cujos dogmas, quando entendidos apenas como regras e formalidades, impedem qualquer relação sentimental, importante no momento de reivindicar a identidade nacional e cultural. Apesar de Teófilo ter escrito esta afirmação referindo-se à época romântica, não devemos esquecer que precisamente nesse período, e sobretudo na sua fase inicial, o cristianismo revigora como fonte de inspiração na literatura, arte e cultura europeia. Não é raro nos países europeus o ideal cristão opor-se a uma visão negativa e depreciativa do islão. Esta posição entende-se como oposição entre a liberdade e escravidão, a "verdadeira fé" e uma força opressora, porque justamente durante o dealbar do Romantismo, numerosos países europeus se tinham libertado de uma longa e penosa presença islâmica, reivindicando a identidade nacional também através do direito à professar a sua religião. Neste sentido, discordamos da hipótese de Teófilo sobre a religião institucionalizada como um fenómeno imposto, incapaz de produzir qualquer vínculo emocional ou afectivo.

Algumas tragédias familiares, podiam ter abanado a sua fé, sem que o fenómeno religioso lhe deixasse de interessar, pelo menos da perspectiva social ou tradicional. De acordo com Jon Peneche González (*in*: Rollo 2012), tal como o seu contemporâneo espanhol Francisco Pi Margall, Teófilo Braga rejeitava a religião de dois pontos de vista: o meramente racional e da perspectiva da influência social. Refutando os milagres dos santos e fenómenos cientificamente inexplicáveis, os republicanos em geral consideravam a religião o reflexo do pensamento priitivo. Os adeptos da república criticavam a religiosidade e o cristianismo dada a excessiva presença dos padres e frades na vida pública. A imoralidade de certos comportamentos de determinados membros do clero (real ou reforçada pela propaganda republicana), bem como a interferência da Igreja no ensino, na formatação do pensamento das massas, na tendência de manter os seus fieis na ignorância. A educação religiosa, na perspectiva dos apoiantes da república, era uma das principais causas do atraso e da decadência do país. Daí também, explicar-se a aversão teofiliana relativamente às questões religiosas e espirituais.

Apesar do seu nítido anti-clericalismo e ponto de vista positivista, consta também que, após a morte dos seus filhos, Teófilo escreveu uma carta à irmã Maria José, que era freira, pedindo-lhe para rezar por ele e para lhe dar alguma consolação. A esta distância, dizer que se tratava apenas de um desabafo de um irmão desconsolado ou de um momento de fé, seria especular e afastar-se da dimensão científica deste trabalho. No conjunto de cartas, intituladas *Minha Freira,* organizadas por José Luís Brandão da Luz (1996), pode observar-se um antagonismo latente relativamente ao Além e à esfera religiosa. Exemplificando esta afirmação, citamos (*idem*, 53) "assim, amo tudo e todas as coisas, sinto-me discípulo de Cristo", para, logo no parágrafo seguinte, negar a "abnegação evangélica" pela qual valeria a pena perder a juventude, "a idade das paixões", sendo a sua irmã encerrada num lugar estreito e inóspito como uma cela de um convento. De uma forma positivista, com linguagem seca, procura demonstrar a inexistência do Inferno e a relatividade do bem e do mal.

Curiosamente, esta é a única carta em que Teófilo se dirige à irmã apenas pelo nome próprio ("Maria José"), sem usar qualquer referência ao seu estatuto de religiosa, nem ao laço de consanguinidade que os unia. Nesta carta, procura debater matéria abstracta e filosófica, sem mencionar acontecimentos do quotidiano, como era costume nas outras correspondências reunidas neste volume. Uma das possibilidades interpretativas da carta em questão poderia, talvez, ser, a anti-religiosodade de Teófilo, conjugada com a sua crise pessoal da fé, o desgosto de ver a irmã recolhida num convento e o fervoroso desejo de a "tirar desses ferros".

Por isso, o organizador deste volume qualifica-o como (*idem*, 7) "uma personalidade em conflito". Desejando a felicidade da irmã, pretende convencê-la de sair do convento, simultaneamente sentindo a nostalgia de determinadas cerimónias religiosas celebradas na sua ilha natal. A ideia de o irmão libertar a irmã do convento pode não derivar de convicções anti-religiosas de Teófilo, sendo apenas um testemunho da relação próxima e afectiva entre irmãos, sendo ela obrigada a abandonar o colégio francês e a retirar-se ao Convento de Esperança, sem uma verdadeira vocação para seguir o caminho religioso. As experiências dela no mosteiro não revelam ressentimento nem angústia. Não tendo chegado a professar e tendo-se retirado da reclusão devido a uma doença, Maria José Braga podia ter tido certas crenças religiosas, embora insuficientes para a manterem no convento.

É de conhecimento geral que a 15 de Fevereiro de 1910, quando a República ainda não tinha sido oficialmente proclamada em Portugal, embora o seu espírito se sentisse na esfera pública, Teófilo Braga profere a sua célebre conferência na Associação Comercial de Lojistas em Lisboa, intitulada "A Igreja e a Civilização Moderna", posteriormente publicada em forma de livro, com o prefácio de Miguel Bombarda. Nessa conferência, Teófilo expõe a sua visão da religião como reguladora de determinados comportamentos sociais e como resposta a certas necessidades psicológicas humanas. José Luís Brandão da Luz (2003:375) refere que:

> Teófilo procurou percebê-la de forma como se organizou nas tradições populares, contos, costumes, lendas, descobrindo nisso tudo um fundo comum, de origem mítica e simbólica que recebeu acolhimento espontâneo na alma inculta do povo. O Cristianismo, objecto principal das análises teofilianas, antes de revestir a configuração sistematizadora da especulação teológica e a uniformização disciplinadora do ritualismo sacerdotal, compreende-se no prolongamento directo daquele fundo cultural, favorável aos estados de exaltação psicológica e à exploração do sentimento poético, que foram desaparecendo com a institucionalização da Igreja.

Da afirmação supracitada vislumbram-se logo à primeira vista algumas vertentes ideológicas do positivismo e da investigação metodológica transposta das ciências naturais para as sociais: o desejo de "desdobrar" todos os fenómenos sociais e submetê-los a uma meticulosa análise científica e racional. Desta forma, poder-se-ia entender a intenção de Teófilo Braga, bem como a de muitos cientistas e intelectuais da sua época de "desmistificar" e racionalizar todos os fenómenos sociais. Nas palavras de Brandão da Luz, é possível notar também o vocabulário frequentemente usado pelos defensores das ideias positivistas: a explicação da adesão massiva à religião pela "alma inculta do povo", o carácter sistematizador e disciplinador da religião, um fundo comum de mitos e arquétipos, que justificaria a colectividade do fenómeno religioso, bem como a existência e procura da religião em contra-partida por determinadas necessidades metafísicas e psicológicas.

Na obra *As Lendas Cristãs*, Teófilo Braga pretende fornecer uma explicação racional para os fenómenos religiosos, indo muito longe nas suas afirmações, até chegar a negar algumas características que o cristianismo atribui à Virgem Maria. Deste modo, procura igualá-la às antigas deusas pagãs, que assumiram uma forma cristianizada na mentalidade do povo. A sua obra *História da Literatura Portuguesa,* (1989:236), em que analisa o período renascentista, refere que esta época se opõe à Idade Média "Impulsionada pelo cristianismo, nascido dos cultos orgiásticos orientais, contagiando o delírio religioso dos mitos patéticos que renovara". As expressões depreciativas referentes à religião cristã, as suas origens e doutrinas, é apenas mais uma das manifestações anti-teológicas e não-religiosas de Braga, podendo, contudo, representar o reflexo de um discurso pouco científico e imparcial, resultante, no nosso entender, de uma atitude pessoal de não-aceitação dos valores religiosos, sentindo-se uma certa amargura em cada adjectivo usado.

Para os efeitos da difusão da religiosidade e superstição entre o povo, o pensador positivista culpa o discurso e a habilidade retórica dos padres, usados, segundo ele, propositadamente e com o intuito de manipular o povo. Deste modo, na sua *História da Literatura Portuguesa,* dedicada aos seiscentistas, refere-se, por exemplo ao Padre António Vieira com um certo desprezo, equiparando os seus trabalhos aos "textos taquigrafados da câmara dos deputados", pela sua extensão, desinteresse e maquinações verbais.

Resultante da sua formação, convicções políticas, ideias científicas e progressistas na altura da implementação do regime republicano em Portugal, e talvez também das desilusões e experiências infelizes pessoais, a anti religiosidade e anti-clericalismo de Teófilo Braga marcaram o seu pensamento, escrita e labor académico, tornando-o num positivista por excelência, mas também numa figura um tanto sombria, que, a nosso ver, poderia ter encarado a vida profissional e aceitar o percurso pessoal de outra forma. Mesmo assim, ficou conhecido como um dos intelectuais que assinalaram uma época, deixaram muitas hipóteses e teses ao mundo das ciências sociais, levantaram inúmeras questões metafísicas, favorecendo a discussão e debate nos campos da filosofia, sociologia e literatura.

1.14 Ideias nacionalistas de Braga: Moçarabismo e Alma da Nação

Reivindicar a identidade nacional através das suas especificidades (antiguidade histórica, raízes étnicas, passado mítico e lendário, língua, religião, raça entre outros) não é uma tendência nova na política europeia. Ao longo da História houve várias épocas e tendências de reforçar a pertença a uma comunidade (Idade Média, Renascimento, Romantismo, por exemplo), não sendo, porém rara, também a ideia que demarca a mudança radical de um sistema político para outro, como é o caso da derrocada da monarquia e implementação da república em Portugal.

Sendo o regime republicano baseado na ideologia positivista e influenciado pelos valores racionais e actividades maçónicas, claramente anticlericais e antireligiosas, era necessário substituir o fundo cultural do cristianismo católico por uma nova mitologia, enraizada no passado histórico, nas figuras dos heróis das épocas antigas, nas gloriosas batalhas em que foi construída a identidade nacional, motivo de orgulho dos poetas e pensadores, de reflexão dos políticos e investigadores no dealbar do século XX português. Um dos grandes apologistas deste discurso político, literário e científico, foi seguramente Teófilo Braga.

Daí, não admira o seu regresso ao estudo de Camões, à personagem de Viriato que deu título a uma das suas obras, e a reflexão sobre os conceitos de raça, nação, Alma do povo entre outros e a tentativa de explicar e fundamentar cientificamente cada uma destas abrangentes categorias, tendo-as por pilares da sua doutrina científica e política. Mário Soares, referindo-se ao percurso e activismo político de Braga, afirma que "a política constitui o espinho dorsal de trodo o seu pensamento". Justamente procurando o modo como aplicar a política a todas as esferas do conhecimento humano, Teófilo busca uma utilidade moral em todas as ciências, bem como as causas e explicações para o progresso e desenvolvimento dos países.

Criticando a hereditariedade dinástica do regime monárquico como uma das principais razões do atraso e estagnação de Portugal, Braga, na sua *História das Ideias Republicanas em Portugal* (1983.41) constata que "a nação é livre e independente e não pode ser património de ninguém". Com esta afimação, no nosso entender, este penador republicano não pretende negar a continuação histórica da nação como "património" , sublinhando apenas determinados abusos da monarquia, que, segundo Braga, entendiam o país como sua herança pessoal e familiar, e por isso não tinham cuidado com as necessidades e interesses dos seus cidadãos.

A nossa discussão dos fenómenos em questão começará pelas teorias do moçarabismo, terminando com as noções da "alma portuguesa", como um dos elementos que terá marcado profundamente a cultura portuguesa em todos os seus segmentos: literatura (sobretudo a poesia), música, forma de pensar, expressar afectos , a história, a política entre outros. A procura das raízes nacionais, leva os intelectuais portugueses da época ao passado mais remoto, às bases indo-europeias, aos arianos, à pureza da raça, às ideias da mítica Atlântida e à designação *Homo Atlanticus,* para se denominarem os habitantes primitivos da Península Ibérica e para se salientarem as particularidades do seu carácter, termo usado sobretudo por António Sardinha, ainda nos tempos da monarquia. Nas especulações teóricas deste autor, como causas da decadência da nacionalidade, citam-se, entre outros, o excessivo valor da influência greco-romana no espaço peninsular, que "corrompia" a alma Lusitana, as conquistas de territórios afastados, que presumidamente levou os portugueses a esquecerem as suas verdadeiras raízes Daí, predominar o interesse pelo mito e o desdobramento da História através do fundo mitológico. Como afirma Cristiana Lucas Silva (*in*: Castro Leal, 2012:39), "pois do mito procede a Esperança (...), factor dinâmico da construção da resistência da nacionalidade".

A nacionalidade baseava-se em critérios biológicos, hereditários e leis ancestrais, como se se tratasse quase de uma categoria genética. Deste modo, tornam-se compreensíveis as expressões linguísticas do carácter que se traz "no sangue", "nas entranhas" ou "na alma". Nesta linha de pensamento, Ernesto Castro Leal (*idem*,94) constata que os republicanos usavam com frequência a dimensão do "mito político" para atingir os seus objectivos. Isto é, o que nos é familiar, através do inconsciente colectivo, transmitido de geração em geração, faz parte da memória e é indissociável do ser e da esfera emocional também, transmitindo-se, da mesma forma como se fosse genético e tornando-se parte da identidade pessoal e nacional. Não havemos de esquecer que no tempo da implementação da Primeira República, Portugal ainda era uma potência colonial, e que o zelo de despertar e fomentar a consciência nacional também incidia sobre as antigas colónias portuguesas. Nesta conformidade, José Miguel Sardica (2010:29) refere que:

O ideário colonial republicano entronca no nacionalismo imperial, que foi partilhado por outras correntes político-ideológicas, antes, durante e depois da Primeira República.

Daí, parece lógico surgirem uma ideologia e uma mitologia sobre o passado ancestral e racial comum, que uniria o território continental português e o Ultramar. O próprio Braga   tinha a sua opinião relativamente às colónias portuguesas. Nomeadamente, comentando com um grande contentamento a exposição camoniana no Rio de Janeiro, na célebre obra *Camões e o Sentimento Nacional* (1891:291) defende que "O Brasil é o rudimento de uma fase da nova nação portuguesa". Tendo em conta que o Brasil proclamou a república antes de Portugal ne que os trabalhos teofilianos foram lidos nesse país e influenciaram o pensamento republicano brasileiro, parece natural o autor sentir uma certa simpatia pelo Brasil, depositando a sua esperança no Brasil como continuador de uma nação portuguesa rejuvenescida e revigorada. Nesta linha de pensamento, Braga continua a exprimir-se positivamente com respeito à relação amistosa entre Portugal e o Brasil com as seguintes palavras: "O amor da velha e pequena metrópole há de ser um vínculo moral". A antiguidade de Portugal e o estatuto de metrópole conferem-lhe, de certa forma, mais respeitabilidade perente o Brasil, como se de uma relação de amor maternal se tratasse. O seu tamanho pequeno, quase que merece ser "protegido" pelo Brasil, mediante um "vínculo moral", duradouro e firme,

Teófilo parece preferir o conceito de Lusitânia e lusitano, o que comprovará ao longo de vários trabalhos de investigação. As ciências sociais da época estavam impregnadas de investigações caracterológicas, que tinham por objectivo encontrar o "típico", o "autêntico" e o primordial no carácter desse determinado "tipo" étnico, que daria origem à uma estrutura nacional mais consistente. Uma destas grandes categorias estudadas e elogiadas por Braga é a "alma portuguesa". Na sua obra *Viriato* (2006:7) afirma:

Alma portuguesa caracteriza-se pelas manifestações seculares persistentes do tipo antropológico e étnico, que se mantêm desde as incursões dos Celtas e lutas contra a conquista dos romanos até à resistência diante das invasões da orgia militar napoleónica. São as suas feições: a tenacidade e indomável coragem diante das maiores calamidades, com a fácil adaptação a todos os meios cósmicos, pondo em evidência   o seu génio e a acção colonizadora. Uma profunda *sentimentalidade,* obedecendo aos impulsos que a levam às *aventuras heroicas e* à idealização afectiva, em que o *Amor* é sempre um caso de vida ou de morte; capacidade *especulativa,* pronta para a percepção de todas as doutrinas científicas e filosóficas (...), um génio estético sintetizando o ideal moderno da civilização ocidental, como em Camões (,,,).

Neste discurso, que oscila entre o literário, o mítico e quase profético, o histórico e o político, parecem mais do que evidentes as tendências nacionalizantes e nacionalistas de Braga, que pretende apresentar uma certa supremacia do povo português, sobretudo em termos de inteligência, coragem, empreendedorismo, sentimentalismo e introspecção. Daí, precisamente esta reconstrução literária de Viriato, símbolo de resistência, e da (*idem, 9*). "ALMA PORTUGUESA", que se afirma não obstante os cataclismos políticos que Portugal teve de enfrentar ao longo da sua conturbada história. Não estranha o sintagma estar escrito em letras maiúsculas, procurando, efectivamente convencer o público a quem se dirige da verdade absoluta das suas afirmações. Entre os episódios históricos, imaginação mítica e literária e reflexões filosóficas, o Viriato desta obra aparenta ser a encarnação de um português típico e simultaneamente o ideal da Nação que a República ambicionava recuperar e reivindicar. No parágrafo supracitado, em vez de um pensador rigoroso, metódico, seco e pouco original, com quem o leitor se encontra ao ler os seus trabalhos de Direito, Sociologia ou Política, vislumbra-se um autor mais humano, encantado com o passado nacional, que parece despertar e fomentar a sua veia poética, que procura incutir nos destinatários da sua obra.

Teófilo Braga não é o único a defender e apregoar o conceito da Alma, nacional, a nosso ver, estreitamente ligado com a saudade e a poesia lírica, sendo também partidários desta ideia Afonso Botelho, Teixeira de Pascoaes, e outros.

A reivindicação da identidade nacional através da Alma, não é um fenómeno exclusivamente português, sendo conhecida também a "alma eslava", uma categoria mais civilizacional do que propriamente nacional, abrangendo determinadas características (sensibilidade, inclinação para a poesia, coragem, patriotismo, melancolia, uma estética particular), comuns a todos os povos eslavos, e diga-se de passagem, no nosso entender, bastante semelhantes entre si, apesar de não ter havido muitos contactos históricos entre o povo português e as comunidades eslavas no passado. Na nossa tese de Doutoramento (*cf.*Marinović 2014) abordamos este aspecto de uma perspectiva comparada e chegámos á conclusão de que existem bastantes semelhanças entre a alma portuguesa e a alma eslava em termos de sensibilidade, lirismo, inclinação para a poesia, misticismo, melancolia, religiosidade, modo de expressar afectos. A investigação deste assunto levou-nos à seguinte conclusão (Marinović, 2014: 323):

Uma diferenca aparentemente evidente entre as duas "almas" e o carácter impulsivo e temerario do povo servio. Este temperamento corresponderia a designacao "colerico". Nao obstante a melancolia, capacidade de sofrer perdoar, inclinacao para a poesia, o povo servio na sua expressao de emocoes, em determinadas situacoes, reage instintivamente, para se arrepender rapidamente.

Daqui também se derivam as recolhas da poesia popular lírica e lírico-épica, parte da identidade e sensibilidade nacional.

Através da apreciação da beleza e da expressão do amor, é possível traçar alguns reflexos da "alma portuguesa", fenómeno existente "desde sempre", embora formulado como tal apenas muito mais tarde e por motivos filosóficos e políticos.

Mesmo tratando-se de matérias poéticas, abstractas, susceptíveis a especulações e interpretações mais diversas, Teófilo pretende manter o rigor científico, apresentando o material do imaginário popular e da herança mitológica como argumentos irrefutáveis de um grau elevado de certeza, o que hoje em dia, pode representar um ponto de partida para a crítica da seriedade e do valor científico da obra teofilina.

Indo mais além na definição do génio ou carácter nacional, Teófilo Braga (1984:71) defende que:

> Na vertente ocidental estabeleceu-se o Luso, ramo de uma raça navegadora que fazia o comércio do âmbar do mar do Norte, os lígures. Distingue-se esta raça pela estatura mediana e pela cor trigueira da pele, cabelos e olhos castanhos e leptorrinia.

Descrevendo os antigos Lusos, como descendentes dos lígures (questão que poderia ser debatida), o autor parece acertar bastante na fisionomia dos portugueses do seu tempo, pretendendo justificar cientificamente algumas características físicas do seu povo. As navegações e a capacidade de fazer comércio historicamente comprovadas em Portugal, na opinião de Teófilo, são também traços raciais, enraizados no ser português há séculos, que, segundo ele, determinaram a história, a cultura, o modo de ser e a literatura portuguesa. Na sua opinião, a raça lusitana conseguiu permanecer quase "intacta", apesar do contacto com as outras culturas. Isso, segundo Braga, deve-se ao facto de (*idem*, 76) "o estado da pureza das tribos lusitanas é o que as fez resistir a outros invasores". A antiga Lusitânia, segundo Teófilo, extendia-se entre a Galiza e o Algarve, formando uma cultura monolítica e uniforme. Observando as diferenças nos trajes populares, costumes, variedades lexicais, tradições, não podemos concordar completamente com a visão tão unitária e unificadora da cultura e da "raça" portuguesa. No seu desejo de demonstrar a antiguidade e a pureza da cultura e da nação portuguesa, Teófilo Braga refuta qualquer relação da língua portuguesa com o latim e qualquer influência da herança romana no modo de ser português, na sua literatura, mundividência ou costumes, defendendo que (*idem*, 77) "a cultura romana em nada actuou na raça lusa". Considerando estas afirmações exageradas e resultantes de um nacionalismo exorbitante, podemos constatar que o seu valor científico não corresponde à realidade histórica, linguística e cultural na Península Ibérica. Já que mencionámos o nome da península, compete-nos analisar também a posição de Teófilo relativamente ao conceito do ibérico e do iberismo. Na *História da Literatura Portuguesa* (*idem*, 72), o autor claramente sublinha que "as diferenças entre o Ibero e o Luso ainda hoje se impõem à observação no antagonismo político, intelectual e moral". Ao longo de várias obras da sua autoria, Teófilo Braga retoma a ideia de anti-iberismo como uma variante do anti-hispanismo ou anti-castelhanismo, considerando a cultura espanhola uma força sufocadora que pretende dominar e subjugar a Península inteira, impondo a sua supremacia. Sentindo que a identidade nacional e cultural portuguesa poderia ser afectada por uma eventual união ibérica, o autor aproveita qualquer oportunidade para procurar demonstrar cientificamente a inferioridade intelectual e moral dos castelhanos comno portadores maioritários da identidade ibérica. Mesmo as rimas de influência castelhana na poesia popular são consideradas "imperfeitas" por Braga, devendo ser "purificadas" na língua portuguesa, tendo que ser eliminados todos os elementos que possam ter alguma ressonância ibérica.

Nesta linha de pensamento, Fran Paxeco, grande amigo e admirador de Teófilo e do seu trabalho (1917) refere que "Portugal não é ibérico", baseando-se nos argumentos do "perigo espanhol" para a nação portuguesa e defendendo a particularidade da cultura lusitana nas suas raízes moçárabes, justamente como o fazia Teófilo.

Defendendo a hipótese do moçarabismo como um dos pilares da civilização lusitana, Braga (1984:79) escreve:

> Moçárabe, que significa aquele que, estndo em convivência com o árabe, o imita nas formas exteriores da existência, mas conserva-se na religião cristã, e as populações agrícolas e fabris, que, para obterem uma diminuição dos impostos, adoptavam o culto do islão, por esta protecção eram chamados de mulladies, do árabe mullas - cliente.

A imitação dos árabes na vida pública e privada, a convivência com eles e algumas influências no léxico, na música, na poesia, nos trajes e costumes populares na comunidade moçárabe, a nosso ver, parece insuficiente como argumento justificativo que suportaria as bases de toda uma raça ou civilização, que na opinião do seu teorizador, Teófilo Braga, deve ser superior a todas as outras na Península Ibérica.

O moçarabismo como estratégia de criar e reforçar a identidade nacional teve na sua época alguma repercussão em Portugal

Ao observar os factores relevantes para a formação de uma literatura, refere que os "elementos estáticos: a Raça, a Tradição, a Língua e a Nacionalidade, enquanto os "elementos dinâmicos" se prendem com a evolução histórica, o progresso e o estádio de desenvolvimento de cada cultura. Se repararmos na escolha dos factores "estáticos", veremos que na perspectiva teofiliana, a raça, a nacionalidade, a língua ou a tradição são considerados como algo inerente, imutável e quase inato, com que um indivíduo praticamente nasce e cresce. Tendo em conta que a língua, a tradição e os costumes têm uma dimensão diacrónica e que sofrem alterações conforme a época (determinadas palavras, expressões ou formulações gramaticais caem em desuso ou adaptam novas formas, influenciadas pelo percurso temporal), na nossa opinião, não se pode tratar de elementos estáticos. A nacionalidade, no sentido contemporâneo da palavra, pode ter pelo menos dois significados: o de pertença a uma determinada nação, que implica uma dimensão identitária, cultural e afectiva e outro, mais jurídico, de cidadania, de igualdade de direitos, que pode ser obtida por nascimento, casamento, naturalização, anos de estadia num determinado país. Por isso, no contexto actual, até a nacionalidade é um conceito bastante permeável, sendo o seu carácter "estático" posto em causa. O "dinamismo" de determinados factores que condicionam uma literatura, entendido no sentido positivista, também se pode questionar, porque nas ciências actuais não é aceitável falar em literaturas desenvolvidas ou subdesenvolvidas, em sociedades primitivas ou civilizadas, sendo que cada cultura está naquele esta´dio de desenvolvimento que melhor se adequa à cada comunidade.

Esta linguagem e o conjunto de conceitos estão claramente apoiados no ideário positivista e na tendência determinista de encarar o mundo. Hoje em dia, estes conceitos consideram-se em grande medida questionáveis se não ultrapassados por completo.

Criticadas, refutadas, debatidas ou aceites, algumas ideias deste pensador são incontornáveis para uma melhor compreensão e estudo da cultura portuguesa, reflectindo o estado de desenvolvimento do pensamento intelectual de uma época.

1.14 O republicanismo em Portugal. O trabalho político de Teófilo: Méritos e desvantagens

A 10 de Junho de 1880, em Portugal comemorou-se uma data de suprema relevância para a história, cultura e política do País: o tricentenário do falecimento do célebre poeta português Luís Vaz de Camões. Isso contribuiu para a formação de uma maior consciência nacional e de um orgulho e interesse por uma portugalidade particular. Sendo a monarquia acusada do mal-esatr geral que afectou o país, a ideologia republicana parece vislumbrar-se como uma potência revigoradora. Na opinião de João Medina (1990), o republicanismo resulta da crise do regime liberal, não tendo o Partido Republicano Português, no ano da sua fundação, em 1876, muita projecção em Portugal. De facto, o Partido Republicano Portruguês, passou por várias fases desde a sua fundação em 1876 até à implementação da República. Na opinião de Vasco Pulido Valente (*apud.* Urbano, 2013, 32), essas etapas foram cinco e são as seguintes:

> As comemorações do centenário de Camões em 1880, o *ultimatum* inglês em 1890; a questão dos tabacos entre 1903 e 1905, a ditadura de João Franco e o escândalo dos adiantamentos entre 1906 e 1907, o qual teria terminado com o poucoprestígio que a monarquia ainda detinha.

Entre a glorificação do passado nacional e as observações e críticas dos defeitos do regime monárquico, o partido adversário tinha que traçar e encontrar o se próprio caminho, que, à primeira vista parecia fácil e claro: derrubar o regime, considerado retrógrado e responsável pela situação em que o país se encontrava, não obstante a ausência de uma estratégia política uniforme relativamente à alternativa que o novo sistema político pretendia oferecer. Na mesma linha de pensamento, António Ventura (2006, 11) sustenta que:

> Sem dúvida, que os anos que decorreram entre a ditadura franquista e o 5 de Outubro de 1910 são fundamentais na divulgação do ideário republicano, através da imprensa, do comício e da conferência.

O autor refere-se a acontecimentos que marcaram a história de Portugal na primeira década do século passado, tendo-se agravado a situação justamente com o regime ditatorial de João Franco, o que conduziu a um maior descontentamento do povo, ao regicídio e, finalmente, à implementação da Primeira República Portuguesa. Na perspectiva de Tom Gallagher (*op.cit.*23) "Portuguese Republicanism was proving itself that it was a petti-bourgeois movement intent on carrying out reforms from which the lower-middle class would mainly benefit".[11]

Diferentemente de muitos outros países europeus, o republicanismo português não tinha uma forte vertente operária, nem no seu discurso constava o apelo para uma maior justiça social e igualdade dos direitos, porém, prometia-se um maior bem-estar, uma melhor qualuidade de ensino e acesso às escolas, o desenvolvimento da tecnologia que melhoraria a produção agrícola. Para divulgar as suas ideias, os republicanos usavam os jornais, reuniam-se em determinados cafés, organizavam tribunas e davam palestras. A respeito do florescimento do jornalismo nas primeiras duas décadas do século XX, Luís Farinha (*in*: Rollo, 2012, III) refere que o jornalismo em Portugal, graças à implementação da República viveu a sua época de ouro.

Para além da imprensa, do comício e da conferência, as ilustrações e as caricaturas nos jornais contribuíram em grande medida para a divulgação das ideias republicanas. A primeira revista em Portugal intitulava-se *Illustração Portuguesa*, fundada em 1840. Naturalmente, nos inícios da sua publicação, dedicava muito espaço à vida da Casa Real, do Rei, da côrte, para posteriormente, segundo afirmam Maria Cândida Proença e António Pedro Manique (1990) ir alterando a ideologia e tornar-se num dos principais instrumentos da propaganda republicana.

Porém, o discurso republicano começou a ganhar força na última década do século XIX e na primeira do século XX. Nesse sentido, Fernando Rosas (2004:26) apresenta o republicanismo como "tentativa de regeneração democratizante e moralizadora do sistema", mediante um "nacionalismo orgânico e corporativo". A implementação da República exigia uma urgente liberalização de pensamento, reconstrução da identidade nacional, mediante um forte enraizamento com a cultura popular, os novos símbolos nacionais e investigações científicas que pretendiam comprovar a antiguidade e a particularidade da Nação.

De acordo com Annabela Rita (*in*: Rita, Vila Maior, *op.cit*, 58):

> De perfil, Portugal tende a ser representado por pena mitificadora, através de personalidades, que a História preservou do esquecimento, sinalizando com elas o percurso da sua evolução.

Em primeiro lugar, no discurso republicano, ressalva-se a relevância da mitologia e da História, bem como a da compreensão do passado e o da memória na (re)construção de uma nova identidade nacional, sem desvincular o povo português das suas raízes e pertenças cultuaris. Nuno Severiano Teixeira (2015), na obra *Heroís do Mar*, discute a origem do hino e da bandeira actuais de Portugal e cita que antes da implementação do regime republicano a polémica da bandeira era muito viva e nem sempre pacífica nos círculos republicanos. Os políticos e adeptos da ideologia republicana tinham duas opções: ou manter as cores azul e branca da bandeira monárquica e apenas retirar a coroa e os si´mbolos régios, como uma forma de comunicar ao povo que a República é uma fase na continuação da História portuguesa, ou, então romper completamente com a herança monárquica, desenhando uma bandeira absolutamente diferente em cor e forma, de significado e simbologia. Antes de obter a forma actual, as propostas da bandeira portuguea eram numerosas, sendo o escritor Guerra Junqueiro um defensor ferrenho das cores azul e branca, sendo o verde e o vermelho cores das "bandeiras de pretos", nas palavras do poeta. De facto, actualmente, muitos países africanos têm nas suas bandeiras uma destas cores ou as duas, e como na altura Portugal ainda era uma potência colonizadora, não parecia decoroso um dos símbolos nacionais de um país europeu ter cores semelhantes às das culturas dominadas. Talvez esta fosse uma tentativa de justificação plausível para tal reacção de Guerra Junqueiro. O seu adversário mais radical neste assunto era Teófilo Braga, que propôs a bandeira mais parecida com a actual. Até existe uma célebre caricatura da época em que estão desenhados a sentarem-se numa balança todos os apoiantes das novas cores da bandeira, e do outro lado é fácil reconhecer a figura do poeta português, a defender, solitário, a bandeira azul e branca.

A explicação que geralmente se recebe nas escolas acerca das cores da bandeira portuguesa actual é que o verde significa a esperança e o vermelho a paixão com que se lutou pela liberdade e por um sistema mais justo. No entanto, as razões históricas e políticas são muito mais profundas, podendo haver influências maçónicas, como houve na construção de todo o imaginário republicano.

A Nação, nos primórdios da República, foi entendida e encarada quase como uma nova religião, com a sua missão, os seus "missionários", "pregadores", prometendo justiça, salvação, pureza moral, e quase uma redenção do país. sendo os jornais, as conferências, os comícios e as reuniões públicas considerados os maiores e melhores meios da divulgação doas ideias republicanas. Nesta conformidade, Jon Peneche González (*in*: Rollo, *op.cit.*) refere que Teófilo pertence à "geração doutrinal" das ideias republicanas em Portugal, denominando-o de "apóstolo do republicanismo". Na opinião deste autor, as ideias republicanas de Teófilo "provêm das lutas que agitaram o sistema monárquico entre 1820 e 1870". Continuando na mesma linha de pensamento, A.H. de Oliveira Marques (1978:536) refere que:

Como o representante máximo do Republicanismo, da geração de 1865-1870 deve colocar-se Teófilo Braga (1843-1924), cujo ideário se dispersou por dezenas de livros, mas teve incidência maior nas obras Soluções Positivas da Política Portuguesa (Lisboa 1879), História das Ideias Republicanas em Portugal (Lisboa, 1880) e por fim, no Manifesto e Programa do Partido Republicano Português (Lisboa, 1891).

Claro está que o nome de Teófilo Braga aparece como uma referência inevitável na teorização das ideias republicanas em Portugal, não se podendo descurar dos seus ideais e do discurso, por vezes fervoroso, e outras vezes injurioso, dos adversários da Monarquia. No primeiro destes livros, o seu Republicanismo manifesta-se na forma positivista e científica de observar o mundo, debruçando-se também no papel, quase desactualizado, da religião cristã na sociedade., no segundo, procura encontrar uma abordagem histórica do assunto, enquanto no terceiro parece mais ideológico e meramente político. Parafraseando João medina (1978) o programa do Partido Republicano Português de 1891 garantia igualdade civil e política, sufrágio universal, taxação do povo e pelo povo, abolição do juramento religioso no tribunal, liberdade pessoal, inviolabilidade do domicílio entre outras cláusulas. Todas estas promessas republicanas inicialmente soavam muito atraentes, embora algumas, como o sufrágio das mulheres tardassem a realizar-se.

Neste momento, impõe-se uma questão: quem eram os republicanos? Enquanto nos outros países europeus, que instauraram a República depois de Portugal, o republicanismo se associava ao proletariado e à classe operária, esse não foi o caso português, primeiramente, tratando-se de um país maioritariamente agrícola, e em segundo lugar, porque a ideologia republicana começou a formular-se nos círculos académicos e intelectuais. De acordo com Douglas L. Wheeler (1978: 36):

> The majority of republican leaders, numbering perhaps a hundred, came from the lower middle class in the cities, born in 1860s and 1870s, lawyers, doctors, pharmacists, engineers, teachers or journalists.[12]

Precisamente esats profissões, conjuntamente com poetas e escritores, ajudaram bastante na formulação do imaginário e discurso republicano: já foi anteriormente dito que os médicos e farmacêuticos eram um grupo numeroso entre os republicanos, pretendendo diagnosticar o sofrimento e o mal-estar do país, os advogados e juristas propunham uma série de leis, defendendo os direitos dos cidadãos, os engenheiros pugnavam pelo desenvolvimento tecnológico do país, os Profesores empenhavam-se em reformar o ensino e "purifica-lo" das influências religiosas e os jornalistas, serviam-se do seu dom da palavra para denegrirem a imagem da Monarquia e da Igreja, propagarem um futuro melhor e um Portugal mais estável, mais justo e mais desenvolvido. Por seu turno, os poetas e escritores eram, ao mesmo tempo, críticos da decadência cultural do país, e difusores da nova ideologia emergente. Neste sentido, António Reis (*op.cit.*33)afirma que "O Partido Republicano Português pretende congregar comerciantes, pequenos industriais, agricultores, profissões liberais, universitários. E era necessário transmitir a todos esses grupos de pessoas a mesma mensagem anti-monárquica e nitidamente republicana.

A linguagem dos apoiantes da República consistia en diagnosticar o mal-estar do país, depositando todas as suas causas no regime monárquico, sendo o seu discurso estava impregnado de palavras de emocionalmente marcadas e não isentas de determinado rancor ou até repugnância relativamente ao sistema político contra o qual os republicanos se debatiam. Deste modo, Teófilo Braga (*in:* Serrão, 1979, 251) afirma fervorosamente que:

> Todos os males que sofre o nosso organismo nacional derivam-se da instituição monárquica. (...) Nós hoje achamo-nos perturbados na soberania nacional pelo facto degradante da hereditariedade dinástica.

Fazendo um claro e directo paralelismo entre o regime monarquico e as doenças que atacam o organismo humano, utiliza a linguagem do campo semântico de Medicina ("males", "sofrer", "organismo", "perturbados", "hereditariedade", marcando a sua posição de revolta contra a decadência de uma instituição , cujo vigor se estava a esgotar.A impossibilidade de dinamizar a política e as mudanças no paísContinuando nesta linha de pensamento,´Braga enumera expressões depreciativas, referindo-se à monarquia: "capa de ladrões", "parasitas", carcomida árvore tradicional", ruido de paixões vis e interesses do momento", opinando que "o critério científicoaplicado à política" ofereceria uma "solução racional e desapaixonada" da situação no estado português. Nestas afirmações está parece mais do que evidente a doutrina positivista, que quase que pretende ter o domínio absoluto sobre todas as áreas da vida humana, sistematizando e controlandoos movimentos sociais, e Expurgando todas a paixões como causas directas do comportamento irracional e degradante. As menos-valias de uma visão cientista e positivista do mundo consistem justamente em desejar aplicar a metodologia das ciências naturais aos fenómenos da cultura, política e sociedade, que possuem uma dinâmica própria de funcionamento e a sua metodologia diferente da que se aplica à biologia. Alegar para a necessidade e urgência da República é outra estratégia que os adeptos deste regime usavam para angariarem mais simpatizantes. Neste contexto, Sampaio Bruno, anti-monárquico convicto, conhecido também pela alcunha de "profeta republicano" (1987:62) sustenta que:"a República era a necessidade de então e a necessidade actual de Portugal." Com a perspectiva diacrónica e com o destacar do caminho republicano como o correcto e o bom para o país, este autor não se detém em muitos pormenores nem descrições a favor da República, criticando e censurando o regime ditatorial de João Franco, como um dos principais culpados do estado em que o país se encontrava, não poupando palavras para o atacar.

Diferentemente de Teófilo Braga, Sampaio Bruno ou outros republicanos ainda mais radicais, houve discursos republicanos em Portugal no fim do século XIX. Nomeadamente, Antero de Quental (*idem*, 240) considera que:

> Quem diz democracia, diz, naturalmente, república. Se a democracia é uma ideia, a república é a sua palavra, se é uma vontade, a república é a sua acção; se é um sentimento, a república é o seu poema.

Neste excerto, notamos, quase instantaneamente, a identificação daquilo que era suposto encarado pela República portuguesa com o ideal da *politeia* grega ou a *res publica* romana, enquadrando a sua visão num contexto idealista, poético e quase profético. Daí a associação imediata e natural da república com a democracia, isto é também, liberdade de pensamento e expressão, menor poder absoluto a nível político, prometendo também mais atitudes mais proactiva no sentido da realização das promessas. Daí, o vocabulário "ideia" vs. "palavra", "vontade" vs. acção", "sentimento" vs. "poema", desdobrando-se na direcção entre o abstracto e o concreto.

A palavra como concretização de uma ideia parece remeter para a filosofia platónica e também se insere no domínio linguístico de la dicotomia entre la *langue* e la *parole* de Ferdinand de Saussure. Tendo em conta as datas de nascimento e da morte deste investigador (1857-1913), pode-se ver que foi contemporâneo dos republicanos portugueses, que recorriam aos resultados das mais diversas ciências para demonstrarem a validade das suas afirmações. Não sabendo se Antero de Quental de facto tinha conhecimentos da obra saussiriana, não podemos afirmar que este autor tenha sido uma referência na formação do seu pensamento republicano. O que nos compete referir é que a linguagem de Antero é bastante poética, compreendendo a

124

palavra, a acção e o poema como símbolos de crença num novo sistema de valores e num novo conjunto de ideais, mais sublimes e por ventura, mais belo e justo do que aquele que já existia.

Na opinião de Maria Cândida Proença e António Pedro Manique (*in*: Reis, 1989), a penetração de certas ideias europeizantes em Portugal, a crítica do regime monárquico conservador e as Conferênciads Democráticas do Casino Lisbonense, sobrre as quais se falará mais adiante prepararam o pensamento republicano. Do mesmo modo, no cenário político e social europeu houve também acontecimentos marcantes neste sentido, nomeadamente a desintegração da monarquia espanhola que duro entre 11 de Fevereiro de 1878 e 29 de Dezembro de 1879, uma fase curta, marcada por instabilidades políticas e insatisfacção popular, que pareceu menos aguda e visível do que no país vizinho. Outro evento relevente para a história europeia deste período é a guerra franco-prussiana (entre Julho de 1870 e Maio de 1871) entre o II Inpério Francês e o Reino da Prússia, que terminou com a vitória de Guilherme I da Prússia e a queda de Napoleão III. Tudo isto pareceu testemunhar uma crise geral dos sistemas monárquicos a nível da Europa Ocidental, o que favoreceu também o desenvolvimento das ideias republicanas em Portugal. De acordo com A.H. de Oliveira Marques (op.cit. 544)

> Ser republicano por 1890, 1900 ou 1910 queria dizer ser contra a Monarquia, contra a Igreja e contra os jesuítas, contra a corrupção política e os partidos monárquicos.

Se repararmos bem, só nesta frase a palavra "contra" é repetida quatro vezes, havendo cinco instituições ou fenómenos dos que a República discordava: clramente, a Monarquia, a Igreja católica, quase que encarnada na ordem dos jesuítas e na sua educação predominante, os partidos que apoiam um regime considerado corrupto. Entre tantos "contras" quase não se vislumbra uma única ideia afirmativa que distinguiria o novo sistema político. As datas citadas por este autor não foram escolhidas aleatoriamente, sendo a primeira o célebre Ultimatum Inglês, após o qual a Monarquia perdeu muita credibilidade entre o povo português, a segunda a do início do novo século e a última, o ano da implementação da República.

Nesta linha de pensamento, Vasco Pulido Valente (2010:17) sustenta que: "em 1910, o PRP não tinha uma organização na maioria dos concelhos do país, e onde a tinha no papel, quase sempre não a tinha na realidade", acrescentando que praticamente a dez kilómetros de Lisboa e a cinco do Porto os republicanos rareavam.

Toda esta ausência de uma hierarquia e estrutrura partida'ria que seria visível e consistente em todo o país não parecia inspirar muita confiança na população que opodia votar, o que devia ser compensado de alguma forma. Daí, o uso de um discurso elaborado, idealista e abundante em visões e promessas. Como uma das peculiaridades e lados positivos da República em Portugal, José Medeiros Ferreira (*in:* Rollo, 2012, III) refere precisamente o facto de se ter implementado sem assistência da Europa. Isto, por um lado, é natural, já que o continente europeu na altura era maioritariamente monárquico, contando com quatro Impérios: A Rússia, a Alemanha, a Austria e O Império Otomano, onze reinos e apenas mais duas repúblicas: A França e a Suíça. Por outro lado, as repúblicas no continente americano, quer os próprios Estados Unidos da América , quer as recém libertas ex-colónias espanholas estavam bastante longe e podiam não estar familiarizadas com a problemática da política portuguesa. O único apoio, embora mais verbal e moral, vinha do Brasil, mas em termos materiais , Portugal levou a cabo sozinho a sua própria revolução.

Na época da fundação do Partido Republicano Português, a linguagem dos republicanos parecia ter sido muito mais sóbria, limitando-se a diagnosticar i mal-estar geral que afectava o país, dirigindo as críticas mais severas aos bastidores da monarquia, para com o tempo começar a adquirir outras modalidades, mais complexas, alegóricas e formuladas de modo a cativar o maior núemro possível de aderentes, recorrendo também a ideais, conhecimentos de história, mitologia ou até a própria religião, para se aproximar da audiência e construir uma nova identidade e consciência nacional. Nas vésperas da República, a linguagem seca e carregada de significados científicos, começa a ser cada vez mais dogmática e doutrinária, sendo simultaneamente idealista, optimista, religiosa (pelo menos em terminologia usada) e poética, abundante em metáforas.

Segundo Maria Alice Dias de Albergaria Samara (2010: 30):

> De entre aspectos comuns, é importante realçar a "língua" republicana, diferente da palavra de um orador. Esta língua, falada pelos republicanos, tinha uma unidade essencial, apesar da coexistência de diferentes discursos de oradores individuais ou de facções dentro do movimento. Existia, portanto, um denominador comum. O discurso republicano apropriou-se de determinados vocábulos, conjugou-os e utilizou-os associados uns aos outros, dando-lhes, pela proximidade ou afastamento de outros um significado bastante próprio. O sentido de uma determinada palavra encontrava-se nas relações, nas semelhanças e diferenças com outras. Encaradas nesta perspectiva relacional, as ideias podiam ganhar novos significados (…) O discurso republicano recorria frequentemente a expressões e comparações decalcadas do cristianismo. Os

republicanos eram os homens de fé. Pregavam o Evangelho sublime dos Direitos do Homem e a sua missão era um verdadeiro apostolado. Mais do que um recurso estilístico esta utilização facilitaria a compreensão aos ouvintes menos habituados a termos políticos e colocava os republicanos como homens puros e de valor.

Naturalmente, para "formatar" o pensamento dos cidadãos, a quem pretende convencer para aderirem á sua ideologia, qualquer regime procura apoderar-se da linguagem, construindo um determinado imaginário. Do mesmo modo, os republicanos portugueses tinham, no nosso entender, quatro vertentes básicas da linguagem: a primeira consistia em denunciar os defeitos e abusos do poder da monarquia, usando palavras como: "tirania", "oligarcas", "autarquia", "autoridade", "degradação moral" entre outras. A segunda linha abrange a terminologia científica e técnica, prometendo desenvolvimento, falando em decomposição, referindo-se a engrenagens, progresso, evolução, organismos, dinâmicas, doenças e os respectivos remédios, o estado é visto como um corpo, e as instituições como seus membros, recorre-se a expressões de botânica, zoologia, geografia, história, sociologia. A terceira vertente linguística dos republicanos engloba o campo semântico referente à ética. Daí, falar-se na pureza moral, incorruptibilidade, degeneração, honra, liberdade, civismo, direitos humanos, igualdade, pensamento, consciência, correcção, rectidão. A última e a mais sintomática para esta parte da nossa investigação é a mitológica e religiosa. Daí, os textos republicanos abundarem em promessas de redenção, resurreição, martírio pela pátria, julgamentos dos justos e injustos, crenças, correligionários, missões, crucificações. Daí, não admira que no período imediatamente anterior à instauração da República em Portugal se tenha inventado o Credo Republicano, uma espécie de manifesto da nova ideologia recomendada, O autor dessa nova "oração" é António Joaquim Pereira. Leia-se o texto[13]:

Creio na Deusa Natureza, toda-poderosa, criadora da terra lusitana, e na República, uma só e sua filha, nossa Senhora, a qual foi concebida do Espírito revolucionário; nasceu na cidade de Lisboa, padeceu sob o poder da monarquia tirana, foi crucificada, morta e sepultada em 31 de Janeiro de mil oitocentos e noventa e um, desceu às masmorras do jesuitismo; em cinco de Outubro de mil novecentos e dez, ressurgiu do martírio, subiu ao poder, está sentada à mão direita do Povo soberano, todo-poderoso, donde julgará os vivos e os mortos, mártires e traidores da Pátria.

Creio na República portuguesa, na Igreja da Honra e da Moralidade, na comunicação do povo, no arrependimento dos trânsfugas e farsantes, na ressurreição da Pátria, na vida eterna da Ordem e do Trabalho.
Ámen.

No parágrafo citado está bastante clara com o texto da oração religiosa católica. No lugar de Deus, é colocada a Natureza, sendo através desta imagem possível vislumbrar uma mundividência panteísta, própria do pensamento finissecular português. Essa natureza, no imaginário republicano, é muito mais que uma mera paisagem, é uma força criadora, que liga o povo lusitano às suas raízes, oferecendo-lhe a República como fruto lógico e natural. A República é "uma só nossa Senhora", tal como Jesus Cristo é o filho Unigénito de Deus, no credo tradicional. A partir desta imagem, a República imita o percurso terrestre de Jesus: é concebida, apenas que a força que participa na sua conceição é o "Espírito revolucionário", nasce, padece, é martirizada, sepultada e morta, sobe ao poder do mesmo modo em que Cristo ascende aos Céus, senta-se à direita, sendo o seu "Pai" o povo soberano que a criou e lutou por ela, julga vivos e mortos. Na "Igreja da República," os postulados básicos da conduta, são a Honra e a moralidade, bem como a liberdade de expressão, segundo a qual o Povo terá determinados direitos. Tal como nas Igrejas cristãs, é possível o arrependimento como remédio para os "pecadores", que se recusam a aceitar ou são desleais à nova "fé" republicana. A vida eterna não é uma vida da alma depois da morte corporal, como se costuma apresentar no imaginário religioso. Trata-se de uma outra eternidade, garantindo a prosperidade do apís através da ordem e do trabalho. As duas últimas palavras são justamente as que aparecem na bandeira do Brasil, tornando-se provável que, embora a República brasileira fosse anterior à portuguesa, os republicanos no Brasil tinham lido obras dos autores portugueses da época e que se tinham inspirado nelas. A fórmula de terminar a "oração" republicana é igual á religiosa, que, traduzida do grego, significa "assim seja", confirmando a sinceridade dos desejos dos "crentes" e a firme vontade de os realizar.

Parodiando o credo católico, o republicano converte "Deus todopoderoso" em "Natureza toda-poderosa", o Criador do céu e a terra e de todas as coisas visíveis e invisíveis", torna-se numa força criadora mais concreta, que se limita a criar uma terra, o seu povo e o seu sistema político. Na versão republicana, omitem-se as partes "Luz da Luz, Deus Verdadeiro de Deus Verdadeiro", constantes da oração cristã. Isso, por um lado, compreende-se, porque os republicanos pretendiam garantir a liberdade a todos os cultos, sem que nenhum Deus ou divindade tivesse primazia sobre outro. Por outro lado, o novo regime pretendia um ensino e uma mundividência secularizada, e iluminada pela ciência e pela razão.

Por seu turno, sendo a linguagem da Maçonaria e da Carbonária, organizações secretas que influenciaram a implementação da República em Portugal, sobrecarregada de terminologia que implicava justamente a luz e a verdade, parece-nos curioso estes vocábulos serem omitidos do credo republicano. O Espírito já não é Santo, mas "revolucionário", implicitando o activismo político e a vontade de implementar as mudanças sociais e culturais, A Virgem Maria nem sequer é mencionada na oração republicana, sedno o sintagma "Nossa Senhora" reservado à República. Tão pouco se fala em baptismo, remissão dos pecados ou no "mundo que há de vir", sendo essa dimensão transcendental praticamente apagada da ideologia republicana.

Para melhor fundamentar a sua luta política, o credo republicano menciona as circunstâncias históricas do "nascimento" da República em Lisboa, tendo em conta a fundação do Partido Republicano Português justamente nesta cidade. O insucesso da Revolução Portuense é equiparado à crucificação de Jesus e á sua morte. A descida de Cristo dos Céus é comaprada à descida da República "Às masmorras do Jesuitismo", entendendo-se como uma queda demasiado grande e como um passo humilhante, porém, necessário para o seu ressurgimento. Aqui, parece-nos interessante o emprego da palavra "ressurgimento" em vez de "resurreição", sendo a segunda inserida num contexto tipicamente religioso.

O ideário republicano, de certa forma iconoclasta, não poupou nem a oração Ave Maria. Sendo o catolicismo mundialmente conhecido como uma vertente do cristianismo muito mariana (por oposição, nomeadamente, ao protestantismo, que rejeita a ideia a virgindade da Mãe de Deus durante e após o parto, discute a sua santidade e não possui determinados dogmas referentes a ela), aprece natural que os republicanos, como opositores da Igreja se quisessem apoderar também desta oração, para desmancharem o poder que o culto mariano tem em Portugal. Leia-se o texto[14]:

> Ave República, cheia de graça, o Presidente é convosco; bendita sois vós entre as nações livres e bendito é o governo da vossa Revolução. Santa República, mãe dos Portugueses, rogai por nós, mártires da monarquia, agora e na hora da redenção universal.
> Ámen.

.No lugar de Maria é colocada a República, como uma forma de demarcar a criação de um novo culto. Por analogia, este sistema político, personificado numa figura feminina, também esta'"cheia de graça". Em vez do "Senhor" está mencionado o Presidente, como representante do poder supremo. `semelhança da Virgem Maria, a República também é "santa", "bendita" e "mãe". O estado abençoado de Portugal entre outras nações europeias (ainda monarquias) consiste num espírito proactivo, de maior democracia e liberdade, encarnado no "bento governo da sua Revolução". Tal como a Virgem Maria, a República também tem a capacidade de rogar e interceder por alguém, só que a sua tarefa não é a de intermediar entre Deus e os pecadores, como o apregoa a religião católica. Desta vez, a nova "divindade" deve assumir o papel de intercessora pelos que sofreram represálias e injustiças do regime monárquico. A última diferença entre a oração canonicamente aceite pela Igreja católica reside na hora da intervenção. Enquanto a religião fala em morte, o republicanismo opta pela "redenção universal", à semelhança de algumas seitas e derivações das religiões oficiais. Na contraposição entre a postura religiosa e a política parece patente a dicotomia entre o aparente pessimismo e optimismo, a morte e a vida, o medo do castigo no Além e a certeza na felicidade e redenção de todos. Na elaboração destes dois textos doutrinários nota-se já uma linguagem muito mais sofisticada, porém, simultaneamente próxima das massas populares, para as que se supõe terem recebido alguma educação religiosa, pelo menos a nível básico. Partindo do conhecido e familiar, cada indivíduo podia facilmente aderir à nova ideologia, pensando que na sua essência, ela não é demasiado diferente daquilo que já lhe tinha sido ensinado desde a infância. As diferenças propostas evidenciam algumas injustiças e desigualdades a nível da posição do indivíduo no mundo, e sugerem soluções de melhoramento dessas condições, mediante a prática da honra, de um determinado código ético, da devoção ao trabalho, ordem, progresso, sendo a recompensa prometida a justiça e igualdade de todos os cidadãos perante a lei. Por isso, António Feliciano de Castilho (*in*: Serrão, *op.cit*,104), quando se refere à República, expressa-se com muito entusiasmo sobre este sistema como um incentivo á solidariedade colectiva, que poderá trazer salvação ao país, coadunando-se "o entendimento com a vontade". Uma visão assim do regime republicano, parece bastante racional, apelando para a consciência dos cidadãos para aportarem o melhor de si e do seu trabalho a uma causa superior. Teófilo Braga (*idem*), por seu turno, também usa o termo "solidariedade", apenas num outro contexto, entendendo o conceito como uma necessidade de Portugal de se associar "as democracias das nações latinas", sacompanhando o seu percurso no caminho político, social e cultural. Quem lê os textos de propaganda republicana, notará certamente, uma grande capacidade de argumentação e de persuasão por parte dos seus teorizadores, encontrando, ao que parece um equilíbrio perfeito entre o discurso cientista, objectivo e desapaixonado de um realismo positivista e o vocabulário inspirado na mitologia e religião. Apesar de propagarem ideias de desenvolvimento, tolerância, justiça e direitos do indivíduo, os republicanos não são de todo pacíficos com os seus adversários, não tendo quaisquer prurido em recorrer a uma terminologia muito frontal, chamando-os de trânsfugas, traidores, farsantes entre outros nomes menos agradáveis de se ouvirem. Nesta conformidade, José Manuel Tengarrinha (1983:171) constata que:

> No último quartel do século passado vemos como a oratória republicana vai apresentando uma melhor estruturação, mais sólido suporte ideológico, mais clara definição dos seus objectivos revolucionários.

Levados pela retórica e aderindo à ideologia e a um idealismo talvez exscessivo, os adeptos da República, depararam-se com certas dificuldades reais no país: um surto grevista, epidemias da peste bubónica, atraso científico e cultural e antagonismos pessoais a nível do Governo Provisório, o que condicionou um rápido espairecimento dos ideais republicanos, o que, mais adiante, se analisará detalhadamente.

Teófilo Braga na sua obra *História das Ideias Republicanas em Portugal* (1983), cita este como o último grande acontecimento histórico que terá influenciado as ideias republicanas em Portugal, sendo entre outras circunstâncias, referidas, a noção da soberania nacional, que começou a desenvolver-se no século XIX em toda a Europa e que adquiriu um valor reconhecido na área do direito. Nos Estados europeus modernos a necessidade do parlamento e de uma maior democracia assinalaram algumas desvantagens das monarquias absolutistas e procuraram defender os direitos legítimos e os interesses do povo. Visivelmente revoltado contra a situação política e histórica na Península Ibérica setecentista, Teófilo (*idem,* 23), comenta alguns factores que teriam conduzido à implementação da República em Portugal com as seguintes palavras, por vezes pouco académicas e de modo algum isentas de juízo moral e de uma dimensão emocional:

Nunca povo algum da terra foi mais estupidamente governado do que Espanha e Portugal; a desmembração odiosa dos dois países, e ao mesmo tempo a unificação administrativo e material dos diversos estados peninsulares que possuíam condições essenciais de autonomia, revelam a acção violenta e contradictória de dinastias, que exploram estes dois povos em vista de um interesse egoísta, e o embrutecimento sistemático, exercido em benefício da realeza pelo catolocismo, que em paga dos serviços de polícia das consciência, recebeu o exclusivo poder espiritual até à crueldade canibalesca.

Desdobrando as ideias principais deste parágrafo, notamos um absoluto descontentamento com o sistema monárquico e a sua incapacidade de lidar com a realidade política da península, o excessivo poder da Igreja católica, a educação, na sua persepctiva, retrógrada e anti-progressista. O autor refere-se ao conceito do "quinto império do mundo" (da pena e reflexão do Padre António Vieira) como à "forma atrasada do ideal monárquico", atribuindo-lhe também características de um antigo sonho" que subentendia "a obediência ao inimigo" e a "regência de ineptos".

Nesse sentido, não admira que o laicismo das ideias jacobinas de França tenha demarcado o pensamento político do século XIX, que, conjuntamente com a constituição de 1822, a revolução liberal e outros acontecimentos teriam traçado o caminho republicano em Portugal. A Revolução Francesa de 1789, a Revolução Italiana de 1848 as ideias socialistas e o positivismo trilharam as bases do republicanismo português. A doutrina positivista, professada pela primeira vez em 1872, segundo Braga (*idem,* 149), foi decisiva para se valorizar "a ordem como condição do progresso", empenhou-se em estabelecer o equilíbrio social através de um ensino mais racional quc substitui "as paixões pelas opiniões". Dai, não admirar o grande brotar da sociologia, como tentativa de explicar teoricamente e de corrigir na prática as injustiças sociais.

Franco Ferrarotti (1967:20), nesse sentido, define a sociologia como:

> Scienza d' osservazione, ossia, come analisi empirica concettualmente orientata, guidata da ipotesi di lavoro, induttivamente verificabili e interpretazione critica di qualsiavoglia ragruppamento umano, così come si esprime nei suoi vari rapporti inter-individuali, constatati nei loro aspetti di uniformità e ripetibilità[15].

Justamente por pretender observar, analisar empiricamente os fenómenos sociais, reflectir teoricamente sobre eles e de chegar a determinadas conclusões acerca da sociedade e comunidades humanas, a sociologia parece adequar-se melhor a uma época de progresso e às necessidades urgentes de um sistema político que procura transformação fundamental e profunda. Educado nos autores como Augusto Comte e os seus seguidores, Teófilo Braga pretendeu aplicar os métodos sociológicos a todas as áreas de investigação do seu interesse e à própria política. Metódico, organizado, minucioso, rigoroso, por vezes demasiado "literal" na sua aplicação, Teófilo Braga mostrou-se assim também na sua actividade política como pensador republicano, progressista, anticlerical, militante e revolucionário por um lado, e por outro excessivamente teórico, procurando dar um olhar doutrinário a toda a sua palavra, obra e pensamento.

Não obstante o seu rigor e disciplina, muitos historiadores do período da Primeira República consideram-no incapaz de assumir um cargo tão importantecomo o do Pesidente do Governo Provisório ou da República Portuguesa. António Reis (1990) refere que na altura em que este Governo foi formado, muitas decisões políticas tinham sido tomada apressadamente e na última da hora, sem um plano profundo e organizado. Após o suicídio do Almirante Reis, Teófilo Braga foi escolhido para exercer esta função dada a sua idade e os méritos de Professor universitário, embora, segundo as opiniões de vários especialistas na área,esta talvez não fosse a melhor opção para o Estado português. Segundo refere Luís Augusto Costa Dias (2010), os jornais republicanos encararam a mudança do regime político em Portugal como muito mais do que isso, sendo bastante optimistas na crença de que a luta pela República era quase que uma questão de vida ou morte, cujo resultado iria garantir a salvação do país mediante a dedicação ao trabalho e ao compromisso com o bem-estar da Nação. Citando o jornal *O Século* de 1 de Janeiro de 1910 (*apud*, Dias, *op.cit.*), pode-se verificar que o caminho republicano era visto como " a marcha certa do povo para um estádio de melhora e felicidade", ou ainda (*idem*) "caminhar com segurança para o progresso e para a luz". Se analisarmos o vocabulário deste jornal (que não se distingue muito dos outros jornais de cunho republicano da época), repararemos nas palavras como "marcha" e "caminhar", que podem enquadrar-se na semântica militar, implicitando também um percurso de firmeza e determinação. A marcha é "certa" e o caminho promete "segurança", que são as palavras que o povo desejava ouvir, procurando uma maior estabilidade socioeconómica e política, que o regime monárquico parecia já não conseguir assegurar. A transição da monarquia para a república era, na opinião dos republicanos, muito mais do que uma fase no percurso político de um país, pretendendo garantir um bem-estar geral para todos os cidadãos.

133

Daí, não admira a recorrência ao vocabulário optimista como "melhora", "felicidade", "progresso" ou "luz", revelando toda uma retórica idealista. Os outros jornais republicanos saudaram a implementação do novo sistema com as seguintes palavras: "Viva a República!" (*A Lucta*) "A Revolução Triunfante!" (*O Mundo*), "Victoria! Victória. Vivam os heroes da Revolução!" (*O Paiz*) "Viva a República Portugueza! Viva a liberdade do Pensamento! Vivam os revolucionários civis e militares!"(*A Vanguarda*). Se observarmos a pontuação, repararemos na quantidade de pontos de exclamação. O restante vocabulário também possui conotações positivas, englobando a revolução, o patriotismo, o heroísmo, os ideais republicanos, e manifestando o fervor e a convicção com que o imaginário de um novo regime foi apregoado e defendido. Apenas mencionaremos, que na informação que transmitiu sobre a implementação da república, o *Diário de Notícias*, conhecido como um meio de comunicação social de cunho monárquico foi bastante neutro e objectivo, para se diferenciar dos outros, que preconizavam a liberdade, a paz, a luz, a salvação, a libertação e a nova vida. Relativamente às reformas no ensino e educação. Carlos Ferrão, no livro *A Obra da República* (1973:41) refere "um largo espírito de tolerância e compreensão", procurando contrapor a república promissora à monarquia considerada retrógrada e inimiga da ciência e do conhecimento. Para fomentar esse ideário, a visão do Cometa de Drake, a 21 de Janeiro de 1910, considerado o cometa mais brilhante do século XX. Os adeptos da República utilizaram este facto para persuadirem o povo de que se tratava de um pernúncio da vida brilhante e iluminada que a república prometia. A democracia e a promessa de um futuro melhor pareciam ter entrado em Portugal também através de elementos da cultura visual: fotografia, ilustração, anúncios publicitários, cartazes, postais, cartões de parabéns, caricaturas e desenhos. Na perspectiva de Maria Alice Samara e Tiago Baptista (2010:7), "o cartaz no final do século XIX funciona como um quadro e as ruas das cidades europeias são entendidas como um museu popular". Inspirados, de facto, na longa tradição pictórica ocidental, os elementos das artes visuais serviam para atrair a atenção do povo, primeiramente pela imagem, havendo ainda um grande número de pessoas analfabetas, que sem saberem ler, podiam sentir-se cativadas pela beleza do desenho. Os que soubessem ler, entenderiam a mensagem, transmitida mediante o vocabulário bem escolhido. Como toda a cultura visual do final do século XIX e do início do século XX tinha por objectivo a difusão da propaganda republicana, daí não admira a quantidade de personagens femininas e de rostos de crianças a aparecer nos desenhos, gravuras, postais, cartazes e caricaturas. Essas mulheres por vezes representam a República em pessoa, outras vezes são os pilares da família, outras ainda trabalhadoras, ocasionalmente trata-se de senhoras sensuais, que usam calças, fumam, maquilham-se e marcam desta forma a sua presença na sociedade e na vida pública. As figuras femininas, por vezes, nas caricaturas republicanas, vestem-se de uma forma demasiado provocante, procurando seduzir um padre ou monge, significando a imoralidade e falta de princípios das duas partes intervenientes na cena que o desenho apresenta.

As crianças são de rosto corado, de aspecto saudável, com um sorriso esperançador ou brilho no olhar, simbolizando o futuro da Nação, as novas forças vitais que estão a crescer para o bem do país. Os homens nos materiais da propaganda republicana ou são sérios, com uma postura firme e olhos fixos, reflectindo os ideais de um futuro melhor, ou são figuras tristes dignas de ridicularização. No primeiro caso, trata-se de políticos republicanos, no segundo, de frades (que são pisados pela República), do povo faminto e maltratado pelo regime monárquico ou de rivais políticos, frequentemente representados ajoelhados ou a chorarem de humilhação e indignidade em que se encontram. Havemos de reparar que as cores predominantes na cultura visual republicana predominam as cores verde e encarnada, da nova bandeira portuguesa, metaforizando a esperança e a paixão da luta. As nuances claras de outras cores encarnavam um mundo polarizado entre o ideal republicano (que implicitava moralidade, honra, salvação, justiça), enquanto as cores mais sombrias designava, os comportamentos obscuros dos seus rivais (corrupção moral, decadência, atraso). O sol, as árvores, as flores, os detalhes urbanos apareciam com frequência nos materiais da propaganda republicana, pretendendo garantir o progresso, a luz, a evolução e o desenvolvimento. Em termos da linguagem, analisaremos alguns cartazes e mensagens afixadas nas ruas de Lisboa nos primórdios do novo regime. Já a 7 de Outubro de 2010, num comunicado ao povo (*in*: Samara, Baptista, *op.cit*.26) podia ler-se a seguinte formulação: " A atitude do povo tem sido admirável, de serenidade e cordura. (…) Após o acto revolucionário (…) enthusiasmo da victoria". Num outro enunciado fala-se em "cidadãos" e é lhes dirigida a mensagem de serem portadores de uma missão importante: a de zelarem pela pária (*idem*, 36)"o futuro da Pátria está nas vossas mãos!". Os republicanos referem mais asiante que o povo português é (*idem*, 44) "antigo pelas tradições heróicas, mas pela serenidade, pelo amor ao trabalho e pela dignidade cívica tão moderno que vae na deanteira de todos os povos". A exclamação "Abaixo a guerra! Viva a humanidade livre" (*idem*, 55) e as apelações (*idem*)"Pela

Ordem! Pela Pátria! Pela República!", bem como a tripla repetição "Ordem! Ordem! Ordem!" são bastante significativas do ponto de vista da propagação do sistema de valores republicanos. Em primeiro lugar, os representantes do novo regime perecem agradecer a confiança do povo e o carácter não violento da revolução. Apelam para o pacifismo, para a organização, trabalho, ordem, serenidade, comportamento ajuizado, liberdade, patriotismo, valores universais e inerentes à humanidade, procurando já marcar a diferença do regime monárquico. Evocando simultaneamente o valor da história e da memória e por sua vez a modernidade, construía-se uma nova identidade portuguesa que devia ter suficiente força para comemorar o passado e para enfrentar o futuro. Para tal, necessitava-se da presença e utilização do amor pela pátria e pela família como um sistema de (*idem*, 36) "verdadeira defesa". Fazia-se a ressalva para a existência de "cidadãos" e não de "súbditos", conferia-se-lhes o poder de decisão e não apenas a obediência, confiava-se, pelo menos aparentemente, na sua livre vontade e na capacidade de viverem em paz e defenderem a ordem estabelecida. Tudo isto não tinha uma conotação politicamente neutra, pretendendo mosrar uma clara e aberta melhoria de relação entre os representantes do poder e os eleitores. Evidentemente, mesmo na República houve desigualdades, perseguições, injustiças e nem para todos houve a mesma liberdade sonhada e prometida. Para António Ventura (2010b), no uso combinado das imagens e palavras escolhidas para os fins da propaganda republicana revelava-se "a arte de persuasão". Claramente, entre o discurso ideológico e a realidade prática existia um grande lapso, o que se verificará já muito brevemente após a implementação do novo regime.

A respeito dos resultados e do trabalho do regime republicano, Thomaz de Mello Breyner, Conde de Mafra (1994) comenta a sua insatisfação com as greves dos caminhos de ferro e a indignação por não ter partido o comboio Sud-Express, acrescentando, na anotação de 11 de Janeiro de 1911, o seguinte comentário: "Que vergonha do governo sem força". Referindo-se ao Governo Provisório, cujo presidente era Teófilo Braga (sem mencionar o seu nome), critica-o como conjunto de ministros incapazes de enfrentar a realidade dura do país. Mais adiante, descreve o ambiente de medo e hesitação que se sente havendo poucas pessoas na missa pela alma do Príncipe Real D. Luís Filipe, e faz um reparo importante (*idem*, 20) "como já não há dias santos (sic!)". Sublinhando a atitude anti-religiosa do regime republicano e uma clara separação entre o Estado e a Igreja, o Conde de Mafra manifesta a tristeza e descontentamento com a nova situação em Portugal. Não devemos esquecer que as suas reflexões, escritas no *Diário de um Monárquico* traduzem uma posição anti-republicana. Porém, o Conde de Mafra parece categórico em não desejar uma revolução monárquica. Leia-se o excerto (idem, 21):

> Continua a falar-se na conspiração monarchica. De nada quero saber porque tenho a convicção que o futuro de Portugal depende apenas do que a Europa quiser, tendo á frente, como sempre, a Inglaterra! Restauração! Mas quem são os Restauradores? (…)

A instauração da República em Portugal não doi um acto que deixasse indiferente a Europa. Inicialmente, não houve uma boa aceitação prla maior parte dos países europeus, ainda monarquias na altura. De acordo com Fernando de Castro Brandão (1991), os primeiros a reconhecerem Portugal como República foram a Noruega e a Rússia, que o fizeram já em Novembro de 1910. Gostaríamos de assinalar que o Reino dos Sérvios, Croatas e Eslovenos, nesse sentido, foi bastante avançado relativamente a alguns outros países da Europa, porque já em 1917 reconheceu a República Portuguesa.[16]

Neste sentido, António José Telo (2010:9) defende que:

> A 1.ª República é um regime bizarro e cheio de paradoxos. Era, quando apareceu, uma excepção na Europa, não só porque no velho continente havia só mais duas repúblicas (a França e a Suíça), mas também, porque em muitos campos era dos mais radicais na Europa.

De facto, Portugal foi o primeiro país na Europa a abolir a pena de morte, implementou uma série de leis e reformas, que na altura, eram bastante inovadoras (a laicização do ensino, a expulsão dos jesuítas, o divórcio, uma maior escolarização de meninas, um grande investimento na educação física, mas ao mesmo tempo tinha que lidar com problemas reais e graves, uns herdados do tempo da monarquia e outros criados com a instauração do sistema republicano. Na opinião de João Chagas (*apud* Costa, 2010:217), a necessidade da lei do divórcio surge porque "o casamento católico com a sua indissolubilidade é uma servidão absurda." Os republicanos, no seu discurso a favor da separação matrimonial legal usavam com frequência o argumento contra os casamentos combinados pelos pais, em alguns casos sem sequer os noivos terem sido consultados, sendo essas uniões realizadas por interesses económicos das famílias. Os republicanos defendiam a ausência da vontade própria dos noivos (e particularmente das noivas) numa decisão tão importante na sua vida. A relação de subserviência da mulher ao marido é sempre contestada pelos adeptos da rrepública como falta de liberdade, entediante para a mulher, que não a torna em cidadã consciente do seu valor, que possa ser útil para a sociedade. Os maus tratos e abusos do marido eram o seguinte argumento a referir pelos republicanos em defesa do divórcio. Daí, não admira justamente as mulheres aderirem rapidamente a esse discurso, aprovando o divórcio como a única solução para um matrimónio mal sucedido.

Apesar de tudo, os primeiros anos da república portuguesa não foram tão "luminosos", tendo continuado a onda das greves, a instabilidade política, os abusos da polícia, as perseguições e castigos dos adversários da ideologia republicana, o que influenciou a insatisfação entre o povo. Nesta conformidade, David Ferreira (1973:51) afirma que "certas divergências latentes no seio do Partido Republicano Português, ainda no tempo da monarquia, agarravam-se com a formação do Governo Provisório e com a actuação de alguns dos seus membros". A pluralidade de pensamentos pró-republicanos e anti-monárquicos, conjuntamente com intolerâncias a nível pessoal, para além dos existentes problemas sociais, culturais e económicos, dificultaram a realização dos sonhos republicanos e a colocação em prática de soluções e ideias das que com tanto fervor se falou nas conferências e comícios que antecederam à revolução republicana.

Na opinião de Jean Pallier (2001:19), "a Primeira República Portuguesa não deixou outra recordação a não ser de uma longa anarquia entrecortada por guerras civis." Inestabilidade política e socioeconómica, greves, desorganização, tentativas de mudança, tudo isso maçou o primeiro período do regime republicano em Portugal, o que contribuiu para o rápido desmoronamento das ideias pelas que se lutou. Paula Ferreira da Cunha (*in*: Rollo,2012, II) refere que nos primeiros 16 anos da existência, a República em Portugal conheceu 45 Governos, o que fala por si so da instabilidade política no país.

Não passara muito tempo após a implementação da República em Portugal e os seus ideais começaram a espairecer. Neste âmbito, João Chagas (*apud*. Medina, 1990) refere que: " o mais grave erro da república é não ter sabido realizar-se". E acrescenta:

> É uma calamidade. Que decepção! Era a república frustrada ao nascer. Era a mês,a coisa com tabuleta diferente. Eram os mesmos males, os mesmos vícios. Era, sobretudo, revoltante! Era sujo! Liquidaria isso o nosso esforço?

A desilusão é visível e quase imediata, as expectativas dos apoiantes da República parecem defraudadas e falhadas, o ambiente no país está sobrecarregado de política, o cenário sociocultural, económico e político continua a reflectir instabilidade, tensão e perplexidade. A "imbatível fé", de que Chagas tinha falado com tanta veemência, resultante da confiança nele mesmo e no povo, espaireceu rapidamente porque um ideal belo e sublime foi confrontado com os impasses da realidade quotidiana, greves, despedimentos, epidemias e sobretudo a pouca competência e antagonismos pessoais entre os governantes republicanos.

Tudo isso, na opinião de Fernando Rosas (2004:44) surge devido ao facto de o republicanismo se mostrar "incapaz de definir um projecto nacional". Isto é, para além da brilhante retórica e as ferozes críicas dirigidas ao regime monárquico, este autor considera que o novo sistema político não definiu um plano claro de alternativas e soluções para o tão aclamado bem-estar da Nação, nem as reformas intriduzidas foram fáceis e prometedoras das rápidas melhorias no país. Uma das razões por o republicanismo em Portugal não ter dado os resultados esperados logo após a implementação do novo regime político pode prender-se com o facto de, no partido em si, existirem várias fracções: anarquistas, socialistas, republicanos mais radicais ou mais moderados, e todas estas divergências de pensamento influenciaram ou podiam ter condicionado a ausência de um consenso acerca de um projecto de consolidação do país. Relativamente escolha da pessoa adequada para o cargo de Presidente do Governo Provisório, Rocha Martins (2007, 224), com uma certa ironia, refere que "Teófilo Braga surgia como um ídolo que se vai buscar para a procissão em dias solenes". O vocabulário do domínio religioso "ídolo", "procissão", "dias solenes", poderia indicar um certo culto que se desenvolveuem redor da sua figura, dada a sua idade, posição na Universidade, conhecimentos, comportamento honrado, mas que, de acordo com o autor, não ia para além disso, mostrando que este político não teria muitas capacidades pragmáticas para concretizar os seus ideais, nem para lidar com a realidade concreta poirtuguesa, que no momento da instauração do regime republicano, atravessava várias e graves crises.

Nesta perspectiva, Thomaz de Mello Breyner, Conde de Mafra (2004: 349) constata, com uma visível desilusão que "o Governo da República, que ainda não tem dois mezes, já entrou n'um esbanjamento e n'uma rápida de favoritismo, muito parecidos com os da monarchia". Estando plenamente consciente de determinadas fraquezas do regime monárquico, que seguramente conduziram à sua queda, esta célebre figura pública portuguesa, critica os defensores do novo regime, procurando ser objectivo e indicando a repetição dos mesmos erros como uma das possíveis causas do mau funcionamento da política republicana. Mais adiante (*idem*, 352), agora sem paralelismos com a monarquia, o mesmo autor comenta que:

> La vae um mêz da republica . Não se tem feito senão gastar dinheiro, fazer declarações e perseguições, augmentam diariamente os descontentes e qualquer dia começam as zaragatas. (...) Não vejo nem oportunidade, apezar de a republica não ir bem.

O tom pessimista deste discurso deve-se a antagonismos pessoais e incompetência profissional dos defensores da ideologia republicana, que nos primeiros tempos não se conseguia enquadrar bem no cena'rio político português recém-criado, tendo que enfrentar muitos problemas herdados. Dispersando-se em tarefas administrativas e algumas despesas públicas, na opinião de Mello Breyner, a república não começou bem o seu governo. Neste sentido, A.H. de Oliveira Marques (2010: 34) defende que:

> Três dos seus elementos, sobretudo - o equilíbrio orçamental, o montante da dívida pública e a desvalorização da moeda- estiveram nas bases das discussões mais acerbas que ocuparam republicanos e monárquicos de todas as tendências e levaram a crises ministeriais sucessivas.

O próprio programa do partido Republicano Português, nesse sentido, revela-se bastante utópico. Na verdade, não se pode falar de um único programe deste partido político, dado que no período que antecedeu à implementação da república em Portugal, bem como ao longo das suas primeiras décadas do novo regime foram formulados ao mais diversos manifestos, estatutos e programas republicanos, comprovando a pluralidade de pensamentos a este nível, o que parecia dificultar a elaboração de uma única estratégia de realização do dito "projecto nacional".

Em vez da estabilidade e ordem prometidas, como refere Fernando Rosas (2010, 29) defende que a Primeira República Portuguesa tinha deixado uma "Lisboa grevista, ateia e desordeira". Exactamente isso: greves, ateísmo (ou laicização da sociedade) e a desordem, são as três características mais facilmente detectáveis no primeiro período do regime republicano em Portugal.

1.15: Importância dos centenários na Implementação da Reública e o mérito de Teófilo na sua comemoração

Na segunda metade do século XIX, em Portugal deram-se vários acontecimentos, que posteriormente se revelariam como relevantes na propaganda republicana e no discurso político que fortaleceria a ideologia a favor do novo regime político. Entre as efemérides a destacar, compete-nos referir o centenário da morte do Marquês de Pombal (1882), o Tricentenário da morte de Camões (1880), o bicentenário de Alexandre Herculano (1910). Todas estas datas serviram como uma parte da propaganda republicana, usada inicialmente para compreender e celebrar o passado nacional, e de procurar razões e justificações históricas e científicas para um papel especial de Portugal na História e de um carácter único e glorioso da Nação.

Daí, o próprio Teófilo escrever a obra *Os Centenários como Synthese Affectiva nas Sociedades Modernas*, publicada em 1884. No *Prolóquio*, o autor explica a necessidade de as sociedades modernas comemorarem os centenários das grandes figuras da História pelo facto de a modernidade requerer novas normas de solidariedade moral com aqueles homens ilustres que com a sua vida serviram de exemplo à nação. Sendo, que essas comemorações servem para (*idem*, V) "satisfazer a necessidade do sentimento", na opinião de Braga, com o passar do tempo, irão substituir as religiões. Como alguns centenários importantes para a História da Europa, cita os de Petraca (sendo comemorado o quinto centenário da sua morte em 1874), de Miguel Ângelo (o quarto centenário do seu nascimento, celebrado em 1875), Spinosa (o bicentenário da morte do filósofo deu-se em 1877), de Voltaire (centenário da sua morte em 1878), de Camões (tricentenário da morte em 1880), de Lutero (quarto centenário da morte em 1883). Pare além destes, Teófilo cita também o centenario da Universidade de Leiden (tricentenário da fundação em 1875) e da libertação de Viena (bicentenário em 1883). Se analisarmos bem as personalidades e os acontecimentos, veremos que qualquer um poderia ser "aproveitável" apra o discurso republicano português em vias de preparação. Petrarca e Miguel Ângelo, grandes intelectuais e criadores do período renascentista, Baruch d'Espinosa e Voltaire são considerados grandes livre-pensadores do seu tempo, sobre Camões e a sua particular importância para a cultura portuguesa falaremos mais adiante. Lutero e o seu aniversário parecem-nos particularmente relevantes do ponto de vista da criação de uma ideologia republicana, porque esta é a figura que rompe com certos dogmas da Igreja católica e

141

introduz, aparentemente, mais liberdade e democracia nas doutrinas religiosas. Sendo que a Repúbluca em Portugal, nos seus primórdios, era declaradamente anti-católica, mencionar a relevância do percurso de Lutero na história europeia, significava também delimitar uma posição clara relativamente aos dogmas católicos. A fundação de uma Universidade e a libertação de Viena do domínio otomano têm também o seu significado importante para a configuração de uma mundividência republicana: o saber, a educação, o ensino, a liberdade, o progresso e a cultura eram nitidamente os valores que os teorizadores e adeptos da República propagavam. Nesta conformidade, Teófilo (*idem*, IX) refere que:

> O sentimento da veneração é uma das principaes forças coordenadoras das sociedades humanas: sem elle, a ordem seria uma violência material e nunca um accordo harmónico das vontades. Comprehende-se que, segundo as varias épocas da evolução social esse sentimento varie, conformando-se com os motivos racionais, A veneração prestada á *edade* no regímen partiarchal, sucede á veneração prestada à *força* no regímen heroico e aristocrático, ou ao acidente de *nascimento,* como vemos ainda com as famílias dynasticas.

Pretendendo racionalizar e laicizar a cultura e o pensamento humano, o autor considera que a celebração de eventos inseridos na esfera secular poderá ter a força suficiente para ocupar o lugar da religião e da necessidade do sagrado na mente humana. Como factores principais que causam a veneração, enumera a idade, a força e o nascimento, correspondendo cada um destes elementos a uma época ou a um estádio do desenvolvimento da sociedade humana. Tal como, noutras épocas e regimes se dava a devida relevância aos antepassados pela sua idade, relacionada com as experiências de vida, sabedoria, honra e moralidade, aos heróis e santos pela sua força (façanhas ou virtudes reconhecidas), ou os reis e príncipes, pelo facto de terem nascido no seio da família insigne, a comemoração dos centenários de personalidades e evemntos gloriosos, na perspectiva de Braga, cria uma "síntese afectiva" na comunidade em que esses acontecimentos se deram, criando possibilidades para uma melhor compreensão do passado e da sua conexão mais forte com o presente e o futuro.

Para Teófilo, cada povo deve escolher aquele grande vulto da sua cultura que melhor representa a sua história e possibilita a identificação da Nação com ele. Deste modo, Camões é para Portugal o que Cervantes é para Espanha, Voltaire para França, Petrarca, Dante ou Miguel Ângelo para Itália, Shakespeare ou Newton para Inglaterra ou ainda Lutero ou Gothe para Alemanha ou Spinosa para Holanda. Celebrando a universalidade de Camões, Braga encara-o como um poeta da Europa moderna, que propaga também os valores de uma sociedade mercantil e cosmopolita, sintetizando (*idem*, 20), "as aspirações do mundo moderno." Daí, não admira que os camonistas de outros países europeus tenham também festejado o seu tricentenário. Camões, segundo Teófilo é grande pela sua poesia, bem como pela sua vida, sendo o amor, a pátria e a glória três pilaes que marcam o seu percurso pessoal e literário. Numa carta a Wilhelm Strock (1936:10), Teófilo Braga expressa um visível desilusão com o regime monárquico que não preparou devidamente a comemoração do tricentenário camoniano, com as seguintes palavras: "Com relação ao Centenário do jubileu nacional do nosso grande poeta, nada há ainda feito por parte do Governo português (sic)…". A verdade é que os regimes mona´rquicos em toda a Europa costumavam comemorar mais os dias santos e era raro festejarem-se feriados civis, a não ser que se tratasse de coroações ou aniversários dos reis ou príncipes. Isto pode não significar a negligência ou desprezo do regime monárquico relativamente à relevância de Luís de Camões para a cultura portuguesa.

Curiosamente, em 1881, Espanha comemorou o bicentenário do célebre dramaturgo barroco Pedro Calderón de la Barca, a quem Teófilo respeita como um poeta fecundo, merecedor das comemorações por denunciar uma sociedade em decadência, como, na sua perspectiva era a espanhola do século XVII, sendo as possíveis causas da sua decadência a monarquia unida ao catolicismo. Aqui, já se vislumbra o discurso republicano de Braga e as suas ideias anti-religiosas, que aplicará não apenas à realidade portuguesa, procurando ampliar esta regra também às outras culturas europeias. No seu livro, aborda também os centenários de Voltaire, Diderot e Marquês de Pombal. Tendo cada um o seu lugar na história e servindo como base para a formação de um discurso, laicizante, anti-católico e científico, valores aos que a república em Portugal se iria aferrar.

Na construção de uma identidade nacional vincadamente republicana, era necessário aferrar-se a figuras heróicas ou mitológicas do passado nacional ou do espaço cultural português e aproveitar as suas gloriosas acções no sentido de as "republicanizar".Segundo Maria Alice Samara (*op.cit19*), trata-se de "comemorar o passado para ganhar o presente". Justamente reavivando o passado, os republicanos procuraram fazer um paralelismo entre a história e a actualidade,tornndo os heróis nacionais não apenas mais próximos do povo, procurando neles o modelo do homem ideal, virtuoso e moralmente perfeito, necessário para se enquadrar no imaginário da nova ideologia emergente. Por isso, não admira a plêiade de figuras escolhidas para fazerem parte do discurso republicano e da consciencização nacional: Gil Vicente, cujo tricentenário de nascimento foi comemorado em 1865, Luís Vaz de Camões, cujo tricentenário da morte se deu em 1880, o Marquês de Pombal, cujo primeiro centenário da morte, comemorado em 1882, foi, a nosso ver, um dos acontecimentos mais marcantes para o discurso republicano, o que será devidamente expliucado, o primeirp centenário da morte do Padre António Vieira (1878), bicenten]ario do nascimeno de Alexandre Herculano (1910), sendo, segundo Maria Alice Samara (*op.cit.*), o único acontecimento comemorado, de cunho religioso, o sexto centenário da morte de Santo António de Lisboa (1831). Talvez por isso, Teófilo Braga tenha dedicado muitas investigações a Gil Vicente e a Camões. Nomeadamente, sobre o maior poeta português, este autor escreveu *A História de Camões* (1873), *Bibliographia Camoniana* (1880), *Os Centenários como Synthese Affectiva nas Sociedades Modernas* (1884), *Camões e o Sentimento Nacional* (1891), *As Modernas Ideias na Literatura Portuguesa* (1892), *Camões, Época e Vida* (1907), *Camões. A Obra Lyrica e Épica* (1911) *Recapitulação da História da Literatura Portuguesa II* (*Renascença*), (1914), *Os Amores de Camões* (1917). Estes vastos estudos camonianos, embora hoje em dia podendo ser considerados ultrapassados ou denasiado biografistas, traçaram, certamente o caminho para a camonologia posterior. A figura do poeta nacional português, no discurso republicano, pretende reavivar o período do maior esplendor da cultura portuguesa e do país. O próprio Teófilo Braga afirma-o e admite-o várias vezes, ao longo da sua obra *Camões e o Sentimento Nacional*. Tratando-o por "imortal poeta" ou "Príncipe das Letras Portuguesas", destaca a sua "supreendente acção sobre a nossa nacionalidade", Desta forma (Braga 1891,58), este investigador afirma que:

> Em Camões accentuam-se duas individualidades distinctas: o genio contemplativo, amorável e indeciso, que se revela de um modo esplêndido nas lyricas e a natureza impetuosa e tenaz do homem de acção, que afronta a morte nos naufrágios, nas pestes dos cruzeiros, nas emprezas militares, tendo por divisa o memorando verso d'Os Lusíadas; "N'uma mão sempre a espada e na outra a penna".

Através deste discurso, em que se nota claramente uma sincera admiração pelo autor da maior epopeia portuguesa e a sua vida e obra, Braga pretende transmitir a ideia de um particular *modus vivendi* português, em que se cruzam e entrelaçam o amor, uma entrega absoluta a um ideal, uma coragem invulgar, a proactividade e a perfeita combinação da luta com as armas e com a palavra, encarnada nas imagens da espada e da pena. Deste modo, Teófilo foi um dos maiores defensores da particularidade da alma lusitana, que poderá consistir justamente na mistura da melancolia e misticismo, a contemplação e a força viril, heróica e comprometida com o destino da nação. Continuando nesta linha de pensamento, Braga (*idem*), refere que em Camões se encontra uma "synthese do tipo e da nacionalidade portuguesa: passividade amorosa e contemplação sentimental, e especulação philosophica". São estas características que impregnam os versos de Camões, bem coo os outros poetas da sua época, se bem que esta sensibilidade especificamente portuguesa para o lirismo se manifesta igualmente na poesia popular, podendo se encontrar belíssimos exemplos de cantigas amorosas nos *Cancioneiros* compilados por Braga e pelos seus contemporâneos.

Expressando mais uma vez a admiração pelo célebre poeta português, Teófilo, na *História da Literatura Portuguesa,*na parte dedicada ao período renascentista (1984:287) afirma que " a glória de Camões tem sempre aumentado com o progresso das ciências e da filosofia". Aqui, no nosso entender, já se vislumbra mais claramente o espírito positivista de observar a história literária. Pretendendo "republicanizar" este grande vulto da cultura portuguesa, Braga parece querer enquadrar o seu percurso no imaginário evolucionista, aumentando a sua glória e genialidade

Conjuntamente com Virgílio e Dante, Camões (sendo os nomes dos três poetas escritos com todas as letras maiúsculas), na perspectiva teofiliana, fazem parte de uma "trilogia de génios", sendo que (*idem.*, 265)

> O génio de um escriptor não se revela completamente pela sua obra, nem esta se aprecia pela belleza a que dá expressão, mas pela sympathia social que desperta, e que é a sua consagração, é que fica em plena evidência a intenção e a capacidade esthetica do autor.

Por "simpatia social" aqui entende-se a recepção e a aceitação da obra de um determinado autor a sociedade, pela qual um autor se torna reconhecido e celebrado. Para Teófilo Braga, a vida e obra de Camões são em grende medida identificáveis com o percurso e o destino do povo português, visto que, na sua perspectiva (*idem*, 60), "a nacionalidade portuguesa foi extincta em 1580, o mesmo anno em que morreu Camões. O seu poema ficou como o título a direito de um povo à sua autonomia". Curiosmente, esta data coincide com a perda de independência de Portugal para Espanha após a morte do jovem rei D.Sebastião na batalhe de Alcácer-Quibir, uma crise de sucessão, e o início do reinado da dinastia filipina em Portugal. Esta perda de independência foi profundamente sentida no povo português como uma das derrotas nacionais mais dolorosas e como uma das piores humilhações, sobretudo por ter sido sofrida para Espanha, país vizinho com que, as relações, ao longo da História, foram bastante tensas e complexas. Nesta conformidade, Braga (*idem*, 277) sublinha com tristeza a data da sua morte "10 de Junho, em que a nacionalidade portuguesa perdeu o único coração que sentiu a queda da sua autonomia", chamando, mais adiante (*idem* 288) Luís de Camões de "imortal cantor das nossas glórias, o poeta sublime das grandes navegações e descobertas portuguesas". A época dos Descobrimentos foi retomada pelos republicanos, conjuntamente com a figura do poeta nacional português precisamente para demonstrar ao povo, insatisfeito com o regime monárquico, que a República necessita de um espírito tão virtuoso para revigorar a Nação, que está culturalmente e moralmente estagnada, clamando por uma força regeneradora. Carlos Cunha, no artigo "Teófilo Braga Camonista"[17] afirma que *Os Lusíadas* de certa forma equivalem " à biografia do poeta", bem como à "biografia da Nação". As expressões em questão coadunam-se em grande medida ao princípio biografista que o próprio Teófilo aplicava para esclarecer toda a criação poética não apenas de Camões como também de todos os poetas e escritores, interpretados sob a óptica positivista. Ns opinião de Cunha, toda a ideia de comemorar o tricentenário da morte de Camões foi uma tentativa de o "republicanizar". Desta feita, o autor no artigo supracitado (*idem*, 3) refere que:

> Ao destacar a dimensão gloriosa do passado de Portugal, que Camões consagrou n' Os Lusíadas, a comemoração do Tricentenário visava contrapor essa grandeza épica do passado com a decadência do presente, reforçando a ideia da decadência de Portugal veiculada pela Geração de 70 e por Herculano e a culpabilização dos poderes instituídos por tal situação (em particular a dinastia brigantina e a Igreja católica), que foi vivida pela população nos momentos críticos do Ultimatum e nas disputas dos territórios africanos pelas potências europeias.Nesta lógica, a regeneração só poderia advir da instauração da República, e o Tricentenário era o primeiro passo desse processo.

Pelo estudo da bibliografia teofiliana, percebemos que a glorificação da figura de Camões, bem como das outras figuras gloriosas do passado nacional, nunca foi politicamente neutra, nem isenta de ideologia política, sendo a escolha de cada centenário a comemorar, nitidamente tendenciosa e inserida numa mensagem claramente definida, que se devia transmitir ao povo, com tal de angariar o maior número possível de adeptos do novo regime, promissor de um futuro melhor para o

146

país e de uma maior glória para a Nação, esgotada, cansada e, praticamente esquecida no mapa sociocultural da Europa da época. Neste âmbito, Raúl Rêgo (1986:163) constata:

> A imprensa toda desfaz-se em artigos, esmiuçando a vida do épico, o seu exemplo, desfazendo-se em retórica, Saem livros importantes para o conhecimento da obra e da personagem de Camões, a começar no *Parnasso de Luís de Camões* e a *Bibliografia Camoniana* de Teófilo Braga.

A proliferação de publicações acerca desta célebre figura da cultura portuguesa (embora, diga-se de passagem, de qualidade desigual) compreende claramente uma dimensão de propaganda política, como anteriormente foi explicado. Os excessivos e numerosos estudos da vida e obra camoniana talvez pusessem uma maior ênfase na parte gloriosa e brilhante do seu percurso pessoal e criação literária, por vezes escondendo ou diminuindo os seus defeitos, justamente para criarem a imagem mítica e heróica de um português notável, de cujo modelo e exemplo a Nação necessitava urgentemente.

Se analisarmos estas personagens uma a uma, compete-nos recordar que Gil Vicente é considerao o Pai do teatro nacional, que Camões é o mais célebre poeta português, que o Marquês de Pombal era uma das figuras simultaneamente mais carismática e mais controversa de toda a cultura portuguesa, conhecido pelo seu espírito pragmático, muitas reformas implementadas na sociedade, um verdadeiro "déspota iluminado" da sua época, agradando aos republicanos com a sua atitude antijesuítica.

Talvez daí no cancioneiro político, parte do *Cancioneiro Popular Portuguez* compilado por Braga, haver cantigas e referências ao Marquês de Pombal. Admirado pelos republicanos como um livre-pensador do seu tempo, trabalhador, organizador, metódico, rigoroso, cumpridor, modelo de um comportamento implacável com os que considerava prejudiciais para o seu regime, Sebastião José de Carvalho e Melo representava o exemplo de uma ética que Portugal necessitava no período da crise após o Grande Terramoto de 1755. O que os teorizadores e defensores da República frequentemente esqueciam, é que no tempo do Marquês existia e trabalhava a Mesa Real Censória, que censurava e proibia determinados livros, hoje em dia incontornáveis para qualquer intelectual, como nomeadamente toda a obra de Voltaire. O que mais parecia agradar aos apoiantes da República, a nosso ver, foi justamente a expulsão dos jesuítas e a tentativa laicização do ensino, no sentido de um primeiro passo da separação entre o Estado e a Igreja.

Nesse sentido, o Padre António Vieira foi mencionado pelos adeptos da república sempre no contexto negativo, criticando-se o seupensamento messiânico e a ideia do Quinto Império do Mundo, como uma das suas "maquinações", sendo justamente Teófilo Braga um dos seus acérrimos adversários.

Alexandre Herculano, sendo historiador e investigador do passado nacional tinha o seu valor entre os teorizadores da República, embora fosse criticado pelo seu, talvez excessivo idealismo romântico. Por último, Santo António, embora religioso, foi glorificado pelos republicanos como um grande português, difusor da língua e cultura portuguesa pelo mundo e uma figura extremamente moral e de comportamento exemplar.

1.16 Os últimos anos da Monarquia. A ditdura de João Franco. O Regicídio.

Esta secção do nosso trabalho propõe-se a analisar e discutir o rotativismo político entre os partidos Regenerador e Progressista, o rotativismo entre os partidos Regenerador e Progressista, o regime ditatorial de João Franco Castelo Branco, mais conhecido como "franquismo", o regicídio como prenúncio do fim definitivo do sistema monárquico em Portugal e o papel da Maçonaria e da Carbonária neste sentido, bem como a realçar o florescimento e fortalecimento do republicanismo, que teve o seu triunfo no dia 5 de Outubro, com a Implementação da primeira República em Portugal.

Poe "rotativismo" na linguagem quotidiana, entende-se a alternância entre dois ou mais elementos, independentemente do contexto em que a palavra é usada. No *Dicionário de Sinónimos* da porto Editora (2003:956) como palavra equivalente encontrámos a palavra "rodízio", a nosso ver, mais frequente na área de gastronomia, mas completamente desadequada para situação em que a pretendemos utilizar nesta parte do nosso trabalho. No sentido político do termo, o rotativismo significa uma situação bastante complexa que se deu entre 1878 e 1900, e que, segundo numerosos historiadores, significou a agonia da Monarquia portuguesa. Tratava-se da sucessão no poder entre os partidos do centro-direita ou centro-esquerda, todos de cunho monárquico, porque, embora fosse fundado em 1876, o Partido Republicano Português não tinha força política suficiente para estar no poder. Alternavam-se entre si o Partido Regenerador, liderado por Fontes Pereira e Melo, e o Partido Progressista. Om a dissidência de João Franco em 1901, e com a formação do Partido Liberal Regenerador, as soluções partidárias começaram a esgotar-se ea não oferecer soluções razoáveis para situação no país. Na perspectiva de Osvaldo Macedo de Sousa (*op.cit.*18) "o rotativismo mais não era do que a substituição da cara dos políticos, pois, o regime mantinha-se, tal como as políticas, a indolência, o endividamento".

De facto, esta ideia de alternância dos partidos no poder, inspirada na experiencia britânica, em Portugal não parecia dar resultados. Os políticos ficavam sempre os mesmos, bem como a sua forma de governar, o que aumentou o desgosto do povo. Nesse sentido, Tom Gallagher (1983:15), referindo-se a ambos os partidos políticos participantes do rotativismo, sustenta que: "both were loos coallitions of personal loyalties and local interests".[18] Efectivamente, estes sintagmas: "coligações frouxas", "lealdades pessoais" e "interesses locais" parecem caracterizar bem a constelação política em Portugal nos últimos anos da Monarquia. Esta afirmação dá a impressão de que os representantes do poder se interessavam mais pelo bem pessoal, possíveis privilégios e regalias que obteriam enquanto estivessem a governar, criando amizades que aproveitariam para satisfazer os seus próprios interesses, pouco ou quase nada se preocupando com a prosperidade do país. Esta visão seria talvez ligeiramente simplista, porque na realidade a Monarquia não parecia ter nem muitas alternativas, para além do rotativismo, nem soluções mais adequadas e melhor fundamentadas para os momentos difíceis e complexos que Portugal atravessava.

Daí, não admira existir um determinado númwro de caricaturas sobre o tema. Em António Ventura (2010b.53) vemos uma em que se apresentam um rapaz e uma rapariga a dançarem o vira, dança tradicional portuguesa, com o seguinte comentário por baixo: "Fôra de moda. O vira rotativo. Agora viras tu, agora viro eu". A associação a uma dança popular, que efectivamente, durante um tempo (basicamente na viragem do século) esteve fora de moda e a repetição do verbo "virar" sugerem um anacronismo e um esgotamento de políticas e propostas, não podendo encontrar uma solução a longo prazo, eficaz e suficientemente duradoura para Portugal continuar a ser considerado um país estável dentro das suas fronteiras e respeitável no estrangeiro.

Quando se estuda o fim da Monarquia Portuguesa, é inevitável mencionar o período do governo autoritário de João Franco (1907-1908), sobre o qual as opiniões dos estudiosos são divididos. Para os autores republicanos, esta é uma das figuras mais odiadas da História portuguesa da segunda metade do século XX. Enquanto Sampaio Bruno (*op.cit.* 160) o qualifica de hipócrita, que se sufoca debaixo de uma "máscara liberal" e qualifica o seu regime de "ditadura retrógrada e obscurantista", há autores mais neutros na caracterização da sua personalidade e na apreciação do seu trabalho. Nesta conformidade, José Miguel Sardica (1994) fala-nos sobre a "dupla face do franquismo", referindo a sua importância na História portuguesa dos últimos anos da Monarquia, não deixando de sublinhar alguns dos seus erros. Assim sendo, trata-se do "homem-chave" dos últimos vinte anos da Monarquia. O autor refere que foi justamente Franco que intuía a necessidade de uma reforma educativa, sendo antes um homem de acçãodo que de palavras. Esse pragmatismo levou-o provavelmente a aumentar o número de funcionários públicos que burocratizaram o país e complicaram a solução de determinadas tarefas administrativas. Nas suas próprias palavras (Franco, *apud.* Sardica, *op.cit*, 72), "o país quer é ser bem governado, importando-lhe pouco quem o governa." Esta frase é frequentemente interpretada como um reflexo de egocentrismo ou desvalorização do Rei e da Monarquia em prol dos seus interesses pessoais e regalias no poder. A nosso ver, uma visão assim poderia ser ligeiramente simplista, acentuando apenas os erros e não também os contributos desta personagem da política portuguesa do fim do regime monárquico. Nesta linha de pensamento, Sardica (*op.cit*. 61) sustenta que:

> A decomposição do rotativismo liberal não se desliga da emergência e consolidação de novas classes e questões sociais. Nomeadamente, toda a carreira política de João Franco é desvalorizada em prol ndos nove meses em que governou o país em ditadura, de Maio de 1907, ao Regicídio a 1 de Fevereiro de 1908. O segundo semestre de 1907 é um período em que João Franco se remete à defesa de si, do governo e da monarquia.

Tendo em vista todos estes argumentos, o governo autoritário franquista parecia a única solução razoável no momento, e a última tentativa de salvar a monarquia e de melhorar a imagem (própria, do Governo e do país) dentro e fora de Portugal. Para Sardica (*op.cit*. 72), Franco é o Pai do "autoritarismo moderno". Este sintagma atribui-lhe quase que um teor de "déspota iluminado", que mesmo sendo ditador, deseja alguma prosperidade e reformas no seu país.

A propósito do regime ditatorial de João Franco, Thomaz de Mello Breyner, Conde de Mafra e antigamente seu grande amigo, no *Diário de um Monárquico* (1996:347) constata: "O João Franco em quem eu e muita gente poz tantas esperanças parece que endoideceu. E o pobre Rei a ter que o acompanhar. Como acabará isto?". É interessante ler vários volumes desta obra, em que o autor, as poucas vezes que refere um assunto político, primeiramente manifesta amizade e admiração por esta personagem histórica, deseja-lhe coragem e sucesso, para, conforme com a transição do tempo, mudar de opiniões e expressar uma sincera preocupação com as consequências de certas decisões e comportamentos de Franco para o país e para o Rei. Este monárquico convencido em outros apontamentos do seu diário questiona e critica determinadas atitudes de Franco, mostrando-se o mais imparcial possível quando tem que antepor o futuro de Portugal a um relacionamento de amizade próxima de longa data.

José Miguel Sardica (*in*: Rollo, 2012, II. 111) refere que nenhuma figura do passado histórico de Portugal foi representada de forma tão maniqueísta, como João

Franco, "vilão, ditador e sanguinário da propaganda republicana" e simultaneamente "mártir incompreendido das origens do salazarismo", As posições tão contrárias sobre a mesma personagem são indicadoras de que a historiografia depende também do regime político em vigor e da própria perspectiva do historiador, não podendo nunca criar uma visão completamente neutra e isenta de juízos de valor. Na opinião de Sardica, Franco foi (idem, 112) "filho espiritual do liberalismo oitocentista, fiel ao modelo institucional da Monarquia da Carta", procurando um meio termo entre o "tradicionalismo absolutista e o radicalismo revolucionário". Na perspectiva deste investigador, o político em questão serviu também como vítima para se justificar o Regicídio, preso pelos republicanos e interrogado na Boa Hora, considerado culpado do fim de um regime e de muitas desgraças no país, em 1913, refugiou-se na sua terra natal, dedicando-se à agricultura e a uma vida pacata, permanecendo uma das maiores incógnitas na História moderna portuguesa.

No cenário político dos últimos anos da Monarquia em Portugal, o ano de 1907 parece ter desempenhado um papel relevante. Neste contexto, a primeira associação a este ano é de, facto, a Greve académica, na Universidade de Coimbra, originada pelo facto de José Eugénio Dias Ferreira, um candidato a Doutoramento em Direito ter sido reprovado na prova final. Diga-se de passagem, a sua tese doutoal estava dedicada a Teófilo Braga. A reprovação parecia não ter muitas ligações com a qualidade da tese, prendendo-se antes com a origem familiar do estudante em questão e as suas ideias republicanas, A decisão negativa do júri originou uma série de protestas estudantis contra o conservadorismo universitário, obrigando o Reitor a fechar temporariamente a Universidade e a suprimir as aulas. A liberdade e uma maior objectividade no meio universitário foram um dos requisitos obrigatórios que a juventude académica coimbrã exigiu para voltar a ter aulas.

Esse ano foi bastante turbulento a todos os níveis. Nomeadamente, como recorda Manuela Rêgo (2007), começou a surgir o feminismo em Portugal e os movimentos femininos exigiam mais visibilidade na vida pública. Por seu turno tambéma 24 de Fevereiro de 1907 deu-se o Grande Comício a favor da liberdade de Imprensa, para a qual se acreditava que defendia apenas os interesses pessoais da monarquia e de um reduzido grupo de pessoas que a apoiavam. A 10 de abril do mesmo ano, o poeta Guerra Junqueiro foi condenado a 50 dias de prisão, por ter ofendido o Rei publicamente. Por essa ocasião (Junqueiro, *apud* Rego, *op.cit.*44), escreve as seguintes palavras: "No cárcere ou no deserto, adorando a verdade,

152

espiritualmente sou livre". Contestando o poder opressor das autoridades monárquicas e colocando a questão da liberdade humana que pode não coincidir com a liberdade física, coloca a verdade acima de tudo, como o valor moral supremo pelo que vale a pena lutar. Indo mais além da mera luta pela liberdade, Brito camacho, republicano radical (*idem*, 63) protesta com as seguintes palavras, nada pacíficas:

> A indomável cólera que nos sacode o espírito, que nos tortura a alma perante o espectáculo único de uma Faculdade que se atasca em lama, o doloroso espectáculo de uma Escola, transformada em casamata, a trágica cena de um Templo, donde fizessem sair os deuses para meterem lá burros.

A indignação perante o conservadorismo, a ignorância e intolerância, que há muito tempo se tinham instalado no meio universitário de Coimbra é tal que parece incontornável exigir uma mudança, rápida e de raíz de todo o sistema. Aproveitando-se de algum vocabulário religioso "espírito", "alma", "Templo", "deuses", chama a atenção para o atraso e a decadência da Universidade de Coimbra (designada como "Faculdade", "escola" e "Templo", todas elas palavras dignas e sublimes, contrastadas com termos injuriosos e feios: "lama", "casamata" e "burros", caracterizando toda a corrupção moral e intelectual nos círculos universitários. Leonardo Coimbra (*idem* 70) parece ainda mais intolerante nas suas afirmações: "A lama não mancha a Academia portuguesa, mancha e indelevelmente os estudantes, que, votando a greve, recuam agora como incontestáveis canalhas que são". A atmosfera de medo, repressão, covardia opõem-se à rectidão moral, requerida nas protestas estudantis. A universidade, como uma instituição importante nos meios monárquicos, é acusada de retrógrada, sufocada em burocracia, incompetência e ideias antiquadas e a repressão de quaisquer ideias inovadoras. Nesta linha de pensamento, Bruno Sampaio (*idem*, 80) refere que "o absolutismo será duas vezes mais nefasto: porque é opressor e porque é estéril". Estas palavras descrevem bem um certo esgotamento intelectual de todo o país, do qual é acusado o regime monárquico, que, na opinião dos republicanos apenas sabe usar a força e as represálias para se defender no poder.

No sentido cultural, o ano de 1907 é relevante para Portugal porque o pintor Rafael Bordalo Pinheiro pinta *Os Bêbedos* e *Frutos de Outono*, obras de teor pessimista, que de certa forma, reflectem o estado de decadência no país inteiro.

Pressentindo o Regicídio, Thomaz de Mello Breyner (*op.cit*,28) manifesta a sua angústia da seguinte forma:"Valha-nos Deus! Uma grande desgraça se prepara.

Querem matar o meu querido Rei tão bom para todos. Que horror.", para comentar o acontecimento (*idem*) com as palavras: "Foram assassinados por dois monstros que sacaram carabinas debaixo do capote. Que scena e que afflicção", para posteriormente chamar o morto Rei D. Carlos e o Príncipe Real D. Luís Filipe de "dois mártires" "Santo Rei" e "querido Príncipe". Uma relação de amizade próxima, bem como uma sincera dor pela morte de duas figuras importantes para a História de Portugalaffligem este monárquico, bem como nos seus escritos é evidente uma profunda preocupação com o país. No que diz respeito a João Franco, parece que, após o Regicídio, a relação amistosa entre ele e Mello Breyner se espaireceu completamente, sentindo-se o Conde de Mafra, de certa forma, traído e humilhado por tudo o que tinha acontecido e por Franco sair impune deste episódio trágico da História portuguesa.

O cúmulo do ódio pela Monarquia nota-se quando é efectuado o Regicídio, a 1 de Fevereiro de 1908, quando os membros da família real regressaram de Vila Viçosa a Lisboa. O Rei D. Carlos e o príncipe Real D. Luís Filipe foram mortos no Terreiro do Paço e como regicidas ficaram conhecidos Manuel Buíça e Alfredo Costa. No que se refere ao primeiro regicida, António Ventura (*in*: Rollo, 2012, I, 458), qualifica-o como "republicano e carbonário", afirmando que a sua imagem entre o povo português da época variava entre (*idem*) "visionário que assumiu uma missão irrecusável" e "homicida e regicida". Esta dicotomia de perspectivas, obviamente divide a opinião pública portuguesa da época em republicanos, que comungariam com a primeira parte da afirmação, e monárquicos, que concordariam mais com a segunda. Não admira que nos postais republicanos dos primeiros anos do novo regime aparecessem os rostos dos dois regicidas com uma postura de dignidade e seriedade, como heróis da Pátria. Quem teve acessso ao Testamento de Buíça, pode ficar comovido com a sua declaração de não ter nada a deixar aos filhos a não ser o seu nome. Por aqui, poder-se-ia interpretar o Regicídio como um desejo de libertar o país de um sistema político que não lhe convinha e não de um acto opotrunista, realizado pelos eventuais interesses materiais ou regalias. Por sua vez, há quem veja no testamento de um dos regicidas, uma tentativa ignóbil de se vitim izar perante o povo, pretendendo justificar o seu comportamento vil e imoral.

Mais adiante, no seu Diário, o Conde de Mafra (*idem*, 237), refere-se a um dos regicidac como ao "bandido do Alfredo da Costa, assassino do Rei" e comenta:

Milhares de pessoas foram hoje ao Alto de S. João pôr flores às covas dos assassinos d' El-rei e do Príncipe!! Dá vontade de renunciar à nacionalidade! Arre, canalha!!!

Esta reacção parece natural do ponto de vista de um monárquico, indignado com a velocidade com que a opinião pública e a população portuguesa mudaram de atitude relativamente ao regime, e nisso, parece concordar com a indignação do Rei inglês Eduardo VII, que criticou Portugal por não ter feito nada para mostrar a sua postura perante o assassinato do Rei e do Príncipe. Enquanto para Mello Breyner, as romagens aos túmulos dos assassinos parecem vergonhosas e dignas da "canalha", para os republicanos, este foi um gesto de dignificação de duas figuras heróicas.

Paulo Archer Carvalho (*in*: Rollo, 2012, III), para além dos dois regicidas mais conhecidos menciona também Fabrício Lemos e José Maria Nunes como pessoas envolvidas neste acontecimento. Como responsáveis deste episódio histórico, Archer Carvalho (*idem)* cita os carbonários e os membros da Associação do Registo Civil. No que se efere ao envolvimento da Maçonaria, há ainda muitas especulações e incógnitas. Respondendo a esta questão, o autor procura encontrar uma solução que satisfaça os dois lados e afirma (*idem,*521) "a Maçonaria no seu todo, a Carbonária no limite de diversão". Isto pode ser interpretado que a Maçonaria foi a criadora ideológica e a Carbonária o elemento executivo.[19] Graça Fernandes (2010.18), neste sentido, pronuncia-se da seguinte forma:

> Quanto à Carbonária, orientada pela Maçonaria, era uma associação de combate que teve por objectivo preparar a revolução. Começou a perder o vigor a partir de 1911, para desaparecer em 1915.

Como parece evidente, todos os autores que consultámos fazem uma clara distinção entre as duas organizações secretas, sendo a Maçonaria mais "intelectual" e a Carbonária mais "militante", uma seria o "cérebro" e a outra o "braço" que executou a operação do Regicídio.

Se bem que não esteve directamente relacionado com o acto regicida, o nome do escritor Aquilino Ribeiro circula na lista das pessoas que sabiam da conspiração, mas que não participaram na execução. Para confirmar esssas ideias, o próprio autor escreveu o célebre livro *Um Escritor Confessa-se,* em que expõe alguns factos históricos importantes para melhor compreender a época e o fim da Monarquia em Portugal.

O Príncipe Manuel, futuro Rei de Portugal, foi levemente ferido no braço direito. Neste s factos há que sublinharelementos importantes: em primeiro lugar, foram mortos apenas o Rei e o Príncipe herdeiro, sendo o segundo príncipe deixado em vida, o que dá a entender que esse facto talvez fosse propositado. Não estando a República ainda definitivamente pronta para se implementar na altura do assassinato do Rei e do Príncipe Real, foi salvo o príncipe mais novo, inexperiente e com pouca maturidade para o cargo que devia assumir em breve. Se alguém quisesse põr termo à Monarquia de vez, por que nãoassassinou os três? Muito se tem escrito, falado e estudado sobre o tema, mas a opinião geral é que com estes atentados culminou o descontentamento do povo, que acelerou a queda da Monarquia e que, caso se tivesse dado o um triplo atentado, seria muito mais visível a fraqueza e a pouca preparação para assumir o poder. Outro facto a referir é que, se bem que os nomes dos regicidas ficaram conhecidos, há ainda muitas incógnitas acerca dos verdadeiros motivos e outros participantes neste acomntecimento. Sabe-se, ainda que não muito, e com poucas certezas, da envolvência da Maçonaria e da Carbonária no Regicídio. A nosso ver, a Maçonaria trve um maior relevo na configuração do imaginário republicano. Dos novos símbolos nacionais, dos pilares da cultura, ensino e sistema de valores que a República se propunha a introduzir na sociedade portuguesa, enquanto a Carbonária se confinava a trabalhos mais obscuros, o que procuraremos esclarecer mais tarde. Indo ao encontro do nosso pensamento, António Lopes (in: Rollo, 2012 III) refere o papel da Maçonaria na fomentação de uma sociedade laica, solidariedade social e uma maior consciência cívica, pelo que o uso de violência não seria o método preferido dos seus membros.

O Regicídio é descrito pelo Rei D. Manuel II (*in:* Baêna, *op.cit*,48) com as seguintes palavras:"1 de Fevereiro de 1908, dia do horroroso atentado em que perdi, barbaramente assassinados o meu querido Pai e o meu tão querido irmão". Aqui, é natural sentir-se muita tristeza e indignação relativamente a este acontecimento, tratando-se de um familiar próximo das vítimas (sendo o último Rei de Portugal simultaneamente filho e irmão dos falecidos Rei D. Carlos e do Príncipe Real D. Luís Filipe).

Nestas frases, notamos duas dimensões linguísticas: uma , referente aos regicidas e outra aos membros da família. O atentado é qualificado como "horroroso", o assassinato é cometido de uma forma "bárbara", para já a seguir, a palavra "querido" se repetir duas vezes, intensificada no marcador de discurso "tão", revelando uma relação de intimidade e carinho entre irmãos. Amadeu Carvalho Homem (in: Rego, 2009) refere que "com efeito, o regicídio escreveu o epitáfio à Monarquia em Portugal". Mesmo que a República não se tenha instalado imediatamente após esse acontecimento, ninguém no país via no Rei D. Manuel II um monarca forte que pudesse reorganizar o Reino ou melhorá-lo significativament. A propósito do regicídio, Raul Proença (*apud* Rego, *op.cit.*29) tem a seguinte frase, não de todo sem cariz poético: "Pairava sobre a pátria portuguesa uma aflição que a oprimia e a sufocava". A palavra, que, a nosso ver, melhor descreve o período entre o Regicídio e a implementação da República é a incerteza. Para os monárquicos e os crentes católicos tinham-se acabado os tempos de prestígio na sociedade, das regalias e de uma vida em abundância e despreocupação. Para os republicanos, embora o seu discurso fosse muito optimista e promissor, o tempo não parecia trazer um futuro brilhante porque havia problemas reais a enfrentar e combater: o analfabetismo, as greves, a fome, a falta de trabalho e de recursos económicos, o excessivo poder da Igreja católica.

Se olharmos para as primeiras páginas dos jornais da época, veremos, como era esperado, as divergências de opiniões sobre o Regicídio, dependendo do cariz republicano ou monárquico do próprio jornal. Nomeadamente, o *Diário de Notícias* de 2 de Fevereiro de 1908, aponta para o "gravíssimo attentado contra a família real", o *Diário Illustrado* da mesma datafala no "infame attentado", enquanto *O Mundo* enfatiza "o fim da escravidão" e que Portugal está "a caminho da Redenção". Não parece necessário salientar que os primeiros dois jornais eram de cunho monárquico e que o último defendia as ideias republicanas.

A implementação da República em Portugal. A atitude do novo regime relativamente à cultura popular

Não obstante ter mencionado de forma sucinta o interesse aumentado pela etnografia e as criações populares no capítulo anterior, agora a análise aprofunda-se tentando averiguar da atitude das autoridades políticas relativamente ao património imaterial português. António Moniz (*in:* Rita, Vila Maior,*op.cit.*80) refere que as ideias republicanas em Portugal foram também influenciadas pela Revolução Francesa e da independência dos Estados Unidos de América, sendo como valores republicanos muitas vezes salientados, destacam-se a Razão, "o Amor, a Justiça e a Liberdade", criando assim uma utopia de uma sociedade mais justa, democrática e mais promissora. Continuando nessa linhe de pensamento, o mesmo autor (*idem,*87) refere que a "educação é um pilar fundamental da Democracia, e apesar do esforço da República nesse sentido, ainda muito se devia caminhar par a libertar do absolutismo". A visão da educação como um fenómeno libertador das amarras do regime monárquico e, simultaneamente o desidério de criar um novo fundo de valores, será uma das razões do interesse pelo folclore por parte dos republicanos.

Observaremos também as características da identidade nacional portuguesa salientadas e promovidas pelo novo regime entre o povo, de forma a "educá-lo correctamente" e mantê-lo obediente e submisso às novas regras sociais.

Continuando nesta linha de pensamento, procuraremos indagar dos possíveis usos da literatura popular (neste caso particular da poesia lírica) para fins políticos (sobretudoo no domínio das ideias incutidas sobre a família e o casamento, o papel dos homens e mulheres na sociedade, os valores transmitidos). Nos cancioneiros compilados por Braga, averiguar-se-á ainda da existência das ideias que possam abordar a antiguidade da Nação Portuguesa e da sua eventual supremacia sobre as outras nações.

Caso tal se verifique, dar-se-á uma possível explicação dos motivos de a poesia se considerar o género mais apropriado para a expressão de sentimentos patrióticos

Ernesto Castro Leal (*in:*2002) enumera alguns factores que podiam influenciar o florescimento do nacionalismo português nos finais do século XIX e os primeiros trinta anos do século XX: o Ultimatum Inglês (1890), as relações entre o Estado e a Igreja Católica Romana, e as interpretações subjectivas da História e o passado nacionais. Não admira que precisamente nesse período tenha surgido um elevado número de publicações acerca da identidade nacional portuguesa mediante o providencialismo divino, ou outras hipóteses, actualmente ultrapassadas. Parece necessário distinguir os conceitos de "consciência nacional" e "nacionalismo", considerando o primeiro termo uma tendência positiva, que incentiva cada povo a aceitar e respeitar as suas raízes e valores culturais, de forma a poder conhecer e apreciar melhor os outros povos e culturas. O nacionalismo, porém, a nosso ver, é uma ideologia que pretende salientar a superioridade de uma nação, desvalorizando todas as outras. Iain McKenzie (2005:459) define o nacionalismo como "conscious identification and solidarity with a national community".[20] Por esta definição só não se nota nenhuma possibilidade de interpretar este termo negativamente, como é o costume após uma primeira leitura. O autor divide o conceito do nacionalismo em "inclusivo", que integra determinados grupos evocando efeitos legitimadores, sobretudo quando se trata de apoiar um sistema político. O nacionalismo exclusivo seria mais "egocêntrico" procurando distinguir uma nação entre todas as outras. Na opinião deste estudioso, o nacionalismo não é necessariamente um fenómeno destrutivo. A nosso ver, o nacionalismo português na época da implementação da primeira República poderia caracterizar-se das duas formas: como inclusivo, pretendendo reunir os portugueses em torno de um ideal nacional, inserido também no contexto da desilusão com as consequências do Ultimatum Inglês, e exclusivo, marcando por um lado as especificidades da Nação portuguesa, e por outro assinalado por um carácter fortemente antibritânico.

Na época da implementação da República em Portugal insistia-se no conceito do lusitanismo, que poderia servir de um vínculo afectivo com a antiguidade da Pátria e a pureza da raça. ou da descendência dos portugueses dos povos mais antigos da origem indo-europeia. O próprio Teófilo Braga, de acordo com a ideologia que propagava, tinha teorias interessantes sobre a origem do povo português, nomeadamente a do moçarabismo. Neste sentido, o investigador ia muito longe, negando qualquer ligação da língua portuguesa com o latim e pretendendo justificar a origem de determinadas palavras portuguesas na língua dos moçárabes, apenas por mera semelhança fonética.

Este assunto será abordado com mais minúcia no capítulo seguinte, no estudo do trabalho deste pensador enquanto historiador e crítico literário e compilador de antologias de literatura popular portuguesa.

O interesse pela etnografia em geral, e particularmente pela literatura tradicional, surge em toda a Europa na época do Romantismo, uma vez que precisamente o período da primeira metade do século XIX significa um despertar da consciência nacional: Muitos países europeus conseguiram estabelecer as fronteiras nacionais, outros lutaram pela sua libertação dos invasores e alcançaram-na. Daí a insistência na unidade do território, a soberania do país e nas particularidades históricas, etnográficas e culturais de cada nação.

Sendo a língua elemento relevante da identidade nacional, inseparável da literatura, parece que a consequência lógica da procura e reivindicação da história e do passado nacional seria uma recolha de contos, cantigas, romances, provérbios, lendas e outras formas da herança oral. Numerosos são também escritores eruditos que recorriam a motivos e temas folclóricos, dando-lhes novas modalidades e destacando a relevância da literatura tradicional para a construção dos mitos nacionais e identitários.

Em Portugal, um dos autores românticos mais conceituados, da época romântica, Almeida Garrett, desempenhou um papel importante na recolha do tesouro da literatura oral portuguesa, nomeadamente romanceiro.

Regina Zimbelmann no artigo "Almeida Garrett e o cânone romântico" (*in: Via Atlântica*, nº1,1997) afirma que o escritor via na língua portuguesa um dos factores mais convincentes da definição da identidade nacional. Por isso, o autor preferia que se escrevessem as obras literárias em português. Relativamente, às obras traduzidas, Garrett aprovava a tradução de volumes científicos, e no caso de obras literárias seria "uma míngua para a literatura nacional". Estas ideias parecem favorecer o desenvolvimento de um certo orgulho nacional entre os Portugueses. A nosso ver, de modo algum este ponto de vista se caracteriza como nacionalista, uma vez que o escritor não desvaloriza a tradução em si, nem põe em questão o valor das outras línguas e literaturas. Supomos que Almeida Garrett pretendia destacar a existência de uma diferença de qualidade entre a tradução e o original, porque nunca é completamente possível traduzir todos os aspectos culturais, próprios de uma comunidade. Neste sentido, uma obra traduzida de ou para português, nunca seria igual a um volume originalmente escrito nesta língua.

Teresa Maria S. Nunes (*in:* 2002) constata que em Portugal desde os finais do século XVIII até às primeiras duas décadas do século XX florescem particularmente dois géneros literários: a poesia e o teatro, sendo a poesia cultivada até por Teófilo Braga e Leite de Vasconcelos. Isto, de certa forma, vai ao encontro das tendências presentes em toda a Europa, e por outro lado, pode testemunhar a favor da ideia da poesia como género mais idóneo para a expressão de sentimentos (também os patrióticos) e do teatro como mais propício para temas sublimes (trataando-se da tragédia) ou ligeiros (na comédia).

Na opinião de Maria de Lourdes Cidraes (*in:Revista da Faculdade de Letras da Universidade de Lisboa,* 2002:70), parece normal que no período de grandes mudanças em Portugal se dê uma extraordinária importância à poesia, "porque a poesia é, desde o início o espaço do mito. E nela o mito se renova. E se faz de novo, significação." Posteriormente, abordaremos alguns mitos relevantes para a identidade nacional portuguesa e concentrar-nos-emos no papel do mito e a literatura tradicional na sua construção.

Teófilo Braga, compilador da obra completa de Almeida Garrett, foi, pelo que parece, fortemente influenciado por este pensador. Provavelmente seguindo o exemplo de Garrett, o próprio Braga coligiu três volumes do *Romanceiro Geral Portuguez*, uma colectânea bastante completa desta parte da tradição oral portuguesa.

Manuel Viegas Guerreiro (1986) denomina o interesse de Teófilo Braga, José Leite de Vasconcelos e Adolfo Coelho de "um segundo Romantismo", enquanto estes três vultos importantes da cultura portuguesa são caracterizados como "positivistas de nome, mas românticos de essência". Para melhor compreendermos esta designação, torna-se indispensável explicar o termo *positivista*. Posteriormente, passaremos para o estudo da influência destas ideias no desenvolvimento do republicanismo em Portugal.

A primeira associação que nos surge com a palavra *positivista* é seguramente o nome do filósofo e pensador francês Augusto Comnte, considerado pai da sociologia. No fim do século XIX, quando se notava um considerável avanço nas ciências, graças à industrialização que começou a implementar-se em grande parte da Europa, parecia lógico que surgissem novas correntes e preocupações nos círculos intelectuais: formam-se e desenvolvem-se ciências sociais, nomeadamente a sociologia e a psicologia. Procurava-se que as ciências existentes dessem uma resposta apropriada para a situação das sociedades europeias do fim do século. José Luís Brandão da Luz (2006:184) é de opinião que as ideias de Jean-Baptiste Lamarque "introduziram uma visão naturista do homem, perfeitamente integrado numa comunidade linear, com as mais espécies." Isto é, com o aparecimento das ciências sociais, dedica-se mais atenção à estrutura da comunidade e à posição do próprio homem no mundo, à organização política e económica da sociedade. Adoptam-se novas metodologias de pensamento e ensino: fazem-se as analogias entre as ciências naturais e as humanas, transpõem-se as técnicas e estratégias da investigação das ciências exactas para as outras e estabelecem-se as "leis gerais", válidas e aplicáveis para o maior número de situações. Teófilo Braga (*apud* Xatara, Succi, 2008) afirma que é "na sequência das leis cosmológicas e biológicas que se continuam como causas eficientes da actividade moral". O desejo de perceber a sociedade a todos os níveis e em todos os segmentos leva os pensadores positivistas da época da Primeira República Portuguesa a dedicarem a atenção ao estudo da História, como forma de reconstruírem o passado nacional e de glorificar o que serviu de exemplo positivo para a aprendizagem das gerações presentes e futuras.

Tal como na Biologia aparecem ideias evolucionistas, que explicavam o desenvolvimento do homem a partir de formas de vida mais primitivas, parece-nos que, nesta conformidade, surge o interesse pela literatura tradicional, como regresso às origens e um estado primitivo da pureza da língua e das ideias literárias. Nesta linha de pensamento, Teófilo Braga (1983:133) afirma que: "a sociedade é um facto natural e espontâneo na espécie humana e por isso, as suas formas rudimentares encontram-se nas escalas inferiores da animalidade."

Observando a natureza e a organização do mundo animal, Teófilo considera que a sociedade humana resultou de processos semelhantes, embora mais evoluídos. A espontaneidade e naturalidade de tais organizações dentro da espécie humana, hoje em dia talvez sejam discutidas ou descartadas, porque a sociedade humana é uma instituição mais complexa, que segue as suas próprias dinâmicas e respeita também ouytras regras, que não se baseiam na mera imitação da natureza e da sua ordem.

Através da literatura tradicional torna-se fácil fazer um imaginário de mitos, valores, crenças, ideias, estereótipos e preconceitos sobre a sociedade, sobre si próprio, os papéis dos géneros. Uma vez criado, esse imaginário transmite-se de geração em geração, preserva-se e aprende-se. Dali a visibilidade e relevância dos factores educativo e moralizador na literatura tradicional e a possibilidade do seu uso para outros fins. A literatura oral é a melhor conhecida e a mais próxima do povo, com as ideias inerentes que se capturam com muita facilidade.

Mesmo fomentando a especificidade da maneira de ser, estar, viver e pensar de cada povo, não julgamos a literatura de expressão oral nacionalista, porque esta literatura nunca subestima os representantes de outras nações, sem para isso existir uma possível contextualização histórica.

Analisando o trabalho de Teófilo Braga, procuramos demonstrar que as suas colectâneas de literatura portuguesa não revelam nenhuma tendência discriminatória do Outro, do ponto de vista étnico ou cultural, embora se possam vislumbrar ideias da Alma portuguesa, nomeadamente na parte do cancioneiro amoroso e num específico *modus amandi* português, que implica uma peculiar expressão dos afectos e uma entrega completa ao ideal amoroso.

Neste trabalho não falaremos nem da "República depois de Teófilo", nem de Teófilo depois do seu papel na República, uma vez que falar em Sidónio Pais e outras personalidades e fases do primeiro período do republicanismo em Portugal iria exigir um olhar bastante minucioso para a época, o que nos afastaria do nosso objectivo principal. Toda a Primeira República Portuguesa é uma época histórica que merece muita atenção e suscita bastante curiosidade, merecendo um estudo à parte. Por outro lado, já se escreveu tanto sobre este período, por historiadores, especialistas na literatura, políticos, filósofos, sciólogos e investigadores de outras áreas de conhecimento, que elaborar mais um trabalho neste sentido, e da perspectiva histórica, a nosso ver, poderia cair em tentação de ser demasiado extenso ou repetitivo, ou até ousado, sendo que a nossa principal área de investigação é a literatura, e particularmente a de expressão oral.

PARTE II
ANÁLISE LINGUÍSTICA E GRAMATICAL DO *CANCIONEIRO POPULAR PORTUGUEZ* E DOS *CAANTOS POPULARES DO ARQUIPÉLAGO AÇORIANO*

2.1 Linguagem em *Cancioneiro Popular Portuguez* e *Cantos Populares do Arquipélago Açoriano* de Teófilo Braga

Esta parte da investigação abordará os aspectos linguísticos das cantigas reunidas nos dois cancioneiros organizados por Braga, representando assim a vertente mais prática do trabalho, e simultaneamente uma maior aproximação do material da poesia popular, que nos interessa.

Indagaremos do tipo de figuras de estilo, expressões e sentidos (básicos ou figurados) e das situações em que essa linguagem é usada. Estudaremos osfactores extra-linguísticos (social, familiar, religioso) que influenciaram a escolha de determinadas palavras. Procuraremos descobrir as marcas da possível auoria masculina ou feminina das cantigas e reforçar a ideia da importância dos dois géneros na criação e transmissão da literatura oral.

Observaremos a riqueza e a expressividade da língua portuguesa na poesia, indicando as variantes da mesma cantiga, e comprovando o carácter vivo e activo da língua na criação das imagens poéticas.

Interessar-nos-á também a prosódia para indagarmos da coerência entre a linguagem e a versificação. Dedicar-nos-emos também ao estudo dass irregularidades gramaticais como marcas da oralidade presentes nas cantigas, que não diminuem o seu valor estético nem quando registadas de forma escrita. Estes desvios da língua-padrão poderão servir como ponto de partida para futuras investigações linguísticas, estilísticas, lexicográficas, sendo ao mesmo tempo uma fonte valiosa de estado de desenvolvimento da língua portuguesa no momento em que as cantigas foram registadas. O registo das incorrecções gramaticais, a nosso ver, não anula o valor estético da poesia popular portuguesa, dando-lhe um aspecto mais informal, talvez, mas de modo algum simplista e superficial do ponto de vista linguístico. A linguagem comum e quotidiana é mais próxima do povo, exprimindo a sua filosofia de vida, necessidades diárias, profunda sabedoria, reflexão da mentalidade e cultura de um povo.

2.2. Marcas da oralidade: Uso dos pronomes, diminutivos e palavras informais

Quando se fala na poesia popular, geralmente se contrapõe à erudita em termos estilísticos e linguísticos, sendo caracterizada como mais simples, espontânea e natural, sem demasiados recursos retóricos. De acordo com Tihiomir Petrović (2006:18) " a linguagem popular é o meio de comunicação nas camadas populares amplas. Diferentemente da linguagem literária "erudita", que se atém à forma estabelecida, esta está livre e desenvolve-se sem quaisquer limitações."[21] Sendo este livro do investigador sérvio destinado ao público escolar, parece natural que a definição tenha uma modalidade ligeiramente simplista, porque, mesmo na linguagem popular há regras e padrões e a liberdade do falante é delimitada pelas normas de educação, idade de quem fala, distribuição geográfica da língua (numa região uma expressão pode ser ofensiva, enquanto noutra se usa com mais naturalidade, por exemplo).

Como uma das características principais da poesia lírica, seguramente, podemos citar o tom subjectivo e pessoal, manifestado no uso da primeira pessoa do singular nos verbos, no uso do pronome pessoal "eu", ou do possessivo "meu". Estas marcas remetem para a possibilidade de uma dimensão confissional, própria para a lírica popular e erudita indistintamente.

Nas cantigas populares, a proximidade expressa mediante o tom pessoal, aumenta a ideia de cumplicidade e identificação entre o poema e o público. Desta forma, uma obra colectiva torna-se ao mesmo tempo individualizada, parecendo que se dedica a cada leitor ou ouvinte em particular.

Pra além dos pronomes pessoais, linguagem simples e quotidiana parece caracterizar melhor o cancioneiro popular. Usando as palavras conhecidas, referentes a situações que fazem parte da vida do povo (os trabalhos agrícolas, as festas cíclicas do ano, a esfera familiar, religiosa ou afectiva), a literatura popular guia, orienta, aconselha e corrige o homem e os seus comportamentos, diverte-o e fá-lo reflectir, procurando aliviar-lhe as angústias ou servir de instrumento para expressar as suas alegrias. Afonso Duarte (1948, 7) refere que "a propósito de tudo a gente sabe uma quadra", considerando a variedade de temas e diversidade de sentimentos abrangidos no cancioneiro popular português. Por seu turno, há que recordar que a poesia de expressão popular portuguesa não se reduz apenas às quadras, sendo métrica e tematicamente muito rico e diversificado. No entanto, como a quadra é a associação quase imediata ao cancioneiro português, citaremos alguns exemplos desta forma métrica com diferentes temas, para verificarmos as marcas da oralidade nalinguagem popular. Leiam-se os exemplos (Braga, 1911,199):

> ´ stás doente, flor das flores
> Chamar médico é loucura,
> Doença do mal de amores
> Quem a causa é quem a cura.

No primeiro verso, mediante a omissão de uma letra no verbo, o poema aproxima-se da pronúncia da palavra, tornando-se mais acessível ao público . O mesmo pode acontecer com " 'inda" em vez de "ainda" e mais alguns vocábulos que na transmissão oral adquirem uma forma ligeiramente diferente do que na escrita.

Outra palavra muito adequada ao registo oral é "loucura", usada em vez dos eventuais sinónimos "insanidade", "doença mental" ou outros. O uso desta específica palavra justifica-se pela rima e por um certo grau de informalidade do poema, reflectida no uso da expressão popular "mal de amores" inserida no provérbio final.

Uma outra marca importante da oralidade existente nas cantigas populares é a presença das interjeições "oh!", e "ai!" que, imitam os suspiros, reforçam os sentimentos da dor, saudade ou tristeza e aparecemcom mais frequência nas cantigas amorosas, justamente por este ser o domínio onde melhor se expressam os afectos. Desta forma, o público aproxima-se mais do pensamento expresso nos poemas e identifica-se com a eventual menagem, implícita no texto. Os versos "Oh, que momento feliz! (*idem,* 70) e "ai de mim", são apenas ilustrações da fala popular infiltrada nos poemas.

Na versão escrita (Braga,*op.cit.*:4), notamos a ausência de vírgulas depois da interjeição e antes do vocativo, como é o caso do verso "oh figueira dá-me um figo", podendo indicar que este verso foi pronunciado de um só fôlego, sem o cantor popular ter feito pausas para respirar.

Por vezes, nas cantigas populares aparece a forma de tratamento na segunda pessoa do singular, "tu", implicando que o poema se dirige ao público com espontaneidade, proximidade e num tom pessoal e amistoso.

Nesse contexto, verifica-se a tendência de se introduzir uma outra personagem na cantiga, um interlocutor, como é o caso das cantigas ao desafio, em que a forma dialogada parece ser um requisito obrigatório.

A presença de um "tu", na poesia popular, pode implicar a existência de um destinatário e o desejo de o sentimento expresso no poema ser partilhado, comunicado e não guardado em segredo. Com frequência, o sujeito lírico dirige-se a outra personagem (mãe, amigas, natureza, Deus, o próprio coração, alma olhos, o amado), fazendo-lhe apenas perguntas retóricas, implicitando a necessidade de se aproximar do Outro através da palavra. O facto de ser usado precisamente o pronome da segunda pessoa do singular indica um determinado grau de intimidade e proximidade com o "interlocutor", digno de ouvir as confidências. Para ilustrarmos a dicotomia eu-tu na poesia lírica popular, daremos alguns exemplos, a nosso ver, pertinentes (Braga, 1911:3):

> Tenho uma maçã doirada
> Ao canto do meu bahu
> Para dar ao meu amor
> Queira Deus que sejas tu.

Aqui, pode observar-se uma paixão platónica, relativamente tímida, em que a parte apaixonada, em vez de se declarar directamente, faz alusões ao significado da "maçã doirada" na tradição popular e invoca a ajuda divina na realização do amor. Na quadra, o pronome pessoal "tu" implica o desejo da proximidade, ainda não concretizada.

No seguinte exemplo, observa-se uma situação ligeiramente diferente do emprego do pronome pessoal "tu"(*idem)*:

> Dá-me da pêra parda
> Da maçã um bocadinho
> D´esses braços um abraço,
> D´ essa boca um beijinho

O conteúdo da quadra parece ser un fragmento de uma conversa entre namorados.

O pedido de prendas e provas de amor torna o pronome pessoal no indicador de uma maior intimidade e confiança entre o casal. A segunda pessoa do singular, noutros contextos, pode adquirir uma dimensão quase depreciativa, como se manifesta nos versos (*idem*, 5):

> Eu como firme te adoro,
> Tu, falsa, me estás vendendo

Contrariamente do que observámos na quadra anterior, o "tu" no tratamento entre o casal quase que implicita uma pessoa indigna de respeito. Esse tratamento parece ser sublinhado pela presença das vírgulas entes e depois da forma vocativa. Na língua portuguesa não é obrigatória a presença de pronomes pessoais conjuntamente com os verbos, porque pela forma verbal se consegue perceber quem é o sujeito ou destinatário da acção verbal. Quando, porém, o pronome é explicitado, a nosso ver, pretende-se salientar a sua relevância para o conteúdo da frase, como se verificou no poema supracitado. No exemplo seguinte, a referência ao interlocutor, mediante a forma clítica do pronome pessoal da segunda pessoa do singular é mencionada duas vezes, aparentemente para salientar a dicotomia entre o "eu" e o "tu" e a sua relação ambivalente (*idem*):

> Se pensas que por ti morro,
> Eu de ti nada pretendo.

Outros pronomes pessoais também estão representados na poesia popular, podendo o seu papel ser explicado de várias formas. Quando é usado o pronome da terceira pessoa de singular "vose", pode ser indicador de uma relação nem demasiado formal, nem muito íntima, devendo-se a determinados factores extra-linguísticos (idade, respeito, pouca proximidade entre os falantes).

Para sabermos interpretar o significado do pronome, não podemos deixar de observá-lo no contexto do poema.Leia-se o exemplo (*idem*, 111):

> Você morre por me ver,
> E eu morro por lhe fallar

Nos versos citados, parece avistar-se o desejo da concretização da comunicação,envolvendo o respeito, uma certa timidez e, simultaneamente sentimentos intensos, implicitados no verbo "morrer", repetido duas vezes. A intensidade de sentimentos parece ser dissimulada no uso do pronome "você". Carlos A. M. Gouveia, no artigo "As Dimensões da Mudança nas Formas de Tratamento em Português Europeu"[22] afirma que:

Efectivamente, em razão das rápidas transformações que o mundo sofre, Portugal incluído, e das políticas de globalização, muitas das formações sociais dadas como definitivas têm sido quebradas e alteradas. Metamorfoseando-se em formações novas e diferentes, delas resultam mudanças na produção discursiva e nas relações sociais, causadas não apenas pela rápida apropriação de fluxos de discursos, imagens, textos, pessoas e práticas culturais, mas também pela constante re-estruturação de práticas e processos sociais, em que se articulam valores e expressões de identidade desvinculadas de qualquer sentido essencialista ou tradicional.

O mesmo pronome, como se verá nas quadras infra referidas, pode ser usado também para marcar o distanciamento entre o sujeito lírico e o interlocutor, podendo implicar até desprezo ou uma certa altivez no discurso. Vejam-se as cantigas (*idem*, 374)

:

> Você não é para mim,
> Você para mim não é
> Bote o sapato à rua

Ou (*idem*, 114)

:

> a forma do seu pé
> ainda que eu seja pequenina,
> você comigo não zomba!

O tratamento por "menina" tem duplo significado: por um lado, é respeitoso e destinado a uma jovem ainda não casada, como no exemplo (*idem*, 43):

> Menina, se quiser saber
> Como agora se namora,
> Meta o lencinho no bolso.

A terceira pessoa do verbo, implica respeito por uma rapariga, destinatária de um conselho. O vocábulo "menina", porém, pode concordar também com o tratamento por "tu", dirigido a uma pessoa muito nova, compreendida aida como criança, por isso podemos encontrar "menininha, chora, chora" ou "menina tão pequenina".

No primeiro caso, o diminutivo e a forma verbal informal remetem para o significado básico da palavra e não da forma respeitosa.

O cancioneiro de Teófilo Braga fornece-nos um exemplo à primeira vista confuso, porque se misturam as formas verbais informal e formal (*idem*, 42):

> Menina, deste-me a morte
> Dae-me agora a sepultura

A leitura atenta do poema na integridade, oferecer-nos-á uma determinada paródia a alguns recursos usados na lírica culta, exprimindo o sofrimento exagerado e uma morte dissimulada por amor. Os versos que se seguem à "sepultura" do enamorado ("mais acima dos joelhos/mais abaixo da cintura") estão impregnados da conotação sexual, podendo insinuar que a "menina" da primeira metade da quadra não é digna de elogios de um amante fiel, que morre de amor, caso consinta realizar o seu desejo.

No que respeita ao pronome da segunda pessoa doplural "vós", hoje praticamente em desuso na língiua portuguesa, constatamos uma duplicidade de contextos em que se empregava: como forma respeitosa com que os filhos se dirigiam aos pais ("minha mãe, casae-me cedo") ou como parte do discurso amoroso, semalhante ao do amor cortês da lírica erudita. Veja-se o exemplo (*idem*, 92):

> Tendes o amor defronte,
> Não sabeis namorar

No cancioneiro sagrado, porém, o pronome da segunda pessoa do plural aplica-se sempre no contexto da oração ou comunicação com Deus, Virgem Maria, os santos, os Anjos. Eis uma particularidade da língua e cultura portuguesa, que verbaliza a aproximação do divino e do sacro, mediante a forma respeitosa e mais formal do que os pronomes "tu" ou "você". Leiam-se os seguintes versos (*idem*, 3):

> Cristo Deus Nosso Senhor
> Perdoae nossos pecados.

Diferentemente da língua portuguesa, várias outras línguas europeias (entre elas as eslavas e outras do grupo românico), mesmo para se dirigirem a Deus, à Santíssima Virgem ou aos outros santos, empregam a forma da segunda pessoa do singilar "tu", implicando deste modo uma relação de proximidade, confiança, carinho ou ternura com que os crentes tratam os entes sagrados.

Nas cantigas infantis, constantes do segundo volume do *Cancioneiro Popular Portuguez*, compilado por Braga, parece lógico a única forma de tratamento , dirigida às crianç, ser efectivamente o pronome da segunda pessoa do singular, "tu", acompanhada por vezes de diminutivos e palavras de teor carinhoso, mostrando afecto entre os membros da família, bem como o lugar de cada um na hierarquia familiar.

No cancioneiro político predomina geralmente a forma da terceira pessoa de singular A nosso ver, pode tratar-se de respeito pelas autoridades, ou de pouca proximidade e um certo distanciamento entre o povo e as figuras dos governantes. A terceira pessoa do singular, precedida do pronome "ele" ou "ela" indica, na gramática, uma pessoa ausente, porém, objecto de uma conversa. O mesmo acontece com o plural "eles"/"elas".

Para melhor marcar o desejo de criticar os membros da monarquia e de se distanciar deles, no caso das cantigas satírico-políticas, os mencionados pronomes podem ter até uma conotação depreciativa: Repare-se na quadra (*idem*, 387):

Eles no reino meteram
Mentiras e judiarias
Baixezas e hypocrisias,
Que toda esta terra encheram

Marcando a sua ausência física no momento do discurso, os reis, membros da nobreza ou do clero nas cantigas parecem perder a sua identidade, tornando-se em figuras distantes e desinteressadas com o bem-estar dos súbditos, reduzindo-se a uma dimensão superficial "eles".

Dirigindo-se aos reis, as vozes do povo guardam para eles o título "Vossa Alteza" e o tratamento formal "Vós, Senhor",podendo o conteúdo explicitar uma atitude irónica e negativa.

Outras formas de tratamento, presentes na poesia oral são "meu bem", "meu amor", "minha menina", "minha beleza", indo ao encontro das regras do discurso amoroso em público ou em privado, permitindo-se na privacidade uma maior proximidade, um maior número de palavras no diminutivo e uma linguagem liberta de "travões sociais", enquanto a esfera pública exigia decoro e um estilo mais sofisticado.

Mais uma marca importante da oralidade, presente na poesia popular são os diminutivos. Como a propria designação ndica, estas formas existem na língua para diminuir a distância afectiva. De acordo com Silvia Skorge (1959), os diminutivos são palavras formadas mediante a sufixação, podendo reflectir pequenez de um objecto, modéstia, ironia, atenuação, miséria, indigência, gosto, familiaridade, lembrança saudosa ("terrinha", "mãezinha"), compaixão ("coitadinho"), quantidade, gradação entre outros.Os sufixos mais frequentes que indicam o carácter diminutivo na língua portuguesa são –"inho", "-ito"," "-ino", "-zinho", podendo haver outros "-ucho", "-ote" , usados com outras dimensões interpretativas. Pode existir também acumulação de sufixos, com uma conotação intensificadora. Desta forma, "pequenino" ou "pequenininho" significam o mesmo que "muito pequeno", sendo acentuada a sua dimensão estilística. Alina Villalva (2008:128) qualifica a formação dos diminutivos ou aumentativos como "afixação avaliativa", podendo estas palavras referir-se à dimensão física ou ter um teor afectivo, a nosso ver, nunca sendo completamente neutras do ponto de vista quer do falante, quer do destinatário da expressão.

Geralmente, têm um cariz carinhoso e são usados nas situações de proximidade e intimidade, entre os membros da família ou namorados. Por isso, parece natural o maior número de diminutivos ser usado precisamente no cancioneiro amoroso e no infantil, enquanto o sagrado e no político, devido àseriadade da temática,é raro enconrá-los, a não ser no contexto irónico, para desvalorizar a figura de um determinado governante. Desta forma, os diminutivos podem ser aplicados aos elementos da natureza (uma flor torna-se "florzinha", um figo "figuinho"), mas também Às partes do corpo,implicando ternura ou delicadeza ("olhinhos", "mãozinhas"). Certas partes do corpo, dadas as regras do decoro ou moralidade pública (peito, pernas), se usadas no diminutivo, parecem perder qualquer dimensão lasciva.

As alusões à idade ou ao aspecto físico são também idóneas para o uso e citaremos apenas algumas: "pequenina", "baixinho". Na área dos sentimentos, é qiuase excusado salientar as possibilidades expressivas da língua portuguesa. O amor, frequentemente, passa a ser "amorzinho", coração "coraçãozinho". Com os nomes próprios acontece o mesmo, de forma a destacarem-se ternura, carinho e proximidade no tratamento entre os namorados ou membros da família. Um diminutivo também pode ter a função depreciativa, negando ou retirando o valor a um objecto ou pessoa. Leiam-se os versos (*idem*, 21)

> fallinhas dou-as a poucos
> Liberdade só a um.

As conversas corriqueiras e simples, de que todos são destinatários, na cantiga são qualificadas de "falinhas", nem sequer merecendo o nome de "falas". A liberdade, porém, considerada um dos maiores tesouros de uma rapariga solteira, entrega-se "só a um", o único rapaz digno do seu amor. A segunda palavra (liberdade) não está no diminutivo, precisamente devido ao seu valor elevado.

Nos *Cantos Populares do Arquipélago Açoriano*, e sobretudo na parte dedicada ao romanceiro, a linguagem parece ser muito mais sóbria e sem elementos carinhosos ou diminutivos, por um lado, por a temática histórica, lendária ou novelesca não o permitir, e por outro, porque o espaço cultural açoriano, de carácter ilhéu, tal vez não seja propício para mostrar emoções deste modo.

Analisando os *Cantos Populares do Arquipélago Açoriano*, verificámos que a forma de tratamento de segunda pessoa do plural "vós" é bastante mais frequente do que no *Cancioneiro Popular Portuguez*, nas cantigas de carácter amoroso, bem como na parte do "doutrinal das Orações".

Procurando explicar esta particularidade da linguagem açoriana, recorremos às ideias de José de Almeida pavão Jr. (1981) que como um dos aspectos principais do cancioneiro açoriano destaca o carácter reservado dos ilhéus, a sua tendência para o recolhimento, respeito pela tradição e as hierarquias e a submissão do indivíduo ao colectivo. Seguindo esta teoria, parece-nos mais clara a razão de os namorados se tratarem por "vós" ou eventualmente "você", evitando uma proximidade demasiado marcada. Mesmo assim, encontramos alguns exemplos de os apaixonados se tratarem na segunda pessoa do singular. Leiam-se a parte final de uma quadra (Braga, 1982: 40):

> Quem quer bem trata por tu,
> O amor não quer senhoria

Apesar do carácter reservado referido por Almeida Pavão Jr. (*op.cit.*) como uma das especificidades da cultura açoriana, os versos quase proverbiais da cantiga citada remetem claramente para o universo amoroso, que requer proximidade .

Na linguagem do romanceiro açoriano, parte integrante dos *Cantos Populares do Arquipélago Açoriano,* aparece também o pronome pessoal "vós", inserido no discurso de entre um cavaleiro e uma donzela. Cite-se o exemplo:

> De que vos rides, donzella,
> De que vos rides, menina?"
> (*idem*:184).

Este tratamento, nos romances populares, a forma "vós" parece apropriada também para a conversa entre um rei e a sua filha, devendo-se às regras de comunicação e educação, destinadas aos membros da realeza e nobreza.

> Um rei tinha tres filhas,
> (...)
> Bem puderas, vós, Aldina,
> ser a minha namorada"
> (*idem, 193).*

No contexto dos sentimentos ilícitos do pai pela filha, o discurso assemelha-se ao modo de falar, próprio dos apaixonados, protagonistas cantigas de amor galaico-portuguesas, e daí talvez se justifique o emprego da segunda pessoa do plural.

Relativamente às formas diminutivas nos *Cantos Populares do Arquipélago Açoriano,* constatámos sua presença como sendo bastante reduzida. No total, conseguimos contar apenas vinte e cinco palavras com esse significado, tendo em consideração apenas a primeira vez do seu aparecimento no texto. O diminutivo mais repetido, como era de esperar, no cancioneiro amoroso, é "beijinhos" encontrada cinco vezes. Logo a seguir refere-se o adjectivo "pequenino/a", inserido no mesmo contexto. Não obstante a escassa inclinação dos açorianos para esta dimensão semântica das palavras, por vezes o seu uso parece indispensável.

Nos nomes próprios constam alguns exemplos de diminutivos, nomeadamente "Mariquinhas", "Zabelinha,", "Antoninho" e "Joãozinho" , implicitando o carinho e ternura que uma Maria, uma Isabel, um António ou um João possam inspirar nos sujeitos líricos dos poemas.

Consideramos, no entanto, interessantes duas marcas da oralidadde, que em vez de terem o valor diminutivo ou carinhoso servem justamente para aumentar a característica que designam. Assim, em Teófilo Braga (1982:11) temos a expressão "chega-te bem chegadinho", sublinhando o desejo de uma maior proximidade entre os namorados. Neste caso, o adjectivo "chegadinho" pertence claramente ao registo popular da linguagem, sendo quase impossível encontrar-se num texto erudito. Numa outra cantiga, pedem-se rosas "fechadinhas", de bom cheiro, implicitando a decência e delicadeza na conducta moral feminina. O adjectivo no diminutivo poderia equivaler à expressão informal "bem fechadas".

Na secção do *Cancioneiro Popular Portuguez,* intitulada "ABC de Amores"[23], conseguimos encontrar apenas um único diminutivo no verso "O B é pelos beijinhos" *(idem, 91)*. Julgamos que, na parte que, seguindo as letras do alfabeto, propõe regras de comportamento e valores fundamentais para o amor e a vida, a presença de diminutivos produziria no público um efeito de pouca seriedade e autoridade.

No cancioneiro religioso, em que se enumeram os sete sacramentos, os mandamentos da Igreja, os pecados e virtudes capitais, a nosso ver, não seria conveniente existirem diminutivos e formas carinhosas, dada a seriedade dos temas, pouco propícia para eufemismos.

Após uma primeira análise da linguagem dos cancioneiros recolhidos por Braga, a presença dos diminutivos parece pouco visível, em comparação com o seu uso nos cancioneiros regionais, ou organizados por outros compiladores. Seria, talvez, preciptado deduzir que este investigador omitiu propositadamente algumas cantigas com uma linguagem demasiado eufemística, dado o seu carácter rigoroso, sério, sóbrio e pouco afectivo. Não podendo sustentar firmemente uma suposição assim, referimos apenas que este aspecto do cancioneiro de Teófilo Braga mereceria um estudo mais minucioso.

Focando agora os *Cantos Populares do Arquipélago Açoriano*, particularmente a parte do romanceiro, verificaremos a ausência quase absoluta de diminutivos, com apenas seis excepções: dois nomes próprios ("Francisquinha" e "Joãozinho"), um substantivo "irmãzinhas" , um adjectivo "pequenino" e dois particípios "casadinha" e "sentadinha".

Nos primeiros três casos, poder-se-ia tratar de formas carinhosas; o adjectivo aparece no verso "tendes o pé pequenino", cuja existência se verifica também no cancioneiro. Nesta situação, observam-se as influências entre a poesia popular lírica e a lírico-épica nas maneiras de expressão, bem como nas ideias sobre a beleza e delicadeza femininas. Os últimos exemplos podem, porém, ser usados apenas como formas de respeitar as regras de versificação, adequando-se ao número de sílabas necessário em cada verso. O valor aumentativo das palavras diminutas é também uma hipótese a considerar, no caso de uma "casadinha" (pela Igreja e com todas as regras sociais), infeliz no seu matrimónio. O particípio, terminado em

"-inha", parece acentuar a sua tristeza, podendo causar compaixão em quem ouve ou lê o poema.

De acordo com José de Almeida Pavão Jr. (1981), as principais diferenças entre o cancioneiro e o romanceiro estão na inestabilidade, fluidez e marcas da oralidade do primeiro, e a sobriedade e carácter narrativo do último. Segundo o autor, o cancioneiro caracteriza-se pelo tom subjectivo e confissional, e o romanceiro pela estrutura narrativa, nacom uma frequente presença da voz do narrador, que introduz as personagens, explica as situações, comenta os acontecimentos. O tom dos romances populares, dada a sua temática, aparenta ser mais neutro, objectivo e historizante. O romanceiro distingue-se do cancioneiro também pela presença do discurso indirecto e unidade linguística. Por "unidade linguística" é subentendida a falta de palavras regionais, enquanto no cancioneiro, os conhecedores da língua portuguesa podem claramente distinguir a zonade origem de uma cantiga As características referentres ao romanceiro podem-se aplicar a todas as colectâneas, independentemente dos compiladores.

Como um elemento da oralidade no cancioneiro afiguram-se-nos duas expressões verbais,presentes nas catigas amorosas que envolvem a troca de prendas entre namorados: "toma lá" e "dá cá" . As palavras "lá" e "cá", neste contexto, não possuem um valor de indicador espacial, sendo antes uma marca do estilo informal. Parece lógico a expressão "lá" combinar-se com o verbo "tomar", implicitando o afastamento do objecto da mão que o oferece, enquanto a palavra "cá" parece aproximar a prenda de quem a recebe. Estas fórmulas linguísticas são frequentes na linguagem falada, impróprias para a sobriedade e formalidade do discurso escrito.

O advérbio de lugar "lá" , perdendo o seu significado básico, na poesia popular, serve também para incentivar uma acção, como no exemplo:(in: Braga, 1982:4) "cante lá uma cantiga" . Acompanhada de imperativo, esta expressão subentende um certo grau de proximidade entre o cantor popular e o público, bem como o gosto de ouvir as suas cantigas.

Após um breve olhar para determinados traços da oralidade da poesia popular reunida nos dois cancioneiros compilados por Teófilo Braga, compete-nos abordar outros aspectos formais das quadras e diversas outras formas métricas. Certamente, estas não são as únicas marcas da linguagem falada na poesia popular, merecendo os erros, variantes condicionadas pela distribuição territorial da língua portuguesa, algumas incorrecções estilísticas ser estudadas em secções à parte.

2.3 Uso das formas verbais na poesia popular

Não há língua sem verbos. A comunicação natural, oral ou escrita, numa língua parece impensável sem verbos.

Os verbos, por definição (Stanojčić, Popović, 2000), representam a categoria gramatical que indica acção (falar, fazer, cantar), estado (dormir) ou um fenómeno (chover, trovejar), sendo um recurso indispensável para o desenvolvimento de qualquerr conversa.

No caso da literatura e especialmente da poesia, os verbos podem adquirir uma dimensão estilística, atribuindo uma determinada musicalidade ao verso, impregnando-o de uma expressividade particular ou servindo de transmissores da mensagem poética.

Entre os verbos usados nas cantigas, compete-nos elencar apenas alguns grupos: em primeiro lugar, está representado o verbo ouvir,indicador de uma das principais características da poesia popular, destinada a ser dita e declamada e não lida. Quando a este verbo se acrescenta algum outro como "dizer" ou " falar", o conteu´do dos versos parece obter um carácter mais sério, quase proverbial. Geralmente, trata-se de versos que começam por "tenho ouvido dizer", para, na segunda metade da quadra se expor uma verdade já confirmada ao longo do tempo.Não é raro em tais cantigas encontrar-se um provérbio. Leia-se o exemplo (Braga, 1911: 142):

> Tenho ouvido dizer
> E tenho ouvido falar,
> Quem muitas panelas prova
> Nalguma se há de escaldar.

Ocasionalmente, o "ouvir dizer" não se refere à sabedoria popular, remetendo para "as bocas do mundo", palavras e informações não verificadas, utilizadas para difamar a amada frente ao namorado, mãe ou futuros sogros. Com frequência o "ouvir dizer" não é sinal de uma boa reputação feminina ou uma forma de não se admitir a excesssiva experiência amorosa. O exemplo de uma cantriga popular registada no *Cancioneiro* de Teófilo Braga, parece testemunhar a forma de a personagem feminina se defender das eventuais acusações nesse sentido (*idem*, 191):

O palavreado dos homens
Já estou farta de saber
Não por eu ter usado
Mas por ter ouvido dizer.

Não admitindo a possibilidade de ter tido vários pretendentes que lhe dirigiam o "palavreado" conhecido, o sujeito lírico desculpa-se pelo facto de ter "ouvido dizer" as experiências das amigas ou outras fontes que a informaram sobre o assunto até ao ponto de estar "farta de o saber".

Em vez de "dizer", ou "falar", as cantigas fornecem exemplos comm a utilização do verbo "afirmar", servindo este de fundamento para uma decisão, um conselho ou uma conclusão certeira. Repare-se nos versos (*idem*, 22):

Já tenho ouvido affirmar:
Quem espera sempre alcança

Quando o verbo "ouvir" é acompanhado de "cantar", pode ter um significado literal, indissociável do processo de criação e transmissão da poesia popular. Um sentido mais figurado, pode atribuir-se-lhe no contexto amoroso, como na seguinte cantiga (*idem*, 15):

Já ouvi cantar os anjos
No coração de Maria.

Esta imagem pode remeter para o carácter angelical e virtuoso da personagem feminina, cujo nome (Maria) apenas salienta o ideal da conducta moral feminina.

Outros verbos de sensação, frequentes na poesia oral, são , segutamente "ver" e "olhar", semelhantes no significado, embora na cultura portuguesa nem sempre considerados sinónimos absolutos. Na nossa Tese de Doutoramento (*op.cit.172*) firmamos que: "os actos de ver e olhar sãoinseparáveis da reflexão". Diferentemente da cultura sérvia, em que "ver" indica a capacidade da visão e "olhar" requer mais atenção, conforme demonstrámos na nossa obra, na cultura portuguesa, estes dois verbos têm significados exactamente contrários, isto é, o "olhar" subentente um olhar breve e não demasiado profundo, enquanto "ver" implica atenção a pormenores. Daí, na língua portuguesa existirem as ecpressões populares "dar uma vista de olhos" e "ver com olhos de ver",designando as tendências significativas dos verbos em questão.

O verbo "olhar", usado no imperativo, pode servir para chamar a atenção, ou apenas como uma "bengala" e marca da oralidade, como é o caso dos versos (*idem*, 273):

> Olha que Deus não perdoa
> A quem é mau pagador.

Esta frase poderia ser pronunciada sem o verbo introdutório no imperativo, podendo a sua existência ser um mero recurso para o verso obedecer às regras da métrica ou como um elemento enfático.

Relativamente ao significado dos verbos, verificamos que a cada área temática no *Cancioneiro Popular Portuguez*, correspondem verbos pertencentes a um determinado campo semântico: no cancioneiro amoroso parece lógico predominar o léxico interligado à esfera dos dentimentos ("amar", "querer", "desejar"," adorar"). Não admira haver cantigas em que a intensidade do sentimento amoroso aumenta gradualmente, mediante a presença de todos estes verbos successivos. Desta forma, o discurso amatório assemelha-se à lírica erudita medieval, em que o amante recorre a diversos meios linguísticos, procurando quebrar a barreira entre si e a dama altiva e desinteressada. Para melhor ilustrar o emprego das variações verbais do cariz emocional semelhante (*op.cit.*24):

> Há um ano que te amo,
> Há dois que te quero bem,
> Há três que te trago no peito,
> Sem o dizer a ninguém.

"Amar", "querer", e "trazer no peito", parecem remeter claramente para o universo dos afectos e a sua intensidade, sublinhada ainda no último verso, que envolve o sentimento amoroso de mistério e atribui-lhe um aspecto constante, fiel e não revelado,

Verbos que expressam estados de ânimo: "chorar", "rir", "suspirar", são inevitáveis no léxico das cantigas amorosas. Frequentemente inseridos no contexto de enfatizar a noção de tristeza ou alegria dos apaixonados, as saudades ou outros sentimentos. Par ilustrar estas situações, *pode usar-se a construção* "pus-me a chorar saudades" (*op,cit.*254). Choram-se por vezes as "lágrimas de sangue", que podem formar "rios" ou "mares", hiperbolizando o desespero e a angústia do sujeito lírico.

O verbo "suspirar" ocasionalmente aparece conjuntamente com "dar ais", acentuando as vertentes "sonoras" da mágoa ou desilusão amorosa, enquanto "rir" pode adquirir uma dimensão irónica, sobretudo no contexto de salientar os defeitos do antigo amor, ou simplesmente implicitar a expressão da felicidade "em voz alta".

O cancioneiro amoroso abunda em expressões verbais referentes à concretização da proximidade: "dar a mão", "abraçar", "beijar", tendo todas elas uma conotação positiva, apreciados ainda mais nas cantigas se a acção que designam é repetida ou multiplicada.

Entre os verbos de conteúdo abstracto citamos apenas: "pensar", "sonhar", "imaginar", bem como "prometer" e "jurar", adequados para o léxico amoroso. No cancioneiro político, os últimos dois inserem-se frequentemente no domínio da falsidade e inconstância dos governantes, que desvalorizam a sua postura se não se comportam em conformidade com as palavras que proferem.

Reiterando a problemática do uso dos verbos na poesia amorosa, não parece raro nas cantigas haver meterial verbal do campo semÂntico da guerra e servidão ("ferir", "cativar", "morrer", "conquistar", "servir", e nisso vislumbra-se talvez a influência da lírica palaciana, da poesia provençal e dos ideais do amor cortês, em que o apaixonado pretende conquistar o coração da amada, lutando por ela, disposto a servi-la ser cativo dela e sacrificar a vida para merecer o amor da dama. A morte por amor equipara-se a uma experiência de renovação das forças vitais, como se ilustra nos seguintes versos (*idem*, 94):

> Quem morre nesses teus braços
> Não morre, mas ressuscita.

Aqui, o verbo "ressuscitar" implica a mistura do léxico poético, influenciado pelo ideal trovadoresco de perder a vida pela amada e a ideologia cristã, segundo a qual a morte física não é um fim definitivo da vida, deixando sempre esperança na resurreição e vida eterna. Os ideais trovadorescos, transpostos para a linguagem das cantigas populares, reflectem-se nos infinitivos dos verbos referidos na quadra. Precedidas por um travessão na escrita, ou por uma pausa no discurso oral, as situações expressas pelos verbos, enfatizam ainda a intensidade dos sentimentos (*idem,* 97)

> Meu nome é só - amar-te
> Meu sobrenome - querer-te
> O meu apelido - adorar-te
> Minha alcunha - merecer-te.

O célebre verso popular "heide te amar até a morte",[24] também hiperboliza o léxico amatório, pretendendo o sujeito lírico mostrar a sua constância e fidelidade perante a amada.

No cancioneiro sagrado, é frequente referirem-se: "rezar", "orar", "pedir","abençoar", "perdoar", "confessar", "ouvir a missa", "culpar", podendo essas palavras atribuir-se ao sujeito lírico, ao padre confessor, a Deus, aos Céus, dependendo da perspectiva e da situação

Nos poemas populares, relativo às festividades cíclicas do ano, é natural mencionarem-se verbos relativos a trabalhos agrícolas, condições climáticas e mudanças na natureza. Leia-se a quadra (Braga, 1911, *vol II:*:1).

> Janeiro gear
> Fevereiro chover
> Março encanar
> Abril espigar

Desta forma, destaca-se a comunhão entre o homem e a natureza, e a estreita dependência da vida nas aldeias das condições do tempo.

No cancioneiro infantil, o número de verbos é bastante reduzido, repetindo-se, geralmente, apenas os verbos mais comuns e quotidianos: "ser", "estar", "ter", "ir", "vir", "dormir", "calçar", "vestir", "comer", reflectindo as necessidades básicas na vida de uma criança . Juliana Bertucci Barbosa, no artigo "Uso dos Verbos no Desenvolvimento da Linguagem"[25], a este respeito, pronuncia-se da seguinte forma:

A aprendizagem do código lingüustico se baseia no conhecimento adquirido em relação a objetos, ações, locais, propriedades, etc., resultando da interação complexa entre as capacidades biológicas inatas (competência) e a estimulação ambiental e evoluindo de acordo com a progressão do desenvolvimento neuropsicomotor.

Aproximadamente com dois nos de idade, uma criança é capaz de construir as primeiras frases, compostas por sujeito e predicado, de formular algumas perguntas e respostas afirmativas e negativas, aprendendo primeiro o presente, depois o pretérito e posteriormente também o futuro. Dependendo da comunidade e cultura em que cresce, a criança aprenderá primeiro os verbos mais necessários para a sua sobrevivência no dia-a-dia, para gradualmente e com a idade ir aprofundando os seus conhecimentos linguísticos. A primeira fase da fala é bastante "telegráfica", englobando apenas as palavras mais importantes, sem atrigos, conectores, preposições, casos (nas línguas que têm declinação) e outras categorias gramaticais mais complexas, que a criança adquire nas fases posteriores. Daí, a poesia popular para crianças parecer imitar a linguagem infantil, com estruturas simples, vocabulário básico e rimas fáceis de memorizar.

Nas cantigas políticas, ou prevalecem verbos que caracterizam comportamentos inadmissíveis dos reis e governantes: "mentir", "furtar", "trair", ou trata-se de conselhos, descrição de factos históricos e situação política em Portugal.

A variedade dos verbos, seus significados básicos ou figurados, enriquece a poesia, diversifica o discurso, conforme a temática das cantigas e os seus destinatários, atribui uma expressividade especial às imagens poéticas, aconselha, guia, avisa o público, dando a saber que a oralidade é sempre viva, espontânea, actual e fácil de cativar a atenção.

2.4 Manifestações poéticas dos verbos

Depois de estudar os verbos do ponto de vista semântico, compete-nos abordar os tempos e modos verbais, utilizados na poesia popular, e em particular no *Cancioneiro Popular Portuguez* e *Cantos Populares do Arquipélago Açoriano*.

O primeiro tempo verbal a analisar é o presente de indicativo, implicando a certeza e regularidade da acção. Ljubo Mićunović (2002:122) define o tempo presente como "forma verbal simples e pessoasl, que designa uma acção, estado ou fenómeno que acontece no tempo de enunciação". É o mais frequente por varios motivos: por um lado, é o tempo mais próximo do tempo da realização do enunciado, e tem-se a impressão de que a acção está a acontecer no momento em que a cantiga é lida ou ouvida. Tal é o caso com os versos:

> Eu canto para espalhar
> Uma dor que me atormenta.
> (Braga, 1911:1).

Outro motivo de usar o presente de indicativo na poesia popular é a tendência de imitar a fala, a linguagem espontânea e natural quotidiano, em que as construções gramaticais requerem simplicidade e clareza. Por isso, e por razões de economia de língua (fenómeno linguístico de "poupar as palavras", suprimir os elementos desnecessários aos mais básicos, para simplificar a comunicação e não alargar demasiado a frase) é frequente usarem-se as formas verbais simples em vez das compostas. O uso do presente de indicativo no lugar do futuro, é admissível do ponto de vista gramatical, particularmente quando se trata de acções realizáveis num futuro próximo. Repare-se no exemplo:

> Não volto cá para o ano
> Sem trazer o meu marido.
> (*idem*:257)

A acção expressa pelo presente "volto" parece perfeitamente realista, enquadrada no contexto de uma promessa ao santo numa romaria. Tratando-se do prazo de um ano (lapso temporal bastante curto), parece muito mais natural usar-se o presente de indicativo, do que o futuro simples (a nosso ver, demasiado formal para a situação quotidiana descrita na cantiga) ou a perífrase verbal "ir + infinitivo"

Por último, nas cantigas, o presente aparece nos versos que contêm um provérbio ou ditado popular. Nessas ocasiões, trata-se do "presente gnómico", cuja função é justamente a de transmitir saberes e conselhos, verificados na experiência humana ao longo do tempo.

O presente, nos provérbios e nas cantigas pode ser acompanhado de outro presente ou de futuro dependendo se o verso-provérbio pretende constatar uma situação ou implicitar uma advertência ou orientação para o futuro (seguindo o esquema "causa-efeito").

Para melhor compreendermos o uso do presente nas cantigas, citamos os versos de carácter proverbial (*idem*, 1):

> Quem canta, seu mal espanta,
> Quem chora seu mal aguenta

No poema supracitado, trata-se de um provérbio conhecido, constante de quase todas as colectâneas de provérbios portugueses. Porém, mesmo tratando-se de estruturas proverbiais pouco usuais na linguagem quotidiana, o seu conteúdo pode indicar uma norma, uma regra u opinião geral, expressa no presente de indicativo. Os exemplos citados À continuação, servem-nos de prova desses mecanismos linguísticos (*idem*, 252):

> Quem é pobre, não tem vícios,
> Quem é surdo está calado
> Quem é velho não namora,
> Pois fica sempre logrado

À semelhança de provérbios "consagrados", os versos referidos começam pelo pronome relativo "quem", subentendendo-se um sujeito bastante vasto e aplicável a todos os que pertencem a uma categoria (neste caso, os pobres, os surdos e os velhos). O presente de indicativo na quadra em questão, expõe uma norma de comportamento, em conformidade com cada condição. O advérbio temporal "sempre", conjuntamente com o conector "pois" do último verso acentua ainda mais a idade avançada como imprópria para namoros, sendo a consequência lógica de tal comportamento devidamente explicada.

Na quadra citada à continuação, o carácter "pseudo-proverbial" dos versos verifica-se não apenas no uso do presente de indicativo, como também numa série de afirmações, baseadas nas opiniões habituais, tidas por verdadeiras. Repare-se na estrutura e conteúdo dos versos (*idem*, 164):

Es homem, basta-te o nome
És falso por natureza
É uma regra geral
Nos homens não há firmeza.

A ideia estereotipada de que o nome é um dos principais qualificadores de um objecto ou pessoa abrange muitos outros clichés. Pressupondo-se que todos os homens se podem caracterizar como falsos, o substantivo "homem", referindo-se a toda uma classe, resulta aplicável ao caso de uma pessoa concreta, provavelmente o amado que desiludiu a amada. A "natureza" e a "regra geral", bem como o plural do sujeito no último verso, conjuntamente com os presentes de indicativo, servem de "argumentos" para a prémissa subentendida da qual se parte ("todos os homens são falsos").

Outra forma de atribuir a um verso popular um carácter proverbializante é recorrendo ao verbo "dever" no presentede indicativo, indicador de obrigação. Na linguagem e na mentalidade populares, o que "deve ser" é frequentemente entendido como inevitável, recomendável ou bom. Leia-se a seguinte cantiga (*idem*, 248):

A rosa para ser rosa
deve ser de Jericó
o homem para ser homem
deve amar uma só

Neste poema, explicitam-se as características obrigatórias (desejadas e generalizadas) , aplicáveis a todas as rosas e a todos os homens de forma a serem considerados "verdadeiros" e "dignos" (a origem no caso da rosa e a constância amorosa no homem).

Relativamente às formas verbais do passado, a mais frequente, de facto, é a do pretérito perfeito simples, designando uma acção começada e acabada num determinado momento no passado. Corresponderia ao aoristo em grego, ou ao aspecto perfeito nas línguas eslavas, ou ao *Past Tense* em inglês. Paulo Osório, no artigo "O Uso do Pretérito Perfeito e Imperfeito pelos Aprendentes de Português Língua Segunda"[26] define o Pretérito Perfeito Simples da seguinte forma:

O Pretérito Perfeito Simples indica um facto já ocorrido, concluído. Daí o nome de pretérito (do latim raeteritum– passado, que já não existe) perfeito (do latim perfectum terminado, acabado, concluído), referindo-se a um facto que se situa perfeitamente no passado (aspecto perfectivo). Assim, este tempo verbal traduz um acto anterior ao momento presente, um facto passado pontual e não habitual, indicando umaacção definida no tempo, consumada por completo e de carácter momentâneo. É umpretérito absoluto, sem continuação no presente. Exprime, sobretudo, a consequênciapresente da acção.

A repetição de verbos no pretérito perfeito simples dinamiza a acção ou sugere uma mudança brusca e inesperada no plano das acções. Repare-se na quadra (*idem*, 2) :

> A cantar ganhei dinheiro
> A cantar se me acabou
> O dinheiro mal ganhado
> Água o deu, água o levou

Tal como o verbo cantar pode subentender uma forma fácil e rápida de ganhar dinheiro, a diversão, novamente encarnada no mesmo verbo, é uma maneira fútil de o gastar. A mudança brusca de tom leve da cantiga reflecte-se na reflexão séria e proverbial sobre o assunto. Justamente por causa do seu carácter acabado e preciso, o tempo verbal em questão é mais apropriado para a descrição, enquanto o pretérito imperfeito o é para a narração, dada a sua temporalidade demorada. Enumerando várias acções quase simultâneas, tem-se a sensação de um ritmo acelerado e de sequências da linguagem falada que acompanham diversos segmentos da vida do sujeito lírico (*idem*, 102)

> Eu amei, fui desgraçado
> Jurei nunca mais amar
> Os teus olhos me fizeram
> Juramento quebrar

Do mesmo modo em que os verbos "amar", "ser", "jurar" indicam a successividade de ituações em que o protagonista esteve envolvido, o pretérito perfeito simples do verbo "fazer" introduz um outro interveniente na cantiga e uma mudança repentina do percurso dos acontecimentos descritos.

Na poesia lírica popular utiliza-setambém o pretérito imperfeito, embora com menos frequência. Stanojčić e Popović (*op.cit.*) referem que um tempo verbal simples, cuja acçãoo se desenvolvia ou num tepo passado determinado ou paralelemante com uma outra acção passada. O importante é salientar a duração dessa acção verbal, frequentemente caracterizada como mais prolongada, repetida ou habitual no passado, e nisso consiste a sua diferença principal do pretérito perfeito simples.

Sendo um tempo verbal de carácter narrativo, enquadra-se melhor no romanceiro, servindo para cativar a atenção do público (explicar gramaticalmente). Dado o teor imperfeito deste tempo verbal, a acção que designa implica repetição ou durratividade, bem como pode significar uma acção habitual no passado. O exemplo que se segue pode ilustrar um estado prolongado no tempo (*idem*, 143) .

> Eu amava uma casada,
> Ela amava o seu marido,
> Ela ficou como estava
> Eu fiquei como atrevido.

O processo de narração abrange a situação emocional entre uma mulher casada e o seu pretendente. Os verbos no imperfeito podem sugerir a ideia de um longo e repetido cortejo por parte do apaixonado e um igualmente longo e repetido período de rejeição por parte dela, como sinal de constância ao marido. O verbo "estar" no terceiro verso parece constatar a ausência de qualquer alteração no plano de comunicação entre as personagens, enquanto a introdução do pretérito perfeito simples na segunda metade da quadra, acelera o desfecho, oferecendo uma lição moral sobre os comportamentos lícitos e ilícitos.

O pretérito mais-que-perfeito nas cantigas é expresso na sua forma simples ("dera", "recebera", "amara"), provavelmente muito mais natural no tempo em que a poesia popular tinha sido criada, ao passo que hoje em dia se costuma usar com mais frequência forma composta.

Para a opção simples deste tempo verbal, devemos ter em conta também o verso heptassílabo, predominante no cancioneiro, e devido às regras da versificação e prosódia convém aplicar uma forma adaptável à melodia da língua e a musicalidade da cantiga.

Sabendo que o pretérito mais-que-perfeito indica uma acção no passado anterior à outra, o seguinte exemplo indicaria uma hipótese já não realizável (*idem*, 9):

> Esta rua é muito escura
> Não vejo nada por ella
> Bem puderas, meu amor
> Pôr candeias à janela

A amada, ao passar ao pé da casa do amado, constata a escuridão da rua e critica uma actividade que podia ter sido realizada anteriormente, para evitar a situação dos primeiros versos.

No que respeita ao pretérito perfeito composto, esta forma já se encontra em mais situações, porque na gramática indica uma acção habitual ou repetida no passado, não deixando de guardar alguma relação com o presente. Nas cantigas populares, o tempo verbal em questão é frequente nos contextos em que se pretende afirmar uma verdade já conhecida ou uma estrutura proverbial. Leia-se a seguinte quadra (*idem*, 94):

> Eu tenho ouvido dizer:
> Palavras leva-as o vento,
> As minhas para contigo
> Trago-as eu no pensamento

O verso introdutório serve apenas para dar a conhecer o significado do provérbio, referente à volatilidade e pouco valor de determinadas palavras. A sabedoria proverbial parece ser negada pela constância dos sentimentos e frases dirigidas ao amado,previamente bem pensadas.

Das formas para designar o futuro, já mencionamos uma, o presente de indicativo, não sendo a estrutura única com esse significado. A seguinte, aparentemente a mais frequente no cancioneiro é a perífrase verbal haver + infinitivo, implicando simultaneamente o futuro e uma certa obrigatoriedade. Repare-se na cantiga (*idem*, 358):

> Meu amor, na tua ausencia
> Com ninguém heide fallar
> A má nova corre ao longe
> E passa além do mar

Tal como a estrutura "hei-de" pode subentender um grau de compromisso e uma acção futura muito provável de se realizar, enunciada com a mema certeza como nos versos que se seguem (*idem*, 27) :

> Tu dizes que não, que não,
> Inda hasde vir a querer
> Tanto dá a água na pedra
> Que a faz amollecer

No poema, o carácter futuro é sublinhdo ainda pela construção "has-de vir a querer", implicitando também uma dimensão de obrigatoriedade, reforçda pelo provérbio, em que ecoam a persistência e paciência.

Outra forma de expressar futuro na língua portuguesa é mediante o verbo ir seguido pelo infinitivo impessoal. Muito usada na linguagem corrente doquotidiano, sendo menos formal e mais natural na fala. A seguir, daremos um exemplo (*idem*, 76)

Oh, minha bela menina,
Escuta o que vou dizer:
Tenho uma mão para dar
Outra para receber

Esta situação parece bastante clara: a acção do verbo "dizer" remete para um futuro próximo, sendo o "resultado" já visível na última parte da quadra.

Relativamente ao futuro simples, o seu uso é bastante raro nas cantigas populares, e frequente no registo escrito ou mais formal. Se aparece, no entanto, indica um maior grau de certeza, ou implica um sentido irónico, negando qualquer possibilidade de a acção expressa pelo futuro se realizar. Comparem-se os exemplos *(idem*, 1):

As pedras no ar se encontram
Também nós assim seremos.

A forma do futuro simples pode se frequente na linguagem científica ou em determinadas definições, em que a primeira parte está no presente de indicativo, indicando uma parte do processo, enquanto o futuro simples expressa a probabilidade ou quase certeza do resultado dessa acção. O poema descreve o encontro das pedras atiradas para o ar, asemelhando-o ao encontro dos namorados. Na cantiga seguinte, o futuro simples parece negar a exactidão deste tempo verbal, uma vez que os versos têm um sentido contrário ao que está expresso no texto (*idem*, 156):

Ainda está por nascer
Quem de mim tomará posse

Por último, analisaremos o futuro de conjunctivo como uma das foras de exprimir o futuro em português. De acordo com Celso Cunha e Lindley Cintra (1985:454), este modo verbal "denota que uma acção ainda não realizada, é concebida como dependente de outra, expressa ou subentendida.". Significa eventualidade e usa-se nas orações subordinadas. É frequente no cancioneiro de amor e no político. Este facto pode explicar-se pela natureza do conjuntivo como modo que contém um determinado grau de incerteza. A inexistência do futuro de conjuntivo no cancioneiro infantil é possível entender-se dada a simplicidade do sistema gramatical e do vocabulário usado pelas crianças. No processo de aquisição do português como língua materna, está cientificamente comprovada a tendência de se aprenderem primeiro as formas do indicativo, sendo os conjuntivos adquiridos posteriormente.

Nas cantigas amorosas, o futuro do conjuntivo significa uma probabilidade, ou condição da realização do sentimento. Nas quadras de conteúdo político, mediante estas formas, procura-se talvez, demonstrar o carácter instável da situação no país e ou a decadência de certos valores, ou alude-se a uma crítica do seu regime cujas consequências serão visíveis no futuro. Citaremos alguns exemplos, portadores de tais sentidos e possibilidades (*idem*, 77)

Quem tomar amores com um velho,
Nunca de amores é farto

O primeiro exemplo oferece-nos uma confirmação de uma experiência tida como verdadeira e axiomática. Nos tempos remotos havia casamentos, previamente combinados pelos pais, entre raparigas novas e homens bastante mais velhos. Geralmente, essas uniões forçadas não agradavam as noivas. Para as "consolar", a cantiga popular apresenta-lhes um aspecto da vida marital importante, que se revelará na condição de a menina casar com um velho. Os versos que se seguem, revelam um carácter condicional do futuro de conjuntivo.(*idem*, 78)

Rapariga, se casares,
Toma conselho primeiro.

O nexo "se", marca gramatical das frases condicionais, implica a probabilidade da realização da acção futura. As formas condicionais são frequentes na poesia popular, significando conselhos, elencando situações entre namorados, referindo-se às condições climáticas, e acima de tudo constatando a interdependência entre o homem e a natureza. O exemplo que se segue está inserido no cancioneiro político, pode ser aplicável à realidade quotidiana no geral, subentendendo a riqueza como uma condição do poder e de uma certa prepotência (*idem*, 374).

Quem dinheiro tiver,
Fará o que quiser

No cancioneiro sagrado, as formas do futuro de conjuntivo são raras, dada a estrutura de uma oração e a impossibilidade de se imporem condições a Deus. Um crente nunca é suposto "negociar" durante a oração. Por outro lado, o futuro de conjuntivo, por definição, significa probabilidade, podendo esta ideia não estar em conformidade com as certezas dogmáticas e doutrinais. Eventualmente, esta forma verbal pode surgir no contexto da promessa ou agradecimento de quem reza.

De entre outras modalidades verbais presentes na poesia popular, vale destacar o infinitivo, nas suas vertentes pessoal e impessoal, servindo para nomear a acção expressa pelo verbo. Onde o infinitivo mais mereceu a nossa atenção como objecto de análise, foi no cancioneiro sagrado, nomeadamente na parte relacionada com as festividades cíclicas do ano. Apenas nomeando as acções, sugere-se que trabalho agrícola é apropriado para que mês do ano. Desse modo, a memorização das cantigas torna-se mais fácil e o conteúdo mais próximo do povo.

O gerúndio, fazendo parte da perífrase verbal com o verbo ir, indica acçãodesenvolvida e realizada gradualmente. No cancioneiro amoroso, o carácter durativo desta construção verbal pode implicar a intensificação dos sentimentos, no exemplo que se segue, trata-se de impaciência por reencontrar o amado, acentuando a tristeza da amada na sua ausência. Leiam-seos versos (*idem*, 172):

> Sábado, vae-te chegando
> Dominguinho, anda vindo
> Eu por ti estou suspirando

Isolado, o gerúndio tem diversos significados (temporal, modal, causal, consecutivo), mas mesmo assim, não parece ser utilizado com frequência na língua portuguesa. Se aparece, pode reflectir uma marca da oralidade e indicar a zona da recolha da cantiga, ou pode constar por razões de rima ou versificação. Como traço local, o gerúndio está bastante representado no Alentejo e em partes do Algarve. Este poderia ser um exemplo disso (*idem*, 133):

> Fui-me confessar e disse
> Que te estava namorando
> Por penitência me deram
> Que fosse continuando

Para terminar o capítulo sobre o uso das formas verbais na poesia popular, considerámos indispensável abordar a questão do uso do imperativo.

Desta vez, o que nos chama particularmente a atenção são as suas formas afirmativa e negativa e os seus valores de pedido, conselho e ordem. Daí, este modo verbal ser apropriado para os provérbios, bastante presentes nas cantigas. Citaremos apenas alguns versos de tom moralizador (idem,54 e 58):

Quando fallares dos outros
Olha para ti primeiro

ninguém diga o que não sabe
nem affirme o que não viu

Na poesia amorosa, as funções impertivas mais frequentes são as do conselho ou pedido, podendo as ordens reservar-se às separações entre namorados.

No cancioneiro sagrado, trata-se de orações que exprimem um desejo ou pedido, dali justificar-se o uso deste modo verbal. Quando o imperativo está representado no cancioneiro infantil, exprime desejos da mãe para o filho dormir bem, comportar-se correctamente, memorizar algumas orientações para a vida.

As cantigas políticas, porém, com o imperativo parecem expressara insatisfacção do povo com os governantes, a urgência de comunicar-lhes as suas necessidades, criticá-los ou corrigi-los. A utilização do modo imperativo não admira nestas situações, sendo a poesia popular a voz do povo, que nestas cantigas exige ser ouvida.

Relativamente ao emprego de tempos e modos verbais nos *Cantos Populares do Arquipélago Açoriano*, para além do presente, verificámos uma maior ocorrência do futuro simples contrariamente ao que acontece no *Cancioneiro Popular Portuguez*. Isto pode dever-se a factores culturais e de mentalidade açoriana, referidos por Almeida Pavão Jr, (1981), bem como podem indicar um aspecto meramente linguístico: um maior grau de certeza da realização da actividade expressa pelo verbo. Veja-se o exemplo (Braga,1982,9)

Tens tudo quanto me anima,
Como sem ti vivirei?

A pergunta retórica do segundo verso implicita a impossibilidade do sujeito lírico de viver sem a amada.

Notamos também que no cancioneiro e romanceiro açorianos predomina o pretérito imperfeito, tornando o ritmo das cantigas e romances mais lento e pausado.Este facto poder-se-ia atribuir a algumas características comuns aos açorianos, referidas por José de Almeida Pavão Jr. (1981): angústia, carácter melancólico e "longa epopeia da dor", característica para esta parte do povo português. Nesse sentido, as formas verbais e o ritmo dos poemas parecem estar em conformidade com os temas de tristeza, saudade, desilusões amorosas, recordações, lamentações do passado perdido, formas de acusar o antigo amor. Leia-se a cantiga (Braga, 1982, 40):

> Quando eu te queria bem,
> Quando eu bem te queria,
> Não via um palmo de terra,
> Na cegueira em que vivia.

No romanceiro, (não apenas no coligido por Braga), o tempo imperfeito tem a sua função. Como os romances frequentemente têm uma temática histórica, novelesca ou patriótica, testemunho de determinados acontecimentos, parece mais natural que se mantenha o ritmo lento da acção, para o público reter na memória as partes da história, merecedoras de serem recordadas. Quando não narra, o pretérito perfeito descreve, parecendo com mais pormenor. Vejam-se os versos (*idem*, 186):

> Da maçã do seu rosto,
> Arrubim belo corria,
> Os dentes da sua bocca,
> Cristaes bellos pareciam,
> Dos beiços da sua bocca,
> Sangue vermelho corria.

Recorrendo a determinados clichés literários, o romance canta a beleza idealizada de uma dama, merecedora de ser recordada e digna de poesia. Outro exemplo, referido à continuação, com pormenores e lentidão da narração, intensifica o sofrimento de uma bela cristã, cativa de um "perro mouro". Usando a palavra espanhola para cão, acentua-se ainda a animosidade que sente por ele, quase implorando pela salvação. Mesmo elencando os tratos que poderiam simbolizar afecto e amor ("divertir-se", "comer pão branco", "deitar em catre de ouro"), a cativa lamenta-se do seu destino, designando sempre o inimigo mouro de forma pejorativa (*idem*, 323).

> Quando o perro ia à caça
> Comigo se divertia
> Dava-me a comer pão branco
> Do que o perro comia
> Deitava-me em catre d'ouro
> Junto comigo dormia.

Depois de uma análise do material verbal e do estudo de certas particularidades suas no *Cancioneiro Popular Portuguez* e nos *Cantos Populares do Arquipélago Açoriano*, compete-nos abordar outros aspectos linguísticos e estilísticos das duas colectâneas em questão, salientando apenas partes da riqueza e beleza da linguagem portuguesa com que se expressa o conteúdo das cantigas.

2.5 Irregularidades gramaticais e regionalismos no *Cancioneiro Popular Portuguez* e *Cantos Populares do Arquipélago Açoriano*

Não obstante o carácter mais geral dos dois capítulos anteriores, e a aplicabilidade de certos aspectos gramaticais à linguagem da poesia popular na totalidade,esta parte do trabalho é mais específica, analisando as irregularidades gramaticais e outras marcas da oralidade nestas duas antologias em particular. Averiguaremos da posição que Teófilo Braga toma relativamente ao registo desses fenómenos, tendo em conta o seu trabalho pdsgógico, metódico e rigoroso.

De acordo com Maria Arminda Zaluar Nunes (1978), as cantigas populares surgiram num determinado local e difundiam-se rápido dado o seu carácter oral e os contactos camadas sociais diferentes. A autora valoriza o papel dos camponeses na sua transmissão. A poesia popular está destinada a ser ouvida e cantada e não lida, por isso, primeiramente ouvia-se nas feiras populares, durante os trabalhos agrícolas (ceifas ou colheitas), servindo, para a diversão e para aliviar a fadiga das duras tarefas no campo. Sabendo que nas épocas antigas, em que a literatura tradicional nasceu, a maioria da população ou era analfabeta ou não tinha uma acesso à instrução formal e institucionalizada, podem entender-se algumas possíveis explicações para os desvios das normas da língua-padrão. Um outro factor importante a destacar é que a oralidade não exige o mesmo rigor gramatical e estilístico como a escrita. A falar, declamar ou cantar, o ritmo do discurso costuma ser mais acelerado,do que quando se escreve, podendo originar erros inconscientes, geralmente condicionados pela semelhança fonéttica entre duas palavras. Outras irregularidades podem surgir devido ao cansaço, falhas da memória ou desconhecimento do próprio informante, variações linguísticas locais, emprego de termos antigos entre outros. A análise textual dos exemplos concretos das cantigas fornecer-nos-á uma variedade de erros e irregularidades (no uso dos verbos, na colocação dos pronomes, repetições, desvios substantivais). Apoiados nos conhecimentos de gramática e linguística portuguesas, chamaremos a atenção para esses desvios, sem descurar do contexto histórico em que os cancioneiros foram compilados, podendo na altura de publicação das obras não ser considerados erros, sendo-o no português contemporâneo.

2.5 Erros no uso dos verbos

Sendo os verbos elementos indispensáveis na omunicação, parece lógico começarmos a nossa análise das incorrecções gramaticais justamente por esta categoria. Por natural que pareça para os falantes nativos de uma língua, a conjugação dos verbos pode representar problemas para pessoas com menos instrução, dado que, ocasionalmente alguns verbos podem ter variações cultas e incultas, ou por determinadas formas serem pouco comuns na linguagem quotidiana.

Do ponto de vista do português contemporâneo, o primeiro erro gramatical com que nos deparámos na análise do *Cancioneiro Popular Portuguez* é o particípio "ganhado*"*, em vez do habitual "ganho" (Braga,1911:2).

O dinheiro mal ganhado

Água o deu, água o levou

A gramática da língua portuguesa permite a uma série de verbos duas variantes do particípio passado, a regular usada depois do verbo ter e a irregular, mais curta usa-se depois dos verbos ser/estar. Tal é a situação dos verbos "morrer" que tem os particípios "morrido" e "morto", ou "corrigir", que permite as formas "corrigido" e "correcto". Pilar Vázquez Cuesta e Maria Albertina Mendes da Luz (1971:449) na sua gramática incluem uma lista de verbos com particípios passados duplos e, de facto, o verbo ganhar aparece com a duplicidade "ganhado" e "ganho", que se deveriam aplicar de acordo com a regra acima mencionada, embora no português corrente quase nunca se use a forma regular deste particípio.

Notámos também a tendência de Teófilo Braga de marcar em itálico as formas que considera desvios da língua padrão, o que não acontece neste caso. Pode ser que o autor tenha omitido a marcação específica desta forma, por ser usada no seu tempo e por existir no vocabulário português. Noutros verbos, usados nas cantigas populares, notam-se outros desvios.

Deste modo, é frequenteaparece o prefixo a- nos verbos cujas formas correctas não o têm. Tais são os casos de "alembrar" em vez de "lembrar" , "ajuntar-se" no lugar de "juntar-se", "assubir" por "subir", "arrebentar" em lugar de "rebentar". Na lógica da linguagem popular, a ocorrência deste erro poder-se-ia entender por analogia com verbos que têm o prefixo a- como nomeadamente "acalmar", "ajustar", "aplanar", significando "tornar-se calmo, justo ou plano" ou fazer com que um objecto tenha etas vvcaracterísticas. Deste modo, no pensamento do povo "alembrar" é o mesmo que "fazer lembrar" e assim successsivamente. Leia-se a quadra (Braga,1911:5):

> A salsa do meu quintal
> *Arrebenta* pelo pé,
> Assim *arrebente* a bocca
> A quem diz o que não é.

Outro desvio da linguagem correcta manifesta-se na segunda pessoa do singular dos verbos no pretérito perfeito simples. Ocasionalmente, o povo, por analogia com os outros tempos verbais em que aparece a terminação -s como marca específica da segunda pessoa do singular, acrescenta esta desinência aos verbos no tempo passado e assim, em vez de "tiveste" compõe a forma *"tivestes"*, que corresponderia à segunda pessoa do plural do pretérito perfeito simples, pouco usual na linguagem quotidiana.

Em Braga (1911), verificámos a existência das formas "tivestes", "gostastes" *e* "mamastes" no cancioneiro, enquanto nos cantos populares e romances açorianos não encontrámos esses desvios.

Nos verbos reflexivos, na grafia do *Cancioneiro Popular Portuguez*observamos a demasiada hifenização. Em determinadas ocasi\oes, separa-se não apenas o pronome reflexivo, como também costuma aparecer um hifen entre a raiz e a terminação verbal, bastante presente na segunda pessoa do singular. O seguinte exemplo ilustra essa tendência (*idem*, 107): "Mandas-te-me colher rosas"

No português correcto, actualmente dir-se-ia "mandaste-me", por a forma -te com que termina esta forma verbal não ser um pronome reflexivo, correspondendo apenas à terminação da segunda pessoa do singular no pretérito perfeito simples. O erro ocorre dada a igualdade da termina;\ao e do pronome reflexivo da a segunda pessoa do singular. No sistema de pensamento popular, é necessário destacar-se a forma "te", como se fosse efectivamente uma marca reflexiva.

Não obstante a frequência deste desvio do padrão no tempo passado, numa das cantigas do *Cancioneiro Popular Portuguez* aparece a mesma irregularidade no futuro simples.

Recordando a regra, diremos que no gerúndio e futuro simples, segundo as normas actuais, está correcto colocar-se o pronome "no meio" do verbo, designando-se a forma pronominal de "mesoclítico." No entanto, na parte da quadra a referir, verifica-se a pós-posição do pronome relativamente ao verbo principal (*idem*, 122)

Dá-me um beijo, dou-te dois,

Darei-te paga dobrada

De acordo com as regras do português padrão contemporâneo, esta forma deveria ser:" dar-te-ei". Na literatura popular, nomeadamente nos provérbios, podem encontrar-se os pronomes clíticos antepostos . Tais são os casos de "Diz-me com quem andas, te direi as manhas que tens"e "dizei-lhe que é formosa e se tornará doida", constando estes exemplos de várias colectâneas do amterial proverbial.

Não obstante, o que se observa no verso é um pronome colocado depois do verbo, provavelmente por analogia com o mesmo verbo que no verso anterior aparece no imperativo e no presente de indicativo, onde a ocorrência desta posição do pronome está correcta. Se o verso tivesse a forma "dar-te-ei", possivelmente a naturalidade e espontaneidade seriam afectadas.

Na parte dos romances, incluídos por Braga nos *Cantos Populares do Arquipélago Açoriano,* o uso dos pronomes mesoclíticos no futuro simples é bastante frequente e correcto, o que se deve, talvez, a uma maior erudiçãodos transmissores do romanceiro, ao tom mais formal e mais sublimedos romances relativamente às cantigas. Encontrámos, porém um exemplo em que o pronome pessoal átono está posposto ao verbo. Leia-se o verso "inclinarei-os ao chão" (Braga, 1982:216).

A incorrecção em questão pode dever-se à presença de várias vogais na palavra, contribuindo para uma maior musicalidade de verso. A forma correcta seria "incliná-los-ei", o que num poema popular por ventura soaria rebuscado e perturbaria a simplicidade estilística da cantiga.

A língua portuguesa, como a maioria das línguas românicas perdeu a categoria das declinações e casos. Daí, em vez das terminações gramaticais, indicadoras deum valor sintáctico-semântico, existirem preposições com essa mesma função. Há verbos que exigem sempre uma determinada preposição e aprendem-se quase como uma construção fixa, podendo induzir os aprendentes estrangeiros no erro. Mesmo os falantes nativos, ocasionalmente podem confundir o uso das preposições em determinadas regências verbais. Isso deve-se a pouca instrução, analogias com verbos sinónimos, semelhanças fonéticas entre verbos da mesma raíz, entre outras razões. Cite-se o verso:"Eu prometi de ser tua" (*idem,*111)

Após uma primeira leitura, pareceu-nos, que o equívoco podia ter surgido dada a semelhança com o verbo "comprometer-se". A nossa conclusão resultou incorrecta, uma vez que o dito verbo se conjuga com a preposição "a" e não "de". Neste caso, pode tratar-se apenas de uma forma de completar o número de sílabas para se respeitarem as regras de versificação.

Na situação do exemplo a analisar ("toda a menina bonita/Não deveria de nascer"), (idem, 6) observamos uma incorrecção gramatical, dada a substituição das construções "dever+ infinitivo" por "dever de + infinitivo", implicando o primeiro uma maior certeza e o segundo apenas uma possibilidade. Visto toda a quadra ser de carácter normativo, referindo o que costuma acontecer a todas as meninas bonitas (sendo comparadas a peras maduras e implicando o desejo de serem "comidas", com toda a possível conotação sexual), parece-nos mais lógico aplicar-se a forma do verbo "dever" sem preposição. Nadja Paulino Pessoa no artigo: "A expressão da Obrigação em Português Europeu Uma Análise nos Meios de Divulgação Midiáticos em Portugal[27], refere que as expressões "ter que" e "ter de" podem mitigar o valor de obrigação, subentendido pelo significado de "dever", enquanto nem sequer menciona a construção "dever de". Uma das possíveis explicações para este facto é que a investigadora tenha recolhido o seu corpus dos meios de comunicação social, em que é requerido um maior grau de formaidade do que na poesia da transmissão oral, em que, tal como frequentemente acontece na linguagem falada, são confundidos ou considerados sinónimos o verbo "dever" e a construção verbal e preposicional "dever de". Há fonts em que a construção "dever de" é referida como menos normativa, e há outras em que este uso se qualifica como incorrecto. Leia-se uma opinião[28]:

Talvez a tendência para esta regência do verbo dever aconteça por influência do castelhano, pois nessa língua tal construção existe e é correcta. Por outro lado, pode haver uma analogia com construções em português que veiculam o mesmo tipo de conteúdo: *"deve de ser" e *"deve de fazer" têm um sentido de obrigatoriedade semelhante a "tem de ser" e "tem de fazer" e, com o verbo ter, o uso da preposição de é legítimo.

Porém, tratando-se de uma página Web de carácter informal, devemos ler esta perspectiva com alguma reserva, sendo que "O Dicionário Aurélio da Língua Portuguesa (1987) ensina que dever, seguido da preposição de e de um verbo no infinitivo, indica probabilidade, suposição: (…). Neste contexto, a poesia popular pode não fazer uma clara distinção entre as duas formas de empregar o mesmo verbo, pensando que a preposição acrescenta uma dimensaõ oralizante e mais espontânea ao texto.

Os desvios da linguagem-padrão nas cantigas populares parecem mais visíveis nos verbos, não sendo, porém, os únicos. À continuação, compete observar e estudar outras incorrecções, que, seguramente, não deturpam a beleza da linguagem do cancioneiro, nem diminuem o seu valor estético atemporal.

2.6 Apócopes, síncopes e elipses como desvios gramaticais

Nesta secção do trabalho, o objecto de estudo serão as "apócopes", formas abreviadas das palavras, ocorrentes na poesia popular e erudita, por razões puramente métricas, para o número de sílabas corresponder às regras da versificação. Definindo este termo, Radomir Jovanović (*op.cit* 144), considera tratar-se de "omissão da última letra ou sílaba de uma palavra". A apócope acontece quando uma palavra termina numa vogal, começando a palavra seguinte pela mesma.

Deste modo, para facilitar a pronúncia, gaficamente marca-se a "ausência" de uma vogal, geralmente a "a". Uma apócope não se pode considerar incorrecção gramatical, apenas um recurso poético e estilístico. Se, porém, mencionamos este fenómeno na aberturado capítulo, é para o enquadrarmos no contexto da aproximação da pronúncia da grafia, frequente na linguagem e poesia popular. Dali, haver exemplos como "minh' alma" em vez de "minha alma"

Mesmo sem razões literárias para haver uma apócope, nas cantigas, com bastante frequência, o verbo "estar" aparece registado como "'star" e o advérbio "ainda" como "índa", interferindo a oralidade com a escrita. Leiam-se os exemplos: " 'Stás doente, flor das flores" e "'Inda que meu pai me bata" , para imitar a fala popular..

Uma apócope acontece com a preposição "com", na linguagem popular abreviada em "co'", provavelmente dado o som nasal da consoante "m", no fim da palavra. Os versos que se seguem exemplificam esta situação, aproximando a grafia da pronúncia e acelerando o ritmo das cantigas.

Co´as saudades que cá levo" (*idem*, 134) ou

Bate co´os pés na calçada" (*idem,*135*)*

Não podemos deixar de sublinhar, que a palavra que se segue após a abreviação da preposição começa por uma vogal, abrindo passo a apócope. Desta forma, tem-se a impressão de uma maior fluidez e musicalidade do verso. Com a preposição reduzida, o que ouvimos aparenta ser pronunciado de um só fôlego.

A síncope, recurso da versificação em que uma vogal é eliminada do meio da palavra . Jovanović (*op.cit.*) refere a síncope surge mediante a eliminaçãoo de uma letra ou sílaba na posição central da palavra que parece muito mais usual na linguagem falada e na poesia popular. Como exemplo mais flagrante que ocorre no cancioneiro afigura-se-nos a preposição "para", habitualmente abreviada em"p´ra". Acompanhada de artigo definido masculino ou feminino, esta preposição pode ocorrer também como "pró", no lugar de "para o" ou "prá", em vez de "para a".

O seguinte versooferece-nos um exemplo do desvio em questão (*idem*, 124):

" Não é p´ra homem casado"

Por questões de ritmo, da espontaneidade da linguagem oral, particularidades locais, podem encontrar-se casos da omissão do artigo definido frente ao pronome possessivo. Nesta situação, trata-se de um fenómeno versificatório, designado como elipse Por esta figura de estilo, de acordo com Jovanović (*op.cit.*), entende-se a eliminação palavras ou expressões menos importantes para a compreensão do enunciado, por se subentenderem pelo contexto ou pelos restantes elementos da frase.. Leia-se o exemplo:

Minha mãe, logo á noite:

- Maria, vai te deitar".

Apesar de a omissão do artigo definido frente a um possessivo se poder considerar uma particularidade da linguagem oral e escrita usada no Brasil, em português europeu, este traço pode revelar uma maior proximidade e ligação intima.

No segundo caso, podiamos pensar que a ausência de artigo se deve a uma analogia com as formas vocativas, como acontece nos versos: "Minha mãe, casae-me cedo" ou "minha mãe, minha mãesinha", em que a pessoa que canta se dirige à mãe com as suas palavras. Em numerosas cantigas, no entanto, o artigo definido é correctamente utilizado, indicando a possibilidadede não saber as regras explícitas, aplicando-as, no entanto, correctamente de uma forma intuitiva. Para confirmarmos a hipótese, citamos o seguinte exemplo, escolhido aleatoriamente: (*idem*, 35)

O teu peito é um altar .

Para além do artigo, no verso supracitado é omitido o verbo "dizer", "avisar", "advertir" ou qualquer outro deste campo semântico, mas pela estrutura da frase, nota-se que não era estrictamente necessário mencionar a acção do verbo, que se realiza na própria frase.

Este breve estudo de deturpações a nível de determinadas categorias gramaticais (preposições, artigos, advérbios) devidas às apócopes, síncopes e omissões elípticas fonecceu-nos material valioso para aprofundar o nosso estudo no sentido de analisar e procurar esclarecer outras incorrecções, presentes no *Cancioneiro Popular Português* e nos *Cantos Populares Açorianos*, objectos da nossa reflexão científica.

2.7 Irregularidades fonéticas: casos com pronomes e ditongos

Continuando na análise de erros e desvios gramaticais nas duas antologias de poesia popular lírica, coligidas por Teófilo Braga, explicitaremos as irregularidades no uso de pronomes átonos e ditongos, provavelmente devidos à influência da oralidade ou a outros possíveis factores. Antes de completar o estudo com exemplos, compete/nos definir os pronomes átonos e ditongos Por ditongo Jovanović (*op.cit*) *entende* "duas vogais diferentes unidas numa só sílaba". Assim sendo, os ditongos em português são (*idem*, 34):

> Quem pintou o amor cego,
> Não *no* soube bem pintar.

O desvio gramatical registado na grafia pode interpretar-se de diversas formas, ou como analogia com formas correctas onde o pronome –o se torna –no após uma vogal ou consoante nasal, como nos exemplos: "dão-no", "fazem-no", "põem-no".

Relativamente à fonética, na literatura popular são frequentes alterações no ditongo "ou", na maior parte dos casos transformado em "oi". Desta forma, inúmeros são os exemplos de "loiro" utilizado em vez de "louro", "oiro" por ouro, "loiça" por louça. Com frequência, as duas variantes constam dos dicionários de língua portuguesa, podendo usar-se indistintamente na linguagem falada, considerando-se correctas. Na poesia oral, a palavra "mouro", pode ocorrer na variante "moiro", dando um teor mais antigo à linguagem poética. Porém, pode haver exemplos em que esse desvio não se realiza. Leiam-se os versos (*in*: Braga, 1982; 42):

> Nem os Mouros da Moirama
> Fazem o que tu fizeste.

Uma das prováveis razões da não-transformação de "mouro" em "moiro", poderia ser a palavra "Moirama", presente no mesmo verso. A nosso ver, a dupla repetição do ditongo "oi" dificultaria a pronúncia e afectaria a musicalidade da quadra. No s romances, constantes dos *Cantos Populares do Arquipélago Açoriano,* este desvio não acontece, provavelmente dado o maior rigor e cuidado na composição e construção dos versos do romanceiro.

Acontece também o contrário, isto é o ditongo "oi" ocasionalmente transforma-se em "ou", como nas palavras "doudo", por doido, "endoudecer", por "endoidecer" ou "cousa" em vez de "coisa". Os primeiros dois exemplos na língua portuguesa de hoje caíram em desuso e poderiam considerar-se erros gramaticais do ponto de vista das normas contemporÂneas. O vocábulo "cousa", indicador de uma fase antiga no desenvolvimento da palavra, frequemte e bastante presente no cancioneiro popular, pode aparecer ainda na poesia na poesia de Fernando Pessoa, Mário de Sá-Carneiro e alguns autores do início do século XX, significando que foi utilizada até a um período bastante recente na história da literatura portuguesa. A variante "coisa" prevaleceu, considerando-se a única correcta actualmente.

Se Teófilo Braga não registou estas palavras como desvios da língua padrão, poderá ser porque nos textos eruditos escritos por ele ou por outros autores da sua época (particularmente os que não aceitavam o Formulário Ortográfico) constavam numerosos exemplos de palavras com a presença do ditongo "ou", no lugar do actual "oi", não podendo, no seu contexto histórico, considerar-se formas erradas.

2.8 Irregularidades na utilização dos quantificadores

O material linguístico dos cancioneiros revela-se como uma fonte inesgotável dedesvios da linguagem-padrão, fornecendo dados interessantes do ponto de vista analítico. Como a própria palavra "quantificador" revela, trata-se de um elemento que serve para exprimir quantidade. A regra mais comum em português europeu é que os quantificadores variáveis , nomeadamente "muito" , quanto, "tanto" concordam com o substantivo que acompanham em número e género, existindo nas formas masculina e feminina, singular e plural. Nesses casos (quanto pão", "quanta água", "quantos homens", "quantas mulheres"), trata-se da "congruência gramatical", sendo importante que a forma gramatical do substantivo seja respeitada. Então, naturalmente, o quantificador mesculino singular acompanhará o substantivo masculino singular. Quando se aplicam as formas plurais com o significado plural, trata-se da congruência gramatical e semântica

Um pormenor gramatical que parece remeter claramente para o discurso oral é o uso dos quantificadores "muito" e "tanto" noutros contextos Concordando com o substantivo no singular, na verdade indicam plural. Trata-se, então da "congruência semântica", como este fenómeno é designado na gramática. Por "congruência" Stanojčić e Popović (*op.cit.* 285) compreendem: "uma relação morfo-sintáctica entre a palavra ou sintagma congruente e o constituinte nominal que condiciona (controla) a escolha do valor concreto das categorias congruentes". Como já vimos, a forma e o significado do substantivo influenciam o quantificador. Não é incorreto justaporem-se um quantificador singular e um substantivo singular que indica pluralidade.Essa situação constata-se nos versos a referir (*idem*, 3):

> Tanto limão, tanta lima,
> Tanta silva, tanta amora:
> Tanta cachópa bonita
> Meu pae sem ter uma nóra.

Da perspectiva do rigor que o discurso escrito exigiria e de acordo com as normas do português actual, todos estes quantificadores deveriam ser usados no plural. Na lógica popular, e sobretudo no discurso derivado da oralidade, esta ideia parece subjacente, dada a mera presença de um quantificador e a sua repetição nos versos. Por outro lado, a linguagem oral omite as marcas gramaticais do plural para parecer mais fluente, mais espontânea, rápida e natural.

O papel dos compiladores da poesia popular, segundo Max Müller (*in*: Dundes, 1999), é registar a oralidade *ipsissima verba* como foi ouvida, de forma a não perturbar nenhum elemento linguístico ou poético, podendo justamente os eventuais desvios da linguagem padrão, representar uma fonte preciosa de material para posteriores investigações.

No cancioneiro dos Açores compilado por Teófilo Braga, encontramos o exemplo destes versos (Braga, 1869:5)

> Sabia tanta cantiga,
> Todas o vento levou

No caso referido, o primeiro e segundo versos, após uma leitura da perspectiva meramente gramatical parecem contraditórios: no verso introdutório, o substantivo está no singular precedido pelo quantificador "tanta", enquanto a palavra "todas" no plural esclarece o valor plural das cantigas. No verso, "tanta cantiga",na verdade significa "tantas cantigas", apanas é dada uma nota mais popular e oralizante ao poema. A pluralidade das cantigas verifica-se no quantificador "todas" , utilizado no verso seguinte. O exemplo que citaremos à continuação é semelhante em termos de significado, porque não pretendemos saber !quantas flores havia", senão destacar que foram apanhadas "todas as flores que havia". Leiam-se os versos (Braga, 1911:20):

> Fui ao jardim das flores
> Apanhei quantas havia

Tendo apontado para algumas particularidades do uso dos quantificadores na poesia lírica popular e observado a dimensão oralizante, expressa mediante a congruência semântica entre o quantificador e um elemento nominal no singular, significando o plural, salientámos apenas algumas facetas da riqueza linguística e estilística do cancioneiro português, pretendendo mostrar também algumas das possóveis utilizações dos seus versos na sala de aula, como poteciais exemplos que ilustrassem mais facilmente as regras gramaticais da utilização dos quantificadores na língua portuguesa actual.

.

2.10 Uso correcto e incorrecto da negação dupla nos cancioneiros de Teófilo Braga

Nesta secção do trabalho, abordaremos os processos de negação na língua portuguesa eas suas manifestações no cancioneiro popular.

Por "negação", na gramática, segundo Stanojčić e Popvić (*op.cit.*) entende-se a "comprovação de que uma acção não se realiza". Este processo na gramática poderá também pressupor a verdade ou falsidade de um enunciado ou a simples não confirmação ou discordância da acção verbal expressa na frase.

De acordo com as regras do uso da negação na língua portuguesa, existem dois tipos mais frequentes de negação:, expressos ou mediante a partícula negativa "não", anteposta ao verbo, ou mediante palavras de sentido negativo, nomeadamente pronomes ("ninguém", referindo-se a pessoas e "nada" a objectos), advérbios de tempo (nunca), quantificadores (nenhum/a). Ana Maria Martins[29], num artigo intitulado «Aspectos da negação na história das línguas românicas (Da natureza de palavras como *nenhum, nada, ninguém*)» (*in Actas do XII Encontro Nacional da Associação Portuguesa de Linguística*,1996 volume II, pp. 179-209), «no latim clássico, palavras como *nemo* (ninguém), *nullus* (nenhum) [...] e *nihil* (nada) funcionavam só por si como marcadores negativos (visíveis) em instâncias de negação proposicional Daqui, no português contemporâneo depois destas palavras surgir o verbo na forma afirmativa (p. ex. "ninguém tem"), enquanto no português arcaico, por vezes é possí´vel encontrar exemplos do verbo negado.("ninguém não tem").

O exemplo que se segue ilustra algumas possíveis formas de expressar a negação em português (*idem*, 3):

> Faço-me desentendida
> A mim não me desculpa nada

Na primeira parte, vemos o adjectivo "desentendida" que possui um cariz negativo, explicitado no prefixo des-, indicador de uma característica oposta ao sentido do verbo principal. Neste caso, "desentendida" seria " a que não entende". O mesmo acontece, por exemplo, com "desculpar", antónimo de "culpar".

No segundo verso,observa-se a posição correcta dos elementos negtivos "não" e "nada". Se a frase começa por um advérbio ou pronome negados, (nunca, ninguém, nada), o constituinte frásico que se segue, não se nega. A regra da não utilização da negação dupla nas situações descritas é comum para português, espanhol, italiano e francês, enquanto, na língua romena (pertencente também ao grupo de línguas românicas) a negação dupla não é apenas possível, é obrigatória. No romeno, este fenómeno ocorre, provavelmente, por influência das línguas eslavas, com as quais tem tido contactos, quer dada a proximidade territorial de alguns países eslavos (Sérvia, Bulgária, Rússia), quer devido à presença da Igreja ortodoxa na cultura romena. Nas línguas eslavas, a negação dupla está correcta, independentemente da posição e quantidade de elementos com significado negativo. Apenas para ilustrar, citaremos os gramáticos sérvios Stanojčić e Popović (*op.cit.*341) e a sua explicação da dupla negação na nossa língua. "com a utilização dos pronomes e advérbios negativos(ninguém, nada,(..), nenhum, em nenhuma parte, de nenhuma maneira e afins", mostra-se que o conteúdo da frase não se refere a nenhum caso dado. (…) Não obstante ser utilizado o pronome ou advérbio negativo, nega-se também o verbo" As observações referentes às outras línguas serviram de introdução, apenas para reforçar a ideia da incorrecção desse tipo de construções em português. Porém, na poesia popular, existem exemplos que violam esta regra. Leia-se a parte final de uma quadra (*idem*, 136):

> A cantiga sem remate
> Graça nenhuma não tem.

Não obstante o conhecimento profundo das regras versificatórias e as normas de composição de quadras populares e o juízo sobre o seu valor estético, expresso em palavras simples, o transmissor da cantiga, seguramente, não possuía um domínio profundo da gramática portuguesa ou não tinhaa instrução formal adequada, o que se verifica no desvio da língua-padrão, cometido através da indevida negação dupla. O que poderia ter ocorrido neste caso particular, dada a falta de uma palavra mais adequada para o comprimento do verso de sete sílabas, ou então, as duas negações teriam uma função meramente enfática. Teófilo Braga não corrige nem destaca este erro, provavelmente para não interferir na estrutura do verso, ou para transmitir a ideia das marcas da oralidade, que ocasionalmente se infiltram nas cantigas populares.

À continuação, referiremos dois dísticos em que, apesar da existência da negação dupla, as frases estão gramaticalmente correctas (idem, 318)

> Nunca nenhum é tão bom
> Como *lo* outro marido

e

> Nunca nenhuma é tão boa
> Como *la* outra mulher

Porém, aqui está presente um outro desvio gramatical, a substituição dos artigos definidos "o" e "a" por "lo", e "la", provavelmente marcas do falar madeirense, onde as cantigas teriam sido recolhidas.

Terminar esta secção com um reparo relativo às características da linguagem local, significa introduzir a reflexão sobre este aspecto específico inerente à poesia popular.

2.10 Etrangeirismos, regionalismos e elementos de pronúncia marcados na escrita

Para melhor compreendermos o uso de estrangeirismos na poesia popular, compete-nos em primeiro lugar, definir a categoria de "estrangeirismo". No seu dicionário, Malaca Casteleiro (2001) como sinónimo do termo cita "neologismo externo". Na perspectiva deste investigador, trata-se dos vocábulos importados das línguas modernas e que ainda hoje se sentem como elementos estrangeiros. Como elemento relevante na definição, destaca-se o sintagma "línguas modernas", isto é, o autor já não considera como estrangeirismos as palavras de origem grega, celta, latina ou germânica que num determinado contexto histo´rico e cultural se infiltraram na língua portuguesa e agora estão bem "integrados", parecendo indissociáveis do seu sistema ortográfico, fonético e gramatical. Em vez do termo "estrangeirismo" utiliza-se também o conceito "empréstimo linguístico". A correcção desta designação tem sido discutida, porque, por um lado, o que foi emprestado implica a devolução, e isto não acontece com as palavras. Por outro lado, a língua da sua origem não empobrece ao "emprestar" os elementos do seu *corpus lexical* a alguma outra língua. Para uma palavra ser completamente incorporada no outro sistema lnguístico, subentende-se um processo temporal, seguindo determinadas fases.

Freitas, Ramilo e Soalheiro (2003) distinguem três etapas de infiltração de vocábulos estrangeiros na língua de acolhimento, sofrendo alterações ao nível fonológico, morfológico, semântico e pragmático.

1)   fase das transformações imediatas
2)   fase das transformações progressivas
3)   fase da integração

Na primeira etapa, o que mais se adapta é a pronúncia, mantendo-se a forma original de escrever e tendo-se em conta a origem etimológica da palavra, na segunda, já aparecem alterações na grafia, na posição do acento, de acordo com as regras da nova língua e procurando-se cada vez mais aproximar e na última o vocábulo já é aceite na língua, com a grafiatransformada, acento fixo e a tendência para a extensão ou redução dos significados, como se fosse uma palavra original e natural na língua em que se integrou.

Na poesia popular, o uso de estrangeirismos não é frequente, primeiramente porque a criação e transmissão oral não exige demasiada erudição. Em segundo lugar, a língua portuguesa é bastante rica e expressiva, podendo encontrar soluções lexicais para o que pretende transmitir. Quando, porém, os estrangeirismos aparecem, pode tratar-se ou de palavras de origem árabe, indicadoras de determinadas profissões ("alfaiate", "almocreve", "alferez") ou de outros segmentos da vida quotidiana, podendo também remeter para a zona de recolha das cantigas (nomeadamente o Algarve). Considerando-se as palavras árabes já quase património da língua portuguesa, nas cantigas não estão marcadas de forma específica.

Outros estrangeirismos possíveis são deturpações de latinismos (*etcet'ra*), remetendo ou para um certo conhecimento da cultura clássica do transmissor, ou provindo do cancioneiro religioso. Nas cantigas satíricas, a deturpação de determinados latinismos poderia servir para se referir ironicamente à erudição superficial de estudantes de Coimbra e à sua linguagem demasiado hermética.

Nos *Cantos Populares do Arquipélago Açoriano*, já observamos a utilização do estrangeirismo "perro", que na língua espanhola significa "cão". Inserida no contexto dos romances moriscos, em que o Outro é visto como inimigo. O facto de ser utilizado o vocábulo espanhol, poderia implicar eventualmente que o romance tinha sido registado numa região próxima de Espanha. Uma outra hipétese seria o maginário popular comum da Península Ibérica, em que para os portugueses e espanhóis, indistintamente, o mouro é merecedor de caracterizações depreciativas.

A última possibilidade interpretativa é queo mouro, sendo estrangeiro e invasor, é digno de um distanciamento do povo português, até em termos linguísticos.

Como a última hipótese, permitiremos a suposição de a palavra "perro" numa determinada época ter sido usada indistintamente em português e em espanhol, dada a influência das duas línguas na esfera cultural ibérica. Pode acontecer que posteriormente, o português tenha optado por se mante fiel à palavra de etimologia latina, enquanto o espanhol conservou o termo basco.

Os estrangeirismos, embora raros na poesia oral, ocasionalmente aumentam a expressividade de um verso, tornando as cantigas mais belas e diversificadas.

De acordo com Machado (2000), uma possível abordagem do fenómeno dos estrangeirismos é o seu contributo para a evolução de uma língua e o seu enriquecimento lexical. Esta afirmação merece ser discutida, porque o efectivo enriquecimento da língua ocorre só quando as duas palavras continuam a figurar no vocabulário e a usar-se como sinónimas. Porém, com frequência,acontece que por factores extralinguísticos (maior influência cultural da língua de origem, tendências e modas, política) a palavra estrangeira comece a ser mais valorizada do que o seu equivalente na língua original e que, com tempo, o estrangeirismo substitua a palavra local. Poderã, então, o emprego da palavra estrangeira representar um verdadeiro enriquecimento da língua? Esta questão suscitaria inúmeras outras perguntas, de caráter não apenas linguístico, que mereceriam um estudo mais pormenorizado.

Para o aspecto da variedade lexical da literatura popular são importantes também os acraísmos, regionalismos e distintos outros vocábulos, pouco comuns na linguagem padrão.

Algumas palavras regioinais podem ser indicadoras da zona em que a cantiga surgiu e foi registara, o que, da nossa perspectiva de falante estrangeira de língua portuguesa, representa mais uma forma de enriquecer o vocabulário, representando também um testemunho precioso da riqueza lexical dessa língua. Os especielistas em linguística portuguesa afirmam esta ser uma das raras línguas que não têm dialectos, se bem que, a nosso ver, estas teorias mereceriam ser revistas e discutidas. Em vez de empregar o termo "dialecto", opta-se pela designação "variantes da pronúncia territorialmente condicionadas" (fundamentar). Nesse sentido, costuma-se falar em "pronúncia" alentejana, algarvia, beirã e outras. Não se tratando, porém, apenas de diferenças fonéticas a nível de articulação de determinados sons, mas também de peculiaridades em termos de vocabulário, a ausência de dialectos na língua portuguesa levantaria algumas questões da ordem teórica, relevantes pare este estudo. (fundamentar).

Relativamente à parte prática, do levantamento de dados das palavras regionais na poesia popular, os resultados da nossa análise, revelam-se interessantes, havendo ocasionalmente um número vasto de sinónimos de uma só palavra. Deparamo-nos, por exemplo,com o frequente uso da palavra "moça" em vez de "menina", "jovem" ou "rapariga". A primeira palavra ainda hoje se utiliza com frequência no Alentejo e no Algarve, podendo algumas cantigas incluídas no *Cancioneiro Popular Portuguez* ser ouvidas e registadas justamente nessas zonas. (dar exemplos)

Quando se menciona "cachopa", pode-se pensar que a cantiga é oriunda da região do Douro, uma vez essa palavra costuma ser bastante usada nessa zona de Portugal. De acordo com Malaca Casteleiro (2001:616), a designação aplica-se também a uma casta de uvas. Qual é a ligação que o povo estabeleceu entre as uvas e uma rapariga, não parece estar claro à primeira vista, a não ser mediante a possível associação entre a beleza e o aspecto saudável da uva e da menina, o que talvez fosse ligeiramente forçado pensar.

Um fenómeno parecido acontece com "garoto" que, para além de designar um rapaz, em certas zonas de Portugal, especialmente no registo menos formal, pode significar "namorado".

Como marca da linguagem popular, presente no cancioneiro podemos citar também o exemplo *de* "home'",mesmo não se podendo inserir em nenhuma característica regional, é a forma incorrecta da palavra "homem", frequentemente usada apenas para rimar. Leia-se o exemplo (Braga, 1911:16):

> Menina, *sondes* o leite,
> O leite também se come
> Mal empregada menina
> Dormir na cama sem *home'* "

O verbo "comer", na terceira pessoa do singular, exige uma palavra que rime com ele, de forma a respeitarem-se as regras de composição das quadras populares, em que a rima predominante é *abcb*, isto é, requer-se a obrigatoriedade de rima entre o segundo e o quarto versos. Não obstante a maior semelhança fonética entre as palavras rimadas no registo oral, no cancioneiro de Teófilo Braga, a última palavra da cantiga surge marcada graficamente em itálico, para sublinhar a incorreção gramatical, provavelmente condicionada pela pronúncia regional. Outro pormenor a despertar a nossa curiosidade é a segunda pessoa do plural do verbo "ser", que, segundo as regras do português, deveria escrever-se como "sois". O desvio que aqui se evidencia pode provavelmente dever-se a influência do galego, em que a forma verbal em questão é "sodes", podendo implicar a região da Galiza como "lugar de nascimento" da cantiga. A nasalisação, explicitada na grafia da consoante "n", revela uma incorrecção gramatical, seguramente devida à analogia e fusão entre as formas galegas da terceira pessoa do plural do presente de indicativo do verbo "ser" (son) e a segunda pessoa do plural do mesmo verbo (sodes).

A favor da hipótese de que em português antigo se usava a forma "sodes", influenciada, seguramente pela relevância do galaico-português na cultura erudita medieval pode testemunhar a grafia "soes", que Braga usava no seu *Cancioneiro*.

Reiterando a questão da nasalização, basta referir que em determinadas fáses históricas do desenvolvimento da língua portuguesa as regras de ortografia eram diferentes das actuais, testemunhando também como a grafia mentinha a origem etimológica. Leia-se o verso:"San José venha com ele" (Braga, 1911, 145). Noutras línguas românticas, nomeadamente em espanhol e italiano, a forma adjectival aplicável aos santos, juntamente com os seus nomes é "San", como forma abreviada de "santo". Em português, existem duas variantes "São",quando o nome que se segue começa por uma consoante, e "santo", quando a palavra à continuação se inicia por uma vogal (nomeadamente São João e Santo António). Teófilo Braga mantém a grafia antiga, sendo a consoante nasal "n" nesse caso uma marca de uma abordagem histórico-etimológica da forma de escrever, e não um regionalismo.

Pelo contrário, no seguinte verso, observa-se uma incorrecção gramatical, seguramente devida a traços de pronúncia regional, marcada pela presença da consoante "n" no lugar da vogal nasalizada "ã", como seria de esperar do ponto de vista do português contemporâneo. Por outro lado, palavras como "irmã", estão registadas com o til, significando não se tratar de uma peculiaridade ortográfica da época de Teófilo Braga, e que este é um caso a analisar da perspectiva da língua padrão."Minha *maçan* coradinha". (*idem, 111*).

No verso acima referido, observa-se uma maior aproximação entre a grafia e a pronúncia, porque o povo de facto parece ouvir um tom nasal e marca-o graficamente optando pela consoante em vez da vogal nasal..

De acordo com Alice de Sant´Ana Martins (1979:87), "os regionalismos permitem a evocação de certos aspectos da determinada parte do País, produzindo efeitos diferentes conforme o ouvinte ou leitor seja ou não dessa região." Aspectos esses podem referir-se ao grau de escolarização formal dos transmissores da poesia oral, às influências de outras línguas presentes numa região, pode remeter para objectos ou fenómenos mais comuns numa aldeia ou distrito. A autora referida afirma que o regionalismo pode passar despercebido, sendo de uso comum numa zona e que pode também evocar memórias se durante muito tempo não se ouve e posteriormente reaparece. Pertencendo ao folclore, os regionalismos costumam dar um colorido local e mais pitoresco à linguagem e à poesia populares.

No *Cancioneiro Popular Portuguez*, Braga regista um exemplo interessante do uso dos regionalismos (Braga, 1911:27):

Tudo o que é verde se sécca
Na maior *zina* de verão.

A palavra destacada em itálico, de acordo com Malaca Casteleiro (2001: 3083), pode ter vários significados, destacando-se "a maior intensidade". Como regionalismo das Beiras, designa também raiva ou fúria. Ilustrando o significado da palavra, o autor cita efectivamente o sintagma "zina de Verão", implicando a maior intensidade do calor. Este poderia ser um indicador de a cantiga ter sido registada na região das Beiras, embora o *Cancioneiro Popular Portuguez* não nos forneça mais dados a esse respeito.

Já salientámos a tendência pedagógica de Braga de sublinhar os desvios da linguagem padrão, marcando-os em itálico. Fazendo isso também com as expressões locais, provavelmente pretende dá-las a conhecer a um público mais vasto, recordando o seu carácter ilustrativo, a riqueza lexical da língua portuguesa ou remetendo para a linguegem popular como um traço da identidade cultural.

Nos *Cantos Populares do Arquipélago Açoriano*, não admira haver vocabulário de carácter regional. Estes elementos devem-se, segundo Teófilo Braga (1982), ao facto de o povo dos Açores ficar durante muito tempo "incomunicável" do resto de Portugal. Esta poderia ser a razão de uma grande pureza e originalidade lexical da colectânea em questão.

O compilador assegura a antiguidade dos cantos açorianos, situando-os entre os séculos XIV e XV, caracterizando-os de puros e livres de qualquer influência culta. Esta afirmação merece ser discutida, dadas as frequentes influências e interferências entre a poesia popular e a erudita, o que se pode verificar em determinadas imagens, metáforas, construções frásicas, elementos do vocabulário, e universo temático (nomeadamente na abordagem da descrição de uma beleza idealizada ou do sentimento amoroso). Na nossa tese de Doutoramento (Marinović,*op.cit.*), observámos que tais interferências existem na descrição dos "cabelos de oiro", "pé de neve", "rosto alvo e rosado", podendo testemunhar alguns padrões de beleza universais e algumas fórmulas linguísticas comuns para a lírica popular e a erudita.

Nos romances, o povo açoriano usa diversas palavras antigas. Exemplificando os arcaísmos, Teófilo Braga cita *bizarria* por "gentileza", *catar* em lugar de "guardar", *enfadado* em vez de "irritado", *mancebia* actualmente substituída por "juventude". A amostra de exemplos representa um material precioso para o estudo do desenvolvimento da língua portuguesa, sua riqueza lexical e a forma de o cancioneiro os preservar, graças ao seu compilador.

Uma das características da linguagem oral é a tendência de se aproximar na maior medida possível do princípio da ortografia fonética em que cada som corresponde a uma letra. Alguns desses casos Braga regista-os mediante o uso do apóstrofo, frequente na sua época, particularmente nos artigos definidos e pronomes átonos, quqndo a palavra posterior começa por uma vogal. Nessas situações, tratar-se-ia de apócope, fenómeno já anteriormente analisado. Repare-se no verso (*idem*, 122)

"Antes que m´ eu vá embora" .

Na poesia popular, a apócope adequa-se às características formais do verso. A forma mais correcta desta construção gramatical, do ponto de vista do português contemporâneo, seria "antes de que + conjuntivo" ou "antes de + infinitivo". No entanto, dado o carácter acelerado e espontâneo do ritmo da linguagem falada, ocasionalmente parece ser permitido omitirem-se elementos "desnecessários" do ponto de vista da economia da língua.

Após termos indagado das interferências da oralidade no registo escrito e na linguagem das cantigas, convém abordar e estudar aspectos meramente gráficos das palavras, de forma a verificarmos a posição de Teófilo Braga relativamente à etimologia das palavras e aos aspectos ortográficos, susceptíveis a discussões e polémicas na época do surgimento da Primeira República em Portugal, como anteriormente tinha sido mencionado neste trabalho.

2.11 Grafia das palavras

Nesta secção do trabalho, a nossa reflexão incide sobre a ortografia, tendo em contaas significativas diferenças que se têm notado desde a época de Teófilo Braga até hoje. Nesta ocasião, aproveitaremos para expor algumas polémicas que envolvem o Formulário Ortográfico de 1911 e o Novo Acordo Ortográfico de 2010, expondo possíveis argumentos a favor e contra as duas reformas.

As diferenças ortográficas entre o português actual e o antigo não necessariamente são consideradas desvios e explicam-se pelo facto de que antes das reformas da grafia se respeitava mais o princípio etimológico, tendo-se o devido cuidado com a preservação da origem latina ou grega e escrevia-se de acordo com esses critérios. Actualmente, existe a tendência de a escrita se aproximar na maior medida possível da pronúncia, regendo-se pelo princípio fonético da ortografia.

Devemos recordar que pouco depois da implementação da República em Portugal (1910) houve uma primeira reforma oficial da ortografia. Uma comissão científica. cujos membros foram Carolina Michaelis, José Leite de Vasconcelos, Adolfo Coelho e outras figuras importantes nos círculos científicos portugueses propôs uma escrita simplificada, desejando eliminar os grupos th-, rh-, ph- das palavras portuguesas. Uma vez que o grafema h por si só não tem valor fonético e que, na sequência do grafema "p" (geralmente nas palavras de origem grega) se pronunciava como "f", era proposta uma reforma, talvez radical para a época, que simplificasse a grafia, tendo em conta o critério da facilitação da pronúncia.

Do mesmo modo, a letra "y" nos vocábulos gregos substituia-se por "i". Naturalmente, esta reforma demorou algum tempo para ser aceite e para começar a implementar-se, provocando polémicas na sociedade portuguesa. Tendo em vista que a reforma ortográfica entrou em vigor a 12 de Setembro de 1911, ano em que Teófilo Braga publicou o *Cancioneiro* Popular *Portuguez*, podemos pensar qual era a sua posição relativamente às inovações na grafia. Basta folhear a edição do Cancioneiro para ver que as novas normas de escrever não se aplicam na colectânea. Deste modo, as palavras gregas e latinas escrevem-se da forma mais próxima do original. A letra "y" consta em substantivos como "abysmo", "labyrintho", os dígrafos "th" e "ph" mantêm-se, os verbos compostos por prefixação, têm as suas particularidades (por exemplo, "affirmar" duplica a letra "f" entre o prefixo e a raiz), o nome "Ana" , sendo da origem hebraica, mantém a grafia com dois "n". Estas são apenas algumas peculiaridades do português escrito de acordo com a grafia em vigor, anterior ao Formulário Ortográfico.

Quando começou a ser discutido e implementado em Portugal o Acordo Ortográfico de 2010, mais popularmente conhecido como o Novo Acordo Orográfico, um dos argumentos principais dos seus opositores era que com a nova forma de escrever, não se preserva a etimologia das palavras. Os apoiantes da Novo Acordo, utilizavam como argumento que esta não tinha sido a única, e que justamente a grafia que lhe antecedeu desrespeitou a etimologia das palavras , a qual era claramente mais visível no modo de escrever anterior a 1911. Nesta conformidade, Vasco Graça Moura, um dos mais rigorosos críticos do novo AO, no artigo de opinião "Deveras decepcionado"de 27 de Agosto de 2011[30] pronuncia-se sobre a mais recente reforma ortográfica com as seguintes palavras:

> O Acordo Ortográfico significa a perversão intolerável da língua portuguesa. (...)Uma pessoa pode deixar-se embalar por uma concepção tão poética quanto irrealista da pretensa unidade ortográfica (ontológica, mítica, sublimada...) da nossa língua; pode mesmo prestar tributo a um certo darwinismo, em que o facto de o Brasil ter 200 milhões de pessoas seria razão bastante para sacrificar a norma seguida por mais de 50 milhões de outros seres humanos...
>
> Mas o que ninguém pode é passar em claro que o AO leva ao agravamento da divergência e à desmultiplicação das confusões entre as grafias e faz tábua rasa da própria noção de ortografia, ao admitir o caos das chamadas facultatividades

Manifestando-se rigorosamente contra quaisquer inovações a nível ortográfico, Graça Moura parece defender a identidade nacional portuguesa, a língua enquanto um pilar importante da cultura e as normas ortográficas em vigor também nos países que não são signatários do presente acordo. Contrariamente deste autor, Fernando Cristóvão, no artigo "Por quê um acordo ortográfico e por quê este?"[31], como argumentos a favor do novo Acordo refere a unidade da língua portuguesa através da lusofonia, sendo para ele:

> Absolutamente inaceitável, nacional e internacionalmente, que a nossa língua continuasse a ter duas ortografias,correndo o risco de, com o tempo, vir a ter quatro, cinco ou sete ortografias diferentes. Em nome de quê? Saudosismo, conservadorismo, neocolonialismo?

220

Este autor recorda a reforma de 1911 "de uma ortografia complicada que só servia a eruditos", sublinhndo que a Primeira República tinha em conta a necessidade de aflabetizar as massas e tornar o ensino mais acessível a todos e não apenas às elites intelectuais.

Os argumentos a favor e contra o Novo Acordo Ortográfico parecem ser os mesmos que levantavam polémicas no tempo de Teófilo Braga. Entendendo a necessidade de democratizar o ensino, mas simultaneamente desejando manter um certo teor erudito da língua e da literatura, este pensador português permitiu que houvesse uma reforma, não a respeitando na sua obra. Será legítimo pensar que Teofilo era "uma personalidade em conflito", como o designa José Luís Brandão da Luz, no prefácio da obra *Minha Freira*. Rigoroso e implacável em muitos aspectos da sua vida e obra, aparentemente intolerante a qualquer inovação, e por sua vez revolucionário e militante contra os sistemas antigos, Teófilo Braga revela constantemente duas facetas da sua personalidade, por vezes em sintonia, outras vezes em colisão, que marcaram a sua vida e obra.

Consultando, também a primeira edição do cancioneiro popular dos Açores, compilado por Braga (1869) verifica-se o respeito do princípio etimológico, sempre que possível (*archipelago, Theophilo, rhapsodias)*. Esta grafia no ano da primeira publicação do cancioneiro açoriano era natural, por nessa ocasião não se ter mencionado sequer a ideia de qualquer reforma ortográfica. Agora, resulta curioso pensar pensar como é possível que Teófilo Braga, sendo tão aberto para as mudanças políticas tenha sido tão conservador no uso da língua. Este facto pode-se dever ao seu trabalho pedagógico, metódico e de certa forma doutrinário, o que já foi referido anteriormente. Não fazendo parte da Comissão para a Reforma Ortográfica (cujos memos eram Carolina Michaelis de Vasconcellos, Adolfo Coelho e Leite de Vasconcellos), podemos supor que Teófilo Braga não concordava plenamente com as novas propostas. O seu zelo por preservar o tesouro da língua portuguesa poderia ser um possível argumento para continuar a escrever "à antiga".

Na escrita deste autor aparecem determinadas consoantes duplicadas (*bocca* por boca, *penna* por pena, *janella*, em vez de janela, , *prometter* que actualmente se escreve com um "t").

Outro factor que poderá dificultar a consulta das obras teofilianas é a acentuação das palavras, que em certa medida não corresponde às normas contemporâneas. Certos acentos gráficos marcavam a qualidade aberta ou fechada da vogal, particularmente para se distinguirem os significados de palavras de grafia semelhante. Desta forma encontramos "eu gósto de vêr dansar" (Braga, 1911:10) e na mesma página "eu heide amar ao meu gosto", para se diferenciarem a primeira pessoa do singular do presente de indicativo do verbo "gostar" e o substantivo.

O mesmo acontece com *fóra* (advérbio) e *fôra* como terceira pessoa do singular do pretérito mais-que-perfeito simples. Numerosos são os exemplos de colocação do acento gráfico numa palavra que hoje o perdeu, justamente para facilitar a pronúncia. Assim ocorre com *côr, flôr, gêlo*.

No caso das vogais abertas, na ortografia antiga frequentemente foram marcadas com o acento gráfico "ao contrário" do que se usa hoje ("*á vista*" em vez de à vista, "ás escondidas" por "às escondidas"). O acento gráfico era inevitável nos advérbios terminados em –mente, como "sòmente". O acento circunflexo nos substantivos terminados em –ância ou ência omitia-se, como nos exemplos de "ausencia" ou "ignorancia".

Bastantes exemplos que na grafia do português contemporâneo têm um –u , nos cancioneiros de Teófilo Braga estão escritas com –o, como concretamente acontece com *céo* e *Deos*. Esta forma de escrever parece não se justificar pelo prioncípio etimológico, porque em latim se escreviam "*caelum*" e "Deus".

Nesta situação, pode tratar-se de "hipercorrecção." isto é: na língua portuguesa é regra geral que o "o" não- acentuado na posição final de sílaba ou palavra se prouncia como "u". Para evitar a aproximação entre a oralidade e a escrita, Teófilo Braga opta por rescrever "o", onde não há uma razão gramatical ou etimológica para isso. Um caso contrário aparece na palavra "magua" actualmente escrita como "mágoa". Por "hipercorrecção", entende-se a tendência de seguir um regra (neste caso ortográfica ou gramatical) demasiado literalmente e aplicando-a em todos os contextos, mesmo quando não há uma justificação plausível para isso.

Aqui, podemos apenas supor que se trata de uma eventual analogia com água para os efeitos da rima. Nota-se também a ausência do acento gráfico em palavras esdrúxulas, e nas planas (com duas sílabas), obrigatório no português contemporâneo. Tais são os exemplos *"lagrimas",* "agua", "viuva", "ciume". Na grafia de algumas palavras nos cancioneiros persiste a letra "e" , transformada actualmente em "i" ("edade", "egreja", "pae", "eguaes"), posteriormente transformados em "i" mediante o encerramento desta vogal.

O grafema "h" sem qualquer valor fonético aparece com frequência entre duas vogais. Leiam-se os exemplos: "cahir", "bahu", justamente parasublinhar a impossibilidade de as vogais formarem um ditongo. É habitual o uso do apóstrofo nas formas preposicionais, actualmente escritas juntas ao pronome, como veremos nos exemplos: "n' ela" ou "d'este". Encontramos também "d´outro" que na grafia contemporânea seria "de outro."

Os pronomes átonos com função de complemento directo, na época de Teófilo Braga, escreviam-se também de outra forma: "Não m´a deste" em vez de não ma deste (*idem,* 8) ou " "beijal-a" em lugar de "beijá-la". Esta breve análise da grafia antiga em comparação com a actual ajudou-nos a indagar do desenvolvimento diacrónico da língua portuguesa.

A ortografia não reformada pode fazer algum sentido quando se trata da recolha da literatura tradicional, porque não se preservam apenas valores, imagens e ideias, mas também a língua que a transmite. Os Cancioneiros de Braga, nesse sentido, representam um repositório da diversidade gráfica, linguística e lexical da língua portuguesa, fornecendo dados valiosos para estudos no âmbito de filologia, gramática histórica, gramática comparada de línguas românicas fonética, etimologia e disciplinas afins, ultrapassando largamente os objectivos deste trabalho em literatura comparada.

2.12 Aspectos da açorianidade nos cancioneiros de Teófilo Braga

A nossa primeira intenção era abordar alguns aspectos da linguagem especificamente açoriana, no entanto, devido a escassos resultados que temos encontrado até agora, este tópico merecerá apenas uma menção. Serão, porém, analisadas as características da mentalidade e cultura açoriana, cujos elementos se reflectem na linguagem poética usada nas cantigas compiladas por Braga. Em conformidade com afirmações anteriores, o facto de os Açores serem um conjunto de ilhas contribuiu para neste espaço cultural se criar uma modalidade específica da cultura, reflectida na forma de ser dos seus habitantes. Sobre a data do descobrimento das ilhas há várias teorias, porém sabe-se com precisão que o povoamento de todas as ilhas foi acabado em 1475. Susana Goulart Costa[32] refere que:

O povoamento insular dependeu de dois factores fundamentais. O primeiro é de ordem interna e prende-se com a localização geográfica do arquipélago, a acessibilidade e a potencialidade económica de cada uma das ilhas. O segundo é de ordem externa e relaciona-se com a dinâmica da expansão portuguesa no seu todo. Os prioritários interesses da coroa portuguesa na costa ocidental africana e as agitações políticas em consequência da morte do rei D. Duarte prorrogaram o povoamento açoriano, que apenas assumiria expressão consolidada na segunda metade do século XV (grupos oriental e central) e inícios do século XVI (grupo ocidental). Lentamente, as ilhas açorianas foram-se povoando e, em finais do século XVI, a população dos Açores já contabilizava 65 000 habitantes. Este quantitativo reflecte o êxito do processo colonizador. Da população portuguesa reinol (Algarve, Alentejo, Beira-Alta, Entre-Douro, Minho...) terão vindo homens e famílias, alguns deles já experimentados na vida insular da Madeira. Atraídas pelas novas da fertilidade açoriana, entusiasmadas pela ideia de enriquecimento, expectantes de uma revitalização social e /ou enlevadas por um espírito aventureiro, vieram gentes de níveis sociais diversos. Além do mais, o isolamento geográfico insular oferecia novas oportunidades para os que desejavam uma sociedade mais tolerante e, por isso, mouriscos e judeus também se sentiram impelidos a ir para os Açores. Todavia, a fragilidade do quadro demográfico nacional também gerou o incentivo régio à vinda de indivíduos de outras zonas da Europa renascentista, entre os quais se destacam alguns ingleses e, com maior ênfase, flamengos, fenómeno particularmente importante para o povoamento das ilhas do grupo central, que não a Terceira. Mas o voluntarismo de muitos povoadores não nos permite esquecer uma imigração coactiva, composta essencialmente por escravos e degredados, compulsivamente enviados para o arquipélago para o desempenho de actividades no sector primário e no circuito doméstico. Face ao predomínio do povoamento continental, a sociedade açoriana organizou-se de acordo com o dominante modelo europeu, numa amálgama recheada de bispos, padres de paróquia, frades, freiras, escudeiros, cavaleiros, trabalhadores rurais, artífices, comerciantes, advogados, médicos, professores, criados, escravos... A composição social insular espelhava, pois, a organização tripartida, herdeira da complexa pirâmide medieval (Clero, Nobreza e Povo).

A observação da complexidade do processo de povoamento do Arquipélago Açoriano mostra a diversidade de classes sociais, origens , (portugueses, judeus, flamengos, africanos) profissões e idades, que juntos formaram uma identidade diversificada e pitoresca, cujos traços, certamente se reflectem no folclore e sobretudo na poesia de expressão oral, como sua criação, por ventura mais genuína.

De acordo com o Tenente Francisco José Dias (1981:17) "no povoamento colaboraram mais ou menos todas as províncias de Portugal e, à medida que a fama e a riqueza da fertilidade do solo açoriano ia correndo, muitas famílias estrangeiras aqui se estabeleceram". Daqui concluimos que tal diversidade de origens fundida no Arquipélago Açoriano deu o seu contributo para uma identidade açoriana particular. Cada uma destas comunidades aportou a sua forma de falar e de cantar, o que deixaria marcas na linguagem e na poesia lírica açoriana. Um outro factor a destacar relativamente à poesia popular dos Açores, é que o povoamento do arquipélago foi concluído em plena época dos Descobrimentos, considerada o período mais glorioso na História portuguesa, e originando muitos mitos e lendas sobre o papel e a posição de Portugal no mundo, sendo muitas destas imagens quase míticas, seguramente baseadas nas criações poéticas, quer líricas, quer épicas.

Esclarecendo alguns aspectos de açorianidade,Vitorino Nemésio (1932, s.p.) afirma que:

Como homens, estamos soldados historicamente ao povo de onde viemos e enraizados pelo *habitat* a uns montes de lava que soltam da própria entranha uma substância que nos penetra. A geografia, para nós, vale outro tanto como a história, e não é debalde que as nossas recordações escritas inserem uns cinquenta por cento de relatos de sismos e enchentes. Como as sereias temos uma dupla natureza: somos de carne e pedra. Os nossos ossos mergulham no mar.

Sendo feitos "de carne e pedra", os açorianos reflectem uma sensibilidade particular tanto para histórias e lendas, como para a poesia e que "mergulhando no mar" podem ser simultaneamente introvertidos e determinadoss para afirmar e preservar a sua própria identidade, como também mostram uma predisposição a aceitar influências das outras culturas, registos, estilos e tend~Encias literárias.

Isto pode significar que a poesia lírica criada entre o povo açoriano recebeu influências da literatura trovadoresca, lírica palaciana, obras de Afonso X o Sábio e D. Dinis. Esses seriam alguns factores que esclareceriam a razão de a linguagem usada nos *Cantos Populares do Arquipélago Açoriano* compilados por Teófilo Braga ser mais formal e mais elaborada. A vinda de mouros do Norte de África aos Açores pode explicar determinadas influências árabes no modo de compor, cantar e transmitir as cantigas açorianas.

Relativamente à escolha dos temas presentes no cancioneiro açoriano, revela-se que a erudição de determinados povoadores das ilhas, entre eles clérigos que tinham vastos conhecimentos da literatura e mitologia clássicas, dos romances cavalerescos e vidas de santos tinha tido uma grande relevância nesse aspecto.

O tenente Dias (*op.cit.*.23) menciona também que "a canção popular nasceu do amor e do trabalho." Como prova disso, o autor cita que alguns poemas populares açorianos surgiram na *esgalha*, palavra tipicamente açoriana para desfolha do milho. Salientando um termo muito local, Dias deseja conduzir o público a saborear e desfrutar da literatura folclórica açoriana.

José de Almeida Pavão Jr (1981) entre as características colectivas dos açorianos destaca um determinado fatalismo, isolamento, sentimentalismo e carácter melancólico. Isso não impede que em algumas cantigas açorianas haja elementos de humor e sátira. Nas cantigas, na ciência literária denominadas como "de despique", aparentemente de conteúdo amoroso, na realidade enumerando os defeitos do antigo amor, a presença do humor e da sátira parece mais do que evidente. Para ilustrarmos uma situação digna de sátira, citamos a seguinte quadra (Braga,1982:83):

Oh ilha de S. Miguel
A desgraça que la vae
Tanta mulher sem marido
Tanto filhinho sem pae

Os quatro versos, a nosso ver, podem ironizar os comportamentos sexuais demasiado liberais de algumas raparigas que têm filhos ilegitimos, bem como satirizar atitude de determinados homens que se negam a reconhecer os filhos nascidos fora do casamento. Como poderia explicar factores históricos ou catástrofes naturais que influenciaram e causaram a morte de muitos homens, que deixaram as esposas viúvas e crianças órfãs.

José Manuel Dias Baptista (2012) interpreta esta cantiga da seguinte forma:

Mas, quando acontecem grandes desastres, provocados por sismos ou vulcões, as populações unem-se e lamentam a sua sorte funesta, como o provam alguns cantos populares açorianos. Por exemplo, aquando do terramoto de Vila Franca do Campo, em 1522, a dor daquelas gentes ficou gravada nesta cantiga:

Como uma última leitura, é possível avistar nesta cantiga uma alusão à pobreza da ilha de S. Miguel, que não permite que numerosas crianças sejam sustentadas com dignidade. A última hipótese interpretativa que nos ocorre é o facto de um determinado número de população masculina açoriana foi para o Brasil, o que contribuiu para que as mulheres ficassemsós a tomarem conta da casa e das crianças.(explicar contexto histórico)

A variedade das linhas de leitura da cantiga em questão, aparentemente simples, implica a riqueza da linguagem e da agudeza do espírito popular, condensada em breves e reduzidos versos.

Aqui, a ironia parece-nos bastante suave sem mordacidade nem cinismo. Por definição, a ironia representa uma crítica sofisticada e escondida de um fenómeno, geralmente por via da utilização das palavras de significado oposto ao que se diz. A sátira, por seu turno, é mais mordaz, referindo-se aos fenómenos indesejáveis numa sociedade ou os defeitos e vícios de um indivíduo.

A intenção satírica nota-se claramente nos poemas populares em que se alude a certos traços negativos dos habitantes de várias ilhas. Isto poderia subentender a eventual existência das rivalidades dentro do arquipélago, como também é possível revelar-se aqui um espírito sóbrio e autocrítico dos açorianos. Ocasionalmente, essa atitude observa-se nos elementos de humor suave sobre si mesmos, como no caso de a Ilha de São Miguel se chamar "unha de palma" e a Terceira "faca sem ponta".

De acordo com a interpretação de Almeida Pavão Jr (1981), a primeira expressão ilustra a qualidade de ladrão e a segunda simboliza perfídia. Dada a inexistência destas expressões fixas em nenhum outro cancioneiro, podemos deduzir que se trata de linguagem específica destas nove ilhas. Para penetrarmos na lógica destas estruturas, começaremos a interpretá-las bastante literalmente.

No primeiro caso, "unha" e "palma" relacionam-se com a mão, e entre outras funções, a mão serve para furtar. Uma explicação mais complexa seria relacionar com a expressão conhecida na língua portuguesa "unhas de fome", designando uma pessoa avarenta. Indirectamente, uma pessoa cuja preocupação central é o dinheiro pode ter características de ladrão. Ana Paula Guimarães (1982), entende a mão como um "canal de comunicação" que serve para a partilha, transferência e para o "pacto de amor". Tendo, na sua perspectiva, a mão apenas conotações positivas, é muito difícil imaginar qualquer conexão possível entre a imagem da mão e esta expressão idiomática.

Relativamente à segunda expressão, recorreremos de novo à interpretação literal. Sendo a faca um objecto afiado que serve para cortar, pode ser usada para ferir. Não tendo ponta, a facada dói mais. Isto é, detrás de uma atitude aparentemente pacífica, costuma esconder-se uma perfídia que fere mais do que uma inimizade aberta.

No que respeita ao humor, a sua função na poesia lírica popular parece ser muito mais inocente que a da sátira. De acordo com Aleksandar Bošković (2011)[33], a palavra"humor", vem do latim, tendo primeiramente significado „líquido" e referindo-se aos líquidos corporais, que, segundo os filóosofs e mðedicos antigos, compunham o corpo humano. Da predominância dessas substância, acreditava-se que dependia o carácter humano. Daí, não admira a existência das expresões "estar de bom/mau humor#. Radomir Jovanović (op.cit.) define o humor como „a forma mais elevada do cómico". Dependendo do grau, o humor pode ser mais suave ou mais mordaz, estando simultaneamente relacionado com o riso e as lágrimas, porque rir descontrolada e exageradamente provoca lágrimas, tendo de certa forma, efeitos catárticos.

Pode integrar-se num poema através de palavras trocadilhos, jogos de palavras com sentidos ambíguos, semelhança de formas e diferença de significados ou cenas da vida quotidiana que provocam riso.

Para exemplificar a última situação, as cantigas tematizam e representam humoristicamente a bela vaidosa, comparando-a a um "caldo gordo", ao qual se lhe verá o fundo, mais tarde ou mais cedo,ou o velho que não deve namorar para não ficar "logrado", ou de numerosas "trigueirinhas" que se zangam com o namorado por serem chamadas assim e que pretendem demonstrar-lhe que na realidade são muito bonitas. (reformular) Estes momentos da vida com os quais o leitor se podia ou não ter encontardo no seu dia-a-dia fazem com que se crie uma certa simpatia pelos protagonistas das cantigas, que o mundo da poesia popular seja mais próximo das pessoas e que a cantiga cumpra uma das suas funções - a de divertir.

Tendo enumerado apenas alguns aspectos principais da açorianidade na poesia popular recolhida por Teófilo Braga, somos da opinião de que as duas colectâneas, e sobretudo os *Cantos Populares do Arquipélago Açoriano* parecem bastante representativas no sentido de conter exemplos que abordam bem a identidade açoriana e que salientam a sua especificidade no campo da literatura popular portuguesa no geral.

PARTE III

ANÁLISE ESTILÍSTICA DOS CANCIONEIROS COMPILADOS POR BRAGA

3.1 Figuras estilísticas na poesia popular recolhida por Teófilo Braga

Este capítulo aborda um aspecto relevante da linguagem da poesia popular nos canccioneiros de Teófilo Braga: as figuras de estilo. Após uma primeira leitura, pareceu-nos que o povo usava um estilo muito perceptível, próximo da fala quotidiana, mas de modo algum qualific]avel como trivial ou banal.

De acordo com Jaime Cortesão (1942:105), a linguagem das cantigas populares caracteriza-se pela "extrema simplicidade morfológica." Isto não implica a pobreza do léxico, uma vez que o povo pode exprimir-se com suficiente clareza e profundidade sobre os temas abstractos e "difíceis" como amor, religião, política, estados de ânimo. A linguagem popular pode variar desde a explicitação, até a delicadeza. Pelas pesquisas realizadas até agora, verificámos que há mais estudos acerca da linguagem popular na poesia brasileira ou na poesia de cordel. Mesmo assim, algumas características desta linguagem são comuns. Neste contexto, citaremos o próprio Teófilo Braga (1911) , que refere que a linguagem do cancioneiro é "corrente, melódica e encadenciada", o que parece bastante pictoresco e reflecte os três traços, aparentemente mais importantes da forma de transmitir a poesia de expressão oral: a simplicidade do registo, próximo do quotidiano, a musicalidade e a naturalidade de expressão. No nosso artigo[34] "Possívei paralelismosentre a estrutura, linguagem e temas entre as cantigas inseridas no *Cancioneiro Popular Portuguez* de Teófilo Braga e as *Quadras* de Fernando Pessoa" defendemos a ideia de que:

Mesmo que nas cantigas do povo apareça alguma palavra cujo uso se restringe a uma determinada zona de Portugal, uma incorrecção gramatical ou um provérbio, este facto não lhes elimina a beleza e a graça que têm, muito pelo contrário, faz com que as imagens e palavras tenham mais vivacidade e expressividade e que a sabedoria popular seja mais aceitável e reconhecível pelo público. Uma das incorrecções gramaticais frequentes na poesia popular são as formas da segunda pessoa do singular do pretérito perfeito simples, às quais, por analogia com outros tempos verbais se acrescenta a terminação-s: ―gostastes‖, ―fostes‖ Nas cantigas populares este erro deve-se à pouca escolarização institucionalizada dos cantores que transmitiam oralmente os poemas. Além disso, na oralidade alguns desvios gramaticais são mais toleráveis, do que na linguagem escrita, uma vez que a língua falada é menos susceptível às regras que um registo mais formal.

Deste modo, pode tratar-se de uma determinada sinceridade e pureza, típicas dos camponeses, ou de várias vigilâncias (familiar, social, religiosa) impunham a regra de um maior cuidado na fala sobre assuntos pessoais e íntimos.

Começamos a nossa análise por definir e dar uma das possíveis classificações das figuras de estilo, para indagarmos da sua ocorrência e função nas cantigas populares. Analisando também os *Cantos Populares do Arquipélago Açoriano* procuramos averiguar das especificidades estilísticas dessa região.

Uma vez que a língua é inseparável da literatura, uma figura de estilo pode ser definida de acordo com os critérios meramente linguísticos ou tendo em conta os parámetros literários. Por isso, daremos primeiro a definição referida num dicionário de termos literários. Tanja Popović (2007:699) explica o sintagma "figuras estilísticas" do seguinte modo:

Formas específicas dos recursos expressivos da própria língua, características sobretudo para a linguagem poética. As figuras estilísticas são, de facto, diversos desvios do uso habitual da língua em que o significado comum da palavra se altera, ressalta ou alarga.

Para a autora, a origem das figuras de estilo reside no mecanismo da expressão verbal, baseado ou na semelhença e contraste, nas características do som da palavra, na sua função gramatical ou afectiva. Com o uso destes recursos estilísticos, a expressão linguística ou literária enriquece ou inova-se. Desta forma, as palavras passam a ter um efeito diferente, a linguagem, para além do valor estético, ganha uma dimensão mais expressiva, no caso da poesia popular,pode facilitar a memorização e transmissão oral. Tal é o caso das "fórmulas linguísticas", tipicas particularmente para a oesia popular dos povos eslavos, embora presentes em outras poesias também (explicar, fundamentar teóricamente).

Guilherme Ribeiro (2000)[35] classifica as figuras de estilo em três grandes grupos:

1)"figuras de sintaxe ou de construção",

2)"figuras de pensamento"

3)"tropos".

Na primeira categoria situam-se anáforas, eclipses, hipérbatos, assíndetos. A nosso ver, aqui podemos citar também os "jogos de palavras" e "trocadilhos", uma vez que estas figuras meramente "linguísticas" se baseiam na sonoridade das palavras, na possibilidade de confundir o ouvinte com a ambiguidade dos sentidos e semelhança fonética a nível do léxico.

O autor coloca no segundo grupo gradação, oxímoro, paradoxo, pergunta retórica, personificação, antítese (contraste), apóstrofe e perífrase, provavelmente por o significado da figura não ser tão manifesto e requer uma abordagem mais intelectual do conteúdo do poema.

No âmbito dos tropos, talvez a categoria que mais nos interessaria para este trabalho, enquadram-se comparação, metáfora eufemismo, alegoria, ironia, metonímia e sinédoque.

Para Vico (*apud.* Braga, 1986:236):

Os tropos não são, como se tem julgado até hoje, uma engenhosa invenção dos escritores, mas sim, forma necessárias de que as nações se servem na sua idade poética, para exprimirem seus sentimentos, e estas expressões, na sua origem, foram usadas no sentido próprio e natural.

"Mergulhando" na filosofia e modo de pensar positivista, aqui parecem evidentes as ideias da naturalidade de uma linguagem e pensamento primitivo, que persiste através das figuras de estilo, empregadas na poesia, mediante as quais se cria uma identidade linguística, cultural e nacional, importante posteriormente no imaginário republicano.

Mais adiante, analisaremos o cliché verbal ou chavão para indagarmos das semelhanças e diferenças de um fraseologismo ou expressão idiomática. Aplicamos os conhecimentos teóricos nas colectâneas de Teófilo Braga, ilustrando cada figura com exemplos concretos da poesia.

Maria Arminda Zaular Nunes (1978) salienta a presença da dicotomia nas cantigas populares portuguesas, sendo nos primeiros dois versos apresentada a conclusão, a partir da observação de fenómenos naturais. O paralelismo com a natureza transpõe-se para o plano das relações interpessoais, esfera afectiva, lições morais, completando o conteúdo da cantiga de uma forma simples e clara.

Sendo frequentemente salientada a tendência da linguagem popular para a simplicidade, naturalidade e um tom espontaneo, a nossa reflxão incidirá primeiramente sobre os tropos, terminando com as "figuras de pensamento", sendo as últimas as mais complexas e requerendo uma análise mais pormenorizada.

3.2   Comparações nos cancioneiros

A comparação é uma figura que procura encontrar semelhanças entre dois objectos ou fenómenos, sendo o nexo "como", o verbo "parecer" ou elementos da comparação adjectival marcas linguísticas indispensáveis. Em Teófilo Braga (1911) e (1869), afiguram-se-nos como interessantes os seguintes exemplos de comparação (Braga, 1911, 6 e 8).

> Toda menina bonita
> Não deveria de nascer,
> É como a pêra madura
> Todos a querem comer.

Ou:

> Quem vae pela tua rua
> E não te vê, meu amor,
> É como quem vae ao céo
> E não vê nosso Senhor.

No primeiro caso, optámos por citar uma construção mais conhecida na poesia popular, em que as qualidades da menina bonita e da fruta madura são igualáveis dada a docura de ambas.

Na segunda situação, surge uma comparação "no negativo", em que o factor de vinculação parece ser a impossibilidade de um acto se realizar.

Outras comparações "convencionais" no cancioneiro português são as seguintes (*idem*, 26)

Eu como sol a buscar-te,

Tu como sombra a fugir-me

O jogo em que se pretende pôr à prova a constância de cada uma das partes intervenientes("Eu amante, tu amante/Quem de nós será mais firme?"), expressa-se através das comparações com o sol e sombra, imediatas no conhecimento popular, facilitando a identificação do antagonismo "positivo - negativo" ("eu como sol" vs. "tu como sombra"). O seguinte exemplo ilustra mais uma comparação nas frases negativas, sublinhando, deste modo, o carácter, no fundo inigualável, do fenómeno a comparar. Nos versos citados à continuação, evita-se a construção típica das comparações: "A é como B", sendo implicita a superioridade de um termo sobre todos os outros. Desta forma, o sol de Maio, o luar de Janeiro, o cravo regado e o primeiro amor possuem características mais primorosas entre elementos da sua categoria, impossibilitando qualquer comparação (*idem*, 92)

> Não há sol como o de Maio,
> Luar como o de Janeiro,
> Nem cravo como o regado,
> Nem amor como o primeiro.

Algumas comparações do cancioneiro organizado por Teófilo Braga podem caber no domínio da frase-feita ou chavão. "Branco como leite", "corada como rosa" são apenas amostras de fórmulas linguísticas fixas, usadas com frequência na poesia popular, como uma espécie de "material previamente preparado" que se adequa a um vasto número de cantigas, especialmente do cancioneiro amoroso.

Quando transmissor da poesia popular recorre a uma figura de estilo largamente conhecida, sente uma certa comodidade, sabendo que esse mecanismo linguístico já tinha tido uma recepção favorável por parte do público. Diferentemente da fórmula feita, o cliché, devido ao seu uso demasiado frequente, perde qulquer dimensão estética, tornando-se em recurso estilístico gasto, a evitar na linguagem. Radomir Jovanović (2007:818) refere que sob o termo de "cliché" se entendem as "expressões verbais moldadas, modos de pensar típicos da dogmática ou consciécia reduzida por alguma outra razão"- O investigador sérvio refere que o termo primeiramente provém do domínio da fotografia, servindo para multiplicar as fotografias. Tratando-se de um dicionário de palavras e expressões estrangeiras é explicada a conotação da palavra aplicada à linguagem e como as próximas significações citam-se as mais amplas, referentea ao sistema ideológico e modo de pensar. Nesta obra, interessa-nos apenas a vertente linguística do cliché-

Nos *Cantos Populares do Archipélago Açoriano* (Braga:1869), encontrámos um vasto número de comparações, citando apenas as que, a nosso ver, se distinguiram pela originalidade (Braga, 1869, 3):

> A viola sem a prima
> É como a filha sem pae

Na comparação observa-se a relação de igualabilidade pela ausência de um elemento (viola-prima, filha-pai)

Os seguintes versos, oferecem-nos uma comparação pela semelhança da forma da Lua e do botão, sendo o astro igualável a um objecto quotidiano (*idem*, 17).

Lá vem a Lua saindo
Redonda como um botão

A poesia popular açoriana confronta-nos com uma suposta impossibilidade de domparação, servindo apenas como um mecanismo para sublinhar as qualidades mais excepcionais do objecto ou pessoa a descrever. Esta cantiga, nitidamente inserida no contexto amoroso, sugere subtilmente a insuficiência de expressões verbais tão sublimes, que pudessem ser dignas da descrição do amado. A nosso ver, aqui questiona-se também o próprio processo de criação literária, discutindo-se o uso dos clichés (podendo "lindo como as estrelas" ser caracterizado assim), a angústia de encontrar a palavra perfeita, o desejo de descobrir um estilo próprio e original, qualificador de um sentimento sem igual, não desejando, porém, exagerar. Ainda que todas estas reflexões pareçam inerentes à literatura erudita, observa-se que a poesia popular também está sujeita a um trabalho linguístico e estilístico profundo e não menos exigente, não obstante a aparente simplicidade da linguagem. Repare-se na seguinte quadra (*idem*, 29)

O meu amor é tão lindo!
Com que o compararei?
Com as estrellas não posso.
Com Jesus do Céo não sei!

Por sua vez, nem sempre parece possível evitar as "formas petrificadas" na língua, dada a escassez de elementos que completem a comparação. Devido a padrões estéticos pré-estabelecidos no imaginário popular, os olhos azuis podem equiparar-se ao mar ou ao céu (pela cor ou profundeza do olhar), os cabelos louros ao trigo ou ouro, a complexão clara do rosto ao leite. Aplicadas a um número vasto de imagens, versos e poemas, essas fórmulas linguísticas designam-se de "lugares-comuns". Na nossa Tese de Doutoramento (*op.cit.*229) pronunciamo-nos da seguinte forma acerca dos estereótipos e lugares-comuns no cancioneiro popular português:

A imagem mais comum da beleza feminina e masculina, no cancioneiro popular português e sérvio corresponde, em grande medida, à dos contos tradicionais nas duas culturas. É uma beleza idealizada, luminosa, baseada numa descrição generalista (cabelos dourados com toda a sua carga simbólica, rosto "alvo e rosado", significando simultaneamente saúde e delicadeza, com um equilíbrio entre a atração e pudor, olhos negros, lábios encarnados, pescoço delgado, ombros pequenos e bem feitos, peito branco, cintura fina, braços compridos e delicados, pernas claras e pés pequenos). Nesse sentido, parece que o imaginário popular português (..) compartilha uma série de ideias e categorias universais, deixando um espaço reduzido para traços locais.

O cancioneiro popular não constata apenas beleza digna de elogios, limitando-se, por vezes a observar também a fealdade, de uma perspectiva satírica, aproximando-se, de certa forma, das cantigas de escárnio e mau dizer da lírica galaico-portuguesa erudita. Em Teófilo Braga, regista-se o exemplo da seguinte comparação (*idem*, 39):

> Estas meninas de agora
> são como pão bolorento
> mui bornidinhas por fóra
> Deos sabe o que vae por dentro.

A comparação entre as raparigas e o pão bolorento, parece implicitar a decadência de valores morais, comentada subtilmente nos últimos dois versos.

Continuando o estudo da comparação da perspectiva da poesia popular, vale recordar a ocorrência de comparações idiomáticas, posteriormente analisadas com mais minúcia. Para esse efeito, compete-nos primeiramente definir a expressão idiomática Na perspectiva de Stanojčić e Popović (*op.cit.*), para um conjunto de palavras se considerar uma expressão idiomática (fraseologismo, unidde fraseológica ou frasema), deve ser generalizado e utilizar-se sempre na mesma ordem de palavras, ter uma estrutura composta (já que uma palavra só nunca pode ser fraseologismo) e ter um significado único (sendo esse significado sempre figurado e não básico).

Inserida no domínio quotidiano, a comparação idiomática "eu sou pobre como Job" (*idem,* 76) remete claramente para o universo cristão, bíblico, referindo a personagem a quem na linguagem popular, normalmente se atrubui paciência. No imaginário popular português, Job é a personagem bíblica frequentemente referida no contexto da paciência. A pobreza, aqui mencionada, remete para o episódio bíblico do Antigo Testamento, em que ele perde a fazenda, o dinheiro, os títulos e a reutação e os filhos, mas mesmo em momentos de extrema dificuldade e de sensação de abandono, não perde a fé em Deus. Dado o faço de Portugal se considerar um país cristão, parece lógico que a Bíblia seja uma referência importante, cujas histórias terão marcado o seu imaginário e a linguagem.

Outra fonte preciosa de comparações é o subgénero poético ABC de Amores, muito representado no cancioneiro coligido por Braga. As letras do alfabeto igualam-

237

se a um objecto, fenómeno, sentimento ou característica humana, desenvolvendo-se essa semelhança nos restantes versos da quadra. Frequentemente, a comparação não se realiza mediante o nexo "como",recorrendo a outros elementos linguísticos do mesmo valor. Analisem-se os exemplos (*idem*, 88):

> O J quer dizer joia,
> Joia do meu coração

Sendo que a letra "jota" e o substantivo "jóia" tÊm uma estrutura semelhante, formando rima interior no verso, são comparadas mediante a estrutura verbal "quer dizer", podendo substituir o elemento comparativo "como". Na realidade, o que se equipara a uma jóia não é a letra inicial no verso, mas o amado, ficando esta referencia mais clara na segunda linha da quadra. Neste caso, tratar-se-ia antes de uma metáfora do que de uma comparação propriamente dita, o que se analisará na secção seguinte.

Nas cantigas religiosas, as comparações são raras, por vários motivos; primeiro, enumeram-se os sete sacramentos, as sete virtudes cardinais, explicam-se festividades cristãs e parece que a própria matéria religiosa não deixa demasiado espaço para as comparações. Porém, mesmo no cancioneiro sagrado há exemplos desta figura de estilo. Numa quadra dedicada à Virgem Maria, a sua beleza é caracterizada com as seguintes expressões (Braga, 1982, 167):

> Bella e formosa Senhora,
> Sois qual rosa no jardim

No lugar do usual nexo "como", aplica-se o sinónimo "qual", do mesmo valor semântico. Não obstante ser inusitado comentar a beleza da Mãe de Deus, a poesia popular permite-o, tornando-a mais humana e próxima dos crentes. O elemento de comparação é uma flor, seguramente não escolhida sem razão. Sendo em muitas culturas a rosa considerada a "rainha das flores" e a Virgem Maria "a Rainha dos Céus", eis uma das possíveis claves de interpretação do poema. No cristianismo, a Mãe de Deus é encarada como a mais digna e virtuosa das mulheres, parece natural a sua beleza sublinhar-se três vezes (mediante os adjectivos "bela" e "formosa" e através da comparação). De não ser inserida no cancioneiro sagrado, a quadra citada poder-se-ia enquadrar perfeitamente na parte das cantigas amorosas, dirigidas a uma dama idealizada. Nesse caso, poder-se-iam estudar outros recursos estilísticos e as eventuais influências da linguagem trovadoresca na poesia popular, dado o culto medieval à mulher. Na nossa Tese de Doutoramento (*op.cit.* 230) referimos que: "As visões poéticas da mulher no cancioneiro não apresentam um amplo leque de variações nem correspondem à realidade objetiva. Deste modo, a idealização como mecanismo poético, para agradar ao gosto e à sensibilidade dos públicos, parece sempre presente, necessária e justificada.

Uma outra cantiga, novamente dedicada à Nossa Senhora, mantém a posição sublime que salienta a dificuldade de expressar a admiração perante uma beleza tão invulgar. Veja-se a quadra (*idem*, 168):

> Sois formosa de tal sorte
> Que não há que vos dizer
> Sois ramalhete de flores
> Do melhor que pode haver

A aparente incapacidade da linguagem humana de encontrar os recursos estilísticos adequados para caracterizar a formosura da Virgem Maria, parece ser compensda com o uso da metáfora do ramalhete de flores.

Quando o povo canta sobre o Espírito Santo, destina-lhe a seguinte comparação (*idem*, 145):

> Lá vem o Espírito Santo
> Mais alvo do que um cristal

Neste caso, trata-se principalmente de uma comparação de superioridade, explicitada na construção gramatical "mais do que" (fundamentar cientificamente). Mediante o adjectivo "alvo", mais poético do que o comum "branco", pretende-se, provavelmente atribuir mais dignidade ao Espírito Santo. A cor branca, no cristianismo, relaciona-se com a pureza, inocência, perfeição, sendo estas virtudes atribuídas a Deus. A brancura de uma das manifestações divinas equipara-se ao cristal, subentendendo também brilho, transparência, incorruptibilidade.

No seguimento da cantiga, menciona-se o vento que lhe deu as asas o que o fez voar. A imagem do Espírito Santo como pomba deve-se À representação bíblica do Baptismo de Jesus Cristo no rio Jordão quando o Espírito Santo (uma das três personalidades divinas) apareceu representado em pomba, enquanto o Deus Pai disse: "Este é o meu filho amado, em quem tenho prazer" (Mt.13, 17). No dia da Epifania aparecem as três representações divinas: O Deus Pai, manifestado na voz, Jesus Cristo que estava a ser baptizado e o Espírito Santo, em forma de pombo. Daí, nos países cristãos existir essa imagem poética como muito natural.

A poesia popular encontra formas de glorificar o Filho de Deus, comparando-o aos materiais mais valiosos. Deste modo, o cabelo de Jesus, numa cantiga, é igualável a "fio d´ ouro"*(idem*, 172), assemelhando-se a linguagem usada nas cantigas amorosas para elogiar a belesa da dama amada. O ouro, simboliza pureza, glória e o valor supremo. Os seus pés são "mais alvos que a neve pura"*(idem,* 173), novamente sublinhando a perfeição e clareza, não apenas da figura de Jesus, como também o ideal do caminho cristão, subentendendo a pureza e a virtude.

No cancioneiro infantil, dada a sua natureza lúdica, existem algumas comparações de carácter cómico, como se verifica no seguinte exemplo (*idem*, 325):

> Casamento hespanhol
> É tal como a sardinha
> Na panela de galinha

Com este efeito estilístico, procura-se acentuar que o casamento entre espanhóis e portugueses não é desejável. Aqui, a comparação realiza-se entre dois pratos, um de peixe e outro de carne, sendo menos valorizada a sardinha, confeccionada "na panela errada". O contexto histórico e cultural desta cantiga, bem como do provérbio "de Espanha nem bom vento, nem bom casamento" reside na rivalidade portuguesa e espanhola, sobretudo na época da Restauração.ou em rivalidades históricas mais antigas e mais profundas, cujo estudo neste momento ultrapassaria largamente os objectivos deste trabalho.

Explicada a rivalidade histórica ao público infantil, tem também um valor didáctico e educativo. Na simplicidade da comparação, as crianças são capazes de decifrar um nível da mensagem da cantiga, o mau funcionamento das relações hispano-portuguesas. Neste momento, poder-se-ia discutir se no presente poema infantil, em vez de se propagarem valores de tolerância e respeito pelo Outro, apregoa a animosidade e discriminação. Na nossa opinião, estes versos são prejudiciais para as crianças,uma vez que a mistura insólita de ingredientes nos pratos implica comicidade, útil para o desenvolvimento da sua imaginação. Se o contexto histórico da origem de uma visão depreciativa dos espanhóis for devidamente explicado, as crianças provavelmente poderão desenvolver uma maior consciência nacional, sendo a intolerância e o ódio improváveis,

Na parte que Teófilo Braga, denominou como "Parlendas e jogos populares", também integrante do cancioneiro infantil, há comprações aaprentemente pouco coerentes com a lógica comum. Trata-se de comparações inseridas no contexto da descrição dos ciganos, suas terras e costumes. Do nosso ponto de vista, não se trata de espressão de racismo ou menosprezo pelo Outro. O imaginário popular de muitas culturas europeias, aos ciganos atribui um sentido de humor específico, o gosto pelas brincadeiras e mentiras e o carácter pouco sério, devido ao modo de vida migratório, trabalhos inconstantes e precários efrequentes mudanças de parceiros amorosos. Dimitri Fazito, no artigo "A identidade cigana e o efeito de "nomeação": deslocamento das representações numa teia de discursos mitológico-científicos e práticas sociais[36]", refere que:

> Em um primeiro momento, eles foram recebidos com certo entusiasmo e curiosidade, pois eram indivíduos exóticos, provenientes de terras distantes, que aguçavam a imaginação do povo em geral e dos intelectuais. Contudo, não demorou muito para que fossem identificados com a bruxaria, o paganismo e o banditismo. Logo, os rumores e boatos sobre a origem herética e selvagem desses peregrinos se difundiram pelos quatro cantos da Europa, fundamentando os primeiros estereótipos sobre os ciganos.

No entanto, pareceu-nos que na poesia popular portuguesa não persiste uma imagem tão negativa sobre este grupo étnico, apenas os seus costumes e modos de viver são apresentados como pouco comuns ou diferentes, por isso provocam um certo efeito cómico, de onde podem provir determinadas comparações e figuras de estilo particulares.. Daí, a originalidade de certas comparações nas cantigas populares. O nome "parlendas" e "jogos" parece ainda diminuir a gravidade das afirmações epressas nesta figura de estilo.

O cancioneiro político tem a linguagem simples e sóbria, e simultaneamente satírica, por isso as comparações não abundam, sendo aplicável aos representantes da monarquia e nobreza a compara°ão "falso como Judas".

No que respeita aos romances presentes nos *Cantos Populares do Arquipélago Açoriano*, notámos algumas diferenças na linguagem popular, revelando-se como mais sóbria e sem demasiados efeitos estilísticos.

Esta situação pode interpretar-se pelo facto de os romances serem um género lírico-épico, geralmente transmitido por homens, que não recorrem frequentemente ao uso de elementos puramente "decorativos" na linguagem.

Referindo-se às filhas do rei, (Braga:1982:193), a poesia popular popular destina-lhesa comparação "alvas como prata fina" Aqui intuimos o ideal de beleza das damas nobres que inclui a brancura do rosto e do corpo, uma vez que elas não têm de trabalhar no campo e expor-se ao sol, o que poderia afectar a sua palidez natural. O facto de serem equiparadas à prata sugere a tendência do povo de identificar a nobreza com os materiais valiosos que se usam nas cortes. A prata é um metal menos brilhante e ostentável que o ouro, podendo indicar um certo recolhimento e discrição das princesas, consideradas virtudes nos códigos medievais de conducta moral. Na nossa Tese de Doutoramento (*op.cit.*414*)* conideramos os ideais de beleza poéticos e as respectivas imagens da seguinte forma:

> Aprecia-se o modelo de uma mulher delicada, esbelta, frágil, de rosto alvo, mas também com algum rubor (indicador de saúde e pudor), de cabelos dourados. Apesar da não correspondência destas imagens à realidade da mulher na Península Ibérica (...), revelam uma tendência universal de idealizar, ou aquilo que não se tem, ou o que já foi proposto como belo pelos modelos literários eruditos.

Nesta conformidade, as comparações no cancioneiro português não são muito variadas, sabendo-se, porém.que objectos podem aplicar-se nas comparações em que situação. Nomeadamente, a brancura de certas partes do corpo é equiparada a neve, leite, papel ou outras matérias de uso frequente numa determinada comunidade.

Num romance, notámos uma ligeira incorrecção gramatical presente na comparação (*idem*, 308):

> Eu não temo os teus irmãos,
> Que são homens como a mim.

O erro consta no segundo verso, em que, em vez da forma correcta"como eu" figura o pronome declinado, usado para os efeitos de rima com a componente frásica "que o tens ao par de ti" (*idem*). Neste desvio gramatical, no âmbito da comparação observamos, por um lado, algumas falhas do conhecimento das regras da língua portuguesa, referentes ao uso dos pronomes clíticos, não deixando de salientar o carácter ingenioso da solução para a questão da rima, exigida como um recurso quase obrigatório neste género poético.

Nos romances novelescos, que abordam os temas históricos, as comparaçãoes que contêm o campo semântico relativo ao universo militar, parecem frequentes e comuns. Leia-se o exemplo (*idem,* 222):

> Ela já está tão fria
> Como o ferro natural

Encarar a morte da amada, descrevendo-a com o elemento com que se produzem as armas, pode subentender a ideia da autoria masculina deste romance. Um soldado, movimenta-se em campos de batalhas, o léxico guerreriro é-lhe familiar e daí, optar por realizar justamente esta comparação. Por outro lado, o recurso estilístico usado poderia implicar o carácter implacável da morte, cujo "ferro" parece não se apiadar nem sequer de uma jovem bela.

Do mesmo modo, a menina que pretende conservar a sua honra ofende um pretendente, comparando o seu bafo com ao "lodo podrido", recebendo em resposta a prova de amor do cavaleiro, equiparando o bafo dela ao "rosal florescido".

Embora não demasiado frequentemente, o romanceiro também recorre ao uso de fórmulas linguísticas e expressões "petrificadas", dadas as características da oralidade desta poesia.

A dama Marília, inspiradora de um romance popular está descrita como "mais bela que o sol e a lua"*(idem,237)*. Esta comparação serve para introduzir a ideia de uma extraordinária beleza física que levou a protagonista cometer o adultério, ser morta pelo marido e ser responsável pelo desgosto e tragédia finais.

A beleza, na poesia popular ,é inseparável da virtude, o que se ilustra no seguinte verso: "tão linda como engraçada"*(idem*, 282). O que o povo aprecia neste caso é a graça, companheira da formosura. (*citar a minha tese).*

Os sentimentos e fenómenos negativos, também são merecedores de figuras de estilo e de belas imagens poéticas. Nomeadamente, o coração magoado de uma apaixonada não correspondida é "mais triste que a noite escura"(*idem*, 280). Não obstante a expressão"noite escura", habitual e frequente na poesia popular, a ideia subjacente parece combinar-se bem com o sentimento da tristeza, dada a associação com as trevas e a simbologia da cor negra no imaginário europeu.

Outra forma de comparar efectua-se mediante o verbo "parecer". Leia-se a cantiga (idem, 186):

> Os dentes da sua bocca
> Crystaes bellos pareciam

No lugar de usar o habitual nexo comparativo "como", ou de o omitir, dando um teor metafórico ao verso,a linguagem popular opta pelo verbo "parecer", salientando dessa forma a semelhança entre os elementos a serem equiparados. Devido a padrões estéticos e literários medievais, não havia uma vasta variedade de comparação de determinadas partes do corpo, sendo a brancura dos dentes um dos critérios principais da sua apreciação.

O estudo da comparação enquanto recurso estilístico na poesia popular, levou-nos à conclusão de que os campos semânticos e elementos que se equiparam depende da temática do cancioneiro ou romanceiro, do variado grau de erudição dos transmissores, das situações descritas nos poemas, oferecendo uma grande riqueza e diversidade de exemplos, originais ou inseridos na categoria de chavões, o que merecerá ainda uma análise posterior, nas secções dedicadas aos fraseologismos e provérbios.

3.3 Metáforas

Nesta parte da nossa investigação, dedicamo/nos primeiramente ao estudo do processo da construção da imagem poética concentrando-nos especificamente na metáfora, sendo ela um recurso frequente tanto na poesia popular e erudita. Aveiguaremos da ocorrência e uso das metáforas no *Cancioneiro Popular Portuguez,* bem como de lgumas especificidades deste recurso estilístico no cancioneiro açoriano. Contrastamos também as imagens metafóricas nas cantigas e romances populares nos cancioneiros coligidos por Braga. Ral como a comparação, a metáfora baseia-se na percepção de uma semelhança entre dois objectos. Na opinião de Stanojčić e Popović *(op.cit.*167*)* a metáfora é uma comparação sem mencionar o conceito que se compara. Deste modo, "para a palavra que se utiliza para designar o conceito não mencionado em que se pensa (…) dizemos que tem um significado figurado ou metafórico". Por isso, em vez de se dizer que uma rapariga é bela como uma maçã dourada, pode-se expressar o mesmo com a metáfora: "ela é uma maçã dourada".

Na opinião de Nuno Júdice (1998:19), "o processo construtivo da imagem poética procede por aproximações sucessivas do tema ou assunto do texto." Este autor também considera que é o poema que produz imagens, e, referindo-se à metáfora, define-a como "uma só palavra- metáfora, em que a passagem de um sentido a outro se efectua por uma operação pessoal que consiste basicamente na interpretação dada pelo leitor à imagem sugerida pela palavra" *(idem,24).* Daqui, concluimos que a metáfora é uma espécie de comparação abreviada em que se destacam as características que duas entidades que se comparam têm em comum, só que na metáfora, do ponto de vista formal, está ausente o nexo "como". A imagem metafórica mais presente no cancioneiro popular português é a de inedtificar uma uma rapariga com uma rosa e um rapaz com um cravo. Para além do género gramatical destas duas flores, correspondente ao género masculino ou feminino, a rosa e o cravo, no imaginário português, significam beleza.

Na variante encarnada, a rosa simboliza amor e paixão, mas também o rubor no rosto, que numa cultura patriarcal, pode indicar o pudor feminino, e no ambiente rural, a cor rosada, combinada com a alvura do rosto, significa saúde.

No caso dos rapazes,o cravo tem praticamente a mesma simbologia, embora nem todos os cravos sejam vermelhos. A poesia popular não proibe completamente o direito dos rapazes a serem tímidos e corarem quando se apaixonam. Os exemplos que se seguem, ilustram estas metáforas (Braga, 1911, 165):

> Oh, rosa, tu não consintas
> Que um cravo te ponha a mão
> Uma rosa enxovalhada
> Já não tem aceitação

Os versos da cantiga subentendem as regras patriarcais da conducta moral feminina, impplicando a castidade até ao casamento, porque perdendo a honra, a rapariga também podia manchar a boa reputação na sociedade. O seguinte exemplo parece continuar no mesmo domínio do jogo amoroso, desta vez, servindo de advertência aos rapazes pouco sérios que se atrevem a ultrapassar os limites do comportamento correcto, podendo sofrer consequências. Leia-se a cantiga (*idem*, 184):

> Pus-me a brincar com uma rosa
> Piquei-me nos seus espinhos
> É bem feito, quem te manda
> Á rosa fazer carinhos

Nos *cantos Populares do Arquipélago Açoriano* (Braga:1982:6), parece que os papéis tradicionais masculinos e femininos se invertem. Aqui, a masculinidade do rapaz não fica afectada, mesmo quando ele próprio deseja identificar-se com a rosa. A quadra apresenta-nos um caso de saudade amorosa e do desejo de uma maior aproximação entre os namorados, uma vez que, quer como franja no vental, quer como flor, colhida pela mão da amada, o apaixonado teria a oportunidade de tocar no seu corpo. As imagens metafóricas em que os apaixonados se transformam, não se encontram apenas na poesia popular portuguesa. Diga-se de passagem, no cancioneiro sérvio, os rapazes também se metamorfoseiam em andorinhas, pérolas, água que a amada bebe. Estas metáforas parecem-nos bastante originais, contribuindo para um maior valor estético e riqueza lexical dos poemas.

> Quem me dera ser a franja
> Que tu tens no teu vental
> Quem me dera ser a rosa
> Que tu colhes no quintal.

Aqui o elemento masculino é identificado com uma flor, embora não pela sua delicadeza ou ternura, como se poderia esperar, se a mesma metáfora se aplicasse a uma rapariga, senão por desejar ter alguma característica em comum com o que aamada gosta: a sua peça de roupa e a sua flor.

A rosa pode ser utilizada também em outros contextos, como metáfora da beleza do rosto ou da boca,como se verificará à continuação (*idem*, 195):

> A boca do meu amor
> É uma rosa fechada
> Heide abril´a com beijinhos
> E depois de aberta cheiral´a.

Para além de rosas e cravos, nos poemas populares portugueses aparecem outras flores, plantas, árvores, frutas e elementos naturais (alecrim, manjericão, jasmim, limão, laranja, pêra, maçã, pinheiro, oliveira, goivo), fazendo parte do universo quotidiano, e facilitando a construção de imagens metafóricas, comumente conhecidas, ou originais, enriquecendo o repertório imaginístico da poesia popular portuguesa.

Quando se mencionam simplesmente "flores", impõe-se-nos uma variedade de possibilidades interpretativas "juventude, beleza, saúde, capacidade de sedução"...).

Os seguintes versos oferecem-nos a metáfora das flores podendo referir-se ao corpo feminino virginal. Repare-se no encadeamento das imagens: (*idem*, 35)

> As flores do meu jardim
> De encarnadas aborrecem
> Não se dão a quem as pede
> Só se dão a quem merece.

A cantiga apresenta-nos o sujeito lírico, uma rapariga no auge da juventude, beleza, paixão talvez, simbolizada pela cor encarnada, no entanto, decide manter-se firme na postura de preservar a castidade até ao casamento, insinuando essa atitude mediante o contraste dos verbos "pedir" e "merecer". Um pormenor interessante que nos pode induzir nesta possibilidade interpretativa é justamente a existência do verbo "desflorar", com que a língua portuguesa espressa a perda da virgindade. Na quadra não é usado directamente esse verbo, apenas uma alusão "dar as flores do meu jardim".

As metáforas na poesia popular, empregam-se bastante no contexto da descrição da beleza do amado/a. Desta forma, amoras ou estrelas podem representar os olhos, os braços podem ser identificados com cadeiados de ouro, podendo nesta imagem vislumbrar-se uma provável influência do léxico e universo trovadoresco, em que o amor é um cativério voluntário. Os materiais que podem fazer parte de uma imagem metafórica podem ser diferentes: desde os elementos naturais, até aos metais preciosos. Leiam-se os exemplos (*idem*, 15)

Maria tem pé de neve,
Pé de neve tem Maria

A neve, com a sua alvura, metaforicamente representa a pureza do corpo. Outro elemento-clave para esta interpretação, é a simbologia do pé, que de acordo com Chevalier e Gheebrandt (1982), tem uma forte conotação sexual. A repetição dupla da imagem, acentua ainda mais as virtudes da amada. O próximo exemplo apresenta a possibilidade dos outros materiais usados nas metáforas. No contexto da expressão dos afectos, parece lógico dar-se um valor elevado a determinadas vertentes do sentimento amoroso. Dadas as conotações quase míticas que muitas culturas universais atribuem ao primeiro amor, resulta natural este sentimento equiparar-se ao material mais valioso que o imaginário popular conhece. Na nossa tese de Doutoramento (*op.cit.305*), abordamos o primeiro amor desta forma:

O que é comum a todos estes "primeiros amores" é a intensidade, um caráter quase mágico e mítico, a lembrança constante e agradável e as saudades que esse sentimento deixa. Universalmente difusa, existe a ideia da "pessoa certa" para cada ser humano.

Os relacionamentos que se seguem à primeira experiência são metaforicamente pensados como materiais menos preciosos, para a cantiga acabar com a palavra "nada", referindo-se ao valor do último amor. Leia-se a cantiga (*idem*, 267):

O primeiro amor é ouro,
Segundo prata lavrada

No âmbito da apreciação de beleza ou na verbalização dos sentimentos, existem metáforas "fixas", baseadas nos padrões estéticos, literários eculturais pré-estabelecidos. Deste modo, e frequente a metáfora das pombas, aplicada ao peto feminino, as imagens das caixas, baus, gavetas para o coração. O "caldo refervido" é metáfora de amor de viúva ou viúvo, pressupondo que a experiência do casamento anterior já lhes torna a matéria amorosa conhecida e sem o mesmo encanto como para quem a experimenta pela primeira vez.

Um amor não correspondido, a frieza dos sentimentos ou uma certa altivezdo/a amado/a são metaforicamente representados como "castelo que não se rende", "coração de pedra dura", "pinheiro alto", imagens já "clássicas" na poesia

248

popular, aplicáveia s um vasto número de situações, possibilitando uma maior identificação do público com os sentimentos do sujeito lírico.

Para a paciência e constância amorosas, é usada a metáfora da água, representada nos verso (Braga, 1911:27). " tanto dá a água na pedra/Que a faz amollecer." Quem está familiarizado com os provérbios portugueses, ao ler esta quadra, seguramente recordará a expressão"Água mole em pedra dura tanto dá até que fura" (*in*: Parente:2005:72). O provérbio é modificado para rimar, fazendo parte de uma cantiga, compreendendo a mesma ideia:

a persistência, mediante a qual se chega ao resultado desejado.

A variedade de manifestações do sentimento amoroso, no imaginário popular,revela-se através das seguintes metáforas: "brasa", "doença","loucura", "cadeia", "penitência rigorosa", implicitando a intensidade emocional, o sofrimento, as eventuais "censuras" religiosas, familiares e pessoais devidas ao carácter "impróprio" desse amor.

No *Cancioneiro Popular Portuguez,* bem como nos *Cantos Populares do Arquipélago Açoriano,* existem também metáforas com uma conotação negativa, estéticamente, talvez inferiores aos casos anteriormente referidos, porém, igualmente ricas e originais, contribuindo para a diversidade conteúdística das cantigas.

Desta forma, uma rapariga demasiado namoradeira, de comportamentos liceenciosos, num meio patriarcal poderia ser metaforicamente representada como (*idem*, 90)

Pia de água benta
Onde todos metem a mão

A arquitectura das igrejas católicas reserva à pia de água benta o lugar à entrada, para os fiéis molharem a mão direita antes de se benzerem. Talvez a equiparação a este elemento sagrado, implique certa hipocrisia religiosa por parte da rapariga, que, por sua vez, tem comportamentos demasiad liberais, permitindo aos pretendentes tocarem-na. Com a metáfora, simultaneamente irónica, critica-se não apenas a conducta feminina, moralmente censurável, como também a população masculina pouco séria, inclinada para as aventuras.

Nas cantigas de conteúdo religioso, as metáforas, como é natural, diferenciam-se das utilizadas no cancioneiro amoroso, político ou satírico. Expressando a sua admiração pela Virgem Maria, designando-a como "janella de glória" (Braga.1982:168), sendo, na Igreja Católica a Mãe de Deus, vista como intermediária entre Deus e os pecadores, uma "janela" que abre o espaço de comunicação dos fiéis com Deus. Lawrence A. Justice no texto "Catolicismo e Maria"[37] entre as características que os católicos romanos atribuem à Virgem, refere também o papel de co-redentora, o que lhe confere um papel superior ao da simples mediadora entre Deus e os cristãos. Sendo, na perspectiva do autor, a Virgem Maria quase igual a Deus, parece natural haver representações poéticas sublimes desta personagem bíblica.

No verso supracitado, ela é ajudante, compreensiva, poderosa, tem direito a transmitir ao filho os desejos e as orações dos crentes e chegando à glória do filho, Jesus Cristo.

Mais uma metáfora característica para a Virgem Maria é a de Medecina do pecado" (*idem,*169), como ouvinte, consoladora, Mãe, curadora, conselheira.. Outras qualificações, na poesia popular, destinadas À Virgem Maria, são "vida da minha vida" e "alma da minha vida" (*idem*), soando quase como versos de uma cantiga amorosa. Desta forma,implicita-se que a Mãe de Deus é merecedora de um amor supremo, quase ideal. Isto pode dever-se ao facto de os católicos romanos terem desenvolvido ao longo dos séculos um forte culto mariano. O destaque que a Igreja Católica dá a esta personagem bíblica, começou a ficar mais presente na vida religiosa católica sobretudo após a Reforma protestante e a Contra-Reforma como reacção católica a alguns dogmas luteranos que negavam a virgindade de Maria após o parto.

As cantigas políticas representam metaforicamente as situações em que se encontram determinadas personagens públicas, seus traços de carácter ou o próprio Portugal nos tempos da Monarquia. Nesta conformidade, a roca em que a rainha Portuguesa D. Maria II fia para pagar as dívidas é a metáfora da sua aparente modéstia (segundo a qual se pode igualar com personagens dos contos de fadas tradicionais, humilhadas e mal-tratadas, obrigadas a fazerem trabalhos difíceis), bem como pode remeter para a miséria de um Portugal empobrecido pelos comportamentos da soberana.

O cancioneiro açoriano, coligido por Braga, oferece-nos outro leque de metáforas, devidas talvez, a factores culturais, sociais, religiosos.

A insularidade, o isolamento, a relação próxima com o mar, a miscigenação cultural de todas as pertes de Portugal, influenciaram certamente a linguagem e o imaginário poético.

Deste modo, o rapaz que prefere a liberdade ao casamento é representado na metáfora do "bói solto" que "se lambe todo" , sendo o casado visto como "boi preso".

Não admira nesta situação surgir justamente a metáfora do boi, sendo em muitas línguas europeias, a união matrimonial igualável ao jugo. Esta imagem, deve-se, provavelmente à uma visão do casamento como união indissolúvel, em que o homem e a mulher devem esforçar-se, suportar desgostos, partilhar obrigações, sacrificar uma parte da liberdade pessoal. Outra metáfora presente na cantiga parafraseada é a semelhança entre o prazer amoroso e o verbo "comer", igualando-se estas duas necessidades humanas básicas.

Na parte do romanceiro, podem constar algumas metáforas iguais ou muito semelhantes às do cancioneiro popular, nomeadamente as aplicadas à descrição da beleza feminina ou ao universo amoroso. Leiam-se os versos (Braga, 1982:186):

Da maçã do seu rosto
Arrubim belo corria.

Se no cancioneiro seria mais comum dizer-se que uma bela rapariga tem "rosto alvo e rosado", o rubor do rosto é apreciado também no romanceiro, se bem que expresso através de uma outra imagem, usando a metáfora do rubi, que parece mais sofisticado para descrever a beleza de uma princesa cativa. Os dentes da rapariga bela associam-se a criatais, marfim ou materiais mais preciosos, tal como no cancioneiro, já que os padrões estéticos podem corresponder a um ideal universal na épica medieval, podendo também representar um lugar comum poético. O mesmo se pode dizer dos cabelos, sempre louros e metaforizados na imagem do ouro , ou nos olhos, cujo brilho é igualável ao sol.

Nos romances sacros, Deus é representado como um navio, que depois de nove meses descarrega em Belém (*idem*,360). É caracterizado também como "flor da palma" (*idem,*368), por a paleira no cristianismo ter o seu simbolismo. Além de Jesus ser recebido com ramos de palmeira na entrada em Jerusalem, (um domingo anterior à Páscoa, esta planta significa paz e dignidade.

A metáfora para o assassino de Santa Iria é a do "cão carniceiro" uma vez que a crueldade é comparada com a capacidade do cão e do carniceiro de matarem sem sentirem dó. Segundo reza a lenda, Santa Iria (também conhecida como Irene) era uma donzela de beleza inigualável, mas desde cedo religiosa e educada no espírito cristão, que decidiu dedicar a sua vida completamente a Deus. Porém, devido à sua beleza, virtudes e inteligência, começou a atrair a atenção não apenas nos círculos monásticos, como também entre jovens nobres. Um deles, de nome Britaldo, apaixonou-se por ela de forma quase doentie, sem querer escutar os argumentos com que Iria lhe resistia e continuou a visitá-la e assediá-la mesmo quando ela ingressou no convento. Os rumores desse assédio amoroso chegaram aos ouvidos de um monge, também secretamente apaixnado pela jovem, que lhe deu uma poção para embruxá-la, caluniando-a de ter engravidado com Britaldo. Sem mais provas nem argumentos, Iria foi expulsa do convento. Mesmo assim, a religiosidade dela não diminuiu e a jovem retirou-se á beira do rio para rezar, onde foi assassinada de forma cruel, sendo o seu corpo enconrado no rio Zêzere.

Os mouros estão figuradamente representados como "perros" (cães), entre outras razões, por não serem baptizados, tal como os animais, Aos cães, no caso dos mouros, atribuem-se apenas as características negativas e nunca a fidelidade como é costume na língua falada.

A variedade e número de metáforas na poesia popular portuguesa é um testemunho da riqueza lexical da língua e do desenvolvimento da imaginação do povo português que aproveita os seus conhecimentos da natureza e da vida quotidiana para criar imagens poéticas diversificadas que enriquecem as cantigas, atribuindo-lhes um aspecto único e reconhecível na literatura.

É verdade que algumas metáforas podem constar em muitas línguas europeias (a velhice é representada como Outono ou tarde da vida, a juventude como a Primavera ou flor, a morte como encontro com Deus). Este facto não diminui a beleza da lírica popular, porque as metáforas já usadas confirmam que em diferentes línguas podem ter o mesmo efeito e oferecem uma determinada comodidadeao transmissor popular , que por ter de exprimir-se oralmente s recorre ao que o público já conhece e gosta, para facilitar a transmissão e memorização dos poemas.

3.4 Símbolos

Desta vez, a nossa reflex\ao incide sobre o estudo dos símbolos na poesia popular. Estas figuras aparentando simplicidade, são facilmente detectáveis em no texto. Tornaram-se universalmente conhecidos, já que em vários espaços culturais podem ser interpretados da mesma forma. O seu sentido, porém, nem sempre é tão linear e unívoco. Para os decifrar, é necessário ter conhecimentos de outras disciplinas (filosofia, religião, arte), não apenas dominar a língua e a literatura .

Os sígnificados simbólicoss, presentes na poesia popular escondem-se detrás das flores, plantas, animais, cores, letras do alfabeto. Guilherme Ribeiro (*op.cit*) designa o símbolo como "uma representação significativa." Não sendo demasido explícito, o autor pretende, provavelmente, afirmar a vastidão de contextos em que a palavra "símbolo" é aplicada. Muitos investigadores, entre eles Radomir Jovanović (*op.cit.*) tendem a considerar as palavras "signo" e "símbolo" quase como sinónimas, sendo ao símbolo atribuída uma conotação simultaneamente de fácil identificação e reconhecimento e uma dimensão abstracta e espiritual. Maria Luísa Portocarreno F. da Silva, no *E-Dicionário de Termos Literários*,[38] refere-se a este conceito com as seguintes palavras:

> Termo que designa, no contexto hermenêutico, o modo de funcionamento da linguagem que ,por não ser puramente unívoca, suscita uma necessidade de interpretação (…) Enquanto expressão linguística, qualquer símbolo é um signo e, neste sentido, tal como todo o signo, visa algo para além de si mesmo e vale por isso.No entanto, nem todo o signo é um símbolo, porque, ao contrário dos símbolos técnicos perfeitamente transparentes que apenas dizem o que querem dizer com o significado , os signos simbólicos são opacos .Neles um outro sentido se dá e simultaneamente esconde no sentido patente ou literal. Os símbolos evocam uma realidade que não pode ser nem designada nem reconstruída por detrás deles . O seu duplo sentido suscita sempre ambiguidadade

Nesta conformidade, o coração seria entendido como uma representação significativa do amor, a cruz do cristianismo, a cor negra, na maior parte dos países europeus, simboliza luto. Após algumas tentativas de enumerar os símbolos, surge a ideia de que neles está sempre inerente um elemento concreto e outro abstracto, sendo o primeiro uma espécie de substituto visível para o segundo.Há, porém, símbolos de carácter local. Nomeadamente em Portugal a flor de laranjeira designa a virgindade da noiva, o que noutras culturas pode ter um significado diferente ou não existir como referência simbólica. A cor branca representa pureza e castidade, enquanto, nomeadamente em países árabes, pode relacionar-se com a morte e a transição da alma para um mundo superior, em que se encontrará com Deus. Sendo Portugal um país de tradição indo-europeia e judaico-cristã, a visão do branco como uma cor indissociável das virtudes, parece lógica e natural. Leiam-se os versos (Braga, 1911:22):

> O branco que elle levava
> Significa virgindade

Na cantiga, o significado da cor branca está profundamente arraigado na cultura cristã. Embora socialmente rara e quase inaceitável, aqui é destacada a virgindade do rapaz, mediante o pronome "ele", implicitando que as regras religiosas e culturais antigamente eram iguais para os dois géneros, ainda que mais rigorosas talvez com a população feminina. A cor do vestido de noiva, segundo a tradição comum na Europa, deve ser justamente branca, simbolizando a integridade da noiva. O verde simboliza a esperança, a renovação da natureza e das forças vitais, como também a juventude e a falta de maturidade. Estes significados são reconhecíveis na maior parte das culturas universais. Leia-se a quadra (*idem*, 22):

> O verde que ele levava
> Quer dizer firme esperança
> Já tenho ouvido affirmar
> Quem espera, sempre alcança.

Na cantiga, a mesma raiz do verbo "esperar" e do substantivo "esperança", multiplica o sentido optimista expresso no poema, sublinhada ainda pela cor verde da roupa do amado, no adjectivo "firme", no verbo "afirmar" e no provérbio no último verso. Com isto, a simbologia do verde parece clara, embora necessitando de várias reiterações, de forma a "convencer" o sujeito lírico da "verdade" da carga simbólica atribuída a esta cor.

Ao azul, aplicam-se interpretações relacionadas com o céu, mar, honra, pureza. Não admira, por isso a Virgem Maria estar frequentemnte representada a vestir-se desta cor, particularmente nos ícones ortodoxos. Não obstante os significados positivos que a cor em questão revela ter, na seguinte cantiga, atribui-se-lhe uma interpretação bastante pessoal (*idem*):

> O azul que ele levava
> Significava ciúmes

O contexto da quadra não explica a eventual relação entre a cor e o sentimento, muito menos podemos criar uma associação imediata, o que dificulta as possibilidades interpretativas, o que nos leva à conclusão de que quando não existe um consenso da comunidade cultural em que uma imagem surgiu, não se pode falar em símbolo no sentido rigoroso do termo.

Para além das cores e objectos, na literatura (popular ou erudita), os nomes próprios frequentemente têm um simbolismo, facilmente decifrável. Deste modo, as personagens dos contos-de-fadas tradicionais podem chamar-se "Branca Flor", "Preciosa", "Cara Gentil", reservando-se para os vilões e vilãs nomes como "Preguiçosa", "Pedro de Malas Artes" e afins, posicionando-os em seguida no lugar correcto na estrutura do conto. A poesia popular, pelo menos o cancioneiro, prefere recorrer aos nomes reais e seus significados. No seguimento da nossa linha de pensr, referimos que, se uma rapariga se chama Rosa, o mais natural parece que o seu nome simbolize beleza e outras características da flor homónima. Da mesma forma, Maria deve ser boa e virtuosa, por associação à Virgem Maria, sendo em hebráico, um dos seus significados "mulher que ocupa o primeiro lugar". Na nossa tese de Doutoramento (*Op.cit.*) abordámos a simbologia dos nomes e reflectimos justamente sobre a simbologia de Maria no cancioneiro, sublinhando a sua presença e significação desse nome nas culturas cristãs, em que a Virgem é vista como ideal e modelo a imitar.

Para Manuel dir-se-á que é "nome de Jesus Cristo" uma vez que em hebraico "Emmanuil" significa "connosco Deus". (fundamentar)

As plantas também podem ser simbólicas.Para além das rosas, cuja simbologia se referiu anteriormente,, na poesia popular quase cada planta tem a suarelevância. Desta forma (*idem*, 35):

> Oliveira é a paz
> Que se dá aos bem-casados,
> Palmas aos sacerdotes,
> Alecrim aos namorados

Aqui observamos uma combinação de símbolos universais e locais, sendo o último característico para a poesia popular portuguesa, enquanto os outros são da origem bíblica. Diga-se de passagem, na cultura popular sérvia, o alecrim ocupa um lugar importante no universo poético amoroso, embora mais relacionado com o casamento.

255

Outra flor interessante, do ponto de vista simbólico, no imaginário popular português, é o cravo, na lírica popular simbolizando o princípio masculino. A primeira associação à simbologia do cravo em Portugal, na época actual, seria, talvez, o 25 de Abril, considerado uma das revoluções mais pacíficas dos nossos tempos e durante muito tempo equiparado à liberdade e democracia. Está claro que esta simbologia da flor não se pode aplicar às cantigas populares, sendo elas muito anteriores ao evento em questão. No *Dicionário dos Símbolos* de Jean Chevalir e Alain Gheerbrant (1982) não há referências à simbologia desta flor, o que não significa a escassa relevância cultural e representativa do cravo. Na mitologia romana, esta flor simbolizava Júpiter, deus supremo, daí, talvez, entender-se a interligação desta planta e a sua atribuição ao género masculino. O seu nome científico, "Danthus", em grego significa "flor de Deus", considerada a mais bela e apropriada para a população masculina. O seu equivalente simbólico, "no feminino", seria a rosa. Daí, não admirar a ocorrência de representações de rapazes e raparigas justamente como rosas e cravos nas cantigas populares portuguesas. O cancioneiro, apresenta-nos, porém, outras possibilidades simbólicas desta flor (Braga, 1982: 21):

> Tendes um cravo no peito,
> É signal de casamento

Dada a simbologia "masculina", previamente referida do cravo, a imegem que o representa no peito feminino, próximo do coração, poder-se-ia entender a ideia da união matrimonial.

Acontece também cultura popular, por vezes recorrer a representações simbólicas da literatura erudita. Tal é a situação com a parte da cantiga (Braga:1911:34):

> Quem pintou o amor cego
> Não no soube bem pintar

Aqui, os conhecimentos da mitologia clássica ajudam a reconhecer a imagem de Cupido (Amor) como um rapaz de olhos tapados que atinge aleatoriamente os corações dos apaixonados, explicando-se, deste modo, o carácter cego deste sentimento, bem como a escolha, nem sempre certa, a quem amamos. O poema parte de um motivo culto (a imagem de uma personagem mitológica com toda a carga simbólica que lhe é atribuída), "demitificando" as ideias que lhe são subjacentes, e dando uma resposta popular à questão da "cegueira" do amor. Na lógica popular, desenvolve-se a teoria de que "o amor nasce de vista/quem não vê, não sabe amar"). A interferência entre o culto e o popular, pode não ser uma constante no cancioneiro, oferecendo-nos porém, uma diversidade de interpretações do mesmo material simbólico, universalmente conhecido.

Outros elementos, idóneos para representações para significados simbólicos, certamente, são os animais. Na poesia popular, os mais representados são os pombos, sendouniversalmente conhecidos como símbolos de fidelidade. Esta ideia atribui-se-lhes porque os biólogos constataram que os pombos costumam ter apenas um parceiro amoroso ao longo da vida. Fora do contexto poético, estes animais simbolizam a paz, sendo frequentemente ilustrados com uma rama da oliveira no bico, subentendendo a mundividência cristã, da mensagem divina que transmite a paz.

No cristianismo, o Divino Espírito Santo é representado como pombo, havendo para isso, vários fundamentos na Bíblia. Em Chevalier e Gheerbrant (*1982*), o pombo pode simbolizar desde a ingenuidade, a pureza, o amor, o início da Primavera, as transformações na natureza. Porém, a simbologia mais comum deste pássaro, parece ser, de facto, a de um amor feliz. Não admira, por isso, a poesia popular, recorrer ao diminutivo "pombinhos/as", transmitindo desta forma, a ternura eo carinho que a sua imagem inspira.

Outro animal, sujeito à conotações simbólicas na literatura é a serpente. Universalmente conhecido, este animal pode ter interpretações ambivalentes: em Medicina, por exemplo, simboliza simultaneamente a possibilidade de curar ou matar, constando na representação imaginística, em redor do copo. Podendo representar, segundo Chevalier e Gherrbrant, a alma, o líbido, o eixo do mundo, as transformações cíclicas, (nas culturas eslavas está intrínsecamente ligada aos antepassados, bem como ao erotismo, podendo ser um substituto de dragão), tem um princípio vivificador, adivinho, relaciona-se com o poder de adivinhar.

Na Bíblia, este animal não é bem visto, sendo que já no *Génesis*, tenta Adão e Eva para provarem do "fruto proibido" Já foi anteriormente referido o episódio bíblico em que o fruto do conhecimento do bem e do mal desempenha um papel fulcral na condenação de Adão e Eva e na sua expulsão do Paraíso. Na linguagem falada, a serpente ou cobra tm sempre uma conotação negativa, simbolizando a maldade, a língua (geralmente feminina), disposta a caluniar, ofender e ferir, sem pensar nas consequências. A poesia popular não parece benévola com este animal, atribuindo-lhe apenas características mais depreciativas.Em Teófilo Braga (1911:323) encontramos os versos que parecem confirmar essa tendência:

> Serpa, serpente,
> Ruim terra, pior gente.

Nestes versos, não se constata apenas a semelhança fonética entre o topónimo e o animal em questão, insinuando-se o carácter da terra e dos seus habitantes. Como a cantiga não nos explica a razão para a semelhante afirmação, não nos podemos basear em argumentos contundentes que possam provar a maldade das pessoas que vivem nesta localidade. Eventualmente, poder-se-ia pensar nas possíveis acersões ou rivcalidades entre terras, comuns no folclore popular e nas caracterizações generalistas baseadas em possíveis más experiências que alguém viveu lá, querendo-as transmitir ao povo, de forma quase proverbial.

Na parte dos romances, inseridos nos *Cantos Populares do Arquipélago Açoriano,* recorre-se praticamente aos mesmos símbolos que no cancioneiro, (quer o geral, quer o especificamente açoriano) , podendo-se explicar esta coerência por vários factores. O universo lexical e temático do cancioneiro e do romanceiro, por vezes é abordado da mesma maneira e com os mesmos recursos estilísticos, podendo isto dever-se À transmissão oral dos poemas. Nomeadamente, o cravo e a rosa têm o mesmo potencial interpretativo que no cancioneiro: os princípios masculino e feminino, inseridos no contexto amoroso, significando a beleza e o amor.

O romanceiro parece ter tido mais contactos com a literatura erudita, dadas as construções frásicas, o universo tematológico e as representações simbólicas de determinadas imagens. Desta forma, o rapaz apaixonado, foi atingido por flechas de Cupido, uma cristã recusa-se a casar com um "turco renegado", tendo ela o seu "Senhor crucificado". O crucifixo, de acordo com a doutrina cristã, além de simbolizar o sofrimento de Jesus e a sua morte, determina a vitória e a glória eternas. Inserido nos romances históricos ou mouriscos, simboliza a verdade da religião cristã sobre o islão.

Como a linguagem dos romances, os seus versos e a sua estrutura diferem bastante das características formais das cantigas populares, parece natural uma maior variedade de símbolos.

São frequentes os romances que abordam o tema de incesto entre o pai e a filha, sendo as raparigas que se recusam a uma relação pecaminosa, símbolos de firmeza, honestidade e virtude, e os tais pais, encarnações do pecado, merecedores da condenação eterna.

No ciclo dos romances sobre a filha mais nova do rei que se disfarça de homem, recebendo o nome de D. Varão, simboliza coragem igualável à dos heróis masculinos, estando disposta a sacrificar-se até ao ponto de mudar todos os seus hábitos e elementos de identidade para defender a honra do pai, velho e fraco atacado pelos inimigos. (citar exemplos, aprofundar teoricamente)

Inúmeros são os exemplos de símbolos na poesia popular, alguns relativamente simples, outros muito mais densos, alguns universais, outros de carácter local, Certos símbolos ajudam a criação de estereótipos, no sentido positivo ou negativo da palavra. A literatura popular oferece uma série de sentidos simbólicos e significados já quase inerentes à palavra e encarrega-se da sua preservação e transmissão às gerações futuras. Outras ideias podem ter um valor simbólico mais intrínseco epessoal, que cada ouvinte ou leitor pode descobrir por si próprio, identificando se em maior grau com determinadas imagens e versos.

Mesmo assim, o tesouro popular recolhido por Braga no *Cancioneiro Popular Portuguez* e nos *Cantos Populares do Arquipélago Açoriano* representam testemunhos de uma riqueza inesgotável da linguagem, imagens poéticas, ideias, tradições e valores a preservar.

Compete-nos também mencionar que uma figura estilística parecida com o símbolo, apenas mais complexa é a alegoria. Para Guilherme Ribeiro (*op.cit.,*)

A alegoria é uma composição simbólica, feita de vários elementos que formam um conjunto coerente e reenviam termo a termo para o conteúdo significado.

Sendo a linguagem na alegoria mais elaborada e as suas ideias mais aprofundadas e os significados não tão óbvios e directos, é pouco provável encontraralegorias na poesia popular, o que de forma alguma remete para a ignorância do povo ou os escassos conhecimentos da retórica e estilística. Nas fábulas populares, por exemplo, o reino animal é uma alegoria da sociedade, sendo os animais representações alegóricas dos defeitos e virtudes humanas. Nos contos de fadas também é possível encontrar traços alegóricos , que têm interessado até os psicanalistas mais reconhecidos, como Carl Gustav Jung, Marie-Louise von Franz, Bruno Bettelheim e outros. Para eles, os contos de fadas são uma alegoria da vida real, ajudando os leitores mais novos a crescerem e ultrapassarem os obstáculos, encararem o mal, a morte, a injustiça e outros fenómenos que acontecem na vida quotidiana.

A linguagem poética frequentemente é alegórica por si mesma. Embora menos frequente na poesia popular, não se pode descartar a sua existência no cancioneiro popular, não obstante a sua aparente simplicidade linguística.

Deste modo, "o jardim das flores fechado" pode representar a infelicidade ou desilusão amorosa, que proíbe a entrada dos desgraçados ao mundo dos felizes e realizados no plano amoroso, os pombos que se beijam são uma imagem alegórica dos namorados fiéis e satisfeitos com a correspondência dos seus sentimentos. A torre em que está fechada a bela donzela Aldina, no romanceiro é alegoria de um poder tirânico de uma monarquia e o rei pai, apaixonado pela filha poderia ser entendido como representação de um soberano despótico, cuja vontade deve ser cegamente obedecida.

Estes foram apenas alguns exemplos das imagens alegóricas características para o cancioneiro ou romanceiro popular português, podendo tornar esta investigação ainda mais interessante e mais rica do ponto de vista estilístico e linguístico.

Nos capítulos que se seguem, continuaremos o estudo e a análise das figuras de estilo, fomentando novas discussões eabrindo talvez perspectivas diferentes no estudo do cancioneiro.

3.5 Metonímias

Após o estudo dos símbolos e alegorias, cabe-nos discutir o conceito de metonimía e as suas ocorrÊncias nas colectâneas de poesia popular, coligidas por Teófilo Braga.

A metonímia é uma figura de estilo que, à primeira vista, tem algumas semelhanças com a metáfora, sendo usada para estabelecer uma relação entre dois objectos, ideias ou fenómenos que partilham uma ou mais característica comum. Segundo Radomir Jovanović (*op.cit.*1030) trata se de "figura em que um conceito é substituído por outro conceito que com o primeiro guarda uma relação próxima". Essa semelhança pode manifestar-se na forma, cor, tamanho, recipiente em vez do líquido, um número exacto por uma quantidade inexacta entre outros. Para Vico (*apud*, Braga, 1986:237) a metonímia surge porque "compreender a substância pela sua forma ou acidentes vem da incapacidade de abstrair da substância os acidentes e a forma."

Esta linguagem, muito inserida na filosofia positivista, revela-nos a lógica desta figura de estilo em si, porque muitas vezes, de facto, as pessoas usam a palavra que indica a forma ou uma caracteriística acidental, mas importante para se referir ao conteúdo.

Partindo da ideia de que a palavra metonímia, como referem Stanojčić e Popović (*op.cit.*), traduzida literalmente do grego, significa a "mudança do nome", devemos salientar que a relação entre os dois termos na metonímia não se baseia na semelhança, na substituição de um elemento por outro. Desta forma, quando algueđem "bebeu um copo de água", subentende-se que não bebeu o copo, mas a quantidade de água que cabe dentro. Como variante da metonímia, Vico (*apud*, Braga, *op.cit.237*) cita a sinédoque, que aparece "depois que (o pensamento, acrescentado nosso) se elevou das particularidades às generalidades, isto é quando se utiliza uma parte para se indicar um todo. Como as metonímias e as sinédoques são muito semelhantes, não abordaremos a sinédoque com muito pormenor.

As conexões estabelecidas na metonímia baseiam-se na dicotomia causa-efeito, na substituição de uma parte por um todo, um objecto específico por outro genérico, o instrumento pela pessoa que o usa, entre outros.

Na poesia popular, esta figura não parece ser muito frequente, no entanto conseguimos encontrar alguns exemplos, que mereceram a nossa atenção. Leiam-se os seguintes versos: (Braga, 1911;225)

Os primeiros amores que tive

mandei-os mato á caraqueja

Neste caso, o sintagma "os primeiros amores" substitui "a primeira pessoa que amei", sendo o abstracto (o sentimento amoroso) usado para representar um elemento concreto (a pessoa em questão).

No verso "teus olhos hão de ser meus" (Braga:1982:22) acontece a substituição de uma parte por um todo. Está claro, aqui não se trata do desejo de mutilar a pessoa amada. Poeticamente, os olhos substituem a pessoa completa, podendo o sentido ser "tu hás de ser meu/minha".

Mais precisamente e tecnicamente falando, a figura encontrada na cantiga seria a sinédoque. Porém, como uma grande parte de especialistas em estilística a considera uma variante de metonímia, não faremos, neste momento, uma distinção pormenorizada entre os dois recursos estilísticos em questão, evitando mencionar detalhes demasiado específicos, que nos afastariam do tema central do trabalho.

O cancioneiro popular abunda dem exemplos de versos em que uma parte do corpo se usa para se referir à pessoa, talvez por essa parte (olhos, boca, mãos) ter despertado mais atenção no sujeito lírico. De acordo com Ana Paula Guimarães (*op.cit.*) os olhos representam um canal de comunicação entre o mundo exterior e o coração. Daí, não admira os olhos, para além de serem "amantes leais" do coração, podem representar a pessoa apaixonada ou amada. Nesta conformidade, quando o sujeito lírico confessa: "Fizeram-me esses teus olhos/As minhas juras quebrar (*idem)* na verdade pretende mencionar o poder do olhar da amada que o encantou de tal forma que o fez renunciar à palavra dada.

Um outro caso da metonímia da parte pelo todo, embora com uma conotação negativa, seria o verso "dizei àquela má língua" (*idem, 33*), em que o sintagma citado substitui a referência a uma transmissora de informação não verificada sobre os outros. No cancioneiro sagrado, infantil ou político, pelo menos nas leituras feitas até agora não nos pareceu frequente a metonímia como figura de estilo, talvez por estes três tipos de temáticas exigirem uma linguagem mais clara e directa.

Na parte dos romances incluídos nos *Cantos Populares do Arquipélago Açoriano,* como metonímia podemos considerar "a caça real"*(idem,237).* Em vez de se especificarem os animais concretos que os príncipes e condes caçam no bosque, utiliza-se o nome genérico "caça", subentendendo-se as espécies animalescas, objectos

262

dessa actividade. Da mesma forma, as espadas podem representar soldados, segundo o princípio de se substituir o instrumento pela pessoa que o usa. Como exemplo citaremos (Braga, 1982:285):

Vejo três espadas nuas
Para convosco guerrear.

Naturalmente, ninguém imagina as espadas a movimentarem-se sozinhas, participando na guerra, sendo aqui implícitos três soldados que usam essas armas.

Embora mais complexa e mais rara que a metáfora, a metonímia é um recurso estilístico presente também na poesia popular, aproximando-a, de certa forma, do discurso erudito e mostrando a riqueza e densidade lexical e semântica deste género literário, e contribuindo para o valor estético do cancioneiro popular português.

3.6 Ironias

Sendo a tradição literária portuguesa rica emcantigas de conteúdo satírico, quer na sua vertente de lírica erudita, quer na popular, pareceu-nos indispensável reflectir sobre o fenómeno de ironia, que nos ajudará a compreender melhor o conteúdo das próprias cantigas.

A nosso ver, por ironia entende-se a ideia de dar propositadamente o sentido contrário às palavras expressas no texto ou pronunciadas oralmente, com o efeito de criticar ou caricaturar um defeito de forma indirecta. Para Radomir Jovanović (*op.cit.*) é da opinião de que esta figura representa uma crítica escondida mediante a inversão de sentidos e sentidos das palavras. Nas frases irónicas pode haver também, uma dimensão humorística, embora não tão suave e nem sempre inofensiva. Estes efeitos notam-se particularmente na lírica erudita galaico-portuguesa, e sobretudo nas cantigas de escárnio e mau dizer, em que o poeta, indirecta ou abertamente ironiza a dama a quem deixou de amar, o riva amoroso, um político, um colega seu e a sua arte versificatória… Quando a crítica parece mais escondida, como refere Massaud Moisés (*op.cit.*) trata-se de cantigas de escárnio, e quando os defeitos do Outro se expõem explicitamente, como reza o seu título, em questão está o "mau dizer." Neste contexto, é necessário ter um sentido sofisticado de perceber todos os sentidos poéticos escondidos detrás de uma imagem ironizada.

De forma semelhante com a lírica erudita, na poesia popular, a ironia é usada para se darem a conhecer publicamente os defeitos da pessoa que é alvo das críticas, podendo tratar-se do antigo/a namorado/a, do rival no amor, de algum político, dos falsos amigos. A ironia pode ser dirigida a uma pessoa em particular, como podem adquirir um sentido mais geral, referindo-se a toda uma categoria, classe social, faiza etária entre outros.

Para dissimular a desilusão amorosa, a parte abandonada recorre à ironia, invertendo a situação e pondo de manifesto apenas os defeitos do antigo amor, tornando-o em indigno e não merecedor de qualquer sentimento da sua parte. A ironia na, poesia popular portuguesa, não parece nem muito ofensiva, nem muito grave. Ditas em forma de brincadeira, e aparentemente sem querer (embora com uma intenção muito bem formulada), algumas palavras conseguem ter um maior efeito no público, a quem se destina um determinado poema popular. O sentido oposto das ideias expressas nas cantigas, parece retirar a devida seriedade do seu conteúdo, atingindo infalivelmente o alvo desejado.

A continuação, analisaremos diversos exemplos de ironia nas quadras do cancioneiro popular (Braga, 1911: 94)

> Toda a mulher que se casa
> Grande castigo merece
> Deixa o seu pai, sua mãe
> Vai amar quem não conhece.

Nesta cantiga, aparentemente se critica a decisão das mulheres de casarem e "abandonarem" os pais, em função de amar a quem até então praticamente não conhecia, sendo digna de um "grande castigo" pelo seu "crime". Não se revelando o tipo e o valor do castigo, torna-se claro o tom, ligeiramente irónico, da quadra. Repare-se noutro exemplo, em que a ironia é mais visível (Braga, 1982:39):

> O meu amor que me deixou
> Não foi por mais boniteza
> Disse-lhe que eu era pobre
> Foi em cata da riqueza.

Aqui, o sujeito lírico, uma rapariga abandonada pelo amado, procura dissimular o ressentimento e a mágoa, denegrindo a imagem do namorado e apresentando-o como interesseiro e superficial, incapaz de apreciar a sua beleza, procurando apenas o valor material em tudo. Numa outra cantiga, provavelmente o apaixonado ofendido, é autor desta ironia aberta, dirigida à uma beleza vaidosa, advertindo-a para o carácter transitório do seu dom. Repare-se no exemplo (*idem*, 40):

> Oh, menina, você cuida
> Que não há outra no mundo?
> Não há caldo tão gordo
> Que não se lhe veja o fundo.

A crítica irónica, subjacente nesta quadra refere-se à vaidade feminina, devida à fugacidade da beleza. Passada a admiração temporária, a mordcidade do desprezo costuma dolorosa. Daí, não admirar que a cantiga termine justamente com a palavra "fundo", implicitando o carácter implacável desta ironia.

O recurso estilístico em questão pode servir também de auto-crítica, de catarse e de uma forma aberta de exprimir o descontentamento com uma relação amorosa mal-sucedida. Repare-se na cantiga (*idem*):

Quando eu te queria bem,
Quando eu bem te queria
Não via um palmo da terra
Na cegueira em que vivia

Repetindo na primeira metade da cantiga as memórias do tempo em que ainda estava apaixonado, o sujeito lírico também usa duas formas ilustrativas para se referir ao seu erro (a falta quase absoluta da visão e a cegueira), ambas expressões metafóricas para a ilusão ou engano, acompanhados do desejo de não admitir o defeitos do outro. Mordaz e implacável consigo própria, a voz que protagoniza a cantiga é o simultaneamente com o antigo amor, desvalorizando-o em absoluto.

A ironia é um mecanismo frequente nas cantigas de conteúdo político, expresssando de forma aberta ou encoberta a insatisfacção do povo com os seus governantes. Já mencionámos que o cancioneiro popular frequentemente ironiza os membros da realeza ou nobreza, pondo em ridículo a Monarquia como sistema.

Nomeadamente, quando a rainha D. Maria II é apresentada a fiar numa roca para poder saldar as dívidas, ironiza-se o estado em que o país estava durante o seu governo.

No cancioneiro sagrado não há ironia, pois Deus, a Virgem Maria, os santos, no imaginário popular, são merecedores apenas de elogios, orações, agradecimento e veneração. Havemos de destacar que em todas as épocas e contextos históricos havia momentos em que a fé decaía e em que entre o povo se podia sentir uma falta de vocação religiosa, não obstante, nas colectâneas de Braga não há cantigas com o sentido irónico ou depreciativo.

Neste contexto, poderia parecer ligeiramente depreciativa a cantiga"Santo António, com ser santo/deve muita pancada levar" (*idem*), em que é recomendado este "remédio" ao santo que não cumpriu com as expectativas de um apaixonado e não lhe permitiu namorar a rapariga pretendida. Nestes versos não há, a nosso ver, nenhuma interferência da posição de Teófilo Braga contra a Igreja ou a religião católica, porque se trata de um costume popular, arraigado na tradição portuguesa de "virar o santo ao contrário", "bater-lhe" ou castigá-lo de qualquer outra forma. Carlos Guardado da Silva (2006) afirma tratar-se da procura do espectacular e único nas festas sagradas, bem como da satisfacção da justiça, através dos "castigos merecidos" aplicados ao santo. Por que precisamente aplicar estas "medidas disciplinares" a Santo António e não a qualquer outro santo? Segundo reza a lenda, este é o "santo casamenteiro", no imaginário popular português encarregue de unir os namorados, e casá-los. No caso de o santo não conceder o desejo aos apaixonados, parece natural entender o seu sofrimento e revolta. Por sua vez, confidenciando os seus sentimentos e escalando a sua raiva contra o santo, o povo pretende manifestar que tem uma grande proximidade com o santo, tendo o direito de o elogiar quando age correctamente ou repreender (ainda que violentamente) quando comete erros.

As cantigas infantis, naturalmente, não contêm linguagem ofensiva no sentido irónico, sendo que se pressupõe que as crianças não são capazes de entender esse nível de pensamento. Em última análise, podem aparecer elementos de humor, inocente e inofensivo, próprio para a idade de quem é o destinatário desse tipo de cantigas.

Nos romances populares, inseridos nos *Cantos Populares do Arquipélago Açoriano,* a ironia não é uma figura de estilo frequente, uma vez que o género lírico-épico, a nosso ver, é um género bastante mais sóbrio, não deixando espaço aos jogos de palavras, sentidos ocultos e intenções indirectamente expressas. Podem ironizar-se, eventualmente, alguns comportamentos dos mouros, sendo inimigos da Nação e da fé, determinadas influências francesas na cultura portuguesa, conduta indelicada de certas damas entre outros. Nos romances novelescos, é ironizad o caçador, que sem saber que a dama que encontra na selva é sua irmã e começa a cortejá-la, é ironizaso o pai, apaixonado pela filha, que pretende ter com ela uma relação incestuosa, é ironizada a esposa infiel que, descalça e escassamente vestida, de noite abre a porta de casa, pensando que em vez do marido, vai encontrar o amante secreto. Ridicularizado é o Conde de Alemanha, amante de uma rainha, representado poeticamente como (Braga, 1982,210):

> Que o Conde é pequenino,
> É menino, quer brincar

Sendo de estatura baixa, sublinhada ainda mais no diminutivo, e muito jovem (imegem repetida na palavrea "menino" e no desejo de assumir um comportamento infantil, o de brincar, o Conde estrangeiro é caracterizado cono indigno e um rival inferior em tudo ao rei, merecendo uma morte cruel no fim do romance. É ironizado o príncipe, no ciclo de romances sobre "Dom Varão" (donzela disfarçada de homem, que vai para a guerra para salvar a honra do pai idoso e doente). O príncipe inimigo nas vésperas da guerra apaixona-se pelos olhos do "Dom Varão", que "são de mulher, de homem não" *idem*, 215). Seguindo todos os conselhos da mãe, pretende comprovar a feminilidade do seu rival, mas devido à inteligência e capacidade de se disfarçar da donzela, a sua imagem de guerreiro valente fica diminuída, merecendo a seguinte resposta: (*idem*):

> Virgem vim e virgem vou,
> O filho do Rei como asno ficou!

Curiosamente, a ironia no romanceiro está quase sempre dirigida ao Outro: rival amoroso, inimigo do país, representante de outra religião, ra°a ou nação, à mulher (embora não a todas, apenas às mentirosas, infiéis, cruéis, sendo mais ironizado o seu comportamento que propriamente o seu género. Esta posição do romanceiro relativamente às visões do Outro, nunca está isenta de juízos de valor, pode-se justificar sob o prisma da defesa da identidade nacional, cultural, religiosa, apregoando os ideais da Reconquista cristã e da união territorial do país.

Após o estudo e enumeração de distintos casos de ironia nas cantigas e romances populares, reunidos nos volumes do *Cancioneiro Popular Portuguez* e nos *Cantos Populares do Arquipélago Açoriano,* coligidos por Teófilo Braga, observamos a forte presença de ironia e sátira, provavelmente influenciada, por um lado, pela lírica erudita galaico-portuguesa, e por outro, por um específico sentido de humor português, simultaneamente suave e forte, propício para caricaturar os defeitos que considera inaceitáveis na sociedade. Em diversos contextos (amoroso e político sobretudo), constatam-se vários níveis e graus de ironia, desde a mais directa e mordaz, até à subtil e sofisticada.

3.7 Figuras de pensamento na poesia popular

Nesta parte da nossa análise dos cancioneiros coligidos por Teófilo Braga, abordamos a ocorr\Encia das "figuras de pensamento",como as designa Ribeiro (2000). Denominam-se assim por o seu sentido n\ao ser demasiado óbvio, requerdendo um cetro nível de conhecimentos e referências culturais e exigindo também um determinado esforço intelectual por parte de quem inventa e transmite o poema, bem como por parte do seu destinatário.

Algumas destas figuras são: pergunta retórica, apóstrofe, hipérbole, antítese, personificação e gradação. À continuação, definiremos cada uma ilustrando-as com exemplos do *Cancioneiro PopularPortuguez* e dos *Cantos Populares do Arquipélago Açoriano,* comentando devidamente as suas especificidades na poesia popular.

3.7.1 Perguntas retóricas

Sob o termo "pergunta retórica", entende-se a pergunta para a qual não existe uma resposta, e nem sequer se espera Serve para produzir algum efeito de admiração ou persuasão no público. A retórica como arte desenvolveu-se na antiga Grécia, como uma destreza de falar em público de forma persuasiva e eficaz, para com os sofistas, adquirir também a dimensão quase atrística da utilização do dom da palavra, não apenas para comunicar e transmitir informação, senão para atingir objectivos pretendidos na mente dos ouvintes, influenciando-os a airem conforme as ideias expostas no seu discurso. Por isso, a retórica parece indissociávl da política, filosofia e da literatura. Juntamente com a Logica e a Gramática, a Retórica constituía o *Trivium* das disciplinas obrigatoriamente estudadas nas universidades europeias medievais, que em grande medida seguiam a herança cultural greco-latina. Como pai da Retórica pode considerar-se Aristóteles (2005) que na sua obra homónima expõe três componentes importantes desta arte: *ethos* (como o orador convence o público, a sua autoridade, conhecimentos, preparação, se o autor de um discurso é qualificado para abordar um assunto), *pathos* (como o orador atinge a esfera emocional do público) e *logos* (como o orador domina a parte racional do discurso, se baseia a estrutura da sua exposição nos argumentos, se desenvolve o raciocínio inductivo ou deductivo.) Como as figuras de estilo estão sempre mencionadas no contexto do *pathos*, paraceria natural a pergunta retórica também caber neste domínio.Porém, se observarmos com mais pormenor a estrutura e a função desta figura, poderíamos pensar que remete para a esfera racional, servindo não tanto para adornar uma expressão ou pensamento, como para confirmar a opinião do enunciante e para fomentar a reflexão sobre um assunto.

A pergunta retóricaexiste apenas para obrigar o destinatário de um texto literário a reflectir cobre um tema, apresentado como uma aparente dúvida do sujeito lírico. O conteúdo da pergunta é geralmente filosófico costuma dizer respeito aos assuntos relacionados com os sentimentos, o sentido da vida ou o porquê de determinados fenómenos. Na poesia popular o recurso estilístico em questão aparece frequentemente nas situações em que os protagonistas das cantigas confessam à natureza um problema, quase pedindo-lhe a opinião..Ocasionalmente, a forma interrogativa que surge no final da cantiga serve apenas para afirmar uma ideia, ou como uma espécie de conclusão lógica (Braga, 1911:15).

> Quando o pé é de neve
> O corpo de que seria?

A brancura do pé de Maria, confirmada três vezes ao longo d quadra, suscitou a imaginação de quem a observa, de tal forma, que, através da pergunta retórica, na realidade deseja afirmar que todo o seu corpo é igualmente alvo, com todas as cargas simbólicas da palavra.

Da mesma forma, numa outra situação, a voz do sujeito lírico, interrogando-se, afirma a impossibilidade de viver sem o seu amor. Leia-se a quadra (Braga: 1982:8):

> Alma, vida, coração,
> Já tudo te entreguei,
> Tens tudo quanto me anima,
> Como sem ti vivirei?

Se aparecem perguntas no cancioneiro infantil, não se podem designar popriamente de "retóricas", primeiramente por exigirem uma resposta, que explica às crianças o mundo em que vivem, estabelecendo uma relação de causa e efeito (*in*: Braga, 1911, 19):

> P'ra que são as pombas?
> Para poros ovos.

Tratando-se de perguntas no final da cantiga, geralmente "quem é?" ou "o que é?", presentes nas "parlendas e jogos", podemos deduzir que elas têm quase o mesmo sentido que as adivinhas: fazer a criança pensar nas possíveis respostas. Sendo questões simples, sem um sentido figurado, estas perguntas não cabem no domínio das chamadas "retóricas", presentes noutros géneros de cantigas populares. Um dos raros exemplos de pergunta retórica no cancioneiro infantil está visível na cantiga intitulada "Semana da mulher priguiçosa", em que se critica o vício da preguiça e em que a sua personagem principal se tenta justificar. Leiam-se os versos (*idem*, 306):

> Na segunda me eu deito,
> Na terça me levanto,
> Na quarta é dia santo
> Na quinta vou para a feira
> Na sexta venho da feira,
> No sábado vou-me confessar,
> No domingo vou commungar,
> Diz-me agora, comadrinha,
> Quando heide trabalhar?

Para além de ajudar as crianças a memorizarem os dias da semana e algumas rimas básicas, o poema apresenta uma mulher caricata, que parece ter todos os dias ocupados com alguma actividade importante, ainda que seja tão simples quanto levantar-se e deitar-se. Esta personagem na realidade não trabalha, porém, respeita o feriado santo, vai confessar-se e comungar nos dias da semana previstos para isso. Criticando talvez também a beatice religiosa de determinadas mulheres das aldeias, a pergunta retórica no final do poema, serve apenas para confirmar que a mulher preguiçosa nunca vai trabalhar. Inserindo esta figura de estilo num poema infantil, não nos parece que as cantigas populares se quisessem tornar difíceis ou incompreensíveispara o público mais novo, apenas fazê-lo pensar e incentivar a sua caoacidade de chegar à resposta correcta.

No cancioneiro político, as perguntas retóricas podem estender-se por toda a cantiga e servem para questionar algumas decisões dos monarcas, podendo por vezes ser dirigidas a algum rei ou político concreto, ou, outras vezes, referentes ao estado geral no país. Nas "Trovas de Maria Pinheira contra o Conde da Castanheira, valido de D. João III", são dirigidas à "Vossa Alteza", as seguintes perguntas retóricas (*idem*, 391):

> Senhor, que engano é esse?
> Como não fugis d'esse homem?
> De que tantos outros morrem,
> Por ser seu mel e peste?

A respeito deste episódio histórico, Teófilo Braga (*idem*,385) pronuncia-se como acerca de "uma das sátiras mais pungentes e elucidativas do Governo de D. João III e do seu omnipotente favorito, D- António Pinheiro, Conde de Castanheira.".

Embora atribuídas a Damião de Góis, ou a alguns poetas palacianos, estas trovas constam do cancioneiro compilado por Braga como populares, dado que o seu estilo e linguagem se assemelham muito às outras cantigas desta colectânea. Outras perguntas, sem serem retóricas, formuladas de uma forma simpoles, como se fossem destinadas a crianças, oferecem algumas respostas sobre os acontecimentos históricos importantes, tais como a demissão do Marquês de Pombal em 1777, desenvolveram-se muitas sátiras políticas expressas nas cantigas, que supostamente questionam o cenário político português da época, na realidade apenas confirmando o que tinha ocorrido. Leiam-se os versos (*idem* 415):

> -Quem acaba d'esta vez?
> -Marquez.
> -Quem também anda na trilha?
> -Mansilha.
> - Quem era outro, que tal,
> - Geral.

Esta cantga engloba as personagens do Marquês de Pombal, Frei Manuel de Mendonça, abade de Alcobaça e Frei jooão de Mansilha, procurador dos Dominicanos. Nos seus comentários a este tipo de cantigas satíricas, o próprio Teófilo Braga (*idem*. 415) usa a palavra "indignidade" para caracterizar o conteúdo dos poemas em questão. Uma posição assim não admira, uma vez que o Marquês de Pombal foi uma figura muito importante na construção do imaginário republicano. Deste modo, Maria Alice Dias de Albergaria Samarra (2010) refere que esta personagem da História portuguesa era muito respeitada pelors republicanos dado o seu rigor, disciplina e trabalho, como também devido ao seu acentuado anticlericalismo e aitijesuitismo.

Noutras cantigas populares de teor político, as perguntas retóricas referem-se à Constituição de 1826. Uma figura feminina, representando a Constituição, ia palas ruas em *andores*, como refere Braga (*idem*) e cantava cantigas políticas. À Constituição chamava-se-lhe de "menina", para a alusão não ser demasiado directa nem aberta. Leiam-se os versos (*idem,* 436.):

> A *menina* já morreu,
> Foi-se enterrar á maré?
> Disseram os peixes todos:
> -Isto que Diabo é?

Pelo conteúdo da quadra pode deduzir-se que a Constituiçãoatravés da pergunta retórica é identificada com o Diabo, implicitando todo o mal que terá produzido no cenário político português anterior à República. A utilização da figura feminina, nestecontexto, a nosso ver, não significa a satanização da mulher, apenas uma alusão ao género da palavra "Constituição". Por outro lado, o imaginário do feminino era muito importante na construção do ideário republicano em Portugal, sendo a própria République representada como mulher, e não apenas por a palavra nas línguas românicas ser do género feminino. Neste sentido, João Medina (1990:36) refere-se a esta imagem como a uma "Mãe misericordiosa , de seios ubérrimos e espírito infinitamente carinhoso", pensando sob esta expressão todos os ideais de renovação do país, emanipação da própria mulher, confiança, segurança, estabilidade, moralidade e tudo o que a política republicana prometia. A imagem feminina da República podia, de certa forma, entender-se também como uma desacralização da Virgem Maria. Retirando-se-lhe a vinculação com o universo cristão e religioso, esta figura feminina permanecia apenas como uma mãe gloriosa, bondosa com todos os seus "fiéis",preocupada com o bem de todos, o que seria uma das tarefas principais da *res publica* portuguesa.

Reiterando a questão das perguntas retóricas no cancioneiro político, descobrimos que elas nunca têm um tom neutro, almejando sempre um determinado fenómeno social ou personagem política, pondo de manifesto os seus defeitos e afirmando, mediante a interrogação o pensamento do povo sobre os temas actuais na época em que surgiram.

Nos *Cantos Populares do Arquipélago Açoriano,* encontrámos uma maior ocorrência de perguntas retóricas do que no *Cancioneiro Popular Portuguez*, podendo isso implicitar algumas particularidades da poesia popular açoriana. .No entanto, dada a relativa escassez de bibliografia a este respeito, não podemos precipitar as conclusões teóricas neste sentido.

Ocasionalmente, a questão-conclusão pode aparecer nos primeiros dois versos da cantiga, de forma a expor o problema que se pretende discutir, para a segunda metade da quadra reforçar a ideia inicial. Tal é o caso do seguinte exemplo (Braga, 1982, 70):

Quem adora o impossível
Que esperança pode ter?
Vive n´uma saudade,
Gosa pena até morrer.

O desespero do amor impossível questiona-se na pergunta no segundo verso, afirmando na realidade, o carácter vão de qualquer esperança, que se realça ainda nas ideias da intensidade da mágoa e da saudade.

Notámos também que a maior ocorrencia de perguntas retóricas surge justamente no cancioneiro amoroso, sendo o domínio dos afectos e das relações interpessoais, aparentemente o mais propício para dúvidas, incertezas , problemas resolver.

No cancioneiro religioso parece não haver espaço para este recurso estilístico, dado que os dogmas e doutrinas não se deveriam questionar, nem sequer para se ter a certeza ou afirmação de um fenómeno. Nesse sentido, parece vislumbrar-se a tendência doutrinária católica de não abrir espaço para possíveis especulações.

Nos romances, inseridos nos *Cantos Populares* do Arquipélago Açoriano, coligido por de Teófilo Braga, as perguntas que surgem não parecem ter o carácter retórico, servindo para introduzir a intervenção de uma outra personagem. Frequentemente, a parte do diálogo começa pelas formulações frásicas negativas, para no verso a seguir, através da frase afirmativa se dar a conhecer a verdadeira resposta.

Nas línguas e literaturas eslavas, o recurso estilístico em questão pode existir isoladamente ou como componente integrante de uma outra figura de estilo,designada como "antítese eslava", sendo característica para a poesia popular dos povos da Europa do Leste e a ex-Jugoslávia. Trata-se de um mecanismo estilístico que consiste em três partes: pergunta, resposta negativa e a "verdadeira" conclusão ou hipótese que de defende. Quam a denominou assim foi Jacob Grimm, grande conhecedor da poesia oral sérvia e um dos seus tradutores para alemão. No nosso artigo "Antítese eslava" (entrada do *Dicionário dos Antis*, no prelo)[39], referimo-nos a esta figura de estilo da seguinte forma:

Um acontecimento importante na vida humana compara-se a um fenómeno natural, um episódio da vida animal (…)Nos poemas dos povos eslavos a resposta que consta na terceira parte da figura pode oferecer uma reflexão adicional, não sendo esta parte obrigatória, uma vez que o resto do poema irá explicar a importância da imagem ou ideia introduzidas pela antítese eslava.

Nos manuis de estilística portuguesa não encontrámos nenhum nome específico para esta figura, odendo considerar-se, eventualmente a designação "paralelismo negativo", outra vez oriundo dos compéndios escritos em línguas eslavas. Repere-se no seguinte exemplo (*idem*, 190)

> -De que vos rides donzella?
> De que vos rides, donzilla?
> -Não me rio do cavallo
> Nem da sua selaria,
> Rio-me do cavaleiro
> Mais da sua phantasia

Mediante a reiteração da mesma pergunta, o cavaleiro deseja saber a razão do riso da dama. A dupla negação das possíveis causas lógicas (o aspecto do cavalo e da sela) parece acentuar o verdadeiro motivo do comportamento descrito (o cavaleiro e a sua fantasia, explicitadas nos versos que se seguem). Ao guardar a verdadeira resposta para o fim da figura de estilo,a dama não apenas cativa a atenção do seu interlocutor (e do público destinatário do romance), como atinge um objectivo claro: terminar o discurso de uma forma culminante e eficaz. Nos romances, talvez o tom historizante e mais objectivo do que o das quadras populares explique a escassez de perguntas retóricas.

A figura de estilo em questão permitiu-nos observar a variedade de contextos e fazer uma breve comparação com as literaturas eslavas, em que uma vertente de pergunta retórica (a antítese eslava) está mais presente e estudada.

Pelos exemplos citados, vimos que se trata de uma questão-afirmação, reforçando o raciocínioexpresso na cantiga, daí e com razão este recurso estilístico ser categorizado como "figura de pensamento".

Aumentando a curiosidade do público, afirmando a opinião do sujeito lírico e produzindo efeitos de persuasão, verdade e clareza nos seus destinatário, a pergunta retórica, quer no cancioneiro, quer no romanceiro, enriquefce a linguagem dos poemas e torna o estilo mais belo e aparentemente menos simples, atribuindo à poesia de expressão oral uma dimensão filosófica não obstante a aparente singeleza da forma e do conteúdo.

3.7.2 Apóstrofes

Continuando a problematizar os recursos estilísticos, usados nas colectâneas de poesia popular coligidas por Teófilo Braga, permanecemos no domínio de elementos, que implicam alguma reflexão por parte do destinatário. Uma figura, de certa forma semelhante à pergunta retórica, é a apóstrofe, em que o sujeito lírico se dirige a Deus, à natureza, aos seres abstractos ou sobrenaturais, a pessoas presentes ou ausentes, desejando comunicar com eles, nãosendo evidenciada, porém qualquer interacção"do outro lado". Radomir Jovanović (*op.cit.*143) na sua definičžao, refere tratar-se de:

Figura em que o orador ou escritor se detém, repentinamente, na sua exposição, e dirige se a uma pessoa, quer presente, quer ausente, ou a algum objecto.

No caso das apóstrofes, interrompe-se a ordem do pensamentodo enunciante, dando-se mais importância ao problema que pretende expor. Na poesia popular, este tipo de figura está bastante presente, uma vez que o homem primitivo estava ou parecia estar mais ligado à natureza, e ao sistema ético e cosmológico religioso.

Todos podiam servir de interlocutores: pais, irmãos, amigos, ou o padre confessor. Quando se tratava de assuntos da esfera íntima, podendo implicar medo ou vergonha de serem falados aberta e directamente, invocava-se um ser superior ou até ausente ficsicamente.

A própria alma, olhos ou coração, um objecto que pertence ao amado/a podem ser apostrofados com o objectivo de confiar algum segredo, repreendê-los ou indagar daa razão do mal de amores.

A apóstrofe parece ocorrer com mais frequência no cancioneiro amoroso ou religioso. (oração como pedido, questionamento dirigido a Deus por algum mal que passámos,). "Olhos verdes, cor de 'sperança", "meu Deus, quem fora o culpado", ou "vai-te carta, feliz voando" (Braga, *op.cit.*) são apenas alguns exemplos desta figura de estilo na poesia popular portuguesa dos cancioneiros de Braga.

Na linguagem oral, esta figura é marcada por uma pausa, enquanto na grafia se destaca por uma vírgula, o que revela que a apóstrofe tem características em comum com o vocativo. Nas línguas eslavas, o vocativo é um caso, uma categoria sintáctico-semAntica, que serve para apostrofar ou chamar a atenção.

À continuação, daremos alguns exemplos das a analisar: " Sexta-feira, vae-te embora/,Sábado, vae chegando,/dominguinho anda vindo" (Braga, 1911:172*)* "noite

276

escura, noite escura" (*idem*, 326), "olhos, que vinde a ver"*(idem, 333)*, "Santo António de Lisboa/, Casae-me que bem podeis" (*idem*, 115), "Oh, Senhor da piedade,"(*idem,257)*, "Ó, estrella matutina" (Braga:1982:16), "Adeos, jasmim de Virginia" (*idem*,23) " Ai, Jesus! Valha-me o Céo!" (*idem*,26), "Cabeça, toma juízo"(*idem,*34) "Alecrim verde viçoso," (*idem,*65), "Oh, Lisboa, oh, Lisboa" (*idem*,82) "Corpo, alma, vida minha" (*idem,*122). Todos estes seres têm um denominador comum: estão ausentes ou invisíveis no momento em que são invocados. Isto diferencia-os do vocativo, com que nos dirigimos a pessoas concretas e presentes. Chamar pelas localidades, objectos inanimados ou fenómenos abstractos, é característico da apóstrofe, sendo esta uma das especificidades do recurso estilístico em questão.

Nos romances, parece muito simples encontrar quer vocativos quer apóstrofes, sendo os primeiros usados nos contextos em que se espera a reacção de um determinado protagonista (um rei, uma dama, um herói nacional) e as últimas aplicadas do mesmo modo que no cancioneiro popular. Nessas situações, invoca-se Deus para proteger as meninas honestas, apela-se para a ajuda da mãe. Dirigem-se palavras aos astros, À fortuna, ao destino. Leiam-se os exemplos:"Dae, altíssimo Senhor"(Braga, 1982:367), "Alto Deos omnipotente/ Rei dos Ceos e flor da palma" (*idem,* 358).

Mais ou menos formal, mais ou menos abstracta, a apóstrofe ocorre na poesia popular por exprimir uma necessidade básica do ser humano: a de comunicar e partilhar ideias, pensamentos e sentimentos com os outros. Mesmo não obtendo resposta, o homem não consegue guardar dentro de si o que deseja explicitar, por isso dirige-se a tudo o que o rodeia para exprimir a sua união com o mundo.Esta tendência nota-se melhor na figura da personificação, que será abordada no capítulo a seguir.

3.8.3 Personificações

Aprofundando o estudo das figuras de estilo nos cancioneiros de Braga, a personificação impõe-se-nos como uma continuação lógica da apóstrofe.Por personificação entende-se a atribuição de características humanas, positivas ou negativas a objectos inanimados, plantas ou animais. Os sentimentos e fenómenos abstractos também podem adquirir traços de carácter humano. Desta forma o público é mais capaz de se identificar com as características que o poeta quer salientar. Radomir Jovanović (*op.cit.*1265) define a personificaçãoo como:

> Uma espécie de metáfora com que as coisas e conceitos dos objectos imaginados se representam com todos os elementos da vida humana, que não apenas agem, pensam e sentem como seres humanos, mas também conversam com eles.

Na poesia popular, nota-se bastante a tendência de o ser humano se aproximar do mundo em que é inserido, e, diferentemente das duas figuras anteriormente abordadas, recebe a resposta desejada.

Desta forma, os protagonistas das cantigas populares falam com Deus, ouvem vozes do céu ou de uma sepultura, comunicam com os animais, com a praia do mar, com as flores. Nessas situações, os elementos naturais, sobrenaturais ou inanimados são conselheiros, confessores, amigos, inimigos, traidores, delatores, dependendo do contexto. Nomeadamente, no contexto da saudade, ou desilusão amorosa, tudo pode servir de interlocutor, até uma onda. Leia-se o exemplo(*in*: Braga, *op.cit.* 254):

> Pus-me a chorar saudades
> Ao pé das águas do mar,
> Veio uma onda e disse
> É bem feito, torna a amar!

Na nossa tese de Doutoramento (*op.cit.*) mencionámos o papel duplo da natureza: como amiga, companheira e benévola com os amantes, mas também como falsa, traidora ou cruel. Daí, não admira as flores, o sol, o luar, as vozes do céu ou da sepultura, as pedras, as ondas do mar, os animais ou objectos aconselharem ou criticarem os apaixonados. A personificalção é muito frequente no cancioneiro amoroso justament por insinuar a impossibilidade do sujeito lírico de comunicar a grandeza ou intensidade dos seus sentimentos, sem medo de sofrer uma deslealdade, por vezes frequente entre amigos,

O cancioneiro encara o amor e os ciúmes como parentes, o sentimento amoroso é irmão gémeo da saudade, a ausência é vista como mãe da nostalgia saudosa, o mar casa-se com a areia e manifesta-lhe carinho, o Sol oferece prendas à Lua, as ondas do mar apaixonam-se por uma pedra. Todas estas represenatções poéticas transmitem a ideia do carácter universal do amor, facilitando a identificação do público com algum elemento do poema. Parece evidente que os objectos e seres personificados assumem comportamentos humanos, podendo servir de exemplo de um comportamento desejável ou censurável no mundo real.

Para ilustrarmos a presença e frequência das personificações, citaremos partes de algumas cantigas populares (*idem*, 88):

> Amorzinho, fala baixo
> que as paredes têm ouvidos

No segundo verso, é claramente reconhecível o provérbio popular português que sugere cautela e discrição na possível presença dos inoportunos que podem ouvir a conversa. As paredes, como parte da casa, ganham a capacidade de ouvir, implicitando o cuidado que se deve ter em qualquer conversa e particularmente na confidencialidade da informação a transmitir.

Um outro exemplo da personificação na poesia popular verifica-se na seguinte parte da quadra (*idem*, 113):

> Fui chorar à beira d´ água
> Lagrimas de sentimento
> As águas me responderam:
> -Tudo no mundo cura o tempo.

A natureza, neste caso, é amiga, boa ouvinte, conselheira, disponével para dar a consolação necesária. Existem, porém, casos em que a natureza se zanga, responde de uma forma ríspida, tornando-se, não apenas em *locus horrendus*, como também em voz de consciência, subentendendo que, por duras que sejam, certas palavras são adequadas para a ocasião. Por doloroso que possa parecer o comentário "mal de amores não tem cura" que o triste apaixonado ouve na sepultura da amada, apenas acentua o carácter personificado da tristeza ou da própria morte, enfatizando o drama interior do sujeito lírico.

No seguinte exemplo, veremos os elementos naturais humanizados até ao ponto de se identificarem com os nomes próprios em certas situações (*idem*, 116)

Mangerona, bate á porta
Çucena vai ver quem é
Rosa, vai aceitar
Saudades do meu José

As plantas personificadas assumem comportamentos humanos (bater à porta, abri-la e ver quem é o visitante, aceitar cumprimentos saudosos do amado e provavelmente transmitir a boa notícia à apaixonada), sendo suas cu´mplices e ajudantes. Se não se mencionasse a "mangerona" no início da quadra, poder-se-ia pensar que Açucena e Rosa são nomes de raparigas, suas amigas próximas.

Porém, na imaginação popular nem sempre são os elementos de conotação positiva os que se personificam, requerendo uma interacção com o sujeito lírico. Repare-se nos versos (*idem*, 174):

Fechei a porta á desgraça
Entrou-me pela janela

Desta forma, mediante a desgraça personificada que "entra" na vida humana, mesmo sem ser "convidada", salienta-se que há situações inevitáveis em que este sentimento parece necessário, enriquecendo as experiências de vida e o universo afectivo do sujeito lírico. A representação mais flagrante dos sentimentos negativos através do uso da personificação é a imagem poética em que a ausência e a saudade são encaradas como mãe e filha, que se têm quetolerar contra a própria vontade. Existem duas variantes do mesmo poema, parecendo que um se dirige mais à população masculina eoutro á feminina. A nosso ver, a diferença fulcral observa-se no verbo "sustentar" ("Eu sustento uma e outra/Bem contra a minha vontade") ou "aguentar", inserido no mesmo verso. Sendo que os homens tradicionalmente são educados para sustentarem a família, e as mulheres criadas na submissão, recomendando-se-lhes aguentar o que lhes desgosta, a nossa afirmação faria todo o sentido. Porém, como o próprio texto das cantigas em questão não nos oferece mais dados relevantes nesse âmbito, não podemos conjecturar demasiado ou interpretar o poema de uma forma muito livre.

A ocorrência da personificação no verso, "O mar é vivo, não fala" (Braga:1982:11) poderia sugerir a incapacidade de exprimir um sentimento, cuja intensidade se vislumbraria no tamanho do mar.

Contráriamente dos casos acima referidos, acontece também os apaixonados desejarem tornar-se em flores, água, pérolas, pentes, jóias ou outros objectos.

Depersonificando-se, procuram, de facto, estar mais próximos de quem amam, para serem tocados por ele. Deste modo, o desejo é sublimado e transposto a um nível superior, fugindo a possíveis censuras sociais, como insinua Roland Barthes nos *Fragmentos de um Discurso Amoroso.*

Nos romances açorianos, coligidos por Teófilo Braga, quase que não há personificações, provavelmente porque no contexto de um romance personificar uma pedra, uma flor ou animal seria quase igual a introdução de elementos maravilhosos, podendo, de certa forma, contradizer à sobriedade e carácter documentalista deste género poético.

O romanceiro novelesco, em que um dos temas pode ser o amor, surgem as mesmas personificações de flores, usadas também cancioneiro. Segue o exemplo retirado do romance sobre Dom Pedro Françoilo (*idem*, 205):

> Alecrim bateu à porta,
> Manjerona, quem está aí?
> -E´ um cravo de Arrochela,
> Oh, rosa, mandae-lhe abrir!

O texto do romance na integridade permite-nos pensar que a rapariga apaixonada por D.Pedro recorre ao universo das flores, que lhe é mais próximo e familiar. Outra opção interpretativa é observar este conjunto de versos apenas como uma possível interferência de linguagem e recursos estilísticos entre o cancioneiro e o romanceiro, podendo sugerir os mesmos transmissores populares que tinham conhecimentos da forma, temática e estrutura dos dois géneros.

Agentes do bem ou do mal, pedras, plantas, animais e objectos inanimados adquirem por um momento a personalidade humana para aconselhar, compreender, criticar, repreender, ou simplesmente ouvir o homem, salientando que ele não está só no universo e dando-lhe a resposta que deseja ou teme, tornando este recurso poético numa das formas mais simples de enriquecer a linguagem e o valor estético dos poemas, atribuindo-lhes um carácter universal e atemporal.

3.7.4. Hipérboles

A seguinte figura de estilo a analisar no contexto da poesia poopular lírica é a hipérbole, frequente sobretudo no cancioneiro amoroso, no satírico e político, aumentando o grau de emoção ou característica expressa nos versos. Este recurso estilístico serve para reforçar ou salientar a imagemem questão, provocando no público determinados efeitos: admiração no caso da descrição de uma beleza fora do comum, identificação mais fácil com a personagem em situações de tristeza ou sofrmento. Radomir Jovanović (*op.cit.* 1073) por „hipérbole" entende: "exagero, o aumento exagerado daquilo que há que dizer ou a diminuição exageradadaquilo de que se fala, com a intenção de prestar a isso a maior atenção possível". Geralmente, quando se fala na hipérbole, pensa-se apenas na sua parte aumentativa, devido ao prefixo grego *hiper-* que indica justamente o valor aumentativo. Porém, na perspectiva do utor, diminuir um objecto ao extremo, na fala ou na escrita, também significa exagero, que, na sua opinião é a componente principal desta figura de estilo.

Nas cantigas religiosas, é hiperbolizada a admiração e respeito que se tem por Deus, a Virgem Maria ou santos populares. As quadras de conteúdo político hiperbolizam e ao mesmo tempo ironizam as características negativas das personagens históricas, cujos comportamentos causam insatisfacção, ou admiração por um determinado rei glorioso. Como já foi anteriormente referido, em Braga são mais frequentes as referências caricaturadas a personagens da monarquia, podendo isso implicar uma certa parcialidade por sua parte, no que respeita a escolha dos poemas.

Nos romances, as imagens poéticas aumentam propositadamente a beleza de uma dama, coragem dos soldados cristãos nas lutas contra os mouros, a crueldade do pai relativamente à filha que não corresponde ao seu assédio amoroso.

Dependendo do tipo de verso e estilo dos poemas, as hipérboles podem variar na linguagem, conservando no fundo o ignificado e os efeitos no público. Os exemplos que se seguem, ilustram as ideias hiperbólicas no cancioneiro popular (Braga, 1911:70):

A saudade é um mal
Que nem respirar permite,
É uma ânsia, é um tormento
é uma dor sem limite

O efeito sufocante da saudade, encarnado na impossibilidade de respirar prende-se com outras variantes deste sentimento ("ânsia", "tormento", dor ilimitada"). Tendo em conta que qualquer separação pode ser dolorosa, a ausência de um ser querido, uma localidade ou uma época passada é observada como um período longo, de sofrimento e mágoa. Daí, não admira também a frequência do verbo "morrer" em imagens poéticas referentes ao mesmo universo emocional. Leia-se o exemplo (idem, 121):

Eu morri por te encontrar
Se tu morres por me ver
Eu morro por te fallar

O dito verbo, três vezes repetido, intensifica o desejo dos apaixonados de se encontrarem e comunicarem. A morte como negação e ausência total de vida é o fenómeno mais temido em muitas culturas.

Daí, sobretudo nos tempos precristãos, inúmeros rituais para suavizar a transição da pessoa entre "este" e "o outro" mundo ou de lhe atribuir uma dimensão heróica. No Antiguidade clássica, a morte associava-se frequentemente a questões como honra, dignidade, sacrifício pela pátria ou por um ideal. As referências à morte, no contexo amoroso, exageram o sofrimento de quem ama até aos limites, podendo o fim da vida mitigar essa dor. Com o Cristinismo, o olhar para a morte muda, sendo a missão de Cristo a de redimir os pecadores e de anular o poder da orte sobre oshomens. Na nossa Tese de Doutoramento (*op.cit.* 400): referimos que:

Apenas a religião cristã elogiou e glorificou a atitude de Jesus Cristo de sofrer, sacrificar-se, morrer e ressuscitar por amor à Humanidade inteira. Precisamente por a morte definitiva do ser humano ser o fenómeno mais triste e destrutivo, o cristianismo propõe o exemplo do comportamento do Messias como a maior prova de amor supremo: este sentimento manifesta-se, em toda a sua plenitude, apenas quando se opõe à morte e consegue vencê-la.

Contudo, não obstante as crenças e tradições cristãs, na poesia, a ligação próxima entre o amor e a morte parece lógica para acentuar o sentimento do vazio, de uma dor insuportável, do apogeu do sofrimento. Daí, surgirem como naturais inúmeros juramentos de amor até à morte, influenciados talvez pelo léxico trovadoresco e o ideal do amor cortês.

Desta forma, até na linguagem quotidiana constam expressões "morrer de frio/calor, morrer a fome", podendo-se também "morrer de saudades, amor, inveja, medo. Quer que se utilizem no sentido literal, quer no figurado, o verbo "morrer" e o substantivo "morte" potencializam a intensificação da ideia em questão, atingindo os efeitos desejados no público.

Por vezes, é apenas uma parte do corpo a que "morre" (alma, coração, olhos). Essa determinada parte salienta um aspecto do sentimento amoroso: se morrem os olhos, descreve-se uma beleza invulgar, se é o coração, o amor já se encontra numa fase bastante avançada, envolvendo a esfera emocional e não apenas o aspecto visual, e tratando-se da "morte da alma", de modo algum se trata da perdição da alma pelo pecado, como no contexto cristão, acentuando-se apenas a intensidade de sentimentos. Leia-se uma quadra, em que a "morte de amor" se reserva apenas aos olhos (Braga, 1982.14):

> Oh, Maria, tu não sabes
> Os meus olhos morrem por ti:
> Tu queres saber de quando:
> Foi do dia em que te vi

Aqui, hiperboliza-se o amor à primeira vista, sendo esse sentimento mantido no domínio do não-revelado ("tu não sabes"), o que lhe atribui um valor, talvez ainda mais intenso, do que o próprio verbo"morrer".

Para além da já "clássica", referência poética da inseparabilidade do amor da morte, este sentimento pode ser hiperbolizado como loucura, doença ("mal de amores"), um segredo tão importante, que não se pode revelar nem sequer a "duzentos confessores", uma fogueira em que o coração arde, uma pena rigorosa, uma condena à prisão, imagens certamente influenciadas pelo léxico trovadoresco, uma vez que entre a literatura erudita e a popular se podem verificar determinadas semelhanças. O nascimento, renascimento ou resurreição também são possíveis hipérboles do amor. Leia-se a quadra (*idem*, 199):

Ó, José, vai ver
Tua rapariga,
Que está doente,
Vai-lhe dar a vida.

A "doença de amor" nesta cantiga chega ao extremo – ao estado crítico da rapariga apaixonada que quase que luta entre a vida e a morte, que só pode ser curada com a presença do amado.

O efeito hiperbólico, consegue-se também com um número concreto, aplicado em vez do quantificador "muito". Os números mais usados na poesia popular são: três, sete, nove, trinta, cem, mil e outros, tendo cada um a sua simbologia na poesia e na cultura. Leia-se a quadra (Braga, 1911:76):

Que pena tão rigorosa,
Que me deu o confessor
Trinta dias de cadeia
Nos braços do meu amor

Esta hipérbole parece traiçoeira porque o público inicialmente espera uma penitência verdadeira e grave, sendo o "castigo" equivalente ao número dos dias num mês, abraçada ao amado. Deste modo, mostra-se uma certa benevolência da Igreja relativamente às manifestações do sentimento amoroso.

A felicidade por amar, a intensidade das emoções e a ideia de nascer para cumprir uma missão mais sublime que a de ser o governante de um reino, hiperboliza-se na quadra (*idem*,324):

Nasce um rei neste mundo
Para um reino governar
Minha sorte é mais ditosa
Eu nasci para te amar

A mesma ideia, do carácter supremo do amor, que dá sentido a ima vida, confirma-se também nos seguintes versos (*idem*, 199)

Quem não ama e não adora,
Vivo está na sepultura.

Reiterada duas vezes, mediante verbos quase sinónimos (sendo o último mais intendo), esta visão equipara a incapacidade de sentir ao vazio absoluto, pior que a morte.

Outra hipérbole comum, no discurso amoroso é a referência à loucura e transtornos comportamentais, conhecida na poesia já desde a época da Antiguidade clássica A intensidade da paixão amorosa e a incapacidade de ver objectivamente o Outro, originou a célebre frase latina: "Amantes –amentes", indicando que os apaixonados "não têm juízo" agem impulsiva e descontroladamente. Repare-se na cantiga (Braga, 1982:14)

> Oh, Maria, oh, Maria,
> Para te amar ando louco,
> Passo frio, passo fome,
> Levo má vida, ando roto

A explicitação das manifestações de loucura, causadas pelo sentimento amoroso, repercute-se no desleixo das necessidades fisiológicas, e, a nível comportamental, induz em hábitos censuráveis.

Numa cantiga de carácter aparentemente sacro, observa-se a religiosidade popular, segundo a qual os santos são tão próximos dos homens que merecem ser tratados por igual, mesmo tratando-se de castigos e repreensões. Na imagem que se segue, hiperboliza-se a raiva de uma rapariga solteira, provavelmente apesar das orações a Santo António, popularmente considerado "santo casamenteiro". Na linguagem violenta, encarnada na palavra "pancada"não é apenas uma hipérbole, podendo implictar tradições populares, praticadas em determinadas zonas de Portugal, referentes aos "castigos" aplicados aos santos se não cumprem uma promessa (Braga, 1911:114).

> Santo António com ser santo
> Deve uma pancada levar
> Por não fazer o milagre
> Para as raparigas casar.

Nem sempre o tema das hipérboles é o universo dos sentimentos, podendo sê-lo também o tempo meteorológico, como se descreve nos seguintes versos (Braga, 1982, 15)

> Esta noite choveu ouro,
> Diamantes orvalhou.

Pelos materiais mencionados, concluimos não se tratar de uma tempestade destrutiva, o pior medo dos agricultores, dependentes das condições climáticas. A inesperada beleza dos fenómenos naturais, merecedora de ser cantada numa cantiga, deve-se, provavelmente à riqueza que a chuva representa para a natureza e os seus frutos.

A rivalidade entre as cidades e os estereótipos sobre o carácter dos seus habitantes encontram também um lugar destacado nas representações hiperbólicas. Desta forma, o povo seguramente pretende reforçar certas características indesejadas de habitantes de diversas localidades ou de comunidades inteiras. Um certo nacionalismo ou "patriotismo local" na poesia popular podem não ser indicadores de desprezo ou discriminação, tendo, certamente uma explicação histórica e cultural e o seu devido contexto social (Braga, 1911, II, 324).

> Deos nos livre
> Do Mouro
> Do Judeu
> E da gente de Viseu

Com a primeira frase, itroduzindo o desejo "Deus nos livre", começa a enumeração dos "inimigos" a ter em conta. São-nos dados apenas os nomes dos grupos étnicos ou locais a considerarem-se perigosos. Os mouros, como invasores da Península Ibérica e portadores da religião islâmica, são dignos do primeiro lugar na cantiga, dadas as razões históricas. Tendo costumes e tradições diferentes, parece natural inspirarem desconfiança. Os judeus, por sua vez, vivem em comunidades relativamente isoladas, falam uma língua diferente da portuguesa, não são cristãos e , frequentemente atribuem-se lhes estereótipos negativos (serem desonestos, tacanhos, astutos, são apenas alguns entre muitos). A maldade da "gente de Viseu" não está explicitada, provavelmente por se tratar de uma história de carácter local, da qual se supõe ser sobejamente conhecida. O nosso olhar, simultaneamente estrangeiro e integrado na cultura portuguesa, neste sentido não é capaz de dar qualquer resposta satisfactória a esta questão. Pretendendo evitar especulações, não nos detemos mais na discussão do assunto.

Na parte dos romances que Teófilo Braga incluiu nos *Cantos Populares do Arquipélago Açoriano,* elencamos as seguintes hipérboles (Braga, 1982, 184):

> Sete fadas me fadaram
> Nos braços da mãe minha

O número sete tem o seu valor simbólico na poesia e nos contos populares, como número ímpar que em algumas culturas simboliza a perfeição. espiitualidade, pureza e está associado ao universo mágico e religioso em muitas culturas. No contexto deste romance, sabemos que se trata da hipérbole, uma vez que a sina da menina mal-fadada durou sete anos e um dia. A sua desgraça parece tanta que quem a tocasse "malato se tornaria" (*idem,* 187*)*, a água que ela bebe transforma-se em sangue, acentuando ainda o grau da maldição.

A paixão incestosa do pai pela filha, hiperboliza-se nos seguintes versos (idem, 194)

> Pois as penas do Inferno
> Eu por ti as passaria

De acordo com os dogmas da Igreja católica, O inferno está representado como o lugar onde as almas dos pecadores não arrependidos vão penar após a morte. Por incesto entende-se a relação sexual entre pais e filhos, irmãos ou meios-irmãos e tios e sobrinhos. Diferentemente da Igreja Católica em que como incesto se consideram apenas as uniões carnais entre estas categorias, a Igreja Ortodoxa condena como pecaminosas também as relações íntimas entre primos directos e em segundo grau, bem como entre oadrinhos(madrinhas) e afilhados/as, sendo a última categoria, mesmo sem vínculos de consanguineidade, considerada "parentesco espiritual". Em muitas culturas do mundo, a união incestosa é tabu, pecado ou proibição moral. Segundo muitos teóricos, a instituição matrimonial representa uma forma de regularizar e padronizar as relações sexuais e para se evitar o incesto, cujas consequências podem ser doenças hereditárias ou malformações genéticas.

O incesto, sendo um pecado grave, na imaginação popular é digno do Inferno. A figura do pai pecador é hiperbolizada de tal form, reunindo, para além do incesto, a crueldade, a ausência absoluta de moralidade, quase como se fosse a encarnação do próprio Diabo, contrastando com a (também hiperbolizada) personagem da filha, princesa virtuosa, religiosa e angelical, digna de um lugar honrado no Céu, após a morte trágica.

Nas hipérboles populares é frequente a invocação de Jesus, santos, anjos ou cruzes, para se salientar a admiração de que são merecedores, ou pedindo-se –lhes ajuda e comiseração em situações difíceis. No seguinte exemplo essa tendência parece clara (idem, 221):

> Jesus! Tamanha é a dor!
> Jesus! Tamanho é o pesar;
> Cavalheiro, dá-lhe um beijo
> Que torna a ressuscitar

Invocando o nome de Jesus duas vezes e reiterando a questão do "tamanho" da dor e do pesar, representa-se, hiperbolicamente a intensidade do sofrimento da apaixonada na ausência do amado. Hiperboliza-se também o poder das manifestações de amor, sendo o beijo quase milagroso, com capacidades de ressuscitar a sofredora.

Nas hipérboles populares, o vocabulário frequente evoca o martírio, a prisão, a crueldade, os verdugos, o cativério, recorrendo ao universo d realidade medieval que melhor conhecia.

Exagerando, acentuando e intensificando e os sentimentos positivos e negativos, a poesia popular procura criar imagens fortes e impactantes, transmitindo ideias sobre a relevância de determinados assuntos (amor, honra, morte, religião,, defesa da pátria, poder real) na realidade quotidiana.

Muitas destas imagens hoje em dia podem ser consideradas ultrapassadas ou podem caber no domínio do cliché, revelando, porém uma rica imaginação e um vasto leque de situações em que a linguagem hiperbólica é usada..

3.7.5 Eufemismos

O eufemismo na linguagem é uma figura cujo efeito é oposto ao da hipérrbole, servindo para atenuar ou diminuir a força das palavras. Jovanović (*op.cit.*) refere que o eufemismo surge quando em vez da verdadeira expresžao para algo mau ou feio se utiliya uma palavra mais suave e mais bonita". Certamente, os eufemismos têm uma dimensão emocional, podem empregar-se para não ofender, para exprimir-se mais educadamente sobre um assunto desagradável ou impróprio numa determinada situação ou para não provocar uma reacção exagerada de alguém.

Ocasionalmente, o eufemismo é usado apenas por razões de delicadeza ou cortesia. Há palavras que podem soar como grosseiras ou ofensivas em determinados contextos, por isso costuma recorrer-se ao seu sinónimo mais sofisticado, evitando conotações não desejadas.

Na poesia popular, os eufemismos utilizam-se ou no cancioneiro amoroso, em situações de cortejo, tratamento carinhoso, entre namorados, apresentação dos defeitos do amado como menos importantes, ou no cancioneiro infantil, aproximando-se da linguagem das crianças. No cancioneiro religioso é raro encontrarem-se estas figuras de estilo, a não ser em momentos de agradecimento ou manifestando ternura que um fenómeno religioso (nomeadamente nascimento do Menino Jesus) pode inspirar. Nas cantigas satírico-políticas, os eufemismos são empregados para encobrir comportamentos censuráveis de determinadas personagens públicas. É bastante frequente os eufemismos expressarem-se mediante os diminutivos, embora como figuras de estilo, possam ter outras formas.Nos cancioneiros coligidos por Teófilo Braga, encontrámos os seguintes exemplos (Braga, 1911: 168):

> Amor com amor se paga
> Nunca vi coisa mais justa
> Paga-me contigo mesma,
> Meu amor, pouco te custa

Nesta cantiga, o eufemismo está escondido nos últimos dois versos, em que de forma suave é expresso o desejo de o amor se correspondido, podendo implicar também um pedido da concretização da intimidade.Dadas as regras de decência e moral, esse pedido não pode nem deve ser dirigido abertamente, a uma rapariga considerada honesta. Por sso, a "paga justa" pelo amor é subentendida detrás da imagem eufemística. Outro exemplo evidente de eufemismo vem citado à continuação (idem, 215):

> Se vires a mulher perdida
> Não a trates com desdém

Em vez de se dizer "prostituta", "pecadora", "adúltera", ou empregar qualquer termo vulgar, é usado o sintagma "mulher perdida",podendo, em outras cantigas, transformar-se em "mulher do mundo" ou "mulher da vida". O modo eufemístico de falar revela que, por um lado, a literatura popular evita referir directamente alguns alguns fenómenos menos desejáveis na comunidade. Por outro lado, parece transparecer uma dose de piedadepor esse tipo de mulheres, ignorando-se as razões que as levaram a envergar por maus caminhos. À continuação da cantiga claramente se menciona a possibilidade de quem tratar mal uma mulher destas ser castigado por Deus. Nesta conformidade, alude-se, possívelmente a um episódio bíblico, em que Jesus Cristo perdoa a uma mulher adúltera, pedindo aos presentes para lhe atirarem a pedra se não tiverem pecados. (citar a Bíblia e as interpretações).

O amor, provavelmente por motivos de timidez, discrição e vários tipos de "censuras" na linguegem da poesia popular, com frequencia é transformado em "amizade", "simpatia" e outros sentimentos afins. A morte é substituúda pela construção verbal "ir ao céu", consolando, deste modo aos que choram a perda de uma pessoa querida .

. No cancioneiro infantil, a cantiga torna-se "cantiguinha", o sono passa a ser "soninho", imitando a linguagem das crianças e transmitindo ternura e carinho por elas e pelo seu universo.

. No *cancioneiro Popular Portuguez* encontramos a seguinte expressão: "Portimão, muita p..., pouco pão" (Braga:1911.325).

Encontrando-se esta palavra em forma escrita, julgamos que foi o próprio compilador que recorreu ao uso das reticências, provavelmente por não considerar pedagógico nem educativo colocar o palavrão na sua forma original.

Nos romances populares, o eufemismo está presente no ciclo de poemas sobre um rei apaixonado pela filha. Nesses casos, em vez de uma referência directa Às intenções incestosas, utiliza-se a expressão "acometer de amores". Desta forma, a literatura popular expõe a existência do incesto como problema na sociedade, atenuando as palavras.. Neste mesmo ciclo dos romances, a proposta de uma relação amorosa ilícita é expressa das seguintes formas "gozar minha companhia"

(Braga.1982:191), "fazer a cama ao pai", graças às quais se suaviza aparentemente o carácter vergonhoso e pecaminoso da situação, não significando, de modo algum, que assim se torna mais aceitável publicamente.

Nos romances que abordam o tema da infidelidade da esposa, não se fala directamente no acto do adultério nem se expõem pormenores da relação amorosa entre uma dama casada e o seu amante

De forma implícita, sugerem-se acções como "abrir a porta", "mostrar a camisola de dormir", sair de casa despenteada ou descalça durante a noite, podendo cada uma destas imagens ser carregada de significados simbólicos, todos referentes ao erotismo ou à esfera da intimidade.

A linguagem popular é capaz tanto de ser frontal e aberta, sem necessidade de recorrer á"correcção política", chamando o ladrão de ladrão, o falso de falso e o tolo de tolo, bem como, em outras ocasiões, pode buscar formas mais suaves e sofisticadas para tocar alguns temas delicados. Nesta conformidade, o cancioneiro parece oscilar entre a espontaneidade e a necessidade de expor certos problemas sociais abertamente, e o desejo de não ferir a sensibilidade de ninguém, atingindo-o por outras vias.

Entre estas duas polaridades encontram-se inúmeras variantes linguísticas usadas na poesia do povo, demonstrando que a sua sabedoria e ideias que transmite têm um elevado valor estético e ético, merecendo um estudo mais minucioso.

3.7.6 Gradações:

Tal como o nome desta figura estilística revela, trata-se de graus de qualidade que se atribuem a um objecto, fenómeno , ser animado ou inanimado. Jovanović (*op.cit.*) deine a gradação como uma exposição gradual de representações e factos subsequentes que vão dos mais fracos até aos mais fortes, para se conseguir umadescrição mais eficaz. No entanto, a gradação nem sempre é feita apenas neste sentido, podendo também seguir a direcção inversa (do forte ao fraco), designando-se como "gradação decrescente"

Na literatura, as variantes mais usuais da gradação são duas: a crecsente, em que se parte do menor para o maior grau de determinada característica, e a decrescente em que o princípio é exactamente o oposto, sendo a ideia principal a de diminuir, na maior medida possível a qualidade apresentada primeiramente. A gradação é um mecanismo bastante comum na poesia popular, quer lírica quer lírico-épica, o que em parte, se deve ao carácter oral desta poesia. O cantor popular tinha que manter a atenção do público e conseguia-o enumerando características de forma crescente ou decrescente, para tornar a descrição mais completa e interessante.

A gradação é utilizada no retrato da beleza da pessoa amada, na intensificação dos sentimentos, na veneração de Deus e dos santos.

Nos romances populares, gradualmente aumenta a dificuldade das provas que um cavaleiro tem que passar para merecer o amor de uma dama. No ciclo de romances sobre D. Varão, a menina disfarçada tem vários graus de facilidade para esconder a sua personalidade feminina, passando-se por um guerreiro valente, sendo justamente os seus olhos o que a "delata". Leia-se o exemplo:

Todos estes mecanismos produzem algum efeito, positivo ou negativo, nos ouvintes ou leitores, fazendo com que o público se identifique com os sentimentos expressos, ficando mais atento ao conteúdo ou desenvolvimento do poema. De seguida, referiremos alguns exemplos que ilustram a gradação na poesia popular escolhida por Teófilo Braga (Braga, 1911:97).

Meu nome é só -amar-te
Meu sobrenome- querer-te
O meu apelido- adorar-te
Minha alcunha-merecer-te

A cantiga oferece-nos duas gradações paralelas, porque tal como se enumeram elementos ligados à identificação pessoal começando pelo nome como o mais básico, para terminar com a alcunha como uma característica acrescentada à identidade, do mesmo modo, intensificam-se os sentimentos, começando pelo amor como o mais evidente, para terminar no mérito, o mais exigente. O exemplo que se segue, ilustra mais uma entre numerosas gradações presentes na poesia popular. Leia-se a cantiga (*idem*, 112):

Não há pão como o alvo,
Nem carne como o carneiro,
Nem peixe como a pescada,
Nem amor como o primeiro.

Neste poema popular, a gradação realiza-se a partir dos alimentos, sendo o pão branco o primeiro, como base da alimentação, mas que, sendo branco, é o mais saboroso, passando por carne e peixe de maior qualidade, terminando com o primeiro amor, o mais mitificado, puro e belo. A variedade e diversidade do sentimento amoroso, estão representadas gradualmente na cantiga que se segue (*idem*, 187):

Uma simples amisade
Muitas vezes sem pensar
Faz nascer a sympathia
Que em amor vem a acabar

A gradação constante desta quadra popular consiste em as etapas do desenvolvimento do amor, começando pela mais neutra, para finalizar na mais complexa, sendo a simpatia uma fase intermédia entre a amizade e a paixão amorosa. Os"defeitos" e características menos desejáveis também podem fazer parte das gradações poéticas: Repare-se na seguinte cantiga (*idem*, 252):

Quem é pobre, não tem vícios,
Quem é surdo está calado
Quem é velho não namora,
Pois, fica sempre logrado

Nesta situação, a gradação tem a forma descendente, realizadaa partir da ausência das características que se pretendem descrever. O pobre é apresentado como quem "não tem vícios, sendo uma pessoa quase perfeita. A falta de riqueza material implica a ausência de corrupção. No segundo verso, trata-se da ausência completa de som ("surdo"-"calado"), sendo o surdo já menos "perfeito", dado o seu defeito físico. A sutuação do velho parece a mais dramática, já que a ausência da juventude não lhe dá o direito de namorar, e se o faz, é "logrado", confirmando-se , desta forma, a ausência de juízo.

O cancioneiro açoriano, recolhido por Braga, também é rico em gradações poéticas. Como prova disso, leia-se a cantiga (Braga,1982,17):

> O preto é das viuvas,
> O azul é das casadas,
> O vermelho das solteiras,
> O rosado das namoradas.

Neste poema, manifesta-se uma gradação decrescente, baseada nas cores, Às que corresponde um determinao estado civil. Sendo o preto na cultura europeia, a cor de luto e tristeza, é natural relacionar-se com as viúvas, que desta form,a mostram publicamente o sofrimento pelo marido falecido.

O azul, uma cor mais clara que o preto, associa-se às casadas, porque em algumas cantigas populares, o azul significa honestidade. Uma esposa deve ser honesta e digna, revelando a sua honra na sociedade.

As solteiras, na flor de idade, têm o direito a gozar da juventude, namorar e ser alvo das paixões, daí a cor vermelha parecer a mais apropriada para elas.

As namoradas, sendo ainda livres das obrigações que um casamento impõe, guardando a castidade, inspirando ternura e carinho, vestem-se legitimamente de cor-de-rosa, em muitas culturas europeias associada à femininidade, juventude e uma certa inocência.

Apesar de termos começado a análise das gradações pelo cancioneiro amoroso, por serem as mais frequentes e mais fáceis de identificar justamente neste tipo de cantigas, em poemas com outra temática as gradações existem também, o que se verificará ao lonbgo deste capítulo

Uma das gradações mais evidentes no cancioneiro político é a seguinte (*idem*.425)

Quem furta pouco é ladrão,
Quem furta muito é Barão,
Quem mais furta e esconde
Passa de Barão a Visconde.

Após uma primeira leitura o conteúdo do poema parece denunciar as injustiças sociais, aumentando gradualmente a quantidade de furtos, que ajudam a ascenção na escala social dos membros da Nobreza. No entanto, esta cantiga tem o seu contexto histórico. Segundo Teófilo Braga (*idem*), trata-se do seguinte episódio:

Quando o Barão de S. Lourenço (Targini) foi encarregado da gestão das Finanças, apareceu um anúncio no Campeão deLondres de 16 de Novembro de 1819, de que ia sahir do prelo um resumo da *Arte de Furtar* do P.e António Vieira, quando o Ministro foi nomeado Visconde, entre os mercês pelo nascimento da Princesa Maria da Glória, o povo fez-lhe um terrível epigrama. Sem mais indignação para tanta desfachatez, o povo riu, e por toda a parte se cantou a quadra, que os mais velhos ainda repetem.

Os acontecimentos políticos geram opiniões contrárias no povo, o que se reflecte também na poesia, criam posições a favor ou contra, expressam ideias a favor ou contra um determinado regime, manifestam a escala de sentimentos positivos ou negativos que as consequências de um momento histórico deixaram no povo. A figura do Rei D. Miguel parece não ser das personagens preferidas do cancioneiro popular português. Dai, a cantiga "Os Dez Mandamentos Miguelistas", com a seguinte gradação (*idem*, 437):

Primeiro:
Dar vivas por dinheiro;
Segundo:
Chamar *malhado* a todo o mundo,
Terceiro:
Dar que fazer ao vidraceiro,
Qyuarto:
De vingança nunca farto,
Quinto:
Põe o mundo em labyrinto,
Sexto:
Jurar por qualquer pretexto;
Sétimo:
Ser carrasco e ter bom préstimo
Oitavo:
Ter a religião por alvo:
Nono:
Tirar seu ao seu dono
Décimo.

Dizer bem do que é péssimo.
Estes dois mandamentos
Encerram-se em dois:
viver como burros,
Ter canga como os bois.

Com a enumeração, seguem-se as características cada vez mais graves do regime absolutista do Rei D. Miguel e dos seus seguidores: corrupção, falsidade, vingança, pouco valor da palavra dada, cobiça, religiosidade aparente, por detrás da qual se escondem crimes, roubo e bajulação, sendo estas apenas algumas características negativas. Utilizando a terminologia religiosa, o número dos dez mandamentos e também dos dois (sendo que no cristianismo também existem os dois mandamentos maiores) últimos "mandamentos", o povo parodia o excessivo clericalismo e uma exagerada devoção religiosa, resumindo as suas consequências em uma vida na ignorância (de burros) e trabalho forçado em condições difíceis (de bóis).

Nos romances populares, as gradações são uma constante, quer que se trate da cristã cativa que descreve gradualmente os seus sofrimentos com um "perro Mouro", quer que se descrevam as tarefas da donzela que se veste de homem Dom Varão para demonstrar ser digna do papel de rapaz que desempenha.

Começando por recusar-se a comer maçãs, sentar-se em cadeira baixa, partir pouco pão, interessar-se por fitas e adornos, para culminar no apogeu da "discrição" da donzela, que consiste em preservar a virgindade, como se demonstra no ciclo de poemas sobre a donzela guerreira.

Nas gradações sobre a esposa infiel, o seu medo mais acentuado é do pai como mais velho e merecedor de mais respeito, seguido pelos irmãos, como seus meiores confidentes e terminando com a figura do marido, mais odiada e ridicularizada.

Este leque de situações e contextos implica uma série de gradações, aumentando ou diminuindo a intensidade da imagem poética e produzindo efeitos poéticos no público.

.

3.7.7 Antíteses (contrastes)

Continuando o estudo de recursos estilísticos usados na poesia popular, a análise de contrastes, frequentes nas cantigas, usados com muita naturalidade, remetendo para fenómenos quotidianos, bem como para os mais complexos e abstractos.A antítese consiste em colocar um ao lado do outro dois conceitos de significado oposto de forma a ressaltar uma ideia que se pretende transmitir. Jovanović (*op.cit.*123), refere que a antditese significa a contraposição de dois conceitos de significado oposto. O contraste pode manifestar-se através de substantivos, verbos, adjectivos ou advérbios de significados opostos. Ocasionalmente, realiza-se também através de pronomes eu/tu ou eu/vós, contrapondo duas acções opostas, praticadas por personagens cntagónicas. Os exemplos que se seguem ilustrarão a presença do contraste construído mediante cada uma das categorias gramaticais em questão (Braga,1911:9):

> Quem tem amores, não dorme
> Nem na noite, nem de dia

Contrapondo no mesmo verso a noite e o dia, intensifica-se a ideia da intensidade do sentimento amoroso que impossibilita o sono, implicando, provavelmente imaginação, preocupações ou outras ideias subjacentes ao amor.

Uma antítese, realizada mediante os verbos, manifesta-se nos versos que se seguem (*idem*, 48):

> Mal de amores não tem cura,
> Mal de amores cura tem

As formas afirmativa e negativa do mesmo verbo, contrastadas na primeira metade da quadra, servem para pôr de manifesto opiniões diferentes acerca do sofrimento amoroso. Apoiando a segunda hipótese, o poema desenvolve-a na segunda parte, concluindo de forma optimista, isto é, encontrando uma "cura" para a doença em questão.   Repare-se que não é aleatório o poema terminar justamente com a palavra "bem", oposta do "mal". Ainda que aqui se trate de substantivo e não de advérbio, a oposição está presente, revelando os conceitos em "debate" e colisão.O contraste adverbial é exemplificado na seguinte cantiga (Braga, 1911, II, 339):

Amores ao pé da porta,
Só servem para tormento
Amores querem-se ao longe
Mas perto no pensamento

A construção preposicional e substantival "ao pé da porta", significa proximidade, contrapondo-se claramente ao advérbio "longe". Nos versos, desenvolve-se a teoria sobre o papel da distância no relacionamento, sendo considerada um factor favorável, causa da saudade e do fortalecimento de sentimentos entre as partes separadas. Nos últimos versos parece ecoar o provérbio popular portugues "Longe dos olhos, perto do coração" (*in*: Parente, *op.cit.*), servindo de argumento que reforça esta vperspectiva (Braga, 1982:65)

Ninguém se póde chamar
Nem feliz nem desgraçado,
Que dos males que se queixa
Podia ter evitado.

Os adjectivos "feliz" e "desgraçado", contrastados no mesmo verso prendem-se com uma mundividência relativista e também optimista, oferecendo sempre alternativas. Começando pelo pronome negativo "ninguém", tem-se a impressão de que a cantiga introduz um tom pessimista. A construção gramatical copulativa, manifestada nos nexos "nem... nem", terminando com a hipótese da evitabilidade dos males.

Em vez dos antónimos esperados "infeliz", ou "triste", utiliza-se "desgraçado", em primeiro lugar, para rimar com o particípio passado do verbo "evitar", e simultaneamente, para pôr de manifesto a divercidade de nuences do sentimento em questão, sendo, a nosso ver, "desgraçado" mais emocionalmente carregado. A segunda metade da quadra nega completamente a intensidade da desgraça, com uma resposta aparentemente neutra e objectiva, introduzindo a possibilidade de um "final feliz".

A antítese a nível pronominal, manifesta-se na contraposição de sujeitos diferentes, opondo, de certa forma, as acções expressas pelo verbo. Leia-se o exemplo:"Se não cantaes, canto eu" (*idem,*4).

Ao silêncio de um sujeito, opõe-se o som do outro, subjacentes nas fomas negativa e afirmativa do mesmo verbo, atribuindo uma musicalidade diferente ao poema e acelerando o ritmo da acção.

As imágens e acções antagónicas podem realizar-se não apenas mediante a oposição dos sujeitos "eu" vs. "vós", bem como através do par de verbos antónimos. Repare-se na quadra (*idem*, 326):

> Eu vergonha, vós vergonha
> Vergonha me hade matar
> Eu vergonha de o pedir
> Vós vergonha de m´o dar

Nesta cantiga, contrapõem-se duas personagens e as respectivas actividades. Reiterando a palavra "vergonha" cinco vezes, podemos pressupor a ideia de uma acção publicamente censurável ou ilícita. Envolta no não revelado e não comunicado, a quadra parece sugerir o desejo da concretização da intimidade entre namorados, causando uma sensação desonfortável para ambos. O acto íntimo, escondido detrás do pronome átono "o" (podendo ventualmente ser substituído por "isso"), parece neutralizar-se até ao limite, verbalizando-se indirectamente no pr de verbos contrapostos.

Na parte dos romances , incluídos nos *Cantos Populares do Arquipélago Açoriano*, aparece também o mecanismo de contraposição das ideias. A estrutura dos contrastes pode basear-se nas mesmas categorias gramaticais, exploradas no cancioneiro, embora ocasionalmente a oposição entre elementos seja menos explícita. Leia-se o exemplo (*idem*, 104):

> Eu era mulher honrada,
> Não era mulher vadia

A antítese revela-se nas formas verbais afirmativas e negativas, bem como nos conceitos expressos pelos adjectivos. Aplicados à mulher, os dois termos contrastados são bastante significativos, implicitando toda a mundividência medieval, baseada na quastão da honra e boa reputação feminina, que num universo patriarcal e marcadamente masculino, não tinha muitas possibilidades de diversidade comportamental: "honrada" ou "vadia" eram quase as únicas duas qualificações aplicáveis à população feminina. Com este contraste drástico nos primeiros versos e com a constatação da perda de honra, intensifica-se o drama do seu destino e a sua angústia pessoal.

O contraste como recurso estilístico frequente na poesia popular, justapõe dois extremos de uma característica, fenómeno ou situação, pretendendo provavelmente tornar o público mais consciente da diferença entre o bem e o mal, o certo e o errado, o moralmente correcto ou censurável, tendo os poemas, deste modo, uma dimensão didáctica e educativa. Claramente, o povo sabe que entre uma e outra polaridade existe um leque de situações diferentes e não tão facilmente classificáveis, usando o contraste para atingir um objectivo mais preciso e poeticamente mais intenso.

3.8 Figuras baseadas na exploração de recursos linguísticos e sintácticos

Este capítulo foca figuras de estilo construídas a partir dos aspectos formais da língua e da palavra. Ocasionalmente, a semelhança fonética e (ou) gráfica entre dois termos pode induzir o público na interpretação equivocada, dada a ambiguidade de sentidos de uma palavra.

Outras vezes, o efeito desejado é conseguido através das repetições (no princípio, meio ou fim do verso), ou mediante recursos sonoros (acumulação das mesmas consoantes ou vogais). A poesia popular, sendo transmitida oralmente, conservou bastante bem bem essas marcas da oralidade. As repetições das mesmas paalvras não implicam a pobreza do léxico do poema nem falhas de estilo, não obstante escassos exemplos que o possam manifestar. Através deste mecanismo, apenas se procura ressaltar a importância e intensidade da palavra ou conceito reiterado. Em determinadas situações, recorre-se a estes "truques" linguísticos por motivos de rima, ritmo ou outros aspectos formais do poema.

Mais adiante enumeraremos algumas destas figuras de estilo, explicando a sua aplicação na poesia popular lírica e lírico-épica coligida por Teófilo Braga, bem como as eventuais opiniões do compilador a esse respeito.

3.8.1 Anáforas

Se a mesma palavra, sintagma ou frase se repete constantemente na parte inicial de cada verso, trata-se de uma figura designada como anáfora. Jovanović (*op.cit.*107) refere que esta figura de estilo se baseia na "repetição das mesmas palavras no princdipio da frase ou de constituintes frásicos". Na poesia popular, este recurso podia ser utilizado por vários motivos: para ajudar o transmissor do poema,a preencher algumas lacunas da sua memória, para formar um efeito de gradação, para reforçar a ideia principal do poema. Ruth Finnegan (1996) é de opinião de que as repetições anafóricas, epifóricas ou a utilização de quaisquer outras "fórmulas linguísticas" na poesia oral em grande medida ajuda a transmissão do poema, pois é necessário apenas "chamar" novamente um recurso pré-estabelecido para o discurso, de forma a fluir melhor e com mais naturalidade.

No *Cancioneiro Popular Portuguez*, bem como nos *Cantos Populares do Arquipélago Açoriano* o uso desta figura é visível em numerosas quadras., não apenas para os efeitos da maior sonoridade, como também para sublinhar os temas centrais e as ideias directrizes do poema. Leia-se o exemplo (Braga, 1911,2):

> A cantar ganhei dinheiro,
> A cantar se me acabou

Retomando a mesma estrutura inicial nos primeiros dois versos, salienta-se a facilidade de ganhar e gastar dinheiro, como também um certo descuido relativamente a isso, sendo realmente importante a actividade de cantar. A anáfora também é característica pela estrutura negativa, reiterada no inécio dos versos, como se verá no exemplo (*idem*, 4):

> Nem toda árvore dá fructo
> Nem toda erva dá flor
> Nem toda mulher bonita
> Pode dar constante amor

A primeira metade da cantiga, como é habitual baseia -se na observação da natureza e na confirmação das suas leis, chegando à conclusão que se aplica ao amor e à mulher. Na nossa Tese de Doutoramento (*op.cit.*) abordámos a estrutura das quadras, e referimos que, na maior parte dos casos ela é binária ou dualista, servindo a primeira parte para introduzir a ideia central do poema, e a segunda para a desenvolver. Por isso, não é raro estabelecerem-se os paralelismos mediante as repetições anafóricas. Estas anáforas representam analogias entre os conceitos enumerados. O fruto e a flor são resultantes da dádiva da árvore e da erva, tal como o sentimento amoroso deveria ser próprio das mulheres belas, o que nem sempre acontece.

As anáforas realizadas mediante a reiteração de construções verbais seguramente procuram incutir a ideia aerca da relevância da acção expressa pelo verbo. Aqui, o verbo "ter" predomina, repetindo-se oito vezes, de uma forma quase proverbial, explicando as regras de determinados fenómenos. Analise-se a quadra (*idem*, 169):

> Quem tem roseiras, tem rosas,
> Quem tem rosas, tem botões,
> Quem tem amores, tem zelos,
> Quem tem zelos, tem prizões.

A frase subordinada relativa revela causalidade, sendo a segunda parte, a consequência lógica e natural do estado ou processo descrito. Para além de as estruturas anafóricas facilitarem a memorização das cantigas, parecem ter também um carácter didáctico, explicitando verdades sobre a natureza e determinados sentimentos.

Para completarmos a análise de repetições anafóricas, observaremos um exemplo dos *Cantos Populares do Arquipélago Açoriano* (Braga, 1982,23):

> Tendes a figueira á porta,
> Tendes sombra regalada,
> Tendes fama de bonita
> Haveis de ser procurada.

Elencando as características da rapariga, e da natureza que a rodeia, pode-se deduzir o seu sucesso com os pretendentes.

O elemento repetitivo pode ser um verbo, um conector, um pronome, um substantivo (frequentemente um nome próprio), uma interjeição ("oh", ou "ai"), um adjectivo ou advérbio. Independentemente da categoria gramatical e da função sintáctico-semêntica, a anáfora realça uma ideia e acelerao ritmo do poema, atribuindo-lhe uma musicalidade particular.

O romanceiro coligido por Teófilo Braga oferece-nos exemplos desta figura Leiam-se os versos que se seguem (Braga, 1982:183):

A caçar foi Dom Jorge,
A caçar foi como solia

Ou (*idem*, 186)

Hontem se acabaram os anos,
Hontem se encerrara o dia

Ou ainda (*idem*, 191)

Justiça do céo pedia
Justiça do céo á terra

Estas são apenas amostras da anáfora na linguagem dos romances populares. Como o romance é um género lírico-épico, serve para um episódio ou contar uma história, cativando a atenção do público. Repetindo as partes iniciais dos versos, conseguem-se os efeitos da sonoridade, facilita-se a memorização dos versos, ajuda-se ao transmissor popular a continuar a narração e sobre tudo "convence-se" o público da relevância do episódio narrado no poema.

Estilisticamente rica, retoricamente efectiva, diversificada em vocabulário, a poesia popular portuguesa recolhida por Teófilo Braga fornece-nos um material mais do que suficiente para a análise do estilo, linguagem, gramática e outros aspectos, sem diminuir de modo algum o seu valor estético e literário.

3.8,2 Epíforas

Diferentemente da anáfora, a epífora é a repetição das mesmas palavras, sintagmas ou frases no fim de vários versos.

De acordo com o conceito da focalização frásica (*in:* Stanojčić, Popović, 2000), a informação mais relevante, do ponto de vista comunicativo, coloca-se no fim do enunciado.

Para salientar este aspecto, a poesia popular recorre com frequência ao uso da figura de estilo em questão. Ocasionalmente a epífora resulta conveniente, dados o ritmo e a rima. De todas as formas nas cantigas líricas, bem como nos romances, a epífora acentua o valor semântico e conteudístico de uma parte do verso, contribuindo para a musicalidade e riqueza estilística do poema.

Confirmando na prática as afirmações e definições citadas, estudaremos as seguintes quadras:.

> Por te amar, perdi a Deus
> E Deus me deixou a mim,
> Não quero ficar sem Deus,
> Amor, fica tu sem mim
> (Braga:1911:339)

Nestes quatro versos, a palavra "Deus" é mencionada duas vezes na posição final, tal como a preposição sem ocupa a penúltima sílaba Focando a imagem divina e a preposição, indicadora da ausência absoluta, reforça-se a religiosidade do sujeito lírico, obreposta à felicidade pessoal, como se esperava de uma personagem virtuosa, merecedora de ser cantada na poesia.

No romanceiro, a epífora está presente de várias formas. Nos romances em que o pai apaixonado "acomete de amores" a filha, o nome da princesa e reiterado na posição final,como se se tratasse de de refrão, introduzindo um certo lirismo na sobriedade dos episódios épicos.

O ciclo de romances sobre D. Varão, nas partes finais dos versos "de homem não", ecoa a inquietação emocional do príncipe perante uma beleza invulgar dos olhos femininos, "traidores", que o seduzem, msmoescondidos detrás da aparência masculina.

A linguagem epifórica nas cantigas ou romances acentua, enfatiza, sublinha a relevância de certas palavras, pensamentos ou acções, chocando, inquietando e provocando a reacção do público, a sua participação activa na interpretação poética e uma revisitação de temas e motivos abordados.

3.18.3 Anadiploses:

Por anadiplose entende-se um tipo específico de repetição, em que a parte final de um verso é retomada no verso que se segue. De acordo com Jovanović (*op.cit.*) Trata-se da figura retórica, que pretende salientr na parte final do verso anterior e a parte inicial do verso seguinte, como a mais importante dos versos. Frequente na poesia de expressão oral dos povos eslavos, manifesta-se também na literatura popular da Península Ibérica, sem para isso haver uma explicação razoável, dada a escassez de contactos históricos entre os dois espaços culturais.

Desta forma, observa-se um encadeamento entre dois versos , dando-se este fenómeno também nos versos "de pé quebrado", também designado de "encavalcamento". Antonio Quilis (1997) define este fenómeno da seguinte forma, como um desajuste produzido quando a pausaversal não coincide com a pausa morfossintáctica. Daí surge uma certa "tensão" dentro do verso, o que faz com que o pensamento de um verso continua no outro, para respeitar a unidade da frase. Nessa particularidade versificatória, o pensamento que se pretende expressar, parece "não caber" no número de sílabas previstas para uma medida métrica, tendo que continuar na primeira metade do próximo verso.

Por motivos enfáticos, ou puros efeitos formais, a anadiplose é bastante explorada na poesia popular em todos os seus géneros. Com este recurso estilístico, o povo parecia explorar as possibilidades expressivas e criativas da sua língua. Algumas combinações bem-sucedidas põem-se de manifesto na quadra que se segue (*idem*, 15):

> Esta noite a meia noite
> A meia noite seria
> Ouvi cantarem os anjos
> No coração de Maria

Aqui, a anadiplose reflecte-se na repetição do sintagma "meia-noite", não apenas para especificar a hora, como também para melhor representar o ambiente nocturno, mais propício para reflexões e inquietações íntimas. Às "trevas" e ao silêncio absoluto, opõe-se um canto angelical, sendo implícita a sua brancura e pureza, que parece ser uma luz que rompe com a negrura da noite.

Retomando a mesma figura de estilo, o sujeito lírico dirige a palavra a um elemento natural, enfatizando o seu carácter assustador eperigoso (a largura e a profundesa incomensurável). Porém, nem todo o escalofrio que esta imagem pode inspirar é comparável á maldade humana, representada na bisbilhotice, cujo símbolo são "as bocas do mundo". Veja-se a quadra (*idem*, 110)

Oh, mar largo, oh, mar largo,
Oh, mar largo, mar sem fundo,
Mais vale andar no mar largo,
Que andar nas bocas do mundo.

Os versos supracitados revelam-se como importantes para a nossa análise, compreendendo exemplos deanáfora, epífora anadiplose, apóstrofe e reduplicação, prendendo-se também com um sentido hiperbólico. O vocábulo "mar" ocorre cinco vezes na cantiga. Sendo um interlocutor imaginário e portador da resposta final quase proverbial, que parece consolar a voz angustiada pela existÊncia de diversos perigos no mundo que a rodeia (Braga, 1982, 67).

Oh, amores, oh, amores!
Oh, amores, para que são?

A preocupação expressa por detrás da aparente exaltação do sentimento amoroso na reiteração das imagens na anadiplose, acentua-se ainda mais mediante a pergunta retórica no fim.

Nos romances da mesma colectânea, a anadiplose é explorada sobretudo por motivos enfáticos e rítmicos. Eis um exemplo "clássico" (*idem*, 189): "Para estar aqui sete annos,/Sete annos e um dia.

A angústia do tempo prolongado da duração da sina é bem conseguida não apenas por via dos recursos linguísticos repetidos, como também através do número "sete", carregado de simbolismo e característico para o romanceiro português. Os números "três" e "sete" são característicos para a literatura de expresão oral no geral, e não apenas para a portuguesa. Deste modo, é frequente nos contos tradicionais um rei ter três filhos ou filhas, serem necessárias três provas para o príncipe mostrar ser merecedor do amor da princesa, o dragão pode ter três ou sete cabeças. No romanceiro português, parace que o número sete está bastante representado. O rei pode ter sete filhas, a menina cativa pode passar sete anos encerrada numa torre, sete fadas encantam uma princesa. Desde o tempo de Pitágoras, este número é considerado sagrado ou mágico. Sete são as virtudes principais e tal é o número dos pecados mortais no Cristianismo, sete dias da semana, sete braços do candelabro judeu, sete personalidades de Deus no zoroastrismo e múltiplas possibilidades interpretativas e simbólicas consoante a cultura, daí a importância de ser repetido na poesia, salientando o valor deste número e os seus efeitos poéticos.

3.8.4 Reduplicações (palilogias)

A reduplicação ou palilogia é uma figura que consiste em simples repetição de uma palavra várias vezes, sublinhando uma ideia, exagerar o efeito de alguma acção, contribuir para uma maior sonoridade. Radomir Jovanović (*op.cit.*1197) refere que a palilogia é uma "figura de estilo de repetição d uma ou mais palavras no princípio ou no fim da frase para se salientarem determinadas coisas". Podendo parecer redundante, reflecte marcas da oralidade na poesia popular. Este fenómeno verifica-se nos seguintes versos (Braga, 1911:3):

Sempre estás a dar, a dar,
Pancadinhas na viola

Neste caso, a repetição completa o número de sílabas no verso, intensifica a frequência da actividade em questão e o seu carácter repetitivo. Tal situação verifica-se no seguinte exemplo (*idem*, 27):

Tu dizes que não, que não
Inda hasde vir a querer

A reduplicação do elemento negativo no fim do verso subentende a posição firme do sujeito lírico relativamente ao cortejo, porém, os versos que encerram a quadra ("Tanto dá a água na pédra/ Que a faz amollecer") reflectem a mesma persistência até atingir o objectivo desejado. A vertente carinhosa das palilogias pode prender-se com as características da linguagem popular, em que os diminutivos e as reiterações da mesma forma verbal são constantes. O diminutivo aqui não tem propriamente a função de reduzir a qualidade espressa no particípio passado. Contrariamente do que se possa esperar, neste caso, a função do diminutivo é meramente enfática (Braga,1982:11).

Chega-te bem chegadinho,
Que uma noite não é nada

Existem também repetições não exactamente iguais, como é o caso desta. A função intensificadora verifica-se na palilogia, bem como no quantificador "bem", significando "muito".

Ocasionalmente, ocorrem as reduplicações etimologicamente baseadas, tal como se observa no verso "O caçador foi à caça" (*idem,*185). A acumulação de palavras de raíz e sons semelhantes acentua a musicalidade do poema, facilitando a sua transmissão e memorização.

Na parte do romanceiro, a reduplicação é um recurso estilísticos bastante usados, por vezes é reiterado um verso inteiro apenas com ligeiras variações, o que neste género pode ter a função de refrão. Leia-se o exemplo (*idem*, 186): " Que fazeis aqui, donzella?/Que fazeis aqui, donzilla?

Para além do efeito meramente musical, este dístico sublinha a admiração do cavaleiro perante a beleza de uma dama desconhecida, num espaço inóspito.

A análise textual de numerosas palilogias na poesia popular, revelou-nos a sua função mais evidente: a de intensificar uma imagem, sendo implícitas também outras possibilidades interpretativas (a captura da atenção, o carácter durativo da acção, marcas da oralidade, expressão de carinho, sonoridade), tornando o cancioneiro sempre vivo e próximo dos ouvintes e leitores, e reavivando a linguagem, o universo tematológico e as ideias do romanceiro.

3.8.5. Estruturas binárias (paralelismos)

Numerosos especialistas na área da literatura poular (Nunes, 1978), (Viana, 1975), (Lima, 1962) destacam a frequência da estrutura binária nas quadras portuguesas, divididas em duas partes, sendo nos primeiros dois versos expressa uma ideia, geralmente baseada na observação da natureza, para na segunda metade de expor uma conslusão, aplicada a um caso particular, ou servindo de "moral de história"

Esta, porém, não é uma característica isolada e exclusiva da poesia de expressão oral, constando também das cantigas galaico-portuguesas eruditas, particularmente as de amigo e de amor Stephen Recket (*in :*Recket, Macedo,1996) salienta a existência da estrutura dual nas cantigas de amigo medievais, compostas por trovadores conhecidos, como o rei D. Dinis. Dividindo-se formalmente o poema em versos com paralelismos, o leitor ou ouvinte tem a impressão de uma cisão no sujeito lírico, geralmente manifestada entre os sentimentos e a realidade objectiva, em que a sua realização feliz é impossível (nas cantigas de amigo, o amor não se concretiza devido à ausência do amado e nas de amor dado o estatuto ou estado civil da amada.

O carácter binário nas quadras populares não se manifesta apenas a nivelestrófico, mas também na estrutura do verso, em que a sua primeira e segunda parte se caracterizam por uma palavra repetida Não obstante, para se notar melhor a separação entre dois hemistíquios, na linguagem oral é feita uma pausa, e na escrita as duas partes do verso separam-se por uma vírgula. O que marca ainda mais este tipo de estrutura é exactamente o mesmo número de sílabas em ambas as partes,possibilitando a presença proverbial nas cantigas. Podendo não tratar-se do provérbio no sentido restricto da palavra, o importante parece haver algum ensinamento prático ou moral, útil para o futuro. A nosso ver, a estrutura binária não é um equivalente semântico exacto do paralelismo, referindo-se o primeiro sintagma (talvez nossa designação do conceito) a aspectos meramente linguísticos, semelhantes à reduplicação em termos de acentuar e intensificar um sentimento ou fenómeno. O último, do nosso ponto de vista, prende-se mais com o sentido e a ideia subjacente nas quadras, Nesta conformidade, a investigadora sérvia Hatidža Krnjević (*in*: *Oral Tradition* 6/2-3, 1991) refere a existência do "paralelismo emocional", em que a situação na natureza corresponde ao estado emocional do sujeito lírico. Tratando-se de cantigas amorosas, uma união feliz e correspondida é acompanhada do canto dos pássaros, ambiente primaveril, a multiplicação dasflores ou dos animais. A desgraça e os desgostos parecem mais apropriados para inserir-se num ambiente sombrio, de folhas caídas, jardins encerrados, fontes secas, cemitérios, praias abandonadas...

Reiterando a questão meramente formal, a do paralelismo linguístico, manifestado na "estrutura binária", compete-nos analisar os versos que se seguem:

> Amor fere, quando fere
> Sem distinguir qualidade
> Fere o pobre, fere o rico
> O vasallo e a majestade
> (*idem*,349)

No primeiro e terceiro versos, repete-se o verbo "ferir" na posição inicial e final, potencializando a interpretação que a dor iguala todos, tendo a mesma intensidade, indistintamente do estatuto social.

Posicionando-se este recurso estilístico no fim do primeiro hemistíquio e no fim do verso, sublinha-se a relevância do significado do verbo. Na posiçãoinicial, serve mais como um elemento que chama a atenção. Leia-se o exemplo (Braga, 1982,46): "Olha o brilho, olha a graça,/Do marióla galante!"

O mesmo acontece com os versos "Viva o cravo, viva a rosa!"(*idem*, 18), em que se destaca o mesmo valor do desejo para os dois elementos da imagem. No verso "José quero, José amo" (*idem,* 17) no nome do destinatário retoma-se a predominância do amado entre os outros, sendo justamente ele merecedor desse lugar tão específico.

Tratando-se de estruturas binárias nos provérbios e expressões proverbiais, o que se sublinha é uma relação clara de causa e efeito, em representando a segunda metade da frase uma consequência lógica.

Como prova disso citaremos os seguintes versos (Braga, 1911:365):

> Oh, amor, aplaca o lume
> antes que se accenda a chama
> onde há amores, há ciúmes,
> onde há ciúmes, há fama.

Neste contexto, os ciúmes nascem do sentimento amoroso, tal como a "fama" resulta das manifestações ciumentas.

Na parte do romanceiro, coligido por Braga, a estrutura binária aparece, sobretudo, nos romances sobre a donzela guerreira que conseguiu enganar o filho do rei. Leia-se o exemplo (*idem*, 215): "Virgem vim, e virgem vou,/O filho do rei como asno ficou.

O caráter binário de uma estrutura, prende-se frequentemente com o contraste, como acontece neste caso, sublinhando a oposição entre os verbos "ir" e "vir", mantendo-se o substantivo "virgem", sublinhando a firmeza do sujeito lírico.

Outro tipo de estrutura binária manifesta-se nas analogias estabelecidas estabelecem entre dois termos segundo uma determinada semelhança que os une. Como já foi referido, os primeiros dois versos da cantiga servem para introduzir um ponto de vista, e os últimos dois servem ou para alargar essa ideia ou desenvolvê-la. Esta tendência verifica-se nas seguintes cantigas (Braga,1911:13):

> A laranja quando nasce,
> Nasce logo redondinha
> Também tu quando nasceste
> Foi logo para seres minha

Neste caso, estabelece-se o paralelismo entre o nascimento da laranja e da rapariga. Outro elemento que serve para reforçar o paralelismo é a forma do fruto, que é sempre igual, marcando deste modo, o seu, destino, tal como o da menina é ser amada pelo pretendente. Na mesma linha do raciocínio, o paralelismo nos seguintes versos, revela-se na construção frásica e na ideia "bem parece". Tal como o carro (de bois) é indispensável na vida de um lavrador, uma menina o é para o seu enamorado (*idem*, 107).

> Bem parece o carro novo
> A´ porta de um lavrador
> Bem parece uma menina
> Nos braços do seu amor.

Os ideais estéticos podem ser alvos de paralelismos, simplificando a forma de pensar na poesia popular. Repare-se no exemplo (Braga, 1982, 22):

> A rosa para ser rosa
> Deve ser alexandrada,
> A moça p´ra ser formosa
> Há-de ser alva e rosada

Do mesmo modo como a verdadeira "identidade" da rosa (com todas as suas qualidades mais apreciadas: beleza, cheiro, cor.) parece indissociável da sua origem na Alexandria, uma rapariga deve corresponder aos padrões de beleza no imaginário popular: ter a pele clara, ligeiramente corada,

Nos romances, existem analogias construídas s de outra forma, frequentemente a partir de um aparente contraste. No ciclo sobre Dom Varão, por exemplo, forma-se uma oposição entre as atitudes do homem e da mulher,quando na realidade se trata de uma analogia. Vejamos o exemplo (idem, 214):

> Oh, que rica espada esta
> Para Dom Varão brigar,
> Mas que lindas fitas estas
> Para moças enganar.

Estabelece-se uma relação paralela entre as qualidades da espada e o género masculino e as fitas e o universo feminino. Na realidade, o que parece inerente a estes versos é uma analogia,podendo ter sido pronunciada assim: "Tal como um homem deve apreciar uma espada, uma mulher deve gostar das fitas."

Porém, o povo escolheu a primeira forma de dizer, entre outras razões, por causa da "economia da língua", um mecanismo de evitar elementos desnecessários, concentrando-se no que é realmente relevante. Se a analogia fosse construída da maneira em que a apresentámos, o verso e a estrutura do poema perderiam naturalidade, ritmo e beleza de expressão.

3.8.7. Quiasmos

Esta figura é uma espécie de paralelismo, em que existem quatro termos. Na segunda parte deste mecanismo estilístico a ordem das palavras aparece diferente. De acordo com Malaca Casteleiro (2001:3041), o quiasmo se define como:

Figura de estilo que consiste na disposição de quatro elementos, agrupados paralelamente dois a dois, apresentando a segunda parte da construção os mesmos elementos da primeira, mas com a ordem invertida.

Deste modo ,podemos afirmar que a estrutura desta figura é:a-b-b-a, o que não se deve confundir com a rima prdominante nas quadras populares *abba*, em que ocorre a coincidência fonética entre o primeiro e o quarto e por sua vez o segundo e o terceiro versos. A menção da rima neste contexto, não é um facto facilmente "descartável", dada a frequência desta figura justamente na poesia, embora geralmente erudita. Segundo Jovanović (*op.cit* 1868), o quiasmo é: "a posição cruzada dos constituintes frásicos, de modo a corresponderem um ao outro o primeiro e o quarto e o segundo e o terceiro."

Estas letras, na definição do quiasmo, são introduzidas apenas para se sublinhar melhor a ordem dos elementos a enumerar. Daremos alguns exemplos que possam esclarecer a utilização deste recurso na literatura popular (Braga, 1911: 15): "Maria tem pé de neve/Pé de neve tem Maria"

É reiterada exactamente a mesma ideia, apenas a inversão da ordem serve, por um lado, para enfatizar o aspecto físico da personagem principal, satisfazendo também os critérios da rima.

Nos *Cantos Populares do Arquipélago Açoriano,* encontramos o seguinte exemplo de quiasmo na poesia popular lírica (Braga, 1982:40):"Quando eu te queria bem,/Quando eu bem te queria"

Aqui, o elemento "a", da definição supracitada, corresponde a "eu queria" e o elemento "b" a "bem". Neste caso, sendo tudo contado no passado, salienta-se o carácter transitório dos sentimentos por uma determinada pessoa.

Nos romances do nosso *corpus,* encontramos também alguns quiasmos, que, como todas as repetições, têm a função de acentuar a componente narrativa, tornando o ritmo poético mais lento..Eis um exemplo (*idem*, 188): "Caçador que ia à caça,/ Caçador que à caça ia"

Estes versos introduzem uma personagem do romance, para melhor identificarem o protagonista, parece necessário mencionar a sua ocupação, de forma a torná-lo inconfundível.

Embora mais apropriada para a literatura erudita, a figura de estilo em questão, na linguagem popular encontra a sua forma de expressão, mostrando que as criações orais e anónimas podem ter um elevado valor estético, por vezes igualável ao da poesia culta, podendo ser discutido e analisado como se de uma obra prima de um autor conceituado se tratasse.

3.8.7 Paráfrases

As palavras "paráfrase" e "parafrasear" são bastante utilizadas na literatura e na linguagem corrente, entendendo se por este conceito o de "dizer o mesmo com outras palavras". Radomir Jovanović (*op.cit.1218*) refere que a paráfrase é: uma forma descriptiva de dizer, com o objectivo de uma melhor compreensão". Nessas situações, na conversa ou no registo escrito, recorre-se a sinónimos, palavras mais claras que significam o mesmo ou expressões mais populares,de forma a tornar a imformação mais acessível ao público. O conceito que se parafraseia mantém-se, apenas são usados sinónimos. sem aparentemente, alterar sentido original. Como é de conhecimento geral, não existem sinónimos absolutos, a não ser no domínio de terminologia, quando um fenómeno é definido com um termo científico, nomeadamente:"terramoto" vs."sismo"). A ausência de equivalentes semânticos exactos atribui sempreuma nova dimensão de significados ao texto parafraseado.

Na linguagem literária, os sinónimos têm o seu valor afectivo, eufemístico, hiperbolizado ou simplesmente expressivo e a informação parafraseada pode alargar ou reduzir determinados aspectos

Da ideia original. Na poesia popular parafraseia-se para se manter a atenção do público, explorar as possibilidades expressivas da língua, enfatizar a relevância de um assunto: Leia-se o exemplo Braga, 1911: 41):

Meu amor, quem cala vence,

Mais vence quem não diz nada

No primeiro verso, mediante a expressão proverbial, põe-se de manifesto o valor do silêncio, sendo reiterado mediante a paráfrase. Mesmo sendo sinónimos, "calar" e "não dizer nada", parecem aportar nuenaces diferentes ao texto. A palavra "nada" aparentemente aniquila por completo qualquer som, tendo uma função enfática.

Como no último verso o poema alerta que em certas situações "mais vale a boca calada", a paráfrase sugere a sabedoia implícita no acto de naõ proferir a opinião no momento ou lugar inoportuno. Mais uma situação de paráfrase poética afigura-se-nos interessante do ponto de vista da interpretação metafísica subjacente no poema. Repare-se nos versos que se seguem (*idem*, 26):"Tudo no mundo varia/Não há nada que não mude".

Os dois versos iniciais destacam a existência e inevitabilidade da mudança, sendo na primeira frase a ideia expressa mediante a afirmação e na segunda, através da negação. O elemento negativo, repetido três vezes na paráfrase, enfatiza a instabilidade, constatando, de certa forma, a impotência do homem para influenciar a cessação das mudanças no mundo. Esta estrutura faz lembrar determinados provérbios que têm a sua variante afirmativa e negativa (nomeadamente "todas as rosas têm espinhos" e "não há rosa sem espinhos": *in*: Parente, *op.cit., p.*) do mesmo significado, embora a formulação negativa pareça mais enfática. O mesmo verifica-se nos versos que se seguem (*idem*.158): "Não quero amor viúvo,/Nem homem que enviuvasse."

Na primeira e egunda frases, a viuvez do homem não é considerada desejável, reiterada na paráfrase ampliada, tornando mais clara ainda a posição do sujeito lírico relativamente a namoro ou casamento com um homem desse estado civil (Braga, 1982:15). "Quem ama, não arreceia/Quem quer bem o seu amor"

O verbo "amar" é parafraseado com a expressão "quem quer bem o seu amor", abordando o mesmo assunto de outra forma, como se o poema pretendesse explicar o sentido do conceito em questão, podendo o conceito do primeiro verso ser mais geral e o segundo mais concreto. No cancioneiro político, religioso e infantil também existem as paráfrases, que servem para facilitar a memorização ou enfatizar o conteúdo do poema. Porém, citámos apenas os exemplos da poesia amorosa, por nos parecerem os mais evidentes e mais representativos.

Num romance quese encontram dentro dos *Cantos populares do Arquipélago Açoriano* notámos a seguinte paráfrase (idem, 215): "Era meia-noite em ponto/Outra meia por dormir"

Ambos os versos contêm uma referência temporal. No primeiro caso, insiste-se na exactidão da hora, enquanto na versão parafraseada, já aparece um elemento adicional, acrescentando a informação sobre o sono, provavelmente interrompido.

Traço importante da linguagem falada, presente na poesia popular, a paráfrase pode parecer repetitiva e "sufocar" a beleza de uma imagem poética, reforçando, por outro lado a ideia expressa no verso original. Este é um dos numerosos recursos estilísticos com que as cantigas chamam a atenção para as múltiplas camadas de significados e sentidos, escondidos por detrás da aparente simplicidade dos seus quatro versos.

3.8.8 Trocadilhos e jogos verbais

Uma vez que a palavra "trocadilho" provvem do verbo "trocar", imediatamente parece claro que nesta figuraestá subentendida uma "troca" de sentidos das palavras. O *Dicionário Priberam* [40] define este vocábulo como "jogo de palavras" ou "dito ambíguo". O trocadilho pode basear-se na sonoridade das palavras, semelhança de significados ou outra característica que possa causar equívocos de pronúncia, grafia ou significação. O jogo verbal sugere o carácter lúdico da linguagem e os seus efeitos no público. Ocasionalmentre,trata-se de induzir o ouvinte ou leitor na interpretação equivocada, devido à semelhança fonética e gráfica entre dois termos. Em outras situações, exploram-se os efeitos da sonoridade,outras vezes pretende-se um resultado cómico. De qualquer forma, a ambiguidade de palavras e sintagmas é um recurso linguístico marcante na poesia popular, salientando a riqueza de uma língua, como forte componrnte da identidade nacional. Essas "brincadeiras" com a própria língua fomentam a criatividade, imaginação e espírito lúdico, atribuem mais dinâmica e sonoridade ao poema fomentando a reflexão sobre no sentido oculto das palavras. Leia-se a seguinte cantiga:

> Peguei em um malmequer,
> Para me desenganar:
> Bem-me quer, mal me quer...
> Sempre me quizeste mal.
> (*idem,*305)

Aqui, transparece o jogo de palavras no nome da flor e na expressão "mal me quer", subentendendo-se a "magia amorosa" e a "fórmula encantatória "mal me quer, bem me quer, muito, pouco ou nada", pronunciada ao desfolhar as pétalas da flor. Na nossa Tese de Doutoramento (*op.cit.*) abordámos o tema da "magia amorosa", predestinação e intervenção das forças sobrenaturais nos "assuntos de amor", e verificámos que os apaixonados buscam sempre uma justificação superior à sua vontade para explicar a desgraça ou situação que os angustia a nível emocional, como é o caso na cantiga supracitada, ou procuram cumplicidade.de Deus, Virgem Maria, dos santos, do destino , da natureza ou de qualquer outro sinal na possível aprovação do seu relacionamento ou na formalização da união.

Outro trocadilho, conhecido na lírica popular portuguesa, é aquele onde se permutam os significados do substantivo "pena" como instrumento da escrita bem como pena" ,o sinónimo de "mágoa" ("Estou com pena//pego na pena"). Porém, a escrita na época de Teófilo Braga era, em grande medida, baseada no princípio etimológico, tendo em conta a origem das palavras. Embora revolucionário e, de certa forma liberal na política, este pensador era bastante conservador nas questões relativas à língua e à tradição. Por isso, escrevia de forma antiga, desconsiderando a reforma ortográfica de 1911 e preservando o étimo latino ou grego das palavras. Esta é uma das possíveis explicações de a palavra "pena" como objecto para escrever continha dois "n",diferentemente do seu homónimo que significa dor, tristeza ou mágoa. Eis o exemplo que o ilustra:"Com pennas escrevo penas" (Braga:1982:60), actualmente talvez reconhecível pelo contexto.

Nas "parlendas e jogos populares", inseridas no *Cancioneiro Popular Portuguez,* existem outras formas de explorar as possibilidades expressivas da língua."Um moinho me moeu" (*idem*,171) é um exemplo em que, simultaneamente seexperienciam a sonoridade, mediante as .repetiçõe da consoante "m" e das vogais "o" e "e", a musicalidade, a reiteração do mesmo significado. Talvez não podendo considerar-se um trocadilho nosentido restricto da palavra, não havendo duplicidade de sentidos, este verso parece mais um trava-línguas ou cantiga para crianças, podendo implicar equívocos de pronúncia num ritmo acelerado.

Nos romances populares, os jogos verbais manifestam-se de formas diferentes.. Nomeadamente, estão presentes as assonâncias (repetições das mesmas vogais dentro de um verso), ou aliterações (repetições das mesmas consoantes). Um exemplo para a aliteração é "de comer a carne crua", em que a letra "c", cujo som nesta posição corresponde a "k", o tem os seus efeitos sonoros que agradam o público. A assonÂncia manifesta-se no verso "Ouviram-me dois larões" (*idem*, 177), insistindo-se na sonoridade das vogais "o" e "i" e formando a rima interior entre o numeral e o plural do substantivo. A rima interna ocorre dentro do mesmo verso e não necessariamente guarda aluma relação com os outros versos do poema, e niso iferencia-se da rima externa.

Os trocadilhos, jogos verbais, assonâncias, aliterações parecem negar a teoria da naturalidade e espontaneidade da poesia popular, manifestando que mesmo uma forma aparentemente simples como a quadra requer um trabalho apurado e conhecimentos de mecanismos sonoros, um profundo domínio da língua e estilística, facilitadores da criação poética elaborada.

3.9. Epítetos

Ao emncionar-se o termo "epíteto," geralmente se pensa num adjectivo justaposto a um substantivo para o qualificar melhor. Na gramática, a sua função seria a de atributo, dando uma característica nova ao elemento nominal. Radomir Jovanović (*op.cit.575*) definindo o epíteto, refere tratar-se de "adjectivo ou advérbio que acompanha a palavra principal como ajuda para a representação ser mais viva, mais completa e mais bonita". Indo ao encontro desta linha de pensamento, Vico (*apud.* Braga, 1986:237) é da opinião que "a imagem, na sua forma mais simples, é um epíteto." De facto, se observarmos melhor, um substantivo, acompanhado de um adjectivo que o caracteriza forma uma imagem. Por exemplo, se dissermos "olhos negros", "rosto alvo e rosado", "cabelos dourados", já podemos imaginar o objecto em questão e enquadrá-lo num contexto mais amplo do nosso pensamento.

Nesta secção, a reflexão incide sobre os adjectivos usados frequentemente na poesia popular, que já têm uma forma fixa e "petrificada" na língua. Diga-se de passagem que os epítetos a abordar, na língua sérvia são designados de "epítetos épicos". Guilherme Ribeiro, na terminologia portuguesa (*op.cit.*) qualifica-os de "homéricos". Curiosamente, ambas as abordagens, independentes uma da outra, prendem-se com o uso dos ditos adjectivos na poesia épica, descurando, aparentemente, do género lírico ou li´rico- épico. Isto de modo algum, significa a existência de recursos linguísticos "isolados", próprios para cada género. Não obstante as fórmulas fixas mais ocorrentes num género do que noutro, pode haver interferências e usarem-se os mesmos recursos estilísticos. Na poesia épica, os epi´tetos adequam-se a umcampo semântico historicamente mais masculino (referente às guerras, amor pela bela dama, fidelidade, coragem).

Para o género lírico são mais característicos os epítetos que qualificam a pessoa amada, remetendo para as esferas íntima e afectiva.. No caso da poesia popular, pode haver cruzamentos intertextuais, compensando as eventuais falhas de memória do transmissor, interagindo com o público, apelando para a "fórmula de sucesso" de uma combinação verbal já conhecida e facilitando a identificação com o conteúdo dos versos. O epíteto é geralmente um adjectivo, podendo a construção de uma preposição e um substantivo também desempenhar essa função.

Leiam-se apenas alguns exemplos: "maçã doirada", "mulher bonita", "folha miudinha", "amor firme", "lindo nome", "pé de neve", "dias santos", "pé pequenino",

323

"desgraçada creatura", "os amores encobertos", "mar largo", "primeiros amores", "pecado mortal", "bocca doce", "pena rigorosa", "amor verdadeiro", "mulher perdida", "linda flor", "linda rosa", "campa fria", "boa vida", "maldito ciúme", "coisa certa", "noite escura", "sonhos falsos", "rosa encarnada", "rosa fechada", "céo azul", "mar azul", "coração triste", "bela menina", "lindas mãos", "corpo gentil", "amor cego". De entre os epítetos há os são comuns na poesia lírica, épica e lírico-épica, outros são mais líricos, outros mais épicos. Nos romances é bastante frequente encontrarem-se "ouro fino", "prata lavrada", "rica mãe da minha alma", "altas torres", "a filha mais moça", "perro mouro", "claro dia". Este pode ser o reflexo das influências da literatura erudita, nomeadamente a provençal.. Por isso, não admira que em muitas línguas europeias, que partilhavam a tradição do amor cortês, os ideais cavalerescos e a mesma herança cultural e religiosa se recorra à imagens iguais expressas nos epítetos.

Estas formas de expressão parecem práticas e recinfrontantes, em certo sentido, porém, explorando o seu uso além dos limites permitidos, corre-se o risco de se salientarem demais umas possibilidades expressivas da língua, desconsiderando outras, eventualmente, mais originais. Quem usa constantemente as figuras de estilo e imagens "petrificadas", na linguagem falada e na escrita, pode demonstrar graves falhas no vocabulário, um domínio pouco profundo da língua materna, escassa erudição ou uma certa "preguiça" no sentido de apurar e elaborar a linguagem.

3.10   Clichés, frases feitas e expressões idiomáticas

Esta parte do trabalho continua a problematizar linguisticmente temas referidos no capítulo anterior. Agora, aprofundmos a análise de palavras, sintagmas e frases usadas de tal maneira e com tal frequência que já quase perderam o seu sentido original. Na linguagem corrente, é bastante utilizada a palavra "clichê", sobretudo no contexto "Não quero cair nos clichés", pretendendo insinuar que alguém deseja ser diferente dos outros pelas suas ideias ou forma de ser.

Na literatura, o cliché é uma fórmula petrificada de dizer, que mostra mostra ausência absoluta de originalidade e creatividade, resultando de uma criação alheia, ou que existiu na língua "desde sempre", e que parece estar "pronta para usar".

Em primeiro lugar, a nossa reflexão incide sobre fraseologismos, por nos parecerem os mais difíceis, passando pelas expressões fixas, para terminarmos com os exemplos dos clichés, parecendo que os últimos têm menos valor estético.

Iriarte Sanromán (2001) define a expressão idiomática da seguinte forma:

Uma expressão idiomática ou frasema completo é uma combinação de dois ou mais lexemas cujo significante é soma regular dos lexemas constuiintes, mas cujo significado não é a união esperada de A+B.

Não representando apenas um justaposição de duas palavras , mas a fusão de significados numa só imagem, a expressão idiomática não funciona com os sentidos denotativos da palavra, passando para a esfera das conotações e significados figurados. Ocasionalmente, a escolha de termos e a sua conexão na expressão é bastante óbvia, requerendo uma maior reflexão noutros casos.

Na gramática dos autores sérvios Stanojčić e Popović (2001), destaca-se um outro aspecto importante dos fraseologismos: "um conjunto fixo de palavras com a estrutura composta e com o significado único".

Refeirndo-se ao significado único, os investigadores não subentendem o significado particular de cada um dos elementos, considerando o sintagna como um conjunto, um todo, nessa situação indivisível.

Para um grupo de palavras ser considerado uma expressão idiomática, os elementos que o compõem devem ser usados sempre na mesma ordem. Outro aspecto importante das expressões idiomáticas é a sua estrutura composta, isto é, um fraseologismo, deve conter pelo menos duas palavras, porque uma palavra isolada não pode ser expressão idiomática.

Para este fenómeno linguístico, de acordo com Orlando Neves, (2000) podem ser propostos outros nomes: "frase feita", "frase fixa",. "modo de dizer" " modismo" "locução popular", "expressão corrente" ou até "idiotismo".

Tendo em conta a estrutura, os fraseologismos podem ser sintagmas, orações subordinadas ou orações completas. Devemos, porém, chamar a atenção para uma diferença fundamental entre estes termos e o fraseologismo, uma vez que o último, obrigatoriamente, tem uma componente do sentido figurado, cujo significado não é tão evidente. Por sua vez, "cliché", "chavão", "modo de dizer" ou "frase feita" designam apenas uma estrutura constante e inalterável na linguagem oral ou escrita.

A literatura popular funciona muito a base dos clichés, modismos e expressões idiomáticas, por um lado, para usar o vocabulário com o que a maioria do público medieval (analfabeto ou sem muita instrução formal) era familiarizado e cuja compreensão não apresentava dificuldades significativas. Isto, de modo algum, pretende sublinhar a ignorância do povo, sendo a língua suficientemente expressiva para todos os seus falantes a poderem usar para falarem sobre os temas mais diversos.

As expressões idiomáticas podem ter uma conotação positiva ou negativa, derivada do significado das palavras que a constroem. Por vezes, ela é muito explícita, e outras, o sentido de um verdadeiro idiomatismo pode ser ambíguo e depender da interpretação de cada falante ou ouvinte. A nossa análise teórica, encadeia-se com os exemplos, revelados na poesia popular, coligida por Teófilo Braga (1911, 8)."Pedi-te água, não m´a deste,/Coração de pedra dura".

Para uma pessoa insensível às dificuldades dos outros, na linguagem quotidiana, costuma-se dizer que tem coração de pedra, já que este órgão se associa à esfera sentimental, e a pedra é um material duro e resistente, que não altera as suas qualidades, independentemente das condições climáticas, edificilmente destructível.

O povo, observando a natureza, tinha contacto com a pedra, tal como diariamente encontrava pessoas duras ou indiferentes com os próximos, daí a junção feliz dos significados das palavras numa só imagem.

O coração, no imaginário popular, também pode ser caracterizado de outra forma, como veremos nos seguintes versos (*idem*, 12): "Tendes coração de assucar/Que na agua se derrete".

Em vez qualificar como boa pessoa, compreensiva, terna, a sua forma de ser assemelha-se à doçura de açúcar, indicando uma sensibilidade especial identificada na capacidade de "derreter-se". Este idiomatismo poder-se-ia aplicar melhor a uma mulher, dada a ideia estereotipada da população feminina como mais carinhosa e propícia para a ternura. Esta aparente demasiada doçura, a nosso ver, não ofende nem menoriza as mulheres, como também não exclui a possibilidade de os homens serem sensíveis, tendo aqui uma conotação positiva, com que o apaixonado se direige à amada.

O coração que está "fechado para todos, aberto só para um" (*idem,* 21) sugere a ideia da disposição de amar uma única pessoa. Noutros contextos, as expressões "abrir/fechar o coração" podem significar "confessar sinceramente algum segredo ou problema que nos atormenta „não permitir ser magoado", "deixar de sentir algo por alguém" ou "deixar de mostrar sensibilidade" Na nossa Tese de Doutoramento (*op.cit.*281), abordámos a visão do coração na poesia amorosa da seguinte forma:

A representação do coração no imaginário português pode ter várias imagens: caixa, cofre, pedra. Tratando-se das duas primeiras designações, imagina-se um objeto que abre e fecha, tem chave, esconde e guarda o mistério dos sentimentos. É necessária muita arte para saber "entrar" no coração da amada: ocasionalmente, essa "chave de ouro" é a confiança mútua, outras basta ver para ter a certeza de que esse alguém ocupa um lugar importante "dentro do peito", outras ainda trata-se de um segredo tão bem guardado que não se revela nem sequer "a duzentos confessores". Por ser tão misterioso, o "conteúdo" do coração causa incertezas, desgostos, inquietações que podem conduzir ao desespero.

Desta forma percebem-se melhor as expressões linguísticas que englobam o coração na poesia popular.

Numa cantiga, as mãos frias que se comparam à neve. A expressão mais corrente é "frio como o gelo". A neve, neste contexto, pode indicar o frio e a brancura implicitando também a pureza e a sofisticação. . O frio faz parte de numerosas metáforas e expressões idiomáticas, geralmente subentendendo a indiferença, desinterese, desprezo, podendo, por sua vez, enquadrar-se também noutras ideias. Leia-se a quadra (*idem,* 9):

Quem tem amores, não dorme
Nem na noite, nem de dia
Dá tantas voltas na cama
Como peixe em água fria

O último verso aparenta ser traiçoeiro, porque à primeira vista, recorda a expressão idiomática conhecida "sentir-se como peixe na água" ou "estar como peixe na água", expressando que alguém se sente à vontade, no seu ambiente natural ou numa situação agradável. Sabemos que esta não é uma expressão idiomática, primeiro, por acrescentar-se-lhe o elemento "fria", ausente do original. Em segundo lugar, esta comparação é usada num contexto literal, relacionando os movimentos do apaixonado e os do peixe. Aqui, a componente adjectival, pode introduzir um elemento desagradável, desmontando a ideia inicial da expressão fixa acima referida.

No caso dos versos "para ti logo se abriram/As portas do meu querer bem" (*idem*,12) o fraseologismo "abrir as portas" significa "permitir", "estar disponível para", ilustrando a concretização do sentimento amoroso. A lógica desta expressão é a seguinte: ao abrirem-se as portas de uma casa ou instituição, dá-se a entender a permissõ para a livre circulação de certas pessoas, consideradas bem-vindas. Expressões semanticamente opostas à supracitada, subentendendo a acção de "fechar", nem sempre têm a conotação negativa, podendo inplicar a ideia de "concluir", "celebrar um pacto" entre outras. Veja-se o exemplo que se segue (*idem*, 78):

Dei um nó que nunca dera,
Dado pela mão do cura,
Um nó que se não desata
Senão pela sepultura.

O que nos interessa analisar neste momento, é o modismo "dar o nó" utilizado como sinónimo de "casar". Mesmo desconhecendo a expressão idiomática, pode facilmente intuir-se o seusignificado, tendo algumas referências culturais: Nomeadamente, na Igreja ortodoxa o sacerdote amarra as mãos direitas dos noivos com um pano branco e leva-os três vezesa circundarem o altar. O ritual católico, pode ser igual ou semelhante, tendo a mesma simbologia do casamento como uma união indissolível para toda a vida.

Nem todas as cantigas populares, porém, propagam esta visão do sentimento amoroso, baseando-se em determinadas experiências da vida real. Leiam-se os versos (*idem*, 143): "O amor dos homens/É de pouca dura".

O segundo verso faz lembrar a expressão idiomática "sol de pouca dura" que significa uma alegria ou esperança de curta duração, igualável ao intervalo de sol num dia de Inverno. Desta forma, transposto para a poesia, o modismo abreviado implica a inconstância da população masculina nos relacionamentos amorosos. Outras expressões idiomáticas parecem descrever com muita precisão a diversidade de situações. Aplicadas ao universo sentimental, parecem revelar-se com maior valor estético e despertando um maior interesse (*idem*, 302): "O amar-te ás escondidas/Só paciencia de Job."

Para sabermos descodificar o significadodo fraseologismo no úçltimo verso, devemos conhecer bem a cultura judaico- cristã e o texto bíblico. Mesmo quando perde os filhos e o seu corpo está completamente coberto de chagas e feridas, ou quando a sua mulher não aguenta e fala contra Deus, Job nunca pronuncia uma única palavra de blasfémia, agradecendo sempre a bondade divina com ele. O Arquimandrita rafail Karelin, no artigo "O Mistério da Salvação"[41] refere que na vida de Job existem três períodos: o primeiro em que era feliz, rico e respeitado, o segundo, caracterizado pelas perdas da fazenda, filhos e saúde, conjuntamente com a sensação de ser abandonado por Deus, e o terceiro, o das recompensas pela fé. Daqui, a sua paciência ser merecedora de fazer parte dos provérbios e cantigas. Na interpretação de Alexandre Mlhoranza[42] " O livro de Job traduz para a vida prática uma das mais antigas perguntas filosóficas da humanidade: "Por que sofremos?". A nosso ver, parece que a interpretação católica condiz mais com o conteúdo da cantiga amorosa, que implica uma relação escondida e talvez ilícita, hiperbolizando o sofrimento do sujeito lírico até ao nível da figura bíblica. Como o remédio recomendado para a situação, pode servir apenas a sua paciência proverbial, que conclui a cantiga. Símbolo de paciência, firmeza e justiça, Job mereceu ser recmpensado por Deus com a nova família e mais riquezas materiais das que tinha antes de todas as provas.

O amor escondido (talvez ilícito?), provoca, porém, no apaixonado um certo ressentimento e desgosto, indicadores de que o sujeito lírico pode estar a perder a paciência. Invocando a figura bíblica na expressão idiomática, deseja provavelmente enfatizar o seu sofrimento e expressar a ideia de que também merece uma recompensa.

As alusões à Bíblia na linguagem popular comprovam a relevância e o peso da religião na sociedade, sendo as normas morais ensinadas pela Igreja, frequentemente aplicáveis à vida quotidiana.

Outro exemplo de express\ao idiom]atica, usada nas cantigas é "falso como Judas", remetendo para o mais célebre caso de traição. Judas Escariote atraiçoou Jesus Cristo, dando-lhe um beijo, sendo esse gesto o sinal de reconhecimento para os inimigos de Jesus. A referência à personagem bíblica está presente também nesta cantiga (*idem*, 311): "Não há que fiar em homens/Que são falsos como Judas"

Há-que reparar que este fraseologismo se usa mais no caso dos homens, sendo para as mulheres mais apropriada a expressão "falsa como uma cobra", com o mesmo significado, podendo também remeter para a Bíblia, sendo justamente a cobra, importante no *Génesis*, marcada como má e falsa, induzindo Adão e Eva no pecado. Se recordarmos o episódio bíblico, veremos que o primeiro homem e a primeira mulher tinham a autorização de Deus para usufruir de todos os frutos do Éden, salvo do fruto do conhecimento do bem e do mal. A serpente, prometendo-lhes que seriam "como deuses", seduziu primeiro Eva, e depois ela deu o "fruto proibido" a Adão. Isso provocou a ira divina, e o não reconhecimento dos próprios erros e a temtativa de culparem o animal (no caso de Eva) ou a mulher (como o fez Adão) foi o que causou a sua expulsão do Paraíso. Várias são as possíveis interpretações teológicas deste episódio, podendo até os célebres teólogos católicos e ortodoxos discordar em certos pontos, mas o que parece certo é que no imaginário popular e nas línguas europeias a cobra é má e falsa, como no cancioneiro compilado por Braga.

Outras expressões, idiomáticas podem não ter origens bíblicas, referindo-se à mitologia clássica, acontecimentos históricos, fenómenos naturais...

Continuando a enumerar e analisar as expressões fixas na linguagem popular, mencionamos um frasema conhecido (*idem*, 314): "Namorei-me desses teus olhos/Logo á primeira vista."

O sintagma "amor à primeira vista" é tão sobejamente conhecido e explorado, que até hoje pode ser manipulado, não apenas na literatura, como também para efeitos publicitários. Dali, a existência de expressões como: "amor à primeira dentada", num anúncio para comida, "amor à primeira página", referindo-se aos livros e assim por diante. Por um lado, estes novos modos de dizer afirmam que a língua é um organismo vivo que continua a criar e experimentar com o seu léxico, por outro. cria novos clichés que não permitemoriginalidade expressiva. Enqaunto o primeiro modo de falar persiste, os posteriores provavelmente desaparecerão ao acabar a campanha publicitária, porque quem os ouve, procura neles o que resta da "verdadeira" expressão popular.

Citemos agora alguns exemplos das expressões fixas. Leia-se a cantiga (Braga, 1982: 57):

Minha alma adora constante
Só a ti e ninguém mais
Só tu roubaste o meu peito
A ternura dos meus ais"

A expressão que nos interessa é "só tu roubaste o meu peito". "Roubar o peito ou coração" significa fazer com que uma pessoa se apaixone pelo "ladrão". O verbo "roubar," nesta expressão pode implicitar o sigilo e segredo, como o modo de "trabalho" dos ladrões, que enamoraram alguém, geralmente sem a pessoa dar por isso.

Sem qualquer valor figurado no sentido, as expressões fixas aparecem frequentemente na linguagem oral, podendo ocasionalmente, servir de "bengalas", meras palavras que ajudam a continuar uma frase, figurando, por vezes, onde não deveriam, com um valor semântico bastante reduzido. Na poesia popular, essas expressões seriam: "Pois", "é, que" e outras, Às vezes usadas para introduzir alguma explicação necessária, outras para completar o número de sílabas no verso, outras para ajudar o transmissor popular a continuar o "trabalho" de declamar e transmitir um poema.

Outras "frases feitas" remetem para várias esferas de vida, a religiosa, a familiar, ainterpessoal. Eis um exemplo:"Deus queira que sejas tu" (*idem*). As expressões fixas como "Deus queira", "Se Deus quiser", "graças a Deus" são muito próprias das culturas monoteístas, neste caso a cristã, podendo não fazer o mesmo sentido numa cultura em que o peso da religião ocupa um lugar menos marcante na língua.

Para terminarmos o capítulo sobre esta temática, focamos o cliché. Na opinião de Malaca Casteleiro (2001:840), o cliché (ou clichê) é: "palavra, frase, expressão, ideia... muito conhecida, estereotipada, utilizada, gasta pelo uso; banalidade." Este autor como inónimos desta palavra refere "chavão", "estereótipo" ou "lugar comum"., podendo ser discutidas as designações em questão. Na nossa Tese de Doutoramento, tocámos também nestes temas, defendendo a ideia de que o estereótipo representa uma opinião generalizada, não necessariamente de conotação negativa, enquanto o cliché é uma fórmula linguística e estilística gasta de tanto uso, que frequentemente carece de sentido.

Como exemplos de cliché ou chavão literário, já anteriormente citámos os epítetos petrificados na língua. Para além disso, como clichés podiam entender-se as frases que hiperbolizam algum sentimento, ("amo-te mais que a vida") descrições estereotipadas da natureza ("campo verde"), comparações, metáforas ou outras figuras estilísticas demasiado exploradas, podendo tornar-se aborrecidas ou repetitivas.

Com frequência, na linguagem falada, o cliché é qualificado como um recurso "gasto" que por ser imediatamente econhecível não suscita admiração. O chavão literário, no caso da poesia popular, pode manifestar-se também ao nível dos temas: amor cortês, a morte da amada, o casamento forçado, o cativério de uma princesa cristã entre os mouros, a confissão que a rapariga apaixonada faz à natureza, oração para encontrar esposo, as raparigas disfarºadas de homens que vingam a honra do pai.

Estas criações literárias, não obstante muitas semelhanças entre os poemas de um ciclo, têm o seu valor estético, e a presença de determinados chavões, linguísticos ou temáticos, parecem sempre actuais e não incomodam a sensibilidade do público.

Do talento e conhecimentos do transmissor popular depende até que ponto os chavões serão apenas um ponto de partida para a elaboração e interpretação de um poema e em que medida o seu esforço será aprovado pelo colectivo, para ser transmitido oralmente de geração em geração. De acordo com os géneros poéticos, variam também os clichés, porque existem uns característicos apenas para a poesia lírica, enquanto outros predominam na épica ou lírico-épica.

Na poesia popular, independentemente da sua forma ou género, os fraseologismos, expressões fixas, "bengalas", clichés e chavões paracem ser recursos estilísticos inevitáveis, e até certoponto procurados pelo público, facilitando a transmissão e identificação dos ouvintes com o conteúdo do poema. Na literatura erudita, os chavões literários poderiam, de certa forma, ser mais censuráveis, embora o seuuso dependesse na maior ou menor medida, da habilidade e intenção do poeta, merecendo uma discussão mais pormenorizada.

PARTE IV
ANÁLISE PROVERBIAL E LITERÁRIA

4.1. Paremiologia e paremiografia portuguesas:Trabalho de Teófilo Braga nestas áreas

Esta secção trilha o trabalho de Teófilo Braga no âmbito da paremiologia e paremiografia, à primeira vista áreas menos conhecidas no *opus* deste investigador. Antes de mais, compete-nosdefinir os conceitos de "paremiologia" e "paremiografia". Um primeiro olhar para estas palavras, mesmo por parte de alguém nãonecessariamente perito no estudo dos provérbios, poderá sugerir que o sufixo "-logia", implica "conhecimento" ou "ciência", enquanto "-grafia", remeteria mais para a escrita ou registo.

Daqui, impõe-se a ideia de a primeira palavra indicar uma disciplina mais abstracta e a segunda uma mais concreta. Observando ambos os conceitos mais de perto, referiremos que se associam aos provérbios, ditos, máximas, anexins e expressões semelhantes, quer do ponto de vista de um estudo mais elaborado, quer da sua listagem, classificação e anotação. O interesse pelos provérbios começa na época medieval, para, posteriormente, no Renascimento, adquirir uma dimensão diferente: Com a ideia da defesa do estatuto das línguas vernaculares como suficientemente desenvolvidas como as línguas de erudição (o grego, o latim, o eslavo antigo), os provérbios registavam-se e estudavam-se também no âmbito do ensino da gramática, padronizando e normativizando a linguagem popular. Desta forma, em Espanha, referimos o caso do *Diálogo de la Lengua* de Juan de Valdés, e em Portugal o *Diálogo em Louvor da Nossa Lingoagem*, de João de Barros, em que se apresenta uma apologia das respectivas línguas vernaculares e o valor dos provérbios e outras expressões de carácter didáctico e moralizador.

Embora a disciplina de paremiologia não seja recente e nova, é curioso que num dos dicionários mais referentes de língua portuguesa (Malaca Casteleiro:2001:2756) apareçam as seguintes definições para este vocábulo: "1.Tratado acerca dos provérbios e 2. Conjunto de provérbios". Parece-nos também interessante que neste dicionário não haja lugar para a palavra "parémia" que deu origem ao termo. Devemos acrescentar ainda que não ficou suficientemente claro o que significa "tratado acerca dos provérbios". O segundo significado, referido por este autor, poderia ser aceite se subentende a uma antologia em que estão recolhidos diversos provérbios. Nenhuma das definições se nos afigura como satisfactória, uma vez que "paremiologia" nem sequer é qualificada como uma disciplina que se dedica ao estudo dos prevérbios de várias perspectivas. O termo "paremiografia" também não surge nesta obra. No entanto, não sendo um dicionário especializado nos provérbios, a ausÊncia de designações terminológicas nesta área são compreensíveis e não se deveriam considerar como falhas ou imprecisões da recolha do material lexicográfico por Malaca Casteleiro. Mais grave poderia parecer-nos que no *Dicionário Prático de Provérbos Portugueses,* organizado por Gabriela e Mattias Funk de 2008, não se encontre uma definição científica de qualquer dos termos em questão. O único que nesta obra conseguimos encontrar a respeito de "paremiologia" é que (Funk.2009:19) a "Paremiologia, como ramo de Fraseologia, se subordina, necessariamente aos paradigmas desta ciência.". Sendo incompleta e bastante vaga, esta afirmação não se pode consiserar uma definição, no sentido em que os critérios académicos e o devido rigor científico a entendem. Tendo em conta que fraseologia é também uma "subdisciplina" da linguística, a designação de Funk acerca da paremiologia deixa, a nosso ver, bastante a desejar, tendo apenas um ligeiro carácter informativo. Nem sequer *O Livro dos Provérbios* de Salvador Parente, publicado em 2005 nos oferece qualquer definição científica do provérbio, paremiologia ou paremiografia, explicándo no Prefácio da obra (Parente, 2005:5), que se trata de um projecto muito pequenino (...) que foi crescendo, crescendo, crescendo....". Tendo em vista um volume grosso de 758 páginas, que reúne numerosos provérbios e suas variantes, podemos dizer que é, certamente uma obra valiosa na área, embora, no nosso entender, lhe possa faltar o aparato crítico, talvez necessário para um estudo mais aprofundado do material proverbial.

Wolfgang Mieder (2004) define o termo "paremiologia" como "study of proverbs",[43] sem limitar esta disciplina ao seu carácter linguístico, filosófico, pragmático ou outro, confirmando justamente que um provérbio pode e deve ser estudado desde aspectos mais diversificados, sem excluir nenhuma ciência ou reduzir a paremiologia ao nível elitista. Embora haja quem considere a paremiologia e a paremiografia disciplinas recentes, podemos afirmar o carácter antigo dos ramos de investigação a estudar, porque o interesse pelos provérbios e a temática proverbial existiu "desde sempre", uma vez que os diversos povos criavam e transmitiam os seus provérbios ainda muito antes de Cristo. Como já tinha sido referodo, o interesse pela pesquisa da herança popular e folclore aumentou no Renascimento quando aconteceu uma série de mudanças importantes na sociedade e cultura europeias: nomeadamente considerava-se imprescindível o homem voltar à natureza e às suas origens, sendo também glorificados os ideais da beleza, simplicidade e perfeição. Havemos de salientar que nessa época se investia muito na educação, desenvolvimento e progresso. A língua, a filologia e o conhecimento dos provérbios serviam como um ponto de partida no diálogo intercultural entre povos e mundos, uma vez que justamente no Renascimento começaram a surgir ideias das navegações e idas ao encontro de outras civilizações. Um outro período importante para o aumento da investigação dos provérbios é, seguramente, o Romantismo, quando surgem as ideias de uma maior consciência nacional e quando o folclore é utilizado para fomentar o valor da identidade cultural de cada povo. Desta forma, podemos dizer que a paremiologia e paremiografia estiveram presentes e activas ao longo da história mesmo sem serem nomeadas assim. A nosso ver, a paremiografia pode ser mais antiga, porque os provérbios foram primeiro transmitidos na oralidade, posteriormente recolhidos, anotados e coleccionados, e só muito mais tarde devidamente estudados, como actualmente acontece.

Fazendo uma distinção muito simples e clara entre estas duas disciplinas, Wolfgang Mieder (*op.cit. xii*) refere que: "In contrast to paremiographers, who occupy themselves with the collection and classifying of proverbs, the paremiologists adress such questions as the definition, form, structure, style, content, function, meaning and value of proverbs."[44] Sendo assim, a paremiografia é mais prática e a paremiologia mais teórica. Esta definição vai ao encontro das nossas considerações na parte introdutória desta secção.

De acordo com o Dicionário Houaiss (2001), era possível encontrar a palavra "paremiologia" já no século XVII, no uso vernacular, e como cultismo a partir do século XIX. Estes dois momentos históricos (o Barroco e o Romantismo), têm a sua relevância no que respeita à recolha dos provérbios, sendo a primeira época frequentemente caracterizada como mais moralizadora e educativa e a segunda mais nacionalizante. É precisamente então que se desenvolve o interesse pelos dicionários, gramaticas, línguas vernaculares, a tradição e o folclore, e são frequentemente usdos os provérbios para explicar uma regra gramatical ou então para salientar as características únicas que distinguem um povo entre todos os outros.

Para Amadeu Amaral (1976),[45]a paremiologia é o estudo das formas de expressões colectivas tradicionais incorporadas na linguagem quotidiana. Nesta tentativa de definição, o interessante é a caracterização dos provérbios como colectivos e tradicionais, e também como formas que fazem parte da linguagem quotidiana. A colectividade dos provérbios e ditados populares pode aplicar-se à literatura de expressão oral na totalidade. Apesar do carácter pedagógico e aparentemente inalterável, os provérbios actualizam-se e desactualizam-se conforme a realidade se altera, vivendo no uso diário ou nos livros antigos, perdendo-se ou adaptando-se a novos tempos, diferentes modalidades de vida e a diversos hábitos. O primeiro reflexo destas mudanças é a substituição de uma palavra mais antiga porum sinónimo recente, podendo cair em desuso por o segmento da realidade a que se referia ter deixado de existir. Wolfgang Mieder, no livro *Proverbs, A Handbook* nega o carácter sagrado e imutável dos provérbios, referindo que eles também se adaptam à realidade moderna, uns caem em desuso, aparecem outros novos ou transformam-se para serem mais acessíveis ao público actual e à vida quotidiana de cada geração.

O material proverbial salienta a perten;a de um indivíduo a uma comunidade, em que certos comportamentos e valores devem ser promovidos ou banidos. A componente nacionalizante dos provérbios observa-se com mais clareza nas expressões proverbiais que não são mundialmente conhecidas e para as que não existe nenhum equivalente nas outras línguas. Por último, a incorporação dos provérbios na linguagem quotidiana é uma questão fulcral porque diz respeito à sua transmissão e preservação, sendo valorizados como entidades linguísticas e como portadores de identidade cultural. Fazendo parte da linguagem quotidiana, as expressões proverbiais são susceptíveis a mudanças, não sendo afectado o seu carácter moralizador, universal e identitário.

Seguindo a linha de pensamento de Wolfgang Mieder, Rui João Baptista Soares (2009) determina as distintas tarefas dos paremiógrafos e paremiólogod, referindo que um paremiógrafo se deve dedicar ao estudo das fontes de recolha (fábulas, contos, lendas, costumes dos povos, acontecimentos recentes e relevantes, fenómenos incompreensíveis e maravilhosos), deve registar os provérbios organizando dicionários, colectâneas, enciclopédias e outro tipo de obras que reúnem provérbios, comparar as unidades proverbiais nas suas variantes dentro da mesma língua e cultura. Deve saber também fazer comparações entre os provérbios semelhantes em várias comunidades linguísticas e culturais. Outra tarefa importante que compete aos paremiógrafos é a de classificá-los por temas e palavras chave, realizando pesquisas e disponibilizando o material proverbial a um público vasto e diversificado. Para comprovar que o provérbio não pertence ao passado e que não caiu em desuso, um paremiógrafo deve aprender a utilizar as técnicas e tecnologias modernas e divulgar os provérbios e os resultados do seu trabalho em suporte digital, vídeo, áudio, entre outros.. Diferentemente dos paremiógrafos, é da responsabilidade dos paremiologistas tentarem definir correctamente os conceitos anteriormente citados (provérbio, ditado, sentença, máxima, dito, rifão) com os quais temos vindo a notar determinadas dificuldades ao longo dessta investigação. As afirmações de Soares parecem ainda permanecer no domínio da teoria, dada a inexistência de um consenso definitivo relativamente à designação de cada um destes conceitos, correndo-se frequentemente o risco de cair no "círculo vicioso" de definir um termo com a ajuda do outro, sem se resolverem as ambiguidades terminológicas. A maioria de investigadores nesta área parece desistir após as primeiras tentativas teóricas, limitando-se a afirmar que se trata de conceitos muito semelhantes entre si. A esistência da Associação Internacional de Paremiologia (AIP-IAP), sedeada em Tavira e a organização anual de colóquios interdisciplinares sobre a temática proverbial é apenas o primeiro entre muitos passos científicos a fazer. O próprio Rui Soares não coligiu nenhum dicionário de provérbios, constando, porém, como autor de vários livros da colecção *Provérbios Europeus*, cuja qualidade e rigor científico deixam bastante a desejar.[46]

Para além de definir o provérbio, um paremiólogo, como todo o cientista deve permanecer interessado na área que investiga e estar preparado para as novas teorias, possibilidades de interpretação, novos conceitos científicos, debates sobre provérbios e oportunidades de intercambiar a informação e os resultados da sua investigação com os colegas, participando em congressos e reuniões relacionadas com esta área. Lutando pela preservação dos provérbios e salientando o seu carácter educativo e normativo, um paremiólogo deve integrar os conteúdos proverbiais nas disciplinas ensinadas na escola, não necessariamente apenas nas aulas de língua e literatura portuguesa. Um professor de qualquer uma das disciplinas escolares pode fazer o seu papel de paremiólogo, trazendo para a aula algum material proverbial, relacionando-o com o tema a leccionar e discuti-lo com os alunos. Deste modo, fomentar-se-ia uma forma diferente de aprendizagem da disciplina em questão, obrigando os estudantes a pensarem mais na vidaquotidiana, a comunicarem com colegas, pais, avós À procura da interpretação mais correcta do provérbio. Desta forma, dá-se-lhes um papel mais activo nas aulas e transmitem-se-lhes alguns valores universais do seu povo e cultura, podendo também olhar para o Outro de uma perspectiva mais rica.

No que diz respeito às disciplinas de paremiografia e paremiologia em Portugal, devemos salientar a longa e antiga tradição de ambas. Maria Filomena Gonçalves na comunicação sobre a paremiologia portuguesa (2009) salienta o trabalho do jesuíta Bento Pereira, que já em 1655 publicou uma colecção de rifãos e provérbios, intitulada *Florilegio de Modos de Fallar Adagios da Lingoa Portuguesa*. O que nos chama a atenção em primeiro lugar é a denominação "Florilegio" em vez de "antologia", "colectânea" ou outra designação. Nos séculos de Ouro espanhóis, por exemplo, foi muito frequentemente usada esta palavra para textos literários escolhidos e reunidos numa única obra. O significado primordial deste termo é necessário procurá-lo na etimologia, isto é na palavra "flor". Podemos deduzir que a primeira associação quando se tem em conta o "florilégio" seria "um conjunto de flores". Obviamente, neste caso, trata-se do sentido figurado, implicitando as melhores e estéticamente mais valiosas obras literárias de vários autores. Aplicado à literatura popular, concretamente provérbios, um florilégio representa uma selecção dos provérbios mais representativos, mais conhecidos, mais bonitos ou mais sábios de um povo. O mesmo termo usa-se com frequência para romances e cantigas.

Dado que a obra de Bento Pereira está composta por duas partes, a primeira referente a unidades fraseológicas e a outra que contém o material proverbial, o mais correcto seria, talvez, carat«cterizar todas estas expressões como"modos de fallar", evitando pormenores sobre a definição e distinção terminológica dos conceitos muito próximos. Apenas quatro anos antes deste autor foi publicada uma obra de elevado valor documentário e histórico, *Adagios Portugueses Reduzidos a Lugares Comuns* de António Delicado. Devemos dizer que os primeiros trabalhos em paremiografia estão estreitamente ligados às investigações na área de lexicografia, e que os autores pioneiros dos dicionários eram padres, geralmente jesuítas, por um lado por terem uma vasta educação clássica, e por outro, por estarem conscientes do valor e do poder da língua e da tradição popular na sua tarefa de missionários. Difundindo a língua e ensinando-a, era mais fácil propagar a palavra de Deus entre o(s) povo(s). Não fica bastante claro que tipo de "modos de fallar" são os adágios, que, aliás, no título da obra se usam em função adjectival. Diferentemente de Bento Pereira, António Delicado nos seus *Adagios Portugueses Reduzidos a Lugares Comuns* (1651:3) dá uma tentativa de definição deste termo: "Mais aprovadas sentenças que a experiencia achou nas acções humanas ditas em breves e elegantes palavras". A parte da explicação que julgamos bastante interessante é a de "breves e elegantes palavras". A forma proverbial não apenas deve ser sucinta e fácil de memorizar e repetir, considerando também a beleza da expressão linguística. Através da preservação e transmissão da herança popular, cria-se a ideia de que cada língua tem as suas palavras de particular valor estético, que fazem parte da identidade nacional e cultural, ajudando os falantes a adquirirem uma maior consciência das suas origens e da pertença à comunidade.

Joaquim Lino da Silva (1989) afirma que o termo "adágio" foi usado a partir de 1500, data que, para ele, representa o início da época dourada das letras portuguesas. Precisamente por isso, decide intitular o seu artigo publicado na "Revista Lusitana" de "Os adágios e a sua recolha"[47]. Citando muitos autores que se dedicaram à pesquisa e recolha dos provérbios (Leite de Vasconcelos, Carolina Micaelis de Vasconcelos, Pedro Chaves, Teófilo Braga, Padre Albino Alves, Padre Joaquim António da Silva), expõe o seu ponto de vista relativamente a este trabalho, considerando a recolha dos provérbios por si só "tarefa cansativa e inglória" sem implicar a classificação e ordenação. Isto é, para a recolha do material proverbial ter o devido peso científico, não se pode basear apenas na paremiografia, e deve ir mais além, entrando assim no domínio da paremiologia. Este investigador é de opinião que não é possível contar exactamente todos os adágios de uma sociedade (de um povo ou cultura), porque há sempre novas formas, variantes, mudanças linguísticas, como também é difícil verificar a autenticidade de uma expressão e a sua origem dentro de uma cultura específica. Em vez de se procurar fazer a maior colecção de provérbios, deve-se, na perspectiva deste autor, tender a um maior rigor da investigação. No registo de formas proverbiais que têm variantes, é imprescindível anotarem-se todas, não apenas por serem conhecidas ou de uso comum, mas também porque não é possível dar prioridade a nenhuma delas.A nosso ver, nenhum paremiógrafo ou paremiólogo tem direito a dizer qual dos provérbios é o "válido", "certo" ou "correcto". Cada variação linguística tem a sua razão de ser e a sua possível explicação. No querespeita ao modo de organizar os adágios, o autor propõe ou a listagem por ordem alfabética ou por temas, com ou sem índice. A recolha de dados pode ser realizada ou no campo ou na literatura, ou de fontes mais diversificadas. Uma das figuras importantes da vida literária portuguesa que se dedicou ao estudo de provérbios na área da literatura é precisamente Teófilo Braga, a cujo trabalho paremiográfico e paremiológico nos dedicaremos posteriormente.

Quando os provérbios são recolhidos da falaquotidiana, devemos ter em conta que essas expressões não surgiram "do nada", isoladas do contexto, de uma determinada situação ou grupo de pessoas. É necessário prestar atenção à idadedos informantes, o seu perfil (profissão, escolarização, estatuto social, ambiente em que estão inseridas) para se chegar aos dados que remetem para a frequência, "correcção", e forma de usar o provérbio. Ao mencionarmos o termo "correcção", não pensámos na possibilidade de existir uma versão diferente de um ditado, porque essa é uma das notáveis riquezas de cada língua. Pretendemos chamar a atenção para a necessidade de verificar numa fonte escrita e relevante se uma expressão de fácto é um provérbio, e não uma expressão idiomática, ou um cliché, porque só assim é que se atinge um rigor científico do trabalho.

Esta longa parte introdutória serviu para melhor aborarmos a pesquisa e recolha de adágios populares portugueses, realizadas por Teófilo Braga, e enquadrá-la no seu esforço de preservar vários aspectos da herança cultural do seu povo. Observaremos até que ponto o trabalho de Braga se prende com a paremiografia e em que medida se aproxima da paremiologia , procurando relacionar este s dados com o contexto da Primeira República em Portugal.

Tratando-se do trabalho de Teófilo Braga, relativo ao estudo dos provérbios, a primeira associação é o *Adagiário Português*, publicado na *Revista Lusitana* vol. XVIII, núm. 3-4 de 1914. Dois são os elementos que nos chamam a atenção quando observamos esta obra. Em primeiro lugar, o termo "adagiário", e em segundo, a existência de duas designações para este tipo de frases. Braga refere. "anexins" e "provérbios," que parecem ser usadas indistintamente, embora após um olhar mais profundo para a matéria se observem diferenças entre estes dois conceitos.

A nossa reflexão sobre esta parte da obra de Teófilo Braga começa por definir o conceito de "adagiário" para podermos prosseguir com uma investigação mais detalhada do material proverbial reecolhido nesta revista. Na procura de uma resposta rápida e simples para o que é o adagiário, podemos encontrar apenas "uma colecção de adágios", definição pouco esclarecedora, podendo, por vezes, identificar-se como sinónimo de provérbio. Num sentido mais lato da palavra, tendo em conta o sufixo latino "-ário", supomos que o adagiário popular poderia referir-se a todos os adágios de um povo. Pela construção morfológica, semelhantes a estas palavras são "bestiário" (referente a um conjunto de animais ou a todos os animais de uma região), "ideário" (um sistema de ideias, geralmente usados por um pensador, escritor ou intelectual) e outras. Daí o adagiário usar-se para designar uma colecção de adágios, curiosamente, "proverbiário" não se encontra nos dicionários de língua portuguesa, embora o termo "provérbio" seja mais conhecido e utilizado.

Logo no subtítulo desta colecção feita por Braga, observamos que foi "colligido das fontes escriptas, o que, por um lad,o revela uma grande labor paremiográfica do compilador, e podendo, por outro, oferecer-nos determinadas pistas na definição do termo "anexim".

Enquanto uma das possíveis explicações se reduz apenas a "provérbio" ou "dito sentencioso", a definição de José Pedro Machado no *Dicionário Etimológico da Língua Portuguesa* (1956:201) pareceu-nos a mais completa, porque, para além de referir a origem árabe da palavra, menciona também diversos outros significados do vocábulo, como nomeadamente "elevação da voz, canto; poema que se recita nas assembleias; trecho de declamação, hino"; deve ter tomado o sentido de "adágio"no Andaluz, a substituir o clássico *mathal*;..."Assim sendo, será mais fácil entender a razão de Teófilo Braga optar por se referir a anexins de vários séculos ao longo da história da literatura portuguesa. Como fontes escritas para a recolha de dados dos séculos XIII a XV serviram o Cancioneiro da Vaticana, (editado por Braga), o Cancioneiro Geral de Garcia de Resende os *Refranes que Dicen las Viejas tras el Fuego* de Marquês de Santilhana e o *Leal Conselheiro* do Rei D. Duarte.

Procurando esclarecer mais do termo "anexim", citaremos alguns exemplos que Braga anotou:

O mal e o bem — á face vem.
    Ouç'eu dizer huũ verv' aguysado
    que — *bem e mal sempre na face vem,*
    e verdad'é, per com' end' a mi aven,
    d'uma dona hu tod'esto ey osmado:
    ca de quanto bem na sa face vy
    vem end' amigos, tanto mal a mi,
    por que o verv' em meu dano é tornado.
        Estevam Fernandes d'Elvas (Canc. da Vaticana, n.º 219.)

Imagem 1 Provérbios no Cancioneiro da Vaticana

Já no primeiro verso, notamos a presença de um anexim, de certa forma repetido depois da frase introdutória e a construção "ouvir dizer", o que revela que este pensamento tem sido utilizado na fala, transmitido e confirmado por várias pessoas e dá mais credibilidade e autoridade ao enunciado. É relevante também salientar o papel do "vervo aguysado" (verbo aguçado) , condensando a sabedoria popular exemplificada no poema. Tendo o carácter proverbial, deve ser tomado por verdadeiro einspirador dos versos do poeta, como era usual no Renascimento e Barroco. Neste caso, seria interessante saber se o poeta erudito recorreu ao uso da expressão popular para construir o poema em redor do seu significado, ou o anexim citado é da autoria culta e tornou-se popular graças a frequente repetição por parte do povo. Numa das fontes virtuais consultadas[48], vimos que esta expressão aparece em duas variantes "o mal e o bem à cara vêm" e "o mal e o bem à face vêm". A primeira marca destes provérbios é o acento circunflexo no verbo vir, na terceira pessoa do plural do presente de indicativo. A sua ausência em Teófilo Braga pode explicar-se tanto pela grafia antiga cujo partidário ele era, como pela estrutura do próprio ditado: "bem", sendo palavra monossílaba rima melhor com "vem" do que com "vêm", que na pronúncia tem duas sílabas. Gramaticalmente está correcto usarem-se as duas formas verbais neste contexto, a opção por uma ou outra variante depende da congruência gramatical e do que se pretende salientar. Se congruirmos os constituintes da frase apenas com o "mal", é lógico que o predicado esteja no singular. Se, porém, pretendermos dar a mesma importância aos dois elementos, colocaremos o verbo no plural. Numa das versões citadas, a palavra mais culta e formal "face" é substituída pelo sinónimo mais popular "cara", o que significa que a língua como um organismo vivo adapta as expressões e toma a liberdade de alterar palavras consoante o registo, sem mudar o significado do provérbio. Outros anexins que aparecem no adagiário coligido por Braga são: "quem bem serve, bem pede", "quem passarinhos receia, milho não semeia", "non podedes dous senhores servir, que ambos ajam de vos garcir", "quem leve vae, leve vem", "do que muyto quer a pouco devêm", "de longas vias mui longas mentiras", "longe de vista, longe do coração", "quem leva o bayo, non leixa a seda", "castanhas exidas, velhas ao souto", "qual ric´ homem tal cavallo, qual concelho, tal compra", "dyme com quem viveste e direyte as manhas que as", "non te fies se non queres seer enganado" . Alguns deles podem constar nas antologias contemporâneas de provérbios, adaptadas à grafia e pronúncia actuais, outros, já na época de Braga pareciam antiquados,

O interessante é que o compilador destaca em itálicos as frases que considera anexins, revelando desta forma a sua preocupação pedagógica de chamar a atenção para o que contém um ensinamento, merecendo ser seguido como conselho, advertência ou norma. No caso do último anexim, explica-se tratar-se de imitação de dois ditados italianos "Non te fidare se non voui esser gabloto" e " "Chi si fida rimane enganato". Nesta situação, o trabalho paremiográfico de Teófilo Braga não fica apenas ao nível de puro registo, adquirindo uma dimensão comparatista, e enriquecendo a informação que o leitor recebe. Parece-nos relevante mencionar que o último anexim é referido pelo rei D. Duarte, e como é do conhecimento geral, na época do Renascimento, a influência da cultura e literatura italianas eram notáveis em toda a Europa ocidental. Sendo o Rei D. Duarte muito culto e interessado em conhecer outras línguas, tradições e poesias, não admira o facto de ter incorporado uma expressão popular num poemaerudito, da sua autoria.

Os anexins estão introduzidos por "lá diz o vervo", "hum vervo antiguo oy dizer", "hum vervo antiguo verdadeiro", com os que se atribui uma certa autoridade à sabedoria popular e à experiência de vida acumulada e verificada através das gerações.

A temática dos anexins é bastante variada, desde os de valor universal (sobre o bem e o mal, a verdade e a mentira) até aos que se enquadram no contexto cultural e modo de pensar medievais (servir a dois senhores, o aspecto do rico-homem e seu cavalo, o universo dos cavaleiros e damas). Não obstante os últimos terem surgido na época medieval, em determinadas e específicas circunstâncias, podem ser usados ainda hoje no sentido figurado: (nomeadamente, referindo-nos à servidão a dois senhores). No contexto actual, podemos interpretá-lo como uma questão de lealdade nas relações interpessoais, na esfera laboral entre outras.

No segundo caso, uma das hipóteses interpretativas é a de cada pessoa ser julgada pela aparência (sendo o cavalo uma espécie de marca de reconhecimento do rico-homem). Outra compreensão possível do anexim em questão é que cada indivíduo deve ter comportamentos correspondentes ao seu estatuto ou lugar na sociedade. A terceira hipótese é a a relação entre o superior e subordinado: conforme o comportamento que se tem enquanto se está no poder, será o tratamento que se recebe por parte dos que desempenham cargos mais baixos.

A segunda parte importante do *Adagiário Português,* coligido por Braga representam os "provérbios glossados". Uma vez que o compilador,nesta parte utiliza o termo "provérbio", podemos estar seguros da sua origem popular. Nas épocas medieval e renascentista, existia uma tendênccia bastante explorada pelos poetas: a de glossar um verso ou frase de outros poetas cultos ou da tradição popular e criar um poema próprio a partir dali. No *Dicionário de Literatura,* coordenado por Jacinto de Prado Coelho (1979:369) "glossa" é definida como:

Em poética, *glossa* é uma estância, que retoma desenvolvendo-o, o sentido de um dado tema, do qual repete um ou mais versos em posição certa. Esse tema a que se chama *o mote,* consta duma estância geralmente curta, e quase sempre alheia, cujo número de versos determina o número de glossas que o hão-de parafrasear.

Os inícios dos poemas glossados datam da Idade Média e atingem o apogéu nas épocas do Renascimento e Barroco, para declinarem no Século das Luzes e voltarem a ser usados nas épocas posteriores até hoje. Na Idade Média, não era raro fazerem-se glossas a partir de um refrão popular conhecido. Desta forma, os poetas eruditos, pretendiam acentuar o valor moralizador e didáctico da sua obra, conseguindo também expressar os seus conhecimentos a partir d tradição popular, que lhes era próxima.

Reiterando a análise do adagiário, registado por Teófilo Braga, observamos os provérbios glossados, a sua temática e contexto de utilização, procurando dar a nossa interpretação do material em questão.

O primeiro provérbio com que nos deparámos no *Adagiário Português* é: "A bom entendedor poucas palavras bastam", que na versão mais moderna se transforma em "meia palavra basta", (No contexto do poema, aparece como conclusão de uma reflexão poética. Desvalorizando um senhor "que não quer os que guastam.", salienta-se que não vale a pena discutir mais o assunto.

Supondo que o público sabe de que senhor se trata e qual foi a sua atitude errada, o provérbio rimado insinua que o público é um bom entendedor. Aqui, é usada a forma no plural não apenas para rimar com "guastam", mas também por poder ser a variante mais antiga do provérbio. Em duas outras línguas românicas que conhecemos, e em que nos consta a existência deste provérbio (o espanhol e o italiano) usa-se a forma do plural.[49]

Outro provérbio interessante citado por Teófilo Braga é: "Caça, guerra e amores, por um prazer cem dores", que, certamente, surgiu na época medieval, em que a caça era um dos passatempos preferidos dos cavaleiros e nobres, em que as guerras eram frequentes e existia também o ideal do cavaleiro apaixonado por uma dama distante (citar qualquer coisa sobre o amor cortês).. Aplicado ao contexto actual, este provérbio pode ser interpretado literalmente, porque cada uma destas actividades pressupõe muito esforço,

Num sentido mais lato, podemos compreender este provérbio como a necessidade de o ser humano se sacrificar e passar por "cem dores" para conquistar o que deseja, sendo deeste modo sublinhado o desequilíbrio entre o prazer e a dor na vida..

Teófilo Braga completa o seu adagiário, citando exemplos dos *Refranes que dicen las viejas tras el fuego* do Marquês de Santilhana, que na sua opinião, ainda são muito usados em Portugal. Estes *refranes* ou anexins, como os qualifica Braga, estão ordenados por ordem alfabética, para serem melhor sistematizados e memorizados. O primeiro *refrán* o compilaor cita cita é "a pão duro dente agudo", o que, curiosamente, não se encontra na edição de Marquês de Santilhana, e em vez dessa versão aparece "a pan de quince días hambre de tres semanas". Sabemos, porém, que o equivalente exacto existe em espanhol embora Santilhana não o mencione na sua colectânea. Ainda que, à primeira vist,a pareçam estar relacionados com fome e sobrevivência, a nosso ver, o provérbio português e o seu par espanhol significam a persistência em vencer as dificuldades, porque o "pão duro" representa um obstáculo para o qual deve encontrar-se a melhor solução, simbolizada pela agudeza do dente. No que se refere ao provérbio espanhol que figura nos *Refranes,* coligidos por Santilhana, podemos afirmar, que pelo seu significado, poderia assemelhar-se à expressão "baggers can't be choosers"[50] na língua inglesa. Isto é, em casos de extrema necessidade, o ser humano não pode ter critérios demasiado exigentes e deve adaptar-se à situação.

Depois de compararmos os anexins que Braga cita como sendo provérbios espanhóis da colecção de Santilhana com a obra original, chegámos à conclusão de que verdadeiramente poucos são comuns. Isto põe em causa a veracidade da fonte que o investigador português utilizou. Se não foi a obra original de Santilhana, poder-se-ia questionar a autoridade de Teófilo ao referir o título da colectânea espanhola como a fonte correcta da sua recolha do material proverbial nesta língua. Poder-se-ia também interrogar o rigor académico e científico de Braga, caso se confirmasse que, de facto, para a elaboração do *Adagiário Português*, não foram consultados os *Refranes* de Santilhana. Isto, então, testemunharia a favor de fervorosas polémicas em que o nome do investigador português foi envolvido na sua época, podendo denegrir, de certa forma, a imagem de Braga nas Letras portuguesas. Como a nossa investigação não pretende seguir o rumo de especulações e ainda nos resta verificar se em vez da obra do Marquês de Santilhana, o compilador poderia ter utilizado *O Diálogo de La Lengua* de Juan de Valde's ou outra obra espanhola, e explicar a possível razão para a imprecisão das referências, limitar-nos-emos a constatar a escassa coincidência entre o original e as citações constantes do *Adagiário Português*.

Enumeramos alguns exemplos para ilustrarmos os equivalentes nas línguas portuguesa e espanhola: "Asno de muitos, lobos o comem"[51], significando que a participação de demasiadas pessoas na elaboração de uma tarefa, o resultado quase nunca é brilhante.

Uma interpretação mais livre seria que a servidão a muitos senhores implica pouco respeito pelo servo, subentendendo também um certo direito a explorá-lo.

Outra expressão comum nas duas línguas é "chega-te aos bons e serás um d'eles."[52] Com este provérbio, recomenda-se estar sempre em boa companhia porque, desta forma, uma pessoa pode melhorar os seus comportamentos e corrigir os seus erros. No provérbio citado no cancioneiro falta a segunda parte "chega-te aos maus, serás pior do que eles", que implícita que a má companhia não apenas influencia o comportamento dos outros, mas também piora os que devem ser considerados exemplares e virtuosos.

O seguinte ditado , presente nas suas variantes espanhola e portuguesa é "até ao lavar dos cestos é vindima," para o qual o próprio Teófilo Braga dá a versão espanhola entre parênteses ("al lavar de los cestos faremos la cuenta"), e, a nosso ver, são ligeiramente diferentes. Pareceu-nos na versão portuguesa ver uma suave advertência que não se pode festejar antes de o trabalho ser acabado, ou pelo contrário, que não se pode desistir antes do fim, enquanto na espanhola, sendo o verbo utilizado na primeira pessoa do plural, é implicitada a participação de várias pessoas, que no fim do trabalho, "farão a conta" para verem exactamente o desempenho e os contributos de cada um.

A variante espanhola também pode ter as dimensões interpretativas subjacentes à expressão portuguesa, sendo "a conta" o resultado desejado, do qual não se pode desistir até "os cestos serem lavados", ou uma vitória, celebrada apenas no momento certo.

A seguinte expressão que nos suscitou a curiosidade pela mesma ideia expressa em Portugal e na Espanha e que Teófilo Braga novamente coloca entre parênteses é: "Ao vilão dá-se-lhe o pé e toma a mão", que na cultura espanhola reza assim: "al judio datle un palmo e tomará quatro". A ideia da ingratidão está patente em ambos os provérbios, embora na espanhola esteja presente um pormenor intercultural: é mencionado o judeu como avarento que toma mais do que lhe é dado. Aqui, vislumbra-se um estereótipo negativo, referente à etnia judia, uma vez que o povo espanhol ao longo da história, lidou bastante com eles até a sua expulsão da Espanha em 1492 pelos Reis Católicos Fernando de Aragão e Isabel de Castela.

Numa representação assim dos judeus, no nosso entender, não se revela nenhum acto nacionalista ou discriminatório, visto que em toda a Europa persistem estereótipos que qualificam este grupo étnico como avarento, apreciador de valores materiais, por vezes tacanho, ganancioso eingrato. Isto, pode prender-se com uma série de profissões que os judeus desempenhavam nas sociedades de acolhimento tais como comerciantes, usureiros, ourives, bancários, o que não sem razão, poderia ter criado a imagem estereotipada deles no imaginário popular não apenas português, mas europeu no geral.

Outros ditados que o *Adagiário Português* e os *Refranes* do Marquês de Santilhana têm em comum são "ao bom entendedor poucas palavras"[53]. Esta expressão significa que para uma comunicação eficaz nem sempre são necessárias palavras excessivas, sobretudo entre pessoas que se conhecem e entendem bem.

Recriminar o mal e censurar comportamentos indesejáveis é uma constante proverbial universalmente conhecida. No espaço cultural ibérico, esta parece ser mais uma característica comum. Por isso, no *Adagiári*o de Braga encontramos: "A velhaco, velhaco e meio", que ainda se usa na linguagemcontemporânea, sendo apenas a palavra antiga "velhaco" substituída pelo sinónimo mais moderno"vilão". Na língua espanhola, é utilizado o substantivo "ruín", sendo actualmente transformada pelo adjectivo "malo" (mau). Estes dois provérbios podem indicar que, ocasionalmente, é necessário tratar da mesma forma a alguém que nos faz mal, podendo também reagir com uma maior intensidade.

Mais uma expressão semelhante nos dois adagiários a comparar é "Bem canta Marta depois de farta", em português equivalente do espanhol "Bien canta Marta cuando está harta". A diferença que pretendemos salientar é apenas uma referência temporal de posterioridade na língua portuguesa ou de simultaneidade em espanhol, sendo o significado das duas expressões o mesmo: apenas quando atingimos um objectivo, temos direito a "cantar". Esta ideia é representada de forma bastante ilustrativa, aludindo à comida que s dá prazer. O efeito da fácil memorização do provérbio consegue-se através da rima entre os elementos "Marta" e "farta" (harta na variante espanhola). Nos provérbios em questão não se observa nenhuma tendÊncia discriminatória em relação às mulheres (que se poderiam entender como representações do pecado da gula). O nome feminino é utilizado apenas por motivos de rima, sem quaisquer implicações intolerantes relativamente ao género.

. Em português, existe também uma expressão semelhante (*in*: (Parente, *op.cit*)"Morra Marta, Morra farta", podendo implicitar a necessidade de aproveitar os prazeres da vida, dada a inevitabilidade da morte.

No *Adagiário*, organizado por Teófilo Braga existe um provérbio que surge também no *Cancioneiro Popular Portuguez*, "boi solto lambe-se todo", e que em Santilhana se regista como "buey suelto bien se lame". Inserido no contexto da cantiga, este provérbio elogia a liberdade do homem solteiro relativamente ao casado, porque o seu estatuto lhe permite mais diversão e um comportamento sem rigorosos compromissos. Isolado do poema popular, o provérbio representa também uma glorificação da liberdade humana em geral. Sendo livres de qualquer tipo de amarras (sociais, políticas, religiosas), as pessoas parecem dar mais valor aos prazeres, Dai, a metáfora do animal solto e a ocorrência do verbo "lamber".

Mais exemplos de provérbios e expressões idiomáticas comuns nas duas colectâneas a analisar são: " cabra vai pela vinha, qual mãe, tal filha", "carne carne cria, peixe água fria", "vilão em casa do seu sogro", que em espanhol é precedido pela pergunta "¿Cómo se entiende?", para a resposta ser "como ruin en casa de su suegro". A pergunta serve para esclarecer o significado do provérbio.

Como o genro é um elemento novo em casa do sogro e estranho à família, dada a ausência de laços sanguíneos, parece lógico que nem sempre se possam entender, sendo o genro criticado e culpado por mais diversas razões. Em sociedades patriarcais, a ordem "natural" é que, após o casamento, o novo membro da família seja a nora. Tratando-se do genro, a expressão idiomática parece mais do que irónica, implicitando a ideia da incapacidade do novo integrante da família de ter a independência económica, vendo-se obrigado a viver na casa do sogro, tendo que submeter-se ao estatuto secundarizado.

Vale a pena mencionar também "de longas vias, (mui) longas mentiras", que implicita que os retornados de terras afastadas trazem à sua aldeia histórias interesantes, incríveis e dignas de admiração, devido a pouca probabilidade de serem verificadas. Nas épocas remotas, em que os meios de comunicação e diversão eram escassos, a palavra era o único testemunho disponível sobre as realidades distintas. Como o desconhecido quase sempre é causa do estranhamento, mesmo não sendo "mentiras", são consideradas como tais porque pode haver países mais desenvolvidos, cujas novidades ainda não chegaram às terras pequenas, podendo incitar a imaginação dos seus habitantes, pouco dispostos a acreditar nas notícias das "longas vias".

Braga e Santilhana citam que "dádivas quebrantam penhas", implicitando que a generosidade é mais valioza que a dureza de carácter. Lucília Chacoto, no artigo "Los refranes de *Don.Quijote de la Mancha* en la traducción portuguesa"[54] refere que numa tradução portuguesa "as dádivas quebrantam penas" e explica:

O bien se trata de un equívoco (penas porpenhas), o bien el traductor no ha entendido la paremia. En portugués, la paremia correspondiente es: Dádivas quebrantam penhas. Por ejemplo, en Eufrosina (Acto Primero, Cena Segunda, p. 41) Philtra dice: "As dadiuas quebram pedras", lo que es una variante.

Se bem que a autora não explica o significado do provérbio, pela variante em que se mencionam pedras, resulta mais fácil compreender a ideia de que com ofertas e atenção se podem "quebrar" até as "pedras", mais duras, metáfora frequente dos corações insensíveis.

Diversos são os exemplos de expressões iguais ou semelhantes anotadas no *Adagiário Português* e nos *Refranes que Dicen las Viejas tras el Fuego*, o que é um testemunho relevante proximidade no modo de pensar, agir e ser dos portugueses e dos espanhóis, devidos a frequentes contactos geográficos, históricos e culturais entre estes dois países ao longo dos séculos. Teófilo Braga não parece preocupado em explicar a origem, significado ou situações em que se usam os provérbios e anexins, da mesma maneira em que o Marquês de Santilhana deixa de o fazer no seu livro de *Refranes*. O que Braga faz é colocar ao lado da expressão portuguesa o equivalente espanhol, caso exista a versão expressa exactamente com as mesmas palavras ou um provérbio com a mesma ideia e palavras ligeiramente diferentes. Ocasionalmente, embora o equivalente exista, não é salientado (por desconhecimento, falta de fontes, ou outras razões que não pretendemos pressupor sem argumentos contundentes).

Com este trabalho paremiográfico, Teófilo Braga traçou um caminho para os paremiólogos, deixando-lhes a tarefa de definir, explicar e divulgar o material proverbial, estudando as razões de em Portugal a forma de um provérbio ser uma e emEspanha outra ou tentando observar e entender a igualdade das expressões.

Terminando a enumeração dos ditados populares que também aparecem em Santilhana, Braga passa a citar os anexins do século XVI, encontrados em fontes como obras de Gil Vicente, Sá de Miranda, Jorge Ferreira e outros. Alguns exemplos enquadram-se na mundividência em vigor no século XVI, quando a noção do pecado e da virtude, da honra, da transitoriedade do tempo estavam marcadamente presentes em todos os segmentos na vida humana.

Referindo-se à uma espécie de definição dos provérbio e da sua função, Braga, na sua obra *O povo Português nos Seus Costumes, Crenças e Tradições* (1986: 113) afirma que:

As aquisições de experiências de cada geração e idade, transmitem-se tradicionalmente, fecundando os espíritos dos povos para novas descobertas.

Precisamente, com a transmissão oral dos provérbios, cada geração nova interpreta-os de acordo com o seu tempo e contexto, não apenas mantendo a sabedoria do povo, mas acrescentando-lhe um valor diferente e "descoberto", porque as gerações anteriores não possuíam determinados conhecimentos. Para Teófilo (*idem*, 245) os "provérbios são rastos de uma filosofia primitiva", e "os anexins tornam-se inteligíveis quando se esquece a circunstância e o caso particular que lhes deu origem. " Quando uma expressão se desvincula do contexto e da situação em que surgiu, significa que já começou a circular entre o povo, ganhando a autoridade de uma sabedoria comum.

Outros anexins têm um valor mais universal, que ultrapassa os limites da época. Como exemplos do primeiro grupo citamos "Conhecer culpa é estrada da emenda", que de acordo com o espírito barroco, serve cde advertência para a brevidade da vida e o dever do indivíduo de se arrepender e reconhecer as suas culpas. "Honra e proveito não cabem n´um saco" subentende que quem quer ser honesto e honrado, pode ser perjudicado, podendo mesmo isso ser melhor do que tirar proveito das situações não permitidas e indignas.

Exemplos de provérbios com um significado mais geral e independente do contexto temporal são "inda que muda a pele a raposa seu natural não despoja", que tem o seu equivalente semêntico em "O lobo muda o pêlo, mas não o vezo", implicitando quase a impossibilidade absoluta de se alterarem alguns traços (sobretudo os negativos) do carácter humano.

"O uso é mestre de tudo" indica que com a prática de determinadas acções podemos aprender mais sobre elas e adquirir mais experiência e destreza. "Pequeno machado derruba grande carvalho" significa que grandes resultados se atingem gradualmente e com paciência e persistência.

Como "anexins retirados da Comédia Eufrosina (primeira escripta por Jorge Ferreira)" Teófilo Braga cita entre outras a seguintes expressão: "Nem me aquenta nem me arrefenta", (com a sua variante mais actualizada "nem me aquece, nem me arrefece"), que , a nosso ver, não é um provérbio, mas uma frase feita, dada a ausência do carácter moralizador, compreendendo a indiferença e o desinteresse por um determinado assunto.

Com a amostragem e algumas possíveis explicações, baseadas na análise textual e na leitura comparada dos provérbios e anexins espanhóis e portugueses, inseridos no *Adagiário Português*, coligido por Teófilo Braga, começamos a nossa reflexão acerca do uso do material proverbial na poesia, quer erudita, procurando aprofundar a nossa investigação neste sentido, procurando causar interesse na leitura do *Adagiário Português*, bem como dos cancioneiros, objectos do nosso estudo.

4.2. Provérbios no *Cancioneiro Popular Português* e *Cantos Populares do Arquipélago Açoriano*

Após uma abordagem mais geral sobre os provérbios numa parte do trabalho de Teófilo Braga, a nossa reflexão prende-se com o material proverbial no *Cancioneiro Popular Portuguez* e nos *Cantos Populares do Arquipélago Açoriano*.

Antes de uma análise prática dos provérbios na poesia, elencamos lgumas possíveis definições deste conceito. Maria Alice Moreira dos Santos, no prefácio ao seu dicionário (1999) em palavras simples afirma que "os provérbios são sabedoria de um povo", acrescentando que "traduzem a nossa maneira de pensar e o que nos vai na alma".

Como o prefácio desta obra abunda em referências à infância, à avó e às reuniões familiares, a primeira associação poderia ser que o dicionário tinha sido compilado mais para preservar uma parte da herança (pessoal, familiar e cultural), do que propriamente com o intuito de contribuir para o desenvolvimento académico da paremiografia e paremiologia. O tom quase intimista da designação da função dos provérbios remete para as esferas de ensar e sentir, sublinhando ainseparabilidade das duas na observação do mundo, cuja parte integrante são os provérbios.

De uma forma mais científica, Malaca Casteleiro (2001:2994) define o provérbio como: "1. Máxima ou sentença de carácter prático e popular, expressa em poucas palavras e geralmene rica em imagens e sentidos figurados." Como significados aproximados o autor refere "adágio", "ditado" e "dito". A segunda significaçãpo de " provérbio" é "sentença moral," e o seus sinónimos seriam "máxima" e "rifão." Apesar de na definição surgirem palavras "sentença" e "máxima" como sinóinimas de provérbio, existem ligeiras diferenças entre estes termos, e não as analisaremos com pormenor neste momento, porque ainda não há um consenso sobre a determinação precisa e exacta de cada um.

Do ponto de vista formal, o provérbio caracteriza-se pela estrutura fixa, embora sejam permitidas ligeiras variações. A linguagem do provérbio é simples, contendo frequentemente algum sentido figurado, não detectável logo à primeira vista. Daí, poder entender-se a incapacidade das crianças de interpretarem determinados provérbios para além do sentido literal.

Para sabermos diferenciar um provérbio de uma frase feita, cliché ou expressão idiomática, devemos chamar a atenção para o facto de o provérbio encerrar sempre algum ensinamento e de ter um carácter moralizador. Gabriela e Mattias Funk (*op.cit*,16) enumeram critérios linguísticos e extra-linguísticos para definir provérbios. No primeiro grupo, na sua opinião, sitaur-se-ia o facto de um provérbio ser "apresentado pelo comunicador como regra universal", sendo outros critérios: a "existência de uma forma canónica",a "propriedade do significado cultural". Até aqui, podemos concordar, sendo na seguna afirmação necessário apontar também para a presença de variantes, por vezes meramente a nível linguístico, dadas a distribuição territorial e variações dialectais de uma língua. No que respeita ao "significado cultural", é óbvio que através dos provérbios se vislumbram as referencias culturais de uma comunidade, podendo haver provérbios iguais em diferentes línguas e culturas, transportando um valor universal e não apenas limitado às fronteiras de um espaço cultural. Como o último critério linguístico, os autores referem "texto mínimo", podendo este termo ser discutido do ponto de vista teórico. Como "subcategorias" desse texto, Gabriela e Mattias Funk (*idem*), referem que deve ser "formado por várias palavras", "geralmente realizado por uma frase,", "proposição autónoma", "empregue num contexto", "a ausência explícita ao contexto". Cada uma destas afirmações merece uma análise em particular: é evidente que um provérbio não pode ser formado por uma única palavra, porém, esta formulação não indica nenhuma particularidade proverbial, podeno aplicar-se a qualquer frase na gramática. Os provérbios podem ser frases, geralmente compostas, de duas coordinadas (*in*: Parente, *op.cit*.211: "Dinheiro compra pão, não compra gratidão"), podendo cada frase existir isolasdamente. As frases dentro da oração composta podem manifestar uma relação subordinada (causal, temporal, relativa, modal entre outras), sendo mais frequentes no material proverbial. A "autonomia" da proposição é aqui questionada tendo em conta a estrutura frásica das orações subordinadas. Como as expressões "quem casa...", "antes de que cases...", "quando a esmola é grande" não podem representar uma unidade por si só (sem reticências), não formam uma proposição autónoma., As referências ao contexto parecem contradictórias e bastante generalistas, em primeiro lugar porque qqualquer frase e não apenas um provérbio se empregs num determinado contexto, de acordo com as regras de pragmática e dependendo da situação. Por vezes é conhecida a origem de um provérbio e a ocasião em que surgiu ou foi registado, por isso, não se pode falar na ausência explícita do contexto. Isto aplica-se bastante a expressões que surgiram como aforismos de um poeta ou personagem histórica conhecida, mas que se tornaram populares dada a repetição e frequente ocorrência dessa expressão na língua falada. Nos dicionários e estudos sobre provérbios não é raro encontrarem-se explicações relativas aos contextos e multiplicidade de usos de um provérbio, podendo as afirmações acima referidas considerar-se cientificamente pouco precisas.

Entre os critérios extra-linguísticos, os investigadores citam que uma expressão é de conhecimento geral enquanto provérbio,, o frequente uso e a "irrelevância do autor". Nas obras de literatura popular, não se trata da irrelevância, mas do carácter colectivo e anónimo, sendo provável que, antes da transmissão oral, qualquer género popular tenha tido um autor primordial, cujo nome hoje em dia permaneceu desconhecido. A questão da autoria e a análise da oralidade podem remeter para todosos géneros populares, não sendo característicos apanas para provérbios.

O provérbio resulta experiência secular do povo, das suas vivências diárias e da sua sabedoria, e serve para fortalecer as ideias, crtenças, tradições e valores consideradas desejáveis numa determinada sociedade, ou para corrigir defeitos e vícios do ser humano. Cláudia Maria Xatara e Thais Marini Succi (*in:*2008:35) definem o provérbio da seguinte forma:

Provérbio é uma unidade léxica fraseológica fixa e, consagrada por determinada comunidade lingüística, que recolhe experiências vivenciadas em comum e as formulas como um enunciado conotativo, sucinto e completo, empregado com a função de ensinar, aconselhar, consolar, advertir, repreender, persuadir ou até mesmo praguejar.

Observando o elemento "fraseológico" no provérbio, as autoras referem-se à sua estrutura fixa e ao sentido figurado das palavras que o compõem. Por isso, ocasionalmente resulta difícil discernir claramente um provérbio de um fraseologismo. No cancioneiro popular, quando o provérbio está inserido num conjunto de versos esta distinção parece ainda menos visível sendo que muitos provérbios rimam e respeitam as regras da métrica da cantiga; porém, tentaremos chamar a atenção para os pormenores que nos possam ajudar neste trabalho.

Sobre a autoria dos provérbios e a sua preservação, Anabela Brito de Freitas Mimoso (*in*: Soares, Laukahangas 2008,12:155) tem a seguinte opinião: "Embora geralmente de origem erudita, os provérbios acabaram por ser consagrados pelo povo que os preservou do esquecimento e os divulgou." Esta investigadora concorda com a visão aplicável à literatura tradicional em geral, isto é que os provérbios e todos os géneros populares tiveram um autor primordial que por várias razões ficou em anonimato e que a sua criação ficou a fazer parte da herança colectiva de um povo sendo transmitida oralmente. Na nossa Tese de Doutoramento (*op.cit.*) abordámos também a quastão das fontes, vias de transmissão e autoria da literatura de expressão oral e concordámos que entre o potencial primeiro "autor" que ficou desconhecido e o compilador que registou de forma escrita os géneros produzidos oralmente, existe toda uma série de transmissores que ia modificando o texto original conforme a época, a região em que uma língua é falada, a memória e outros factores extra-linguísticos.

Eugenio Ascensio (1951:XXVI)[55] afirma que "difícil es trazar la frontera entre el adagio grave, entre la sentencia autorizada y los vulgares refranes que dicen las viejas tras el fuego." O sintagma final faz lembrar irresistivelmente o título da célebre obra do Marquês de Santilhana[56], revelando que o estudo dos provérbios e interesse pelos mesmos é bastante antigo, em Espanha bem como em Portugal, dando a conhecer uma ligeira diferença entre os provérbios de origem culta, cuja autoria é conhecida e os "vulgares, anónimos e oralmente transmitidos. Os "provérbios cultos" denominam-se também como aforismos, máximas ou citações, se é conhecida também a fonte e não apenas o autor.

Os provérbios nos dois cancioneiros a nalisar e comparar são observados e explicados por ordem em que se situam nas cantigas, para posteriormente verificarmios o tipo, a estrutura e a temática proverbial domminante nestas duas obras. Diferentemente de Viana (1956) e outros compiladores do cancioneiro popular, Teófilo Braga não salienta os provérbios em itálico, deixando-os incorporados no texto da cantiga. Uma das razões para não o fazer especificamente pode ser a de chamar a atenção para a sabedoria escondida na cantiga toda e não direccionar o leitor para se concentrar apenas no provérbio em si. Por outro lado, o trabalho de Teófilo Braga na área de paremiologia e paremiografia relativamente ao registo do cancioneiro, romanceiro e contos populares portugueses é menos conhecido. Isto não significa que este pensador tenha desvalorizado os provérbios como tais.

Dada uma perspectiva teórica em primeiro lugar, ofereceu-nos ferramentas necessárias para a investigação dos provérbios em duas antologias de poesia popular. Nesta conformidade, indagamos da posição, estrutura e tamática dos provérbios. Tendo desenvolvido a nossa tese de Doutoramento no ambito do cancioneiro popular, verificamos que a maior ocorrência de expressões moralizadoras se enquadra na temática amorosa, sendo esse campo, de certafoma, merecedor de mais atenção e conselhos. No nosso artigo "Usos e funções dos provérbios inseridos na poesia

356

popular portuguesa e brasileira"[57] verificámos que a função dos provérbios nas cantigas, em certa medida depende da posição do verso proverbial na quadra, sendo a posição inicial reservada para os provérbios que introduzem a ideia central do poema, a posição média é muito menos frequente, servindo como uma ligação entre os prmeiros e o último versos, enquanto a posição final representa de certa forma uma "moral da história" e de conclusão lógica do tema abordado.

No *Cancioneiro Popular Portuguez*, observam-se outros contextos e usos) tendo cada um o seu lugar e valor estético e didáctico.Para além do contexto amoroso, na colectânea de poesia popular de Braga, podem encontrar-se provérbios nas cantigas políticas, satíricas e outras, que isoladas do contexto do poema podem perder essa conotação.

Para os efeitos deste estudo, afigura-se-nos indispensável observar os provérbios açorianos também, de forma a analisar as eventuais diferenças das formas "estandardizadas" a nível lexical, formal e conteudístico.Os capítulos que se seguem, fornecer-nos-ão, certamente material valioso para a investigação neste sentido.

4.3 Posição e estrutura dos provérbios no *Cancioneiro Popular Portuguez* e nos *Cantos Populares do Arquipélago Açoriano*

Ao mencionar a estrutura das quadras populares portuguesas, observou-se uma determinada binariedade, isto é, aprimeira metade intriduz uma ideia geral, desenvolvida e ampliada no segundo dístico.

Por isso, os provérbios podem surgir no fim da cantiga, como uma espécie de "moral da história". Esta posição do material proverbial na poesia popular não é exclusiva, podendo figurar também no início. Nesse caso, a partir do provérbio, apresenta-se se uma situação concreta, resultante de experiência pessoal. Embora não seja frequente, a posição proverbial pode reservar-se para a parte "no meio". Após os versos introdutórios, surge o provérbio como ideia central, sendo mostrada mais uma conclusão, reforçando o tom moralizador ou educativo. Leia-se o exemplo (Braga, 1911: 16):

> Eu hei-de amar meu bem,
> Diga o mundo o que dizer
> Quem ama não quer conselho
> Quer só tudo o que amor quer

A cantiga começa por uma afirmação, referente ao futuro, e exprimindo firmeza e convicção apesar dos obstáculos. A certeza da correcção do comportamento do sujeito lírico parece comfirmar-se na presença do provérbio, em que a negação desempenha um papel significativo. A continuação da conclusão, semelhante ao provérbio pela estrutura, enfatiza novamente o argumento sentimental como mais valioso que o racional, expresso na palavra "conselho". Tendo dado uma abordagem geral acarca do posicionamento dos provérbios nas quadras populares, analisamos alguns exemplos concretos, procurandoverificar se o seu significado se prende com o lugar na cantiga.

Justamente no primeiro poema que abre o *Cancioneiro Popular Portuguez* , na posição inicial encontramos dois provérbios de estrutura semelhante, que, mesmo contrapostos pelo significado de um verbo, parecem encadeados como continuação um do outro. Leia-se o exemplo (*idem*, 1): "Quem canta seu mal espanta/Quem chora seu mal aguenta."

Os dois provérbios compõem-se de uma frase complexa subordinada, que começa por uma frase relativa. O pronome "quem", que, neste sentido, pode substituir o sintagma " a pessoa que", é apenas uma das possibilidades usadas na frase relativa. Em vez deste, podia ser usado o pronome "que" em situações do sujeito inanimado.

Enquanto o primeiro provérbio tem uma rima interior ,expressa nos verbos, o segundo não, sendo colocado nesta posição para rimar com o verbo "atormenta" no último verso. Contrastando as acções dos verbos da primeira metade da quadra, a ideia central parece ser a dicotomia de actitudes perante o mal. Sendo o primeiro provérbio mais frequente e conhecido na líbgua portuguesa, parece sugerir a postura do sujeito lírico, que "canta para não chorar", tentando afastar "uma dor que me atormenta". De certa forma, para afirmarmos que as duas expressões proverbiais podem ser tratadas como uma única, observaremos a musicalidade, manifestada no grupo sonoro "–nta" no presente dos verbos. Indo ao encontro da nossa hipótese, Salvador Parente (*op.cit.*577) cita exemplos semelhantes ("Quem canta seus males espanta (e) quem chora (mais) os aumenta") e coloca entre parêntesis o nexo copulativo "e". Tendo neste contexto um sentido adversativo, quase sinónimo de "mas", este conector poderia unir os dois versos-provérbios num só. Repere-se também na ligeira diferença entre o provérbio registado por Braga e por Parente. No primeiro, mediante o verbo "aguentar", parece implícita uma atitude estóica, de suportar a dor, manifestando-a no pranto. No dicionário de provérbios consta o verbo "aumentar", acentuando a intensidade da tristeza. Carecendo de mais dados sobre esta curiosidade, não podemos afirmar se a escolha do vocabulário nos provérbios em questão resulta das meras variantes linguísticas, ou da eventual intervenção propositada dos compiladores.

Os provérbios na cantiga não se contradizem, uma vez que a sabedoria popular admite reacções diferentes na mesma dituação. O "mal" que faz sofrer o sujeito lírico parace não se ter "espantado" com o canto no primeiro verso, permanecendo prsente no segundo, sendo, mais recomendável uma atitude optimista nas adversidades.

Provérbios com semelhante estrutura que aparecem nos cancioneiros de Braga são: "Quem tem amores não dorme" (*idem*, 9), "Quem ama, não quer conselho" (*idem,* 16), "Quem mais faz, menos merece" (*idem,*18), "Quem espera, sempre alcança" (*idem,*22), "quem cala vence" (*idem,*41), "quem bem quer, sempre perdoa" (*idem,* 45) e a sua oposição: "quem bem quer, não ofende" (*idem*).

Neste caso, parece que os dois últimos provérbios têm significados absolutamente contrários, o que não significa que um exclua ou anule o valor do outro. Justapostos na quadra, os provérbios de sentidos diferentes sobre o mesmo tema, introduzem debate, implicitando a pluralidade de posições, permitida pela literatura popular.

Na posição final, o provérbio retoma o conteúdo da quadra, somando-o numa conclusão didáctica, podendo confirmar ou contrariar a ideia central do poema(idem, 415).

> Quem de mim te poz tão longe
> Não teve boa eleição
> Quanto mais longe de vista
> Mais perto do coração

O provérbio que nos interessa que originalmente reza: "Longe de vista - longe do coração". A estrutura "quanto mais... mais..." é usada aqui para se preencher o número de sílabas no verso, embora não seja completamente inusitada nos provérbios portugueses. Para ilustrarmos melhora afirmação,, citaremos alguns exemplos de provérbios populares com esta estrutura: "Quanto mais ricos, mais malditos", "quanto mais perto da igreja, mais longe de Deus", "quanto mais se tem, mais se quer..."[58]

A oposição dos advérbios "longe" e "perto" avista uma variante do provérbio supracitado, referindo a duplicidade de posturas perante a ausência nas relações interpessoais: podendo afastar completamente ou unir mais ainda os envolvidos nesta situação.

Mais um provérbio com a estrutura de frase complexa subordinada, verifica-se no seguinte exemplo (*idem*, 54):

> A´ minha porta está lama,
> Á tua fica lameiro,
> Quando fallares dos outros,
> Olha para ti primeiro.

Neste caso, trata-se de uma frase temporal, introduzida pelo elemento "quando"., referindo-se a consequência futura da ação expressa no verso-provérbio.

Para além do posicionamento e estrutura proverbial, quer como frases coordenadas, quer como as subordinadas, existem outros modelos a observar. Leiam-se os versos (*idem*, 4): "Não há coisa que mais prenda/Que os olhos de uma menina"

Este dístico, pela sua estrutura irresistivelmente lembra alguns provérbios mais comuns na língua portuguesa (por exemplo: "não há mal que sempre dure").

Mesmo sem o ser formalmente, esta frase tem uma dimensão de "regra geral", implicitando a inrvitabilidade de um facto (o de apaixonar-se por uma jovem de olhos belos). Os provérbios que começam pela estrutura negativa (não há+ objecto+ que+ conjuntivo) têm, na verdade, um sentido afirmativo, subentendendo a ideia que o conteúdo proverbial se refere a todos os objectos , fenómenos ou pessoas que descreve.

Continuando a análise da estrutura frásica dos provérbios nas cantigas populareschamamos a atenção para a formulação negativa. Diferentemente do modelo anterior, uma forma mais eficaz de confirmar, em alguns casos (sobretudo na negação duplicada ou aplicada no imperativo), a forma negativa tem a função de prevenir, ou censurar uma acção inaceitável. Repere-se nos versos (*idem*57): "Ninguém diga o que não sabe/Nem affirme o que não viu".

Mesmo sem implicar consequências de tais actos, aqui a sabedoria popular claramente parece censurar a bisbilhotice, a mentira e a ignorância.

Um provérbio pode também ter a estrutura de uma frase simples, resumindo um conselho, norma ou verdade conhecida em oucas palavras. Continuando a nossa análise, definimos o conceito da frase simples:Para os gramáticos sérvios Stanojčič e Popović *(op.cit.)*, a frase simples đe constituída por sujeito e predicado, podenfo conter também complementos directos, indirectos, de modo, tempo, lugar e outros, mas formando uma só unidade frásica, isto é um só predicado.

Nesta conformidade, o cancioneiro popular oferece-nos os seguintes exemplos: "Cantigas, leva-as o vento" (*idem,*11), que surgiu por analogia com o provérbio "Palavras, leva-as o vento", constante de quase todas as colectâneas de provérbios portugueses, nomeadamente Costa (2004). Esta expressão indica o pouco valor da palavra oral em comparação com a escrita, bem como a grande facilidade da transmissão. Este provérbio também é aplicável às situações em que se desvaloriza o sentido de uma conversa. Substituir as "palavras" por "cantigas", remete para a transmissão oral da poesia popular, bem como pode implicitar um reduzido valor estético deste género, provavelmente comparado com a literatura erudita.

Esta expressão com "cantigas" na posição do sujeito em vez de "palavras" já consta em algumas coelctâneas de provérbios, como as de Salvador Parente (2005) e Cláudia Ribeiro (2009).

Outro exemplo do provérbio expresso através da estrutura frásica simples, verifica-se na seguinte quadra (*idem*, 41):

> Esta noite sonhei eu
> Contigo, minha beleza,
> Acordei: achei-me só
> Em sonhos não há firmeza,

O provérbio inserido no último verso resulta do encadeamento lógico dos acontecimentos descritos (o acto de sonhar, o conteúdo e o despertar), revelando a fugacidade e instabilidade dos sonhos.

Mais um exemplo de frase simples no contexto proverbial manifesta-se na seguinte quadra (*idem*, 47):

> O sol para todos nasce
> só para mim escurece
> Desgraçada creatura
> Que até ao sol me aborrece

No primeiro verso, a unidade proverbial surge com uma ligeira inversão de componentes, sendo o provérbio "canónico" (*in*: Parente, *op.cit,*483) "O Sol nasce para todos". Esta inversão dá-se por efeitos poéticos de musicalidade, bem como para contrastar com o verbo "escurecer". O provérbio na posição inicial da cantiga é negado e contrariado nas restantes afirmações, sendo reiterada a imagem do sol no último verso, como um elemento desagradável, condizendo com o estado de ânimo do sujeito lírico.

A simplicidade a nível frásico dos provérbios, inseridos nas cantigas, torna-se evidente também na quadra que se segue (*idem*, 48)

> Mal de amores não tem cura,
> Mal de amores cura tem:
> Ajuntem-se dois amores
> Mal de amores cura-se bem,

A estrutura frásica afirmativa que se opõe ao provérbio canónico formulado no negativo, serve para "desmentir" o conteúdo da sabedoria popular dando uma visão mais optimista à problemática amorosa e explicando uma possível solução. O mesmo provérbio pode situar-se no fim de uma cantiga, acentuando a infelicidade, geralmente após a morte do amado. Em ambas as situações, o ensinamento do provérbio em questão está "certo", quer que se trate da nova oportunidade, quer da visão negativista do assunto, revelando-se mais uma vez a pluralidade de opiniões, válida na literatura popular.

Reiterando a questão do posicionamnto "estratégico" dos provérbios, a posição média parece ser ideologicamente a mais neutra e, simultaneamente a menos "invasiva" com o seu carácter didáctico . Leia-se o exemplo (*idem*, 88):

> Amorzinho, fala baixo,
> Que as paredes têm ouvidos
> Os amores encobertos
> Sempre são os mais sabidos

Este provérbio habitualmente se refere à cautela a ter na transmissão de informação confidencial, sobretudo perante pessoas possivelmente inoportunas. A frase proverbial tem a estrutura simples, no entanto está introduzida pela palavra "que, neste caso marca causal e não relativa, como era de esperar. Na posição média na cantiga, o provérbio parece mais uma constatação do que propriamente um ensinamento moral. O seguinte exemplo também parece confirmar essa situação (*idem*, 93):

> De uma falla que te dei
> Logo te foste gabar.
> Pela bocca morre o peixe
> Bem te puderas calar

Na quadra, censura-se o excesso de palavras, que parece ter quebrado a confidência entre namorados, sendo o provérbio aqui introduzido como uma afirmação de um comportamento não desejado, criticado também no verso final. Repare-se no campo semântico da cantiga: as palavras "falla", "gabar-se", "bocca" e "calar-se", directa ou indirectamente estão relacionadas com língua e com a expressão verbal, sendo aqui implícita a dicotomia entre a fala e o silêncio, expressa na imagem do peixe. Fora do contexto amoroso, o provérbio em questão costuma usar-se como crítica social, referindo-se às más atitudes dos governantes e os seus discursos falaciosos, sendo eles frequentemente culpados pelas crises e mau funcionamento do estado, que começa "de cima para baixo" isto é, a partir da "boca" do "peixe".

Um provérbio é transmitido oralmente e a sua sabedoria verifica-se de geração em geração, fazendo parte da herança cultural de um povo. Por isso, não é raro numa cantiga sublinhar-se esta vertente colectiva em que um provérbio é criado e transmitido. Várias são as formas em que a voz popular toma posição relativamente aos provérbios nas cantigas que canta. Por um lado, distancia-se deles, negando-os numa situação pessoal, descrita no fim do poema, por outro, confirmando-os e desejando preservá-los.

Uma das maneiras de o conseguir é mediante os sintagmas "ouvir dizer", "ouvir falar", "ouvir afirmar". Se o verbo introdutório está na forma do pretérito perfeito composto, enfatiza-se o carácter repetitivo e habitual da acção, guardando ainda alguma relação com o presente. Analisamos os exemplos (*idem*, 94):

> Eu tenho ouvido dizer:
> Palavras leva-as o vento
> As minhas para contigo
> Trago-as eu no pensamento

O conhecimento que o sujeito lírico tem acerca do escasso valor das palavras, testemunhado no provérbio popular parece negado com a experiência pessoal da seriedade das promessas dadas no contexto amoroso.

Na posição final, o provérbio parece rematar a ideia central, moralizando sobre o conteúdo e acentuando a relevância do ensinamento. Verifique-se o exemplo (*idem*, 124):

> Tenho ouvido dizer
> Tenho ouvido contar
> Quem muitas panelas prova
> N´alguma se há-de escaldar

A fórmula introdutória dupla, neste caso, parece sublinhar a veracidade do provérbio expresso nos últimos versos. Não podemos deixar de focar os verbos usados na cantiga. O primeiro é apenas "dizer", subentendendo o carácter neutro, de informar ou comunicar. No segundo caso é utilizado "contar", sugerindo a transmissão e repetição da notícia. Aplicado a uma situação amorosa, este provérbio pode interpretar-se como uma advertência para as pessoas demasiado namoradeiras. As excessivas experiências podem desaguar numa desilisão. Podemos permitir-nos a possibilidade de supor que esta cantiga se dirige mais aos rapazes, dada a ideia estereotipada da população masculina como talvez menos séria nos relacionamentos. A palavra "panela", sendo do género feminino e mais ligada ao universo das mulheres, o verbo "provar" também parece bastante sugestivo neste sentido.

Isolado deste contexto interpretativo, o provérbio pode significar o perigo que a escessiva curiosidade e pouca reflexão podem subentender.

A analogia é feita com os pratos quentes na cozinha, associações simples da vida quotidiana. A conclusão proverbial no exemplo que se segue parece resultar de um encadeamento lógico dos acontecimentos descritos (a observação da cor da roupa do amado, o significado geral do verde e a sua simbologia, a afirmação) (*idem* 22).

O verde que ele levava
Quer dizer firme esperança
Já tenho ouvido affirmar
Quem espera, sempre alcança.

Noutro contexto, este provérbio pode ser interpretado como sugestão da exietência de um momento adequado para tudo, sendo o resultado mais valorizado quando é esperado e merecido.

Ocasionalmente, a estrutura de um provérbio ou expressão pode conter apenas duas palavras e nenhum verbo em função de predicado, o que não diminui o seu carácter moralizador. A acção verbal é apenas nomeada, implicitando uma sugestão da atitude a tomar. Nos exemplos sobre a meteorologia, e as devidas actividades agrícolas praticadas em cada estação do ano, as construções de substantivo e verbo no infinitivo, parecem evidenciar uma regra:

Para ilustrarmos as nossas hipóteses, servem os seguintes exemplos (Braga,1911; II, 1):

Janeiro gear
Fevereiro chover
Março encanar
Abril espigar
Maio engrandecer

Nos primeiros dois versos explicam-se as circunstâncias climáticas em Portugal, enqaunto os seguintes evidenciam as mudanças das plantas e da naturesa, previstas para cada mês.

Os últimos versos desta cantiga ("Dezembro nascer/ Deus para nos salvar" (*idem*) transpõem uma realidade cultural de regra numa tradição baseada nos valores da Igreja Católica Romana ou qualquer outra variante do cristianismo ocidental, mas que não seriam aplivcáveis ao mundo cristão ortodoxo, uma vez que, de acordo com o calendário juliano, o Natal é festejado a sete de Janeiro.[59] Nos países ortodoxos, a proverbialidade destes versos poderia ser questionada, perdendo o valor normativo. Daí, verificar-se o carácter do provérbio como referência culturalmente condicionada, nem sempre possuindo a dimensão universal, quase sempre subjacente a este conceito.

Do ponto de vista gramatical, um outro exemplo de provérbio sem verbo é: "Mateus, primeiro aos teus" (*idem,* 311), em que se subentenderia o verbo "dar" ou outro do mesmo campo semântico. A escolha do nome poderia resultar apenas dos motivos de rima, facilitndo a memorização e transmissão. A ausência dos verbos nem sempre implica inércia, falta de acção ou uma mera constatação dos factos. Repare-se no exemplo (*idem*, 313): "Caldeireiro na terra/Chuva na serra"

O dístico implicita uma relação de causa e consequência, podendo o verbo omitido ser "indicar", "significar", "anunciar" ou qualquer outro sinónimo. Desta forma, acentua-se o carácter axiomático da expressão.

Independentemente da posição dentro da cantiga, os provérbios fazem o sentido e cumprem com a função de aconselhar, advertir, prevenir, confirmar uma norma, servir de guias e orientações. A sua estrutura pode ser simples ou composta, coordinada ou subordinada, afirmativa ou negativa, com repetições ou palavras de significado oposto, permanecendo a sua sabedoria e carácter moralizador.

Não podemos deixar de reparar que os *Cantos Populares do Arquipélago Açoriano* são organizados de forma ligeiramente diferente do *Cancioneiro Popular Portuguez*. Nas cantigas açorianas são mais visíveis as cantigas que se caracterizam por uma "regra interior": o ABC de amores, em que a cada letra do alfabeto se atribui uma característica universal, bem como acontece com o "doutrinal das orações" ou os "mandamentos de amor". O cancioneiro açoriano, nomeadamente, explicita e discute determinados estereótipos referentes às particularidades das diferentes ilhas. Estes poemas, dado o seu conteúdo, quase que possuem uma dimensão proverbial, prescindindo de provérbios propriamente ditos, inseridos no corpo da cantiga.

Se os provérbios aparecem, são os conhecidos em todo território português, nomeadamente "mmor com amor se paga", "mal de amores não tem cura", "Quem não aparece, esquece" e outros, sem qualquer particularidade açoriana

De forma a averiguarmos a presença e frequência de provérbios tipicamente açorianos nesta colectânea, seria necessário realizar um estudo mais detalhado no local de recolha, o que neste momento ultrapassaria largamente os nossos objectivos. Faremos apenas uma breve observação sobre a presença dos provérbios na parte do romanceiro, incluído nos *Cantos Populares do Arquipélago Açoriano*. Nesta amostra de romances populares observamos poucos provérbios, geralmente relacionados com a temática amorosa, tais como "mal de amores não tem cura" e "amor com amor se paga." As razões para tal facto não é fácil explicá-las. Porém, à falta de provérbios expressamente ditos, são notáveis outras formas de aspecto moralizador nos romances. Ocasionalmente, são os últimos versos que condenam a atitude da personagem negativa (a esposa infiel, o pai apaixonado pela filha, os mouros, os traidores). Em vez de censurada, uma acção pode ser louvada no fim: a esperteza da donzela-guerreira que enganou o príncipe parece uma das situações mais flagrantes, verificando-se nosversos: "Virgem vim e virgem vou/O filho do rei como asno ficou". Com rima, estrutura proverbializante e o carácter didáctico, estes versos não são provérbios *strictu sensu*, contendo apenas o ensinamento relativo a uma situaºão concreta.Os títulos dos romances introduzem as personagens, referenciam o tema,nomeiam a acção central, nem sempre tendo um intuito moralizador, assemelhando-se, porém aos provérbios pelos elementos formais: rima, estrutura fixa e carácter repetitivo.

Tendo estudado alguns aspectos linguísticos (tipo e estrutura frásica) e extralinguísticos (posicionamento, intenção, referências culturais) dos provérbios nos cancioneiros coligidos por Teófilo Braga, compete-nos analusar a temática proverbial nas duas colectâneas em questão.

4.4 Temática provérbial nos cancioneiros de Teófilo

Esta secção debruça-se sobre a temática proverbial nos cancioneiros compilados por Braga, de forma a averiguarmos a interdependência da interpretação de um provérbio,as palavras que o compõem e a situação em que se usa.

Nas cantigas amorosas, como nas religiosas ou políticas existem provérbios com variados conteúdos, que se adequam ao tema e tipo da cantiga. O mesmo provérbio, frequentemente pode ser usado em situações diferentes, variando a sua interpretação do contexto. Independentemente da forma, o provérbio incorporado na cantiga mantém o carácter educativo: conselho, regra, norma, proibição, constatação de uma situação, servindo de guia na vida. Sendo a temática amorosa a mais frequente em todo o cancioneiro popular, (fundamentar), esta constante verifica-se também a nível de provérbios integrantes das cantigas. Temas universais como a ambivalência de posições perante o bem e o mal, a criação artística (nomeadamente o canto) como remédio para a tristeza, a transitoriedade da vida, a inevitabilidade da morte, são apenas alguns aspectos focados nos provérbios. No exemplo, já anteriormente referido, a aparência de dois provérbios ("quem canta seu mal espanta/Quem chora,seu mal aguenta" (*in*: Braga, 1911:1), nota-se uma atitude optimista relativamente à mágoa, optando por cantar no lugar de chorar. Na cantiga que se segue, os mesmos provérbios expressam uma realidade completamente oposta. Leia-se a quadra (idem, 163):

>Tenho chorado ao dia
>Lágrimas mais de noventa
>Quem canta seu mal espanta
>Quem chora seu mal aguenta.

O pranto, hiperbolizado na exactidão do número de lágrimas por dia, faz acreditar que neste contexto prevalece o sentido do último provérbio sobre o primeiro.

Relativamente aos temas dos provérbios, Ana Cristina Macário Lopes (1992:226) é da opinião de que toda a classificação do material proverbial por temas "pode eventualmente contribuir para uma melhor compreensão dos valores da comunidade, permitindo a reconstrução de uma determinada visão do mundo". Porém, qualquer tentativa classificatória no sentido da enumeração de categorias (*idem*) "amor, morte, ambição, persistência, dinheiro, profissões, família, mulheres", pode ser falível e limitativa, dadas as múltiplas possibilidades interpretativas de um provérbio.

Equacionar o sentido primordial de um provérbio e a sua aceitação numa comunidade nem sempre é uma tarefa simples, devido à existência de sentidos figurados, por vezes não "detectáveis" à primeira vista ou à multiplicidade de contextos e usos pragmáticos. Os sentidos figurados, popularmente designados também como o que o provérbio realmente "quer dizer", são indissociáveis das conitrações, significados que se lhes atribuem e as situações de uso. Daí, a temática proverbial não caber exclusivamente nos domínios linguístico ou literário, podendo ser entendida de várias perspectivas extra-linguísticas: a psicológica, a ética, a lógica. A variedade de temas depende também dos conhecimentos linguísticos do falante e ouvinte, das partes do discurso proverbial que se pretendem privilegiar entre outros.

Na poesia lírica, a temática amorosa é tratada de distintos pontos de vista. Desde o amor platónico, até às suas vertentes mais "atrevidas" relacionadas com a proximidade e intimidade (beijos, abraços, carícias). O sentimento amoroso pode desmembrar-se também em saudade, ciúmes, rancor, tristeza, incompreensão e isso tudo é abordado da perspectiva proverbial. Como o amor é um tema delicado, que, por vergonha, timidez, pudor ou várias razões da ordem social, familiar e religiosa, muitas vezes não podia ser discutido aberta e directamente. Então, a sabedoria popular vê como pertinente dar mais conselhos e opiniões nesta área. Os provérbios "amorosos" podem reconhecer-se na esfera lexical, mediante o uso do campo semântico referente à esfera afectiva à natureza, à pluralidade de associações, ou simplesmente podem ser qualificados como tais apenas após a leitura da cantiga na íntegra.

Por limitativo que possa parecer, o critério temático da classificação e compreensão dos provérbios acaba por se "inflltrar" em estudos científicos como um elemento inevitável no entendimento da lógica popular que os criou e transmitiu.Desdobrando este sentimento e algumas vertentes em que aparece, vale mencionar que a tradição oral valoriza, talvez excessivamente o primeiro amor, um acontecimento único, que, de certa forma, destaca esta experiência entre todas as restantes. Quase mítico, este amor é merecedor de inúmeras representações poéticas e proverbiais. Na nossa Tese de Doutoramento (Marinović, 2014,299), comentamos o primeiro amor da seguinte forma:

O primeiro amor, geralmente, implica juventude, pouca maturidade emocional, erros, desilusões, dor. Não obstante, esta experiência na infância ou adolescência é recordada sempre com ternura, como um período belo de emoções sinceras, puras e intensas, ainda que "de pouca dura". Uma primeira experiência amorosa "tardia" pode carecer do encanto e a ilusão juvenis, atribuindo-lhe uma maior maturidade, capacidade de argumentar e defender a sua escolha, tendo objetivos claros.

Daí, parece natural uma referência proverbial a este sentimento na cantiga que citaremosa seguir (*idem*, 90):

> Não há sol como o de Maio
> Nem luar como o de Janeiro
> Nem cravo como o regado
> Nem amor como o primeiro

Frisamos a existência de três elementos de equiparação sobre os que a primeira experiência amorosa parece ter uma vantagem absoluta. A aceitação geral dos três termos de comparação no contexto cultural europeu (em que o mês de Maio faz parte da Primavera) e português, em que o cravo tem uma simbologia específica, sugere-nos uma possibilidade interpretativa, consentânea com a beleza e supremacia de cada elemento a comparar. Numa outra cultura, em que o primeiro amor pode não ter tal relevância simbólica, a ordem das componentes do provérbio talvez fosse diferente. Alguém cuja primeira experiência neste domínio foi traumática, banal ou dolorosa, certamente não teria a mesma percepção do provérbio que compõe a cantiga.

Na língua portuguesa, existem algumas variantes deste provérbio. Relacionadas com determinadas propriedades climáticas ou naturais, com os alimentos básicos, com materiais preciosos, as expressões proverbiais que elogiam o primeiro amor, são também culturalmente influenciadas. Leia-se a quadra (*idem*, 112):

> Não há pão como o alvo,
> Nem carne como o carneiro,
> Nem peixe como a pescada,
> Nem amor como o primeiro.

Em Soares (2002:150) encontramos as seguintes variantes do provérbio em questão: "Não há luar como o de Janeiro nem amor como o primeiro" e "Não há luar como o de Janeiro, nem sol como o de Maio, nem amor como o primeiro, nem cravo como o regado". Nas variações proverbiais,citadass altera-se a ordem das palavras, ou omitem-se partes, de acordo com os critérios da rima ou facilidade de memorização, mas no fundo, a ideia é a mesma: a valorização da primeira experiência amorosa. Ritual de transição, uma etapa de pureza e inocência, a ruptura com a infância e "entrada legítima" no mundo dos adultos, este sentimento, nas culturas europeias é digno dos mais elaborados elogios. Leia-se a cantiga (*idem*, 267):

370

O primeiro amor é ouro,
segundo prata lavrada
O terceiro, quaro e quinto
São pó, terra, cinza e nada

Em termos proverbiais, no sentido mais rigoroso do conceito, esta cantiga talvez não seja o exemplo mais representativo, dado o tamanho e a composição, não-se-lhe podendo negar o carácter pedagógico. A norma recomendada neste conjunto de metáforas é que apenas o primeiro amor pode ser considerado valioso, perdendo as restantes uma dimensão significativa até se transformarem em nada,

Por vezes, é possível encontrar apenas a parte "não há amor como o primeiro", em que, de forma condensada, se sublinha a beleza e importância desta vertente do sentimento. Para ilustrar este provérbio na poesia popular, referimos a seguinte cantiga (*idem*, 161):

O cravo branco é firme
Até no cheirar é doce
Não há amor como o primeiro
Inda que ele variado fosse

Aqui, indirectamente salientam-se características do primeiro amor: firmeza e adoçura. Mesmo podendo terminar em desgosto ou desilusão, a recordação permanente é o que o transforma nume experiência tão peculiar.

A oposição absoluta à pureza deste sentimento é o "mal de amores", abordado do ponto de vista poético e proverbial como doença, loucura, isolamento, abandono, ou oportunidade para um novo começo. A interpretação e contextualização dos provérbios que abordam este sentimento implica conhecimentos de psicologia e medicina, embora rudimentares, bem como algumas representações mitológicas e culturais (a cegueira, a flecha que atinge o coração). Interpretar um provérbio sem conhecer o contexto referencial e pragmático, pode induzir-nos no erro de uma compreensão demasiado linear, presa ao texto, impedindo-nos de vislumbrar outros possíveis significados.A opinião mais geral da tradição popular portuguesa é que o "mal de amores não tem cura", constante de numerosas cantigas, posteriormente referidas. A insónia e as inquietações são apenas duas manifestações físico-psicológicas da vertente dolorosa de amor. Ao interpretar esta quadra, quase sempre imaginam-se a preocupação, o ciúme e a tristeza como principais causas do escasso sono, podendo sê-lo também as recordações agradáveis, fantasias ou idealizações. O contexto da cantiga e o texto proverbial, não parecem ser demasiado reveladores, quer na abordagem negativista, quer na possibilidade mais positiva do asuunto (*idem*, 9)

Quem tem amores, não dorme
Nem na noite, nem de dia
Dá tantas voltas na cama
Como peixe em água fria.

Em numerosas cantigas menciona-se justamente o sintagma "mal de amores". Algumas vezes, constata-se a impossibilidade de este mal ser curado e outras propõem-se soluções para este problema, tal como acontece na seguinte cantiga (*idem*, 48):

Mal de amores não tem cura,
mal de amores cura tem
ajuntem-se dois amores
mal de amores cura-se bem

A sabedoria popular propõe mais um "remédio" para o mal de amores, de carácter proverbial (*idem*, 262):

Sta doente flor das flores
Chamar médico é loucura
Doença de mal de amores
Quem a causa é quem a cura

No último verso, verifica-se uma relação de causa e efeito e uma estrutura semelhante aos provérbios "canónicos" "quem... quem", implicando a siultaneidade das acções ou identificação dos sujeitos.

O amor correspondido parece bem recebido na cultura popular portuguesa, o que se reflecte em diversos ditados e provérbios que o descrevem. Leia-se o seguinte exemplo (*idem*, 100):

Amor com amor se paga,
Nunca vi coisa mais justa,
Paga-me contigo mesmo,
Meu amor, pouco te custa.

Num contexto mais vasto, o conceito de "amor" poderia entender-se como genrosidade ou bem, com que se devem retribuir as boas acções, explicitando-se no verbo "pagar". A cantiga invoca também as noçõe de justiça e equidade, enquadrando ainda melhor o valor proverbial no corpo do texto. O amor, na lógica popular, é também perdão, reconciliação e paciência, provavelmente derivados da mundividência cristã. Comparando e contrastando as seguintes cantigas, procuraremos compreender melhor o sentido dos provérbios (*idem*, 45):

> Façamos, meu bem as pazes,
> Como foi da outra vez
> Quem bem quer, sempre perdoa
> Uma, duas, até três

> Não quero fazer as pazes,
> Como fiz da outra vez
> Quem quer bem, nunca ofende
> Nem uma, quanto mais três

As duas quadras, podendo ser observadas isoladamente ou como continuação uma da outra questionam o valor do perdão nas relações amorosas, expresso mediante dois provérbios de sentidos opostos. Gramaticalmente considerados antónimos, os advérbios "sempre" e "nunca" opõem-se aos verbos "perdoar" e "ofender", compreendendo a dualidade de reacções na mesma situação. Precisamente esta variedade de opiniões subjacente nos provérbios parece negar o carácter "dogmático" e absolutista do material proverbial, como se poderia interpretar à primeira vista. No fundo, a atitude de perdoar sempre é compatível com "não ofender nunca", não sendo estas frases contrárias entre si. O que as transforma em tais é o contexto e o uso pragmático. Desejando reconciliação, o sujeito lírico da primeira cantiga apela ao poder do amor através do perdão. A "outra vez", aqui é um factor relevante; provevelmente subentendendo uma stuação de desgosto, conhecida por ambos os participantes do discurso, o interlocutor recorre a outro provérbio, pretendendo sublinhar que o perdão não é suficiente no caso de ofensas repetidas. Isoladas do contexto poético, as duas expressões proverbiais poderiam constar nos dicionários uma ao lado da outra, sem se contradizerem. Dai, novamente surgir a necessidade de um olhar interdisciplinar para o estudo dos provérbios, porque os critérios semânticos ou meramente linguísticos podem mostrar-se insuficientes ou limitativos. Inseridos no contexto das cantigas, os provérbios passam a ser observados do ponto de vista literário, pragmático, sociológico ou outros, aportando cada um as possíveis novas abordagens científicas do material proverbial.

O valor do amor em si está defendido de diferentes formas, nas cantigas e nos provérbios. Na lógica do povo, trata-se de um direito pessoal, que por isso "não quer conselho", requer proximidade e um tratamento íntimo, "não tendo" ou "não querendo senhoria", garante a salvação da alma. Como ilustração da opinião geral do povo português sobre a temática amorosa, escolheremos algumas quadras populares com provérbios: (*idem*, 160)

> Deste-me alecrim por prenda
> Por ter a folha miúda
> Quiseste-me experimentar
> Amor firme não se muda

A firmeza nos relacionamentos amorosos, expressa no provérbio no último verso, pode ser salientada de uma forma ligeiramente diferente, "quem é firme, não se muda", como na seguinte quadra (*idem*, 302)

> O cypreste não se rega
> Da mesma secura nasce
> Quem é firme, não se muda
> Por mais martyrios que passe

O provérbio no terceiro verso, embora na cantiga possa ter uma vaga interpretação amorosa, fora desse contexto é indicador de constância nas adversidades ou de uma postura firme, independentemente das circunstâncias. A estrutura proverbial no exemplo que se segue expõe uma situação de carácter normativo, no âmbito dos amores contrariados (*idem*, 279).

> Nunca o amor se conhece
> Senão depois da tormenta
> Quanto mais se contraria
> Mais o amor augmenta.

A presença dos quantificadores é frequente nos provérbios, subentendendo a intensificação do valor de regra. Um tipo de quantificadores são os numerais.

Ana Cristina Macário Lopes na obra *Texto Proverbial Português, Elementos para uma Análise Semântica e Pragmática"*[60] defende a ideia de que o uso do quantificadores numéricos nos provérbios serve frequentemente para marcar uma oposição entre números e as quantidades que eles indicam. Esta autora refere que:

A expressão da unidade cardinal é mais nítida nos provérbios que intratextualmente explicitam oposições no domínio da quantificação: uma (maçã)/um cento (de maçãs), uma (palavra)/ duas (palavras), uma (ovelha)/ todo (o rebanho).

Por vezes, não é necessário os numerais usados serem cardinais, porque os ordinais podem ter a mesma função. Isto é frequente nos provérbios referentes ao primeiro amor e a comparação deste sentimento com as experiências posteriores. Para ilustrar esta situação, citaremos a seguinte cantiga (Braga, 1911:121)

> O primeiro amor é ouro,
> Segundo prata lavrada,
> O terceiro, quarto e quinto
> São pó, terra, cinza e nada.

De "ouro" a "nada" vai a gradação decrescente, bem como a numeração ordinal segue a sequência do "primeiro" a "quinto", sobrevalorizando a primeira experiência amorosa, e menosprezando abertamente as últimas.

No universo tematológico amoroso, o ciúme é um dos sentimentos idóneos para a reflexão proverbial. Quer como uma manifestação doentia e corrosiva, quer como prova de amor, o ciúme merece a atenção da sabedoria popular, revelando a duplicidade de perspectivas de ser observado (*idem*,246)

> O ciúme é linda flor
> Anda bem mal estimada
> Onde não entra o ciúme
> O amor não vale nada.

A opinião popular relativamente ao fenómeno do ciúme pode não ser tão rigorosa e crítica. Analisemos esse exemplo (*idem*, 385):

> Cravo branco é procurado
> Pelo cheiro que ele tem
> Quem tem amor tem ciúmes
> Quem tem ciúmes, quer bem

O último verso parece ser uma continuação do terceiro, manifestando a interdependência de ambos os sentimentos: o amor e o ciúme, parecendo clara uma relação de causa e efeito entre ambos, e acentuando a vertente positiva do ciúme. A estrutura proverbial dos versos na segunda metade da quadra compreende uma regra geral, constando o quarto verso até das antologias dos provérbios (Parente, *op.cit*-635). O valor corrosivo do ciúme, constata-se no exemplo que se segue. A cantiga, parecendo ter uma estrutura dialogada, sublinha a relevância desse sentimento, no remate final com um ensinamento. As reacções ciumentas e os cuidados que aparentam ser excessivos, no entendimento do povo, são sinais de confiança e do carácter verdadeiro dos sentimentos, sendo a ausência do ciúme qualificada como indiferença, falsidade ou falta de inteligência (*idem*, 208).

Oh, meu amor, não me zeles
Olha que eu de zelos morro,
Um amor que se não zela
Ou é falso ou é tolo

Por outro lado, procura-se mostrar a segurança e certeza da correspondência dos sentimentos, elminando qualquer possibilidade de dúvidas, ciúmes ou desconfiança. Parece-nos interessante a forma negativa do verbo no provérbio "quem ama , não arreceia". Salvador Parente (*op.cit.*571) oferece-nos, porém a versão afirmativa. Novamente estamos perante a duplicidade de perspectivas populares acerca do mesmo assunto, sem se manifestar a ideia da "correcção" de um ou outro ponto de vista. A confidência entre o sujeito lírico e a noiteaparenta confiança. No entanto, o desejo de estar próximo do amor e "passear pela sua porta", talvez desminta a firmeza inicial.

Noite escura, noite escura,
Quem ama não arreceia
Quem quer bem o seu amor
Pela porta lhe passeia
(*idem*,326)

Por vezes, os ciúmes e o amor obrigam os namorados a expresaarem a sua atitude de formas que não cabem em palavras. Leia-se o exemplo (*idem*, 303):

Aperta-me esses meus dedos
´Te que diga: "Deixa, amor"
Quem mais aperta mais quer,
quem mais quer mais sente dor

Fora do contexto amoroso, é usual os provérbios em questão interpretarem-se como crítica da cobiça e do desejo excessivo dos bens materiais, sendo a sua perda dolorosa.

Na lógica do povo, é importante também de onde e como nasce o amor, o que se feflecte em numerosos provérbios, incorporados nas cantigas. Desta forma, como oposição à aclamada afirmação universal que "o amor é cego", nos provérbios e cantigas populares, "o amor nasce da vista", como veremos nos seguintes versos (*idem*, 329)

O meu amor me pediu
O que eu não posso dar
As meninas dos meus olhos
Quem não vê, não pode amar

A ideia do carácter realista do sentimento amoroso, bem como a relevância da proximidade para uma relação, a observação dos defeitos do Outro e a sua aceitação aparentam desmanchar, por um lado, o exacerbado discurso dos enamorados, abundante em promessas, juramentos e palavras impossíveis, e por outro, o estereótipo cultural, proveniente da mitologia clássica, acerca da cegueira do amor. Este provérbio parece mais constatar um facto do que propriamente pretender incutir um ensinamento moral.

Uma outra cantiga com o provérbio de mensagem semelhante é a que viremos a citar, apenas que aqui se nota mais o tom de advertência, e uma ligeira ironia relativa ao papel dos olhos no desenvolvimento do sentimento amoroso. Na nossa Tese de Doutoramento (*op.cit.275)*, afirmamos:

A estreita ligação entre o coração e os olhos, "canais de comunicação" entre os estímulos exteriores e a esfera íntima, com toda a razão apresenta estes órgãos como "amantes" ou "amigos leais". Sem revelar demasiado os segredos do mundo afetivo, a poesia popular às vezes aconselha os namorados a "poisarem os olhos no chão", em público.

Justamente por causa das diversas possibilidades interpretativas do olhar no contexto amoroso, nem sempre todas positivas, o provérbio na seguinte cantiga chama a atanção para a interdependência entre o olhar, o amor e as preocupações (*idem, 333)*:

Ohos que vindes a vèr
Vinde bem acautelados
Que eu sempre ouvi dizer
Que de vèr nascem cuidados

Nesta cantiga, no primeiro lugar está o valor da cautela, que pressupõe proteger o sujeito lírico dos potenciais perigos e tentações dos olhos que não seleccionam o objecto de observação. A palavra "cuidados", aqui pode significar "preocupações", podendo ser sinónima de "cautela", inserindo-se também no domínio dos sentimentos. Reforçada pela frase "eu sempre ouvi dizer", a expressão proverbial parece adquirir um tom de alerta.

Para além do amor, a beleza aparenta ser ido´nea para o discurso proverbial das cantigas. Oscilando entre a tentação pecaminosa e a coroa das virtudes, este fenómeno tem múltiplas representações proverbiais, implicando atitudes moralizantes, conselheiras, críticas, elogiosas, ma nunca indiferentes. A beleza masculina e feminina são explicitadas nas quadras do cancioneiro, pressupondo, por vezes, avaliações diferentes por parte do povo (*idem*, 108).

> O amor procura agrado
> Não procura formosura
> Formosura sem agrado
> É viver na noite escura

No imaginário popular,a beleza, sem alguma virtude que a suporte é fútil, vazia, sedutora e pode induzir no caminho da perdição. A virtude (geralmente apresentada como "graça" ou "agrado") sem beleza, parece mais admissível e acaitável na sociedade, podendo ser sinal de fidelidade ou submissão. O tom didáctico, nas cantigas deste estilo, desvaloriza a beleza que se reduz ao aspecto físico, relacionando-a com as trevas da "noite escura".

Tratando-se da beleza frmínina, ela é comparável à uma rosa, mas a sabedoria popular parece ter sempre a necessidade de chamar a atenção para o carácter transitório dos bens terrenos, os perigos da vaidade e a necessidade de a beleza se completar com outros elementos. O provérbio na seguinte cantiga parece ser um exemplo representativo (*idem*, 246)

> Menina, por ser bonita
> Não cuide que mais merece:
> Quanto mais linda é a rosa
> Mais depressa desvanece.

Há provérbios de sentido mais geral se enquadram bastante bem no cancioneiro amoroso pelo seu conteúdo e contexto. Fora das cantigas, estes provérbios podem alertar para a cautela, o esquecimento o descanso merecido o valor do trabalho. Inseridos, porém, no cancioneiro popular português podem chegar a ter uma conotação amorosa. Repare-se nos exemplos (*idem*, 309)

> Das janellas do meu pai
> Vejo a casa do meu sogro;
> Quem bem me ouvir, bem me entende,
> Não é pelo pai que eu morro

Nesta situação, a relação entre ouvir e entender estabelece-se para insinuaro segredo amoroso do sujeito lírico.. Noutro contexto, o provérbio sublinharia a importância de escutar com atenção o interlocutor, para conseguir uma melhor compreensão interpessoal.(*idem*, 41)

> Esta noite sonhei eu
> Contigo, minha beleza
> Acordei, achei-me só
> Em sonhos não há firmeza

A fugacidade dos sonhos, a sua oposição à realidade, a existência de ilusões e a impossibilidade de realizá-las poderiam ser apenas algumas possíveis interpretações textuais do provérbio em questão. Na cantiga, porém, parece evidente tratar-se de um amor não correspondido ou improvável de se realizar (*idem*, 11)

> O sol posto quer encosto
> Eu morro por me encostar
> Você morre por me ver
> Eu morro por lhe falar

O provérbio no primeiro verso, no contexto da quadra pode implicar o desejo dos namorados de se encontrarem às escondidas, pressupondo que as pessoas que poderiam impedir ou interromper o encontro dormem.

O sentido mais literal desta expressão subentende o descanso depois das fadigas diárias e como tal, de facto, é reconhecido pelos falantes de língua portuguesa (*idem*, 61).

> Oh, meu amor, lá de longe,
> Perde um dia, vem-me ver
> Quem não aparece, esquece
> Também eu posso esquecer

A cantiga em questão recorre ao célebre provérbio "quem não aparece, esquece", aplicado para questionar o papel da distância e ausência nas relações pessoais, defendendo a posição da necessidade da proximidade, comunicação e contactos presenciais como remédios contra o esquecimento, podendo ser usda em contextos mais latos, e não apenas entre namorados (*idem*, 311).

Mandaste-me esperar
Lá na fonte ao pé da hera
Falhaste, foi um peccado,
Quem espera, desespera

Inserido nesta cantiga o provérbio escolhido indica claramente o desespero da namorada à espera do amado, denunciando a incorrecção de tal atitude. Isolado do âmbito da poesia popular, este provérbio xontrapõe a longa espera de um resultado favorável e a esfera emocional do sujeito lírico (ânsia, descontentamento, pessimismo).

Este provérbio frequentemente é citado como antónimo da expressão: "quem espera, sempre alcança". Enquanto a primeira implica que esperar é um mal necessário, a segunda afirma o valor da paciência, que sempre terá como consequência o desfecho positivo. Embora pareçam opostas, estas duas perspetivas servem para pôr à prova a paciência e tolerância humanas e a capacidade de lidar com situações menos agradáveis (*idem*, 319)

Oh, que pinheiro tão alto
Lindo páo para colhères,
Quem desdenha quer comprar
Deixa fallar de mulheres.

Ligeiramente irónica, esta quadra põe de manifesto e censura atitudes demasiado críticas relativamente às características dos outros. Os defeitos, aparentemente mais salentes nos outros são os que nós próprios temos, ou, pelo contrário, comportamentos mais invejados, que desejaríamos possuir. Do ponto de vista psicológico, trata-se do mecanismo de defesa, cientificamente designado como "uvas ácidas", baseado num episódio da célebre fábula de Esopo "A Raposa e as Uvas", em que a personagem principal, após tentativas falhadas de alcançar um cacho de uvas, começou a enumerar as suas características negativas, pelas que o esforço seria um trabalho inglório.

A expressão proverbial referida na cantiga, na linguagem falada, usa-se também na esfera comercial. Geralmente devido ao preço elevado, que o impede de comprar um produto, fomenta o cliente a elencar as suas falhas, justificando a decisão de não comprar o objecto em questão (*idem*, 336)

Meu amor, não desconfies,
Quem desconfia, perdeu
Fallo e rio com todos
Meu coração sempre é teu

O excesso de desconfiança, quer na esfera pessoal, quer nodomínio profissional, tem sempre consequências negativas, podendo sugerir determinados problemas e traços de carácter menos desejáveis na pessoa que adopta essa atitude (insegurança, medo, pouca colaboração com os outros), sendo a "perda" o resultado lógico desses comportamentos.

Na línguagem falada, é possível ouvirem-se os dois verbos no passado, embora a expressão "canónica" seja justamente assim como a citamos. Se os dois verbos fossem colocados no passado, o provérbio perderia uma dimensão do seu tom moralizador, situando as duas acções num momento acabado que parece não repercutir-se na actualidade. Se os dois verbos estivessem no presente, manter-se-ia a ideia de um "verdadeiro" provérbio, em que o presente indicaria um estado de coisas repetido ou habitual, com o valor de regra. Neste provérbio, o primeiro verbo está no presente, possivelmente para sublinhar esse carácter repetitivo, e o segundo no passado para salientar o valor negativista da desconfiança exagerada (*idem*, 358)

Meu amor, na tua ausencia
Com ninguém heide fallar
A má nova corre ao longe
E passa além do mar

A quadra apresenta-nos a situação de uma separação amorosa,denunciando as possíveis más interpretações das conversas da amada na ausência do amado, deunciando, desta forma, as vigilâncias do comportamento feminino e os excessivos cuidados por parte dos familiares e amigos.

Num contexto mais alargado, o provérbio significa que as informações que se referem a alguma tragédia, doença, escândalo ou problema são transmitidas rápido e ultrapassam as fronteiras,, sendo, alargadas, aumentadas ealteradas, de forma a parecerem mais interessantes ou mais sensacionalistas. A sabedoria popular critica a bisbilhotice e sobretudo a tendência de transmitir "más novas". Leia-se a quadra (*idem*, 362):

Trabalhae, dobrae o corpo
Se quereis ter algum bem
Olhae nas éras d´hoje
Quem não trabalha, não tem

A experiência e sabedoria popular, condensadas no último verso da cantiga valorizam o trabalho, associando-o à aquisição dos bens materiais. Na quadra, enfatiza-se a relevância do trabalho físico, mediante a imagem "dobrar o corpo", o que não significa o menosprezo do trabalho intelectual. A negação nas duas frases que compõem o provérbio salienta o carácter de advertência, a crítica de preguiça ou uma atitude desleixada relativamente ao esforço. Repare-se no exemplo (*idem*, 363)

Nem tudo que luz é ouro
Nem prata tudo o que o parece
As fallas de um lisonjeiro
Cativam a quem não conhece

As variantes do provérbio que aparece no primeiro verso podem reflectir-se nas formas verbais: "luz", "reluz", "brilha", dependendo da zona de Portugal em que o provérbio surgiu, da sua antiguidade ou outros factores. A parte em que existe a referência à prata, também não é frequente, mas pode entender-se por o ouro ser mais valioso. Neste contexto, acentua-se o escasso valor das palavras falaciosas.

Tratando-se de amor, esta advertência é pertinente sobretudo para as raparigas, sendo elas mais facilmente sujeitas à sedução e ilusões amorosas.

Aplicada em várias situações da vida quotidiana, esta expressão significa que as aparências enganam e que nem sempre o aspecto superficial das coisads ou pessoas é indicador do seu verdadeiro valor. (*idem*, 373)

Você diz que me quer bem,
Eu também quero a você,
Onde há fumo, há fumaça
Quem quer bem, logo se vê.

O provérbio citado no terceiro verso pode-se encontrar na variante "onde há fumo há fumega" (Santos, 2000) e na mais conhecida "onde há fumo, há fogo." Nesta cantiga, a express\ao parece indicar claramente a simpatia mútua entre o rapaz e a rapariga, dissimulada no tratamento semi/formal por "você". Um pequeno sinal (fumo) pode ser indicador deconsequências de tamanho inesperado (fumaça).

Tal como promove padrões e normas, o discurso proverbial parece idóneo para criticar, pôr de manifesto os defeitos dos outros e apontar para as "regras no negativo". Repare-se no exemplo (*idem*, 438)

> Nunca vi o mar sem água,
> Nem jardim sem arvoredo,
> Nem formosa sem senão,
> Nem letrado sem seu erro.

Por detrás das formas negativas, esconde-se na realidade uma afirmação que todos os representantes de uma categoria são portadores de determinadas características. No terceiro verso, reconhecemos o provérbio mais frequente como "não há bela sem senão". Lido literalmente, implicita a imperfeição da beleza feminina, tendo cada mulher bonita algum defeito, que esconde com mais ou menos destreza. O mesmo pode aplicar-se também ao aspecto visual da população masculina.Por isso, na línguagem falada é possível ouvir "não há belo sem senão", já constante da colectânea proverbial de Salvador Parente. A parte alargada, referente aos letrados,implicita as limitações do conhecimento humano e a propensão para erros.

No cancioneiro sagrado, quase que não há provérbios e a sua ausência é relativamente compreensível, dado o carácter doutrinário de ensinamentos religiosos em si. A sabedoria popular preservou quadras que enumeram poecados mortais, virtudes cristãs, os sete sacramentos e as normas básicas do cristianismo. Não obstante a riqueza do sistema proverbial português em palavras e ensinamentos sobre Deus, Igreja, santos e outras referências religiosas, nas cantigas é raro encontrarem-se provérbios com esse conteúdo, provavelmente por se subentender o carácter moralizador noutros elementos da quadra. Porém, ocasionalmennte, os provérbios de carácter religioso manifestam-se no corpo das cantigas (*idem*, 117)

> Oh, meu padre Santo António,
> Vestidinho de estamenha
> A quem Deus quer ajudar
> O vento lhe ajunta a lenha

No contexto apresentado, podemos imaginar uma oração a Santo António, na tradição popular portuguesa considerado "santo casamenteiro",podendo subentender a súplica de uma jovem que se deseja casar. Aplicado à vida quotidiana e extraído da cantiga, o provérbio não necessariamente é dirigido a este santo, compreendendo o poder divino e a sua interferência no desfecho favorável de uma situação, à primeira vista difícil de resolver.

No cancioneiro infantil, encontram-se provérbios rimados, fáceis de memorizar, frequentemente abordando o significado ou uma ideia relacionada com um nome próprio "Mateus, primeiro aos teus" (*idem,*II, 311), "morra Martha, morra farta",(*idem)* "Francisco, ou bem pobre ou bem rico", "Na casa do Gonçalo mais canta a galinha que o galo".. Além de terem rima como dominante característica formal, o seu "protagonista" é uma pessoa identificada por um nome próprio. Estes nomes em Portugal são bastante frequentes, servindo de referência cultural, sem identificar uma pessoa concreta. O nome aqui pode representar apenas uma categoria genérica, aplicável não apenas aos que o levam, mas também aum grupo mais amplo.

Existem também exemplos de provérbios que avistam as relações familiares , com a madrasta e as cunhadas como personagens mais frequentes. Na opinião popular, as "cunhadas são unhadas" (*idem,* II,315), e para a madrasta reserva/se o comentário "o nome lhe basta" ou "nem de pasta" (*idem*). Claro está que ninguém deseja incutir nas crianças a ideia de que a madrasta deve ser odiada ou que as cunhadas necessariamente devem comunicar mal entre si, apebas apresentram-se situações que podem acontecer nas famílias. Antigamente, com frequência, as mulheres morriam jovens, de parto ou de doenças, deixando os filhos pequenos, o que obrigava os maridos viúvos a voltarem a casar. Daí, a relação embivalente entre as madrastas e os enteados, documentada nos provérbios. Na literatura popular no geral, a visão da madrasta tende a ser negativa. Na nossa Dissertação de Mestrado (Marinović 2009)[61] dedicamos um subcapítulo à reflexãoda personagem da madrasta nos contos tradicionais portugueses e sérvios, demonstrando que ela é na maior parte dos casos, má, feia, cruel, injusta, pouco afectiva, e isso foi explicado porque ela é tomada por esposa apenas por motivos pragmáticos (para tomar conta dos filhos do primeiro casamento do marido), e por conseguinte, não é amada, desejada nem compreendida, o que a torna implacáve com o marido e os enteados. Por isso à madrasta „o nome lhe basta" ou"nem de pasta", como se refere numa cantiga recolhida por Braga.

Outro provérbio interessante que Braga incorporou no "cancioneiro infantil" é "parentes, são os meus dentes", uma variante ditado popular "Antes (primeiro) são dentes do que parentes".Na forma canónica,parece questionar-se a intensidade dos laços do parentesco perante os interesses pessoais. Tal como Braga o cita, pode implicitar a defesa entre os parentes, representada na imagem dos dentes. Tendo em conta a ideia queos dentes por vezes simbolizam agressividade ou ataque, aqui talvez se acentúe a vontade de defenderem se os familiares contra todos os obstáculos e independentemente da situação e método usado.

Neste momento, podemos interrogar-nos acerca do motivo de Braga incorporar estas específicas cantigas e estes específicos provérbios na parte do cancioneiro infantil. Por que é importante as crianças memorizarem estas expressões.? Quais são os valores que se desejam transmitir a gerações novas? Serão as ideias estereotipadas acerca dos membros da familia, suficientemente educadoras? Procurar responder a estas questões não é simples e ultrapassaria os objectivos deste trabalho.

O que parece certo é que nunca é possível eliminar completamente os estereótipos negativos, embora os provérbios possam servir de argumento sobre a evolução cultural de uma comunidade, fornecendo material para investigações e reflexão.

Elementos da realidade (a existência de ricos e pobres, as famílias menos bem sucedidas, os maridos sem autoridade) não pretendem assustar as crianças nem incutir-nelas, através da transmissão proverbial, machismo, intolerância, ou qualquer outra ideia não aceitável, apenas as preparam para a vida adulta, nem sempre justa e enquadrável nos padrões ideais.

No cancioneiro político também aparecem provérbios,embora escassos. Não resulta fácil explicar a ausência quase absoluta do material proverbial nas cantigas políticas. Já mencionámos que os reis e membros da nobreza nos cancioneiros compilados por Braga são representados sob um prisma negativo: falsos, ladrões, pouco inteligentes, avarentos, preguiçosos, incompetentes são apenas algumas caracterizações que o povo lhes reserva. Mesmo assim, ocasionalmente é preferível a ironia, enquanto noutras situações os comportamentos indesejados merecem ser "documentados" num verso de carácter gnómico.Ocasionalmente, os provérbios aplicáveis à política são ditos abertamente, e por vezes, são mencionadas apenas partes de um ditado conhecido, implicitando o conhecimento da frase completa, os seus usos e contextos.

Não é raro no cancioneiro político encontrarem-se provérbios referentes a Espanha, já que são conhecidas as relações históricas e políticas entre Espanha e Portugal e que em determinados momentos houve um sentimento de rivalidadepolítica entre os países em questão, sobre tudo na época da Restauração, sendo o mais célebre "De Espanha, nem bom vento, nem bom casamento"

A origem deste provérbio é muito antiga e diferentes são as opiniões de especialistas na etnografia e paremiologia portuguesas sobre o assunto. António Delicado já em 1651 menciona a variante desta expressão começando por "De Castela nem vom vento nem bom casamento". Embora em 1492 os Reis Católicos Isabel de Castela e Fernando de Aragão unificassem m os seus reinos, o termo Castela continuou a figurar durante muito tempo como sinónimo de Espanha, porque, entre outras razões, a bese da língua espanhola padrão é efectivamente o castelhano. Arnaldo Saraiva, no artigo De Espanha nem bom vento..." pretende demonstrar que este provérbio não estimula xenofobia ou nacionalismo, citando exemplos em que se encontram nomes de outras regiões e zonas relacionados com outros fenómenos naturais e sociais. Num refraneiro galego, Saraiva encontrou a versão que sublinha que de Espanha apenas o vento pode ser mau ("nin bon vento"), enquanto o casamento obrigatoriamente deve ser bom ("nin mal casamento"). Esta variação contradiz à lógica do provérbio conhecido em Portugal, e não é admira ter surgido justamente na Galiza, que sempre tem estado práticamente "no meio" das influências culturais e históricas portuguesas e espanholas, o que se reflecte na língua galega e no seu modo de pensar e de viver. O mesmo autor, no contexto da expressão que analisou, sublinha a "tirania do lugar comum" e as numerosas analogias entre o adagiário popular português e espanhol, vavendo casos em que não se sabe "quem imitou ou quem inventou", salientando, deste modo, que as eventuais tendências nacionalistas podem encontrar-se em qualquer povo. O significado de um provérbio poderá ter o seu contexto cultural e histórico, dependendo a sua interpretação de diversos factores, frequentemente extra-linguísticos, o que nos convida novamente a procurarmos sempre um sentido mais profundo, para além das primeiras leituras, condicionadas meramente pelo texto linguístico.

O amor, a beleza, a política, o bem, o mal, a riqueza e a pobreza, as relações interpessoais ou políticas, são apenas alguns temas recorrentes nos provérbios citados no *Cancioneiro Popular Portuguez* e nos *Cantos Populares do Arquipélago Açoriano*, podendo neste sentido ser questionada a posição neutra ou activa de Teófilo Braga na sua recolha e organização. Não dispondo, porém, de suficientes provas para afirmarmos o papel comprometido do compilador das duas colectâneas, preferimos deixar a questão aberta para as eventuais investigações posteriores.

4.5 Alusões a provérbios nos cancioneiros de Teófilo

Este capírulo serve como ponto de partida para a observação que os provérbios, mesmo não sendo mencionados na íntegra, estão sempre presentes no discurso popular do cancioneiro.

Ocasionalmente, é referida apenas a primeira parte, subentendendo que os seus destinatários reconheceriam o conteúdo e o sentido completo.

Em outras ocasiões é citada uma alusão ao provérbio em questão, sendo a ordem "normal" das palavras invertida, ou recorrendo-se à paráfrase. Mesmo assim, resulta fácil reconhecer o "verdadeiro" ensinamento proverbial. Neste momento, não nos detemos nos mecanismos de aprendizagem dos provérbios, nem nos referimos ao "inconsciente colectivo" nem aos arquétipos culturais dos povos, porque isso ultrapassaria em grande medida os objectivos deste trabalho. Para os efeitos desta análise parece conveniente relembrar as definições dos conceitos de "provérbio", "adágio", "máxima", "sentença", "dito", como também julgamos indispensável abordar a questão do "anti-provérbio," introduzida pela primeira vez na linguagem por Wolfgang Mieder. Estes conceitos serão necessários para verificar até que ponto a poesia popular respeita "cegamente" as formas linguísticas fixas, e em que medida é capaz de recorrer à criatividade e à "brincadeira" com os provérbios. Averiguamos se na época em que a literatura popular se criava existiam "anti-provérbios" ou eles podem ser considerados produto de tempos modernos. Por último, citaremos alguns exemplos dos cancioneiros de Teófilo Braga para ilustrarmos a criatividade popular respeitante aos provérbios nas cantigas. Maria Helena Sampaio Sereno, no artigo "O sol quando nasce é para todos - provérbio e ocorrência", afirma que nos dicionários portugueses, bem como nos das outras línguas românicas, as designações do provérbio são quase sempre consideradas sinónimas de "ditado", "adágio", "máxima", " rifão", "sentença". A autora salienta também que é possível delinear diferenças entre os termos "aforismo", "apotegma" e "máxima" como criações individuais e eruditas, e "adágio", "ditado" e "provérbio" de carácter colectivo e anónimo. Não discutiremos agora as razões do anonimato e colectividade dos provérbios,por se aplicarem à literatura popular no geral: Esta esstudiosa constatou a hiperonímia do termo "provérbio", isto é, o conceito considera-se mais abrangente que os outros e por isso prefere usá-lo. Poderíamos, de certa forma, concordar com a sua visão, uma vez que as outras definições sublinham apenas um dos aspectos importantes para as frases concisas de conteúdo sábio ou moralizador. Se temos em conta a origem latina da palavra "provérbio", sabemos que se trata de "verbo aprovado", sendo o vocábulo "verbo" aplicado num sentido mais lato, o de "palavra" ou "expressão". É utilizado o "verbo" porque sem verbos é impossível desenvolver-se a comunicação, e seria igualmente improvável a transmissão e divulgação dos provérbios.

Por outro lado, na gramática, um dos significados do verbo é o de "acção", indicando que o provérbio age na sociedade, dando conselhos, fornecendo regras, normas de comportamento. Procurando as definições deste conceito, entre outras encontrámos a seguinte: "O provérbio é um pensamento, traduzido em uma sentença, muitas vezes expresso como uma advertência, ou até como uma norma que 'deve' ser cumprida".[62] Se nos concentrarmos nas partes desta definição que nos pareceram relevantes, veremos que cada provérbio tem características de "pensamento", uma frase ou "sentença," e o seu carácter moralizador reflectido nas ideias de "advertência" ou "norma". O que não nos parece completamente correcto nesta e muitas outras tentativas de abordar a noção de provérbio é defini-lo mediante outros termos semelhantes, nesse caso, "sentença" . Arnaldo Saraiva, na comunicação "A citação proverbial em português: estratégias, marcas, modalidades", apresentada no Segundo Colóquio Interdisciplinar sobre Provérbios em Tavira em 2008[63], distingue os termos de "máxima", e "provérbio". De acordo com o autor, o que tem um carácter normativo mais acentuado é a máxima, enquanto o provérbio e o ditado são menos rigorosos no sentido da obrigatoriedade de cumprimento.

Na obra *Proverbs a Handbook* (2004), Wolfgang Mieder afirma que os provérbios contêm observações e experiências da vida quotidiana, expressas em linguagem formulática, fáceis de recordar e prontas para serem usadas na comunicação oral e escrita.

Relativamente ao "anti-provérbio", termo introduzido pelo mesmo investigador, podemos dizer que se trata da transformação de um provérbio conhecido, para produzir um efeito diferente do usual. Geralmente, a reacção esperada ao anti-provérbio é o riso, por isso, um dos efeitos desta criação linguística é o humorístico. Isso consegue-se através da alteração da parte final, da introdução de homónimos, antónimos ou palavras que no provérbio original não fariam demasiado sentido. Não obstante o carácter cómico e anti-didáctico dos anti-provérbios, Peter Grzibek (*in*: Soares, Laukahangas,2007) interroga-se sobre o papel dos provérbios modernos e anti-provérbio na linguagem contemporânea, referindo que estas novas criações linguísticas servem para negar a existência das "verdades absolutas", frequentemente propagadas nos provérbios tradicionais.

É também possível fazer-se uma combinação entre a primeira e a última parte de dois provérbios diferentes. Estas formas de "brincar" com a linguagem geram muitas polémicas entre os especielistas: será que assim se desrespeita a sabedoria popular "canónica"? Será o antiprovérbio uma forma pela qual o povo ainda cria e exprime a sua sabedoria? Será isso uma criação recente ou existia desde a Idade Média? Sabendo que nunca será possível dar uma resposta definitiva e absoluta a estas questões, observamos a opinião dos especielistas sobre o assunto. Hans Manfred Militz no s arigo "Proverb - Anti-Proverb – Wolfgang Mieder´s Paremiological Approach" (*in:* Western Folklore, winter, 1999:26) considera que:

Proverbs in actual use are verbal strategies for dealing with social situations. To understand the meaning of proverbs in actual speech acts, they must be viewed as part of the entire communicative performance.[64]

De acordo com esta afirmação, podemos considerar que não é fácil interpretar correctamente um provérbio inserido na poesia popular, modificado ou não, isolado da cantiga em que aparece. À continuação, referimos um provérbio transformado, no âmbito de uma quadra popular, procurando explicar o seu significado, relacionando-o com a versão original. Reiterando a questão do anti-provérbio, averiguaremos da existência deste conceito nas épocas remotas, e não apenas nos tempos modernos. Leia-se a quadra (Braga, 1911:135):

> Quem vae ao mar sempre pesca
> Os robalos e peixinhos
> Quem namora, sempre alcança
> Os seus abraços e beijinhos.

A cantiga começa por uma frase não proverbial, implicitando, porém um certo carácter normativo, mediante a forma verbal no presente, o advérbio "sempre", e uma acção repetida e habitual.. O que nos interessa mais é o terceiro verso, em que aparece a forma "quem namora, sempre alcança", que não consta em nenhuma antologia de provérbios tradicionais que consultámos.

Parece impossível esta expressão deixar de lembrar o provérbio "canónico" "quem espera sempre alcança". Inserido no contexto da quadra, o verso tem um significado particular: tal como apanhar peixes é o resultado esperado da pesca logicamente os "abraços e beijinhos" são a consequência natural de um sentimento amoroso correspondido e realizado. A expressão "quem namora sempre alcança" não pode ser compreendida como provérbio, sendo inseparável do último verso. O provérbio canónico pode observar-se isolado de qualquer contexto poético. Será esta expressão modificada um anti-provérbio? No nosso artigo "Anti-provérbio"(entrada do *Dicionário dos Antis,* no prelo), defendemos a ideia de que nem toda a modificação no provérbio tradicional é considerada anti-provérbio, e que as alterações no anti-provérbio geralmente surgem na segunda parte da frase, para construir uma nova consequência que nega a ideia tradicionalmente aceite do provérbio canónico. Depois das mudanças políticas e culturais no mundo, que conduziram ao Pós-Modernismo, começou a duvidar-se da autoridade das instituições e de tudo o que é considerado "dogmático", "canónico" ou "consagrado".

Wolfgang Mieder no livro *Proverbs speak louder than words* (2004) considera que os provérbios são tudo menos formas consagradas e intocáveis da sabedoria popular, afirmando que, para uma expressão ser qualificada como um "anti-provérbio," deve possuir um carácter satírico, irónico ou humorístico. Na opinião do autor, o anti-provérbio tem o sentido frequentemente contrário do provérbio do qual foi derivado, serve para o negar ou ridicularizar. Esta hipótese questiona o valor universal dos provérbios. Na nossa opinião, o anti-provérbio não é capaz de apagar a expressão original nem de anular qualquer elemento do seu valor, sabedoria ou carácter durativo, mostrando apenas que a experiência popular fica sempre viva e actual, que inspira as gerações mais novas, que implica com elas e deixa-lhes a possibilidade de "corrigirem" o que não lhes parece bom no provérbio existente. Reiterando o exemplo supracitado, à primeira vista, poder-se-ia pensar que não se trata de um anti-provérbio, dada a ausência de ironia ou efeitos humorísticos. Porém, sendo a alusão um dos mecanismos frequentemente explorados na criação antiproverbial, o verso em questão ("quem namora sempre alcança") poderia entender-se à luz da perspectiva do "anti". No nosso artigo supracitado sobre o anti-provérbio, consideramos que:

Deste modo, o antiprovérbio parodia ou ridiculariza elementos da sabedoria tradicional, defendendo novos postulados e valores, com frequência radicalmente opostos aos valores que o provérbio tradicional apregoa. Daí, o caráter cómico, lúdico e antididáctico do anti-provérbio

Como referimos, o sentido do anti-provérbio, é frequentemente oposto ao do provérbio original. Nesta conformidade, em vez do verbo mais "passivo", "esperar", introduz-se uma dimensão activa "namorar", alterando a ideia sobre as vias de alcançar o objectivo desejado. Para além deste caso, não encontramos mais modificações significativas, apenas referências parciais ou paráfrases, não cabendo no domínio anti-proverbial.

Em Teófilo Braga (1911. 434) já mencionámos o caso de o rei português D. Miguel na cantiga "ter cem anos de perdão", aludindo ao célebre provérbio sobre ladrões ("ladrão que rouba a ladrão tem cem anos de perdão). Desta forma, a sabedoria popular aproveitou-se da própria herança cultural para "ocultar" a acusação contra o rei num modo de dizer. Outra alusão a um provérbio conhecido encontra-se nos versos (*idem*, 162): "O amor que é entendido/Meia palavra lhe basta".

Neste caso, o provérbio expresso com "meia palavra" é "ao bom entendedor meia palavra basta", constante de numerosas antologias de provérbios. Na versão original, apregoa-se a excelente comunicação entre pessoas que se conhecem bem, entendendo a fundo uma situação. Aplicado ao amor, como na cantiga citada, este provérbio ganha um outro sentido: o da proximidade e união dos namorados, que em muitas ocasiões, pensam igual. Uma outra alusão ao número reduzido de palavras que melhora a compreensão, verifica-se em Braga (1982:314): "As palavras sejam poucas,/Sejam bem arrematadas"

Com este exemplo, alude-se não apenas à boa compreensão com poucas palavras, mas também à escolha de palavras certas, ajudando uma melhor comunicação.

Muitas mais seriam as alusões que o povo português nas cantigas e romances faz aos seus próprios provérbios, testemunhando a interdependência entre a linguagem e o pensamento, bem como entre os géneros de literatura popular.

.No que respeita aos anti-provérbios no sentido restricto, em que os define Mieder, na poesia popular recolhida por Braga não foi fácil encontrar exemplos, o que não significa a sua inexistência. É innegável que o povo tem o sentido de humor e que nada lhe custaria transformar ironicamente um provérbio conhecido. A criação dos anti-provérbios, na opinião deste autor, não é nada de novo, por isso deveria existir no povo português "desde sempre".Sem entrar com mais pormenor nesta problemática, deixaremos temporariamente o assunto dos anti-provérbios em aberto, para confirmar que a literatura popular e em particular os provérbios, implicam constantemente com o público, fazendo-o reflectir sobre a realidade em que vive.

A poesia, sendo mais criativa que a narrativa, parece brincar com as palavras e provérbios, transformando-os ou apenas aludindo a eles, dando-lhes um novo sentido e reafirmando a sua presença na linguagem e na mente das pessoas. Apenas é necessário que o público os reconheça e preserve do esquecimento.

4.6 Expressões de carácter proverbial

Esta secção foca um assunto que decidimos designar como "expressões de carácter proverbial" de acordo com um conceito próprio que temos sobre provérbios. Por "provérbio" entendemos uma frase concisa, de estrutura relativamente fixa, embora condicionada pelo lugar de surgimento e transmissão oral, de conteúdo moralizador ou normativo, que pode ser única numa língua e cultura ou pode ter equivalentes noutros espaços culturais, próximos ou afastados geograficamente. Para além de todas estas características, um provérbio deve ter a sua forma canónica e variantes e, na nossa opinião, deve constar em forma escrita em pelo menos uma das colectâneas, coligidas por um especialista eminente na área.

Por "expressão de carácter proverbial" compreendemos uma expressão "menos formal" e estricta, que quer pela forma, quer pelo conteúdo faz lembrar um provérbio, embora não esteja anotado em antologias e diciona´rios de provérbios. Uma expressão assim pode exprimir um conselho, um facto que acontece sempreou com uma certa regularidade, uma norma ou uma "moral da história", neste caso da cantiga.

À continuação, citaremos alguns exemplos dos cancioneiros de Braga e explicaremos o seu uso e as semelhanças com um provérbio verdadeiramente considerado como tal. Repere-se no exemplo (Braga, 1911:3): "No combate de amores/Quem vence são as mulheres".

Em primeiro lugar, a estrutura destes versos, revela uma parte introdutória e uma frase subordinada relativa, que começa pelo pronome quem", como acontece em muitos provérbios consagrados. Para além disso, a temática amorosa e o papel dos géneros na sociedade são frequentes nas expressões populares. Introduzindo a palavra "combate", própria da esfera militar, e o "campo de batalha" , referente ao amor, o que se esperaria era uma regra referente aos homens. Invertendo a situação, a sabedoria popular parece dar o direito à população feminina, de demonstrar uma certa superioridade nesta área. Tratando-se de uma opinião firme, manifesta-se uma certa segurança no resultado final, tido como regra. Daí o seu carácter proverbial, embora "não canónico", incentivando a luta feminina pela igualdade na esfera sentimental.

No *Cancioneiro Popular Português*, encontramos também a afirmação (*idem*,49): "Não há coisa que mais prenda/Que os olhos de uma menina". Não sendo provérbio, certamente faz lembrar algum que já conhecemos, dada a estrutura e semelhança formal com "não há mal que sempre dure", "não há mal que por bem não venha" e outros que começam por uma formulação negativa e indicam justamente o contrário.Nestes versos, a "regra" que se expõe é que todos os olhos femininos são capazes de "prender" o enamorado.

As frases inseridas em quadras populares, em muito se podem assemelhar aos provérbios populares "comuns", quer pela construção, quer pelas ideias, quer pelo conselho que pressupõem. Repare-se nos versos (*idem*, 5): "Pega-te à feia que é firme/Deixa a bonita, que é falsa".

O imperativo na gramática indica pedido, conselho, ordem ou desejo, e nos provérbios geralmente tem o valor de advertência, quer na forma afirmativa, quer na negativa.

Aqui, para além do imperativo, pbservamos s mais elementos de carácter proverbial: a oposição entre os verbos "pegar" e "deixar", e os adjectivos "bonita" "feia" e "firme " e "falsa". O carácter moralizador nota-se também na ideia que a beleza e a virtude não se combinam sempre no caso feminino, e que para casar (conselho dado a um rapaz) mais vale tomar em consideração uma feia, pressupondo-se que poderá compensar a ausência de encanto com firmeza e lealdade, enquanto a bonita poderá ser alvo ou causa de tentações. Daí, a sua falsidade. O carácter transitório da beleza em contraste com a permanência de virtude parece ser uma constante nos provérbios, o que nos leva a considerar a parte final da cantiga como uma "expressão proverbial".

No seguinte exemplo, observaremos outra expressão de carácter proverbial e explicaremos as possíveis razões de pensar desta forma (idem, 93): "Vale mais morrer de amores/Que sem elles viver"

A estrutura "vale mais" ou "mais vale" é típica dos provérbios em que se deixam duas opções, recomendando-se uma como melhor e aconselhável. Neste caso, entre o "mal de amores" e a ausência absoluta deste sentimento, o povo prefere o sofrimento "com razão" ao desconhecimento deste segmento da vida.

Á nossa análise poder-se-iam acrescentar mais exemplos, porém resolvemos incentivar os leitores para procurarem eles próprios e irem descobrindo o tesouro da língua portuguesa e da sua literatura popular, e os provérbios, quer nas formas canónicas, quer nas alusões, nas expressões proverbiais ou eventuais anti-provérbios, enriquecendo as possíveis futuras investigações a nível paremiológico e etnográfico.

4.7 Conclusões

Este breve estudo sobre Teófilo Braga e a importância do seu trabalho no âmbito da literatura popular, inserido no contexto da implementação da Primeira República em Portugal, teve por finalidade focar algumas características específicas de duas colectâneas de poesia popular, compiladas por este autor: *Cantos Populares do Archipelago Açoriano* (1862) e *Cancioneiro Popular Portuguez* (1911).

Antes de nos concentrarmos particularmente nestas duas obras, enquadrámos a figura de Teófilo Braga no contexto histórico, político e cultural em que o seu trabalho se realizava e tentámos relacionar algumas ideias e pontos de vista deste pensador com as correntes positivistas na filosofia e circunstâncias que conduziram à proclamação da república em Portugal. Neste âmbito procurámos, delinear os conceitos do nacionalismo e consciência nacional, buscando uma possível explicação para o grande interesse de Braga e outros contemporâneos seus pela etnografia, tradições populares e herança cultural portuguesa na época dos fins da monarquia e início do desenvolvimento das ideias republicanas.

A nossa intenção foi demonstrar que no trabalho de Braga não havia nacionalismo no sentido negativo da palavra, e que ele apenas incentivava o interesse pela identidade nacional portuguesa, como elemento indispensável da educação correcta das gerações mais novas. Mediante a análise linguística, estilística, literária e dos seus cancioneiros, frisámos a evolução e desenvolvimento não apenas da língua portuguesa como tal, sublinhando s a influência e a interferência dos factores extralinguísticos, nomeadamente históricos, políticos, sociais e religiosos na linguagem e na poesia popular.

Confirmámos também os entrelaçamentos entre os distintos géneros poéticos, mais concretamente o lírico, no caso do cancioneiro e o lírico-épico, no romanceiro. Estas coincidências devem-se em parte à sua transmissão oral e talvez também ao trabalho literário do mesmo dos mesmos transmissores de ambos os géneros.

As diferenças entre estes dois tipos de poesia, porém, explicam-se graças às características específicas e formais requeridas por cada género. Constatámos também as possíveis influências cultas numa série de imagens, figuras estilísticas ou formas de falar, o que comprova que na Idade Média, tempo em que as cantigas terão surgido, o erudito e o popular coexistiam e que não eram tão irreconciliáveis e opostos como poderia parecer à primeira vista.

Mencionando e abordando a questão do uso das formas verbais e outros aspectos gramaticais existentes nos cancioneiros de Braga observámos alguns pormenores sobre a estrutura da língua portuguesa e descobrimos traços da "portugalidade" continental e a identidade açoriana na poesia popular. Um dos pontos relevantes na análise dos erros e desvios da linguagem padrão é a atitude do próprio compilador destas duas antologias m relação a eles, salientando-os por vezes em itálico para se diferenciarem do resto do texto. Outras vezes, os desvios gramaticais ou ortográficos permanecem intactos, acentuando provavelmente o carácter regional de determinadas cantigas.

Nisso, é visível uma tendência pedagógica e educadora do trabalho de Teófilo Braga, que apoiava e apregoava a correcção, por um lado, e a riqueza linguística por outro. Através da preservação das formas correctas, na opinião deste pensador português, preservava-se o tesouro linguístico e uma parte da identidade cultural do seu povo. Prestando a atenção também ao uso dos estrangeirismos, regionalismos, arcaísmos e palavras típicamente açorianas, visámos salientar a riqueza lexical da língua portuguesa e fazer lembrar que um dos papéis da literatura popular é precisamente o de transmitir determinados valores e ajudar a sua permanência.

Focámos também alguns elementos da açorianidade presente nos cancioneiros compilados por Braga, referentes ao vocabulárioou a determinadas características da mentalidade ou situações quotidianas. Tendo em conta o facto de este filósofo e político português ter dedicado um livro inteiro aos *Cantos Populares do Arquipélago Açoriano*, podemoschegar a duas conclusões: que esta foi a parte da herança cultural portuguesa que ele melhor conhecia, e que se sentia orgulhoso das suas origens.

Analisámos também as especificidades dos cancioneiros organizados por Braga em comparação com trabalhos da mesma índole, realizados pelos seus colegas (Jaime Cortesão, José Leite de Vasconcellos e outros) e encontrámos notáveis semelhanças na ordem dos temas abordados nas canções, como também algumas diferenças, particularmente na atitude do estudioso relativamente ao cancioneiro religioso e político.

A nossa intenção foi verificar até que ponto o compilador de uma colectânea de poesia pode permanecer absolutamente neutro e objectivo perante o seu conteúdo e certificámo-nos de que Braga não o consegiu completamente, sobretudo na parte do cancioneiro político, em que enumera uma série de características negativas reservadas para os representantes da nobreza e realeza ao longo da história.

Do ponto de vista formal, os cancioneiros de Braga são mais "académicos" que os dos outros compiladores, uma vez que a maioria dos seus colegas baseava a recolha no levantamento de dados no campo. Analisando a grafia das palavras notámos um certo teor conservador em Braga e contrapusemo-lo às suais ideias revolucionárias na política e chegámos à conclusão de que esta atitude revela o desejo de preservar as origens (da raíz da palavra e da nação portuguesa).

Na parte mais prática deste estudo, concentrámo-nos primeiramente na existência das figuras estilísticas na poesia popular, chamando a atenção para a antiguidade destas formas de expressão e tentando fazer um exercício de língua. Através da enumeração dos tropos e figuras mais diversificados, procurámos demonstrar que a linguagem popular, embora pareça simples, de modo nenhum é superficial e que, por detrás de formas, aparentemente claras e lineares, se esconde uma sabedoria que possibilita diversos níveis de interpretação e compreensão de um enunciado.

Uma vez que na poesia popular verificámos a presença não apenas de comparações e metáforas, o que era de esperar em obras de carácter popular, mas também de símbolos, ironias e figuras mais complexas, vimos que o espírito do povo não se satisfaz apanas com o sentido literal e único das palavras e que procura um sentido mais além da primeira interpretação. Ilustrando cada um dos temas que aqui abordámos com exemplos, desejámos tornar a leitura do trabalho mais interessante e criativa, implicando, de certa forma, com o leitor e seus conhecimentos, "obrigando-o" a reflectir sobre o tesouro da sua língua, cultura e poesia popular.

Debruçando-nos também nos clichés e "epítetos homéricos" na poesia tradicional portuguesa, por um lado, apontámos para as formas fáceis e "seguras" às que s erecorria nas descrições, falas e cantos, de forma a salientar que a poesia do cancioneiro é acessível a todos os públicos. Através da literatutra popular, as pessoas com menos instução podem aproximar-se das ideias mais complexas. As formas linguísticas petrificadas, usadas em excesso, podem sinalizar falhas de vocabulário ou uma "xona de conforto" do público que se identifica melhor com o que já conhece e domina.

Outros elementos que nos interessaram particularmente em relação aos cancioneiros populares de Teófilo Braga, são as expressões idiomáticas, "frases feitas", "modos de dizer" e por último provérbiosalusões a ditados populares e expressões proverbiais. Fizemos uma distinção entre o fraseologismo e provérbio, afirmando que o último deve ter um carácter moralizador ou normativo. Através dos fraseologismos mostrámos a parte criativa e associativa da língua portuguesa e analisámos a sua presença em vários tipos de poemas populares.

Relativamente aos provérbios, desdobrámos a sua estrutura, posição na cantiga popular, significado fora e dentro do contexto do poema e procurámos descobrir que tipo de provérbios é que melhor se adeqúa aos diversos géneros de poemas populares.

Esta parte da nossa investigação serviu para revelarmos e conhecermos melhor o trabalho de Teófilo Braga na área de paremiologia e paremiogreafia, é menos conhecido no ãmbito do seu interesse pela literatura popular e folclore português.

Os anti-provérbios e alusões a formas consagradas e conhecidas do material proverbial demonstraram-nos que este tipo de expressões está sempre presente na linguagem, de forma consciente ou não, que o povo não consegue viver sem uma espécie de guias, reguladores e moderadores da sua vida, e os provérbios o são com certeza absoluta. Transformando-os, mudando-os ou aludindo a eles o povo português na poesia popular confirma que os provérbios não são nem devem ser formas petrificadas, adaptando-se a mudanças socio-culturais.

É interessante que Braga recolhia também as cantigas em que aparecem provérbios políticos ("De Espanha nem bom vento nem bom casamento") ou de outros coonteúdos e coloca-os na parte do cancioneiro infantil ou onde menos se esperava a sua presença. Na nossa opinião, não o faz para indoutrinar as crianças e moldar a sua mente para aceitar as ideias estereotipadas negativas. Fá-lo precisamente para aproximar uma parte do mundo dos adultos ao público infantil com o objectivo de o educar e fazer pensar em que o lado negativo das pessoas também existe.

O trabalho sobre vários aspectos da poesia popular compilada por Teófilo Braga pareceu-nos interessante, exigente e de certa forma difícil, porque estivemos com receio de ser subjectivos (dado o envolvimento ligeiramente pessoal com o seu cancioneiro na nossa tese de Doutoramento) de não abordar todos os elementos relevantes, de ser livres na interpretação dos poemas.

Podemos estar certos de que a nossa visão desta problemática, tal como da figura e personagem histórica de um dos antigos presidentes de Portugal não é nem a única, nem a melhor, nem a definitiva, o que nos permitirá aprofundar algumas ideias e conclusões.

A nossa intenção foi também esclarecer alguns aspectos relacionados com o trabalho de Braga em particular com a poesia popular em geral e interessar o leitor a continuar as pesquisas e colocar mais questões sobre a matéria que aqui acabámos de apresentar. Ficaremos satisfeitos se este estudo conseguir se não oferecer respostas, então dar azo a um maior interesse pela tradição oral portuguesa. Se este trabalho serviu como uma homenagem a esta personagem marcante na vida cultural, literária e política portuguesa, ficamos gratos de o saber esperando que a investigação não termine aqui.

4.8 Notas

[1] O original desta obra pode consultar-se na Biblioteca Nacional de Lisboa.

[2] (ing) A republicanização de Portugal tornou-se especialmente rápida após o regicídio. Os monárquicos chegaram a ficar firmemente desmoralizados e apesar do apoio constitucional ao poder real, a autoridade de Manuel (O Rei D. Manuel II, nota nossa) era fraca.

[3] O livro do qual retirámos esta citação segue as normas do Novo Acordo Ortográfico da Língua portuguesa, que ainda não é obrigatório no país. O nosso livro não segue essa nova grafia, mas como citámos *ipsis verbis*, mantivemos a grafia utilizada na fonte referida.

[4] Trata-se de Dušan Tomić (transcrito em francês como Douchan Tomitch), um intelectual liberal que apoiava alibertação dos territórios sérvios do poder turco e austro-húngaro, que discutia com Braga um assunto político. No entanto,por desconhecimento da língua francesa, não podemos especificar mais o conteúdo da carta.

[5] Um fenómeno parecido ocorreu na Jugoslávia após a Segunda Guerra Mundial, quando o regime do Tito se preocupou em tornar o sistema de ensino quanto mais laico possível, sendo em vez das catequeses ortodoxa e católica romana introduzido o Marxismo como disciplina obrigatória em todas as escolas secundárias e Universiddes, não ficando também o ensino primário completamente isento de qualquer influência política. Deste modo, houve uma certa militarização das crianças no movimento dos Pioneiros do Tito que tinham que jurar à bandeira nacional uma vez por ano e desempenhar actividades de acordo com a política do regime.

[6] A ideia de simplificar a grafia das palavras e introduzir o princípio fonético não é específica de Portugal, nem é nova na Europa. O linguista alemão Johannes Chrisof Adelung tentou implementar uma reforma ortográfica na língua alemã, baseada na ideia "Escreve como falas, lê como está escrito", o que o seu conteporâneo sérvio, Vuk Stefanović Karadžić (1787-1864) conseguiu implementar na língua sérvia, considerando-se, desde então, o alfabeto cirílico sérvio um dos alfabetos mais perfeitos no sentido da proximidade entre a grafia e a pronúncia. Como tal, este alfabeto esá protegido pela UNESCO como património mundial da humanidade.

[7] PAREDES, Marçal Menezes,"A Querela dos Originais, Notas Sobre a Polêmica entre Silvio Romero e Teófilo Braga",*in:Estudos Ibero-Americanos,* núm.2, 2006,pp.103-119, Pontífica Universidade Católica do Rio Grande Do Sul, Brasil.

[8] ROMERO, Sílvio"A Poesia Popular no Brasil", *in: Revista Brasileira, ano 1, tomo 1, 1879, pp-184-189.*

[9] ROMERO, Silvio (1886) "Uma Esperteza. Os Contos Populares do Brasil e o Sr. Teófilo Braga. Protesto,", *Tipografia da Escola de Serafim José Alves, Rio de Janeiro.*

[10] Estas disputas literárias provocaram polémicas nos círculos intelectuais da época, que uma delas até resultou num verdadeiro duelo entre Ramalho Ortigão e Antero de Quental. Ramalho Ortigão, nesta disputa coloca-se de lado de Castilho, escrevendo um folheto intitulado *A Literatura de Hoje,* em que critica certas atitudes de Antero e acusa-o de cobardia. O duelo à espada ocorreu a 4 de Fevereiro de 1866 na Arca d'Água no Porto, tendo Antero de Quental saído como vencedor e tendo "lavado a sua honra".

[11] (Ing.) O Republicanismo português estava a comprovar por si mesmo que se tratava de uma tentativa do movimento pequeno-burguês de implementar reformas das que a classe média baixa iria maioritariamente tirar proveito.

[12] (Ing.) A maioria dos líderes republicanos, contando, talvez, uma centena, proveio da classe média baixa nas cidades, nascidos na década dos 1860 e 1870, advogados, médicos, farmacêuticos, engenheiros , professores e jornalistas.

[13] O credo Repúblicano" foi encontrado na seguinte página web: http://leit4.blogspot.pt/2009_08_01_archive.html O site foi consultado pela última vez no dia 1 de Julho de 2015 às 14:39.

[14] Esta oração foi encontrada no mesmo site , consultado no dia 1 de Julho de 2015 ás 16.:33.

[15] (Ital.) Ciência de observação, isto é como análise empírica, conceptualmente orientada, das

hipóteses de trabalho, inductivamente verificáveis e interpretação crítica de qualquer que seja reagrupamento humano, tal como se exprime nas suas relações inter-pessoais, constatados na sua uniformidade e repetitibilidade.

[16] Escrevemos mais acerca disso no nosso artigo "Sérvia", que faz parte do projecto *Portugal Segundo a Europa* , organizdo por José Eduardo Franco e José Carlos Bernardino (no prelo. O artigo pode ser consultado em:
https://www.academia.edu/11787141/S%C3%A9rvia_Projecto_segundo_a_Europa_

[17] Este texto foi encontrado na página
Web;http://repositorium.sdum.uminho.pt/bitstream/1822/17068/4/Te%C3%B3filo%20Braga, %20camonista.pdf, consultada pela u´ltima vez no dia 5 de Julho de 2015 às 20h54.

[18] (Ing.) Ambos foram coligações frouxas de lealdades pessoais e interesses locais.

[19] Acerca da Mçonaria em Portugal e do seu papel na História, existem vários trabalhos interessantes de António Ventura, A.H. de Oliveira Marques e o livro *Quem Matou o Rei Dom Carlos*, de Félix Correia, disponível na Biblioteca da Faculdade de Direito em Lisboa, no Instituto de Ciências Sociais em Lisboa e pode encontrar-se,embora com uma certa dificuldade, nos alfarrabistas. Existe também o Museu da Maçonaria em Lisboa.

[20] (Ing.) É uma identificação e solidariedade consciente com uma comunidade nacional (tradução nossa)-

[21] (Sér.) "Narodni jezik je sredstvo komunikacije širokih narodnih masa. Za razliku od književnog, „učenog" jezika, koji se pridržava utvrđene norme, on je slobodan i razvija se bez ikakvih ograničenja.

[22] GOUVEIA, Carlos A. M, "As Dimensões de Mudança nas Formas de Tratamento em Português Europeu" *In:* http://ler.letras.up.pt/uploads/ficheiros/6695.pdf

[23] Os ABCs são um género muito usado na literatura tracicional e na literatura de cordel como um dos métodos antigos de ensinar as pessoas a ler e escrever e não é de estranhar que tenham aparecido justamente na época em que a maior parte das pessoas era analfabeta.

[24] A forma hei-de no cancioneiro de Teófilo Braga escreve-se junta, de acordo com as regras de ortografia em vigor no seu tempo.

[25] BARBOSA, Juliana Bertucci "O Uso dos Verbos no Desenvolvimento da Linguagem" *in: http://www.revel.inf.br/files/artigos/revel_5_o_uso_dos_verbos_no_desenvolvimento_da_ling uagem.pdf*

[26] OSÓRIO, Paulo, "O Uso do pretérito Perfeito e Imperfeito pelos Aprendentes de Português Língua Segunda" *In http://www.revel.inf.br/files/artigos/revel_5_o_uso_dos_verbos_no_desenvolvimento_da_ling uagem.pdf*

[27] PESSOA, Nadja Paulino " A Expressão da Obrigação em Português Europeu: Uma Análise nos Meios de Divulgação em Portugal" *in: http://www.simelp2009.uevora.pt/pdf/slg33/05.pdf*

[28] http://linguamodadoisec.blogspot.com/2007/12/como-deve-de-ser-ou-como-deve-ser.html

[29] MARTINS, Ana Maria "Aspectos da negação na história das línguas românicas (Da natureza de palavras como *nenhum, nada, ninguém*)»*in Actas do XII Encontro Nacional da Associação Portuguesa de Linguística*, Braga, Universidade do Minho, 1996 volume II, pp. 179-209)

[30] MOURA, Vasco Graça "Deveras Decepcionado" *in:* www.dn.pt/inicio/opiniao/interior.aspx?content_id=1929973&seccao=Vasco%20Gra%E7a%2 0Moura&tag=Opini%E3o%20-%20Em%20Foco&page=-1

[31] CRISTÓVÃO, Fernando "Por quê um acordo Ortográfico e por quê este?" *in: http://www.lusosofia.net/textos/20121023-cristovao_fernando_porque_um_acordo.pdf*

[32] COSTA, Susana Goulart "Temas e Factos - Açores Descoberta, Povoamento e Sociedade" *In*: http://www.fcsh.unl.pt/cham/eve/content.php?printconceito=1102

[33] BOŠKOVIĆ, Aleksandar (2011), *Teorije humora, in: http://www.scribd.com/doc/55025315/Aleksandar-Boskovic-Teorije-Humora#scribd*

[34] MARINOVIĆ, Anamarija

https://www.academia.edu/8514522/Possíveis_paralelismos_entre_a_estrutura_linguagem_e_t emas_entre_as_cantigas_inseridas_no

[35] O atrigo de Guilherme Ribeiro "Recursos Estilísticos" foi encontrado na página web: http:/esjmilima.prof.2000-pt/figuras_estilo/figuras.menu.html Esta página foi consultada pela última vez no dia 7 de Julho de 2010 às 13:32

[36] FAZITO, Dimitri "A identidade cigana e o efeito de "nomeação": deslocamento das representações numa teia de discursos mitológico-científicos e práticas sociais" *in: http://www.scielo.br/scielo.php?pid=S0034-77012006000200007&script=sci_arttext*

[37]JUSTICE, Lawrence A. "Catolicismo e Maria" *in: http://www.palavraprudente.com.br/estudos/paul_j/catolicismo/cap05.html*

14 Maria Luíísa portocarreno F.da Silva : s.v. "Símbolo", *E-Dicionário de Termos Literários (EDTL),* coord. de Carlos Ceia, ISBN: 989-20-0088-9, <http://www.edtl.com.pt>, consultado em 21/03/2015

[39]MARINOVIĆ, Anamarija "Antétese eslava" *in:* https://lisboa.academia.edu/AnamarijaMarinovic/Dictionary-Entrees

[40] http://www.priberam.pt/dlpo/trocadilho

[41] KARELIN, Arhimandrit Rafail "Tajna spasenja" *in:* http://www.svetosavlje.org/biblioteka/Knjige/TajnaSpasenja/tajna_spasenja10.htm

[42] http://milhoranza.com/2012/08/10/antigo-testamento-jo/#axzz3UHbofjtk

[43] (ing.) estudo dos provérbios

[44] (ing.) Ao contrário dos paremiógrafos, que se ocupam com a colecção e classificação dos provérbios, aos paremiólogos dirigem-se as questões como a definição, a forma, a estrutura, o estilo, conteúdo, função, significado e valor dos provérbios.

[45] *Apud Cláudia Maria Xatara, Thais Marino Succi (*in: 2008)

[46] Nomeadamente, os provébios em inglês não foram retirados de dicionários de provérbios ingleses, e por vezes são traduções demasiado literais. Entre os cento e onze provérbios que fazem parte do *corpus* há também frases feitas, sem se fazer qualquer distinção terminológica ou teórica entre os dois conceitos. Alguns dos provérbios não são os mais conhecidos e em determinados países nem sequer se usam. Nomeadamente, se em português existe "Os últimos são os primeiros, na língua sérvia usa-se apenas como citação bíblica: "Os primeiros serão os últimos e os últimos serão os primeiros", com o verbo no futuro e com nenhum uso fora da Bíblia. No entanto, teve de constar do livro, porque a ideia era o corpus ser o mesmo, o que não contempla as diferentes realidades de cada país.Os colaboradores da Estónia, Sérvia, Alemanha e outros países que fizeram parte da série dos *Provérbios Europeus* constam apenas como prefaciadores e não como co-autores, como deviam, porque foram eles que fizeram a investigação e os exercícios , dando-se assim a ideia incorrecta de Rui Soares dominar todas essas línguas. No esboço do livro dedicado aos provérbios croatas, os provérbios foram simplesmente copiados da versão sérvia em alfabeto latino, sem se contemplares as diferenças linguísticas entre as línguas em questão,Nomeadamente, a palavra "tempo" em sérvio diz-se "vreme" e em croata "vijeme", o que o livro dos provérbios croatas não demonstra. Na bibliografia do livro sobre os provérbios croatas, consta exacrtamente a mesma bibliografia que no sérvio, sendo mencionado Vuk Karadžić, o mais célebre folclorista sérvio na bibliografia croata, enquanto investigadores croatas como Vatroslav Jagić do séeculo XIX ou outros contemporáneos do século XX nem sequer se mencionam, o que demonstra que os provérbios croatas não foram compilados por um investigador croata, e revelam uma desonestidade científica do organizador.

[47] Este artigo foi publicado na *revista Lusitana (*nova série) núm. 10 (1989) pp. 157-187

[48] A página é: http://www.hkocher.info/minha_pagina/port/port_o04.htm Este site foi consultado pela última vez às 00:06 do dia 16 de Setembro de 2010.

[49] Em espanhol este provérbio é: "a buen entendedor pocas palabras bastan" e em italiano "A buon intenditore, poche parole" sendo evitado o uso do verbo.

[50] (ing.) os mendigos não podem escolher.

[51] (esp.) Asno de muchos, lobos lo comen.

[52] (esp.) Allégate a los buenos y serás uno de ellos. Existe também a variante: "arrímate a los buenos…".

[53] (esp.) Este provérbio pode ser citado com ou sem verbo, isto é: " A buen entendedor pocas palabras" o " A buen entendedor pocas palabras bastan".

[54] CHACOTO, Lucília "Los refranes de Don Quijote de la Mancha en la traducción portuguesa" in: http://www.clul.ul.pt/files/lucilia_chacoto/07._Los_refranes_de_Don_Quijote_de_la_Mancha _en_la_traduccin_portuguesa.pdf

[55] apud Anabela Brito de Freitas Mimoso (2008)

[56] Trata-se de Refranes que dicen las viejas tras el fuego

[57] MARINOVIĆ, Anamarija. Usos e funções dos provérbios inseridos na poesia popular portuguesa e brasileira. Textos escolhidos de cultura e arte populares, Rio de Janeiro, v.9, n.2, p. 7-19, nov. 2012.

[58] Estes provérbios foram encontrados no site: http://www.hkocher.info/minha_pagina/port/port_q03.htm

http://www.hkocher.info/minha_pagina/port/port_o04.htm

[59] Entre os povos ortodoxos, os búlgaros, gregos e romenos têm o Natal a 25 de Dezembro, e o "novo" calendário gregoriano foi aceite por razões políticas e não religiosas. A Páscoa é igual para os cristãos ortodoxos todos.

[60] LOPES, Ana Cristina Macário , Texto Proverbial Português Elementos para uma Análise Semântica e Pragmática in: http://www1.ci.uc.pt/celga/membros/docs/textos_pdf/texto_proverbial_portugues.contributos_ para_uma_analise_semantica_e_pragmatica..pdf A página Web foi consultada pela última vez no dia 13 de Março de 2015 às 13:20

[61] MARINOVIĆ, Anamarija (2009) Visão dos Homens, Mulheres e Crianĉas nas Narrativas Curtas da Tradição Popular Portuguesa e Sérvia in: cvc.instituto-camoes.pt/.../dissertacoes-e-teses/2113-2113/file.html

[62] Esta definição foi encontrada na página web: http://www.proverbiario.com.br/core/index.php?option=com_content&view=article&id=47&I temid=66. Este site foi consultado pela última vez no dia 13 de Setembro de 2010 às 15.14 h

[63] Nas actas do respectivo colóquio existe apenas o resumo do trabalho do Professor Saraiva, porém, tendo estado presente no dia da sua apresentação e tendo tomado apontamentos, aproveitei partes da sua comunicação para este trabalho.

[64] Provérbios no uso actual são estratégias verbais para lidar com as situações sociais. Para entender o significado dos provérbios nos actos de fala actuais eles devem ser vistos como parte do processo comunicativo inteiro

Anexo 1:
Lista de frases feitas, expressões idiomáticas e proverbiais nos cancioneiros de Braga

a) Frases feitas e expressões idiomáticas:
A
à beira de- perto de
abrir as portas a algo ou alguém- mostrar a sua disponibilidade para uma coisa ou pessoa
amor à primeira vista- amor que nascedepois da primeira apreciação de alguém sem se ter outro tipo de contactos com essa pessoa
ao pé da porta- muito perto
D
dar o nó - casar
deitar bandeira-render-se
deitar lenha no lume (deitar lenha à fogueira) aumentar uma emoção, geralmente negativa como a raiva, mas no caso da cantiga trata-se do sentimento amoroso
dormir com os olhos abertos- ter muita cautela
E
estar em primeiro lugar-ser uma prioridade, ser o mais importante
estar vivo na sepultura- levar uma vida má e abundante em sofrimentos
I
ir a Setubal e não comer vesugo- ir e voltar sem o trabalho feito
M
mal de amores - desgosto por causa de amor
morrer de amores- sofrer muito por causa do amor
morrer por algo ou alguém- desejar intensamente uma coisa ou pessoa
P
passar martírios- sofrer muito e muito intensamente
pedir a mão de alguém- pedir uma rapariga em casamento
R
roubar o coração (peito) de alguém- fazer com que uma pessoa se apaixone por outra
Q
querer bem –amar, gostar de alguém
querer mal- não gostar de alguém, odiar

S

ser falso/a como Judas-ser um grande traidor, igual como o foi Judas em relação a Cristo

sol de pouca dura- uma alegria que dura pouco tempo

T

ter alguém na afeição- gostar de alguém

ter sono de galinha- ter sono leve, não dormir bem e acordar facilmente

ter paciência de Job- ter muita paciência, tal como a teve Job que mesmo depois de muitas desgraças continuou a acreditar em Deus

tirar o chapeu a alguém – fazer uma homenagem a alguém, admirar uma boa acção de alguém

tomar amores- começar a namorar

tomar conselho- ouvir a opinião (conselho) de alguém

tomar o seu parecer- dar a sua opinião

tomar posse – no sentido político usa-se para os presidentes que começam a governar, etimologicamente a palavra posse tem a ver com o verbo possuir.

trazer alguém no coração (peito) amar alguém

trazer alguém no pensamento- pensar em alguém

(esta lista propositadamente não é completa, desta forma desejamos envolver o leitor numa leitura mais activa e reflectida do livro)

b) Listagem dos provérbios e expressões afins nos cancioneiros de Braga:

A

A gente de Entre Douro e Minho calça de páo e veste de linho

Água o deu, água o levou

A lá vão leis do querem reis

A má nova corre ao longe

Amar por vicio é delírio,

Por interesse é vileza;

Por correspondência é dívida

Por afecto é fineza

Amores, ciúmes ambos são parentes

Amor com amor se paga

Amor firme não se muda

Amor impossível vence

Amor tudo facilita

Ano de vinte quem te não vira, ano de trinta quem te passara,ano de quarenta, quem te gozara

A quem Deus quer ajudar o vento lhe ajunta a lenha

As palavras sejam poucas ejam bem arrematadas

As paredes têm ouvidos

B

Beja sem fonte nem sé nem fé

Bem jejua quem mal come

Boi solto lambe-se todo

C

Cantigas, leva-as o vento
Caldeireiro na terra, chuva na serra
Campo maior terra boa gente melhor
Casamento espanhol é tal e qual como a sardinha na panela da galinha
Coimbra - coisa linda
Com todo o mundo guerra paz com Inglaterra
Cunhadas são unhadas

D

Debaixo da confissão nada se pode negar
De Espanha nem bom vento nem bom casamento
De ver nascem cuidados
Deus do Céu é que nos conhece
Deus nos livre do mouro do Judeu e da gente de Viseu
Doença do mal de amores quem a causa é quem a cura

E

É bem tolo quem não ama
Em casa do Gonçalo mais canta (pode) a galinha que o galo
Em sonhos não há firmeza

F

Ferreiro de maldição quando tem ferro falte-lhe carvão
Formosura sem agrado é viver na noite escura
Francisco ou bem pobre ou bem rico

J

Janeiro gear
Fevereiro chover
Março encanar
Abril espigar
Maio engrandecer
Junho aceifar
Julho debulhar
Agosto recolher
Setembro vindimar
Outubro revolver
Novembro semear
Dezembro nascer
Deus para nos salvar
Joaquim ou bem bom ou bem ruim
Juntem-se dois amores e o mal de amores cura-se bem

L

Lá vão leis do querem reis
Ladrão que rouba a ladrão tem cem anos de perdão

M
Madrasta nem de pasta
Madrasta o nome lhe basta
Mais vale andar no mar largo do que nas bocas do mundo
Mais vale uma hora de amor que dez horas de latim
Mais vale morrer de amores do que sem eles viver
Mal de amores não tem cura
Mateus primeiro aos teus
Melhor é ser traidor que morrer excomungado
Morra Marta morra farta

N

Na Arruda
Nem mulher nem mula
Nem vento
Nem casamento
Não há amor como o primeiro
Não há mal que por bem não venha

Não há pão como o alvo
Nem carne como o carneiro
Nem peixe como a pescada
Nem amor como o primeiro

Não há sol como o de Maio
nem luar como o de Janeiro
nem cravo como o regado
nem amor como o primeiro

Nem formosa sem senão
Nem letrado sem seu erro

Nem tudo o que reluz é ouro
Ninguém diga o que não sabe
nem affirme o que não viu

No Algarve
Nem honra nem verdade
No algarvio
Nem honra
Nem brio

Nunca o amor se conhece senão depois da tormenta

O
O amor é cego
O amor não quer/tem senhoria

O amor que é entendido meia palavra lhe basta
O amor que é verdadeiro nunca acaba sempre dura
O amor que não é firme em bem pouco se experimenta
O amor que nasce da alma nasce para ser infinito
Onde há amores há ciúmes
Onde há ciúmes há fama
Onde há fumo há fumaça
Onde não entra o ciúme o amor não vale nada
Os Castelhanos matam touros, os Portugueses matam Mouros
O sol para todos nasce
O sol posto quer encosto

P
Palavras leva as o vento
Parentes são os meus dentes
Pela boca morre o peixe
Pedreiro, pedreirete
Hás-de ser sempre
pobrete mas alegrete
Pesqueira linda roseira

Portimão
Muita p...
Pouco pão

Q
Qual rico-homem tal vasalo
Quando falares dos outros olha para ti primeiro
Quando a nasce d' alma tem princípio e não tem fim
Quanto mais linda é a rosa, mais depressa desvanece
Quanto mais chupa mais tem
Quanto mais longe de vista mais longe do coração
Quanto mais se contrariamais o amor aumenta
Quem ama não arreceia
Quem ama não quer conselho
Quem ama não teme a morte, quem teme não sabe amar
Quem ama sem reflexão vai ter grande pesar
Quem bem me ouvir bem me entende
Quem quer bem não ofende
Quem quer bem sempre perdoa
Quem cala vence
Quem canta, seu mal espanta
Quem chora seu mal aguenta
Quem desconfia perdeu
Quem desdenha quer comprar
Quem é firme não se muda
Quem espera desespera
Quem espera sempre alcança
Quem furta pouco é ladrão

Quem furta muito é barão
Quem mais furta e esconde
Passa do barão a visconde
Quem mais faz, menos merece
Quem mais aperta mais quer, quem mais quer mais sente dor
Quem me visita me enjoa quem não o faz me aaborrece
Quem muitas panelas prova nalguma se há-de escaldar
Quem muito ama muito perdoa
Quem namora sempre alcança
Quem não aparece esquece
Quem não trabalha não tem
Quem não tem amores ciúmes não sente
Quem não vê não pode amar
Quem não viu Lisboa não viu coisa boa
Quem nesta vida (neste mundo) não ama, noutra (noutro) não se salvou
Quem se cala tudo vence
Quem para a desgraça nasce não pode fugir dela
Quem tem amores não dorme
Quem tem amores tem ciúmes, quem tem ciúmes quer bem
Quem tem amores tem zelos, quem tem zelos tem prisões
Quem vai a Santarém burro vai e burro vem (se tolo vai, tolo vem)

S
Senhor de Itália Dom de espanha não valem uma castanha
Sem amor não há ventura
Serpa serpente ruim terra pior gente
Só não muda a amizade que se funda na virtude
T

Tanto dá a água na pedra que a faz amollecer
Tirar o seu ao seu dono

U
Um amor que se não zela ou é falso ou é tolo

(Esta lista não é definitiva, deixamos uma parte do trabalho para as eventuais próximas edições. Faltam também adágios e anexins do *Adagiário Português*, porque citá-los todos significaria quase copiar o adagiário na íntegra e julgamos esta tarefa muito cansativa e pouco fructífera neste momento)

Anexo 2:
Propostas de actividades para o ensino da literatura popular na sala de aula

Esta série de quadras foi escolhida aliatoriamente e estruturada assim para ter uma história. Organizei-as desta forma para tentar ver de que maneiras poderia ser explorada a literatura popular na sala de aula. Estas quadras poderiam ser dadas na escola primária para as crianças conhecerem um pouco da sua literatura oral, mas também na escola secundária para se ver que alguns autores cultos recorriam ao uso de motivos e temas folclóricos nas suas obras. Devido ao facto de não conhecer bem o sistema escolar português, não sei dizer para que anos estes conteúdos seriam adequados. A introdução da literatura popular na sala de aula pode ajudar a que os alunos se lembrem de alguns provérbios e dos valores que ensinam. Pode também ser útil para desenvolver a criatividade e imaginação dos alunos, e para ser um primeiro passo que os conduza às obras de autores eruditos. Proponho algumas actividades para esta matéria ser tratada na sala de aula. Lê atentamente as cantigas que se seguem e depois responde ás perguntas:

Pus-me a chorar saudades
Ao pé de uma sepultura
Uma voz me respondeu:
"Mal de amores não tem cura!"

Mal de amores não tem cura?
Mal de amores cura tem!
Juntem-se dois amores
E o mal de amores cura-se bem.

A ausência tem uma filha
Que se chama Saudade,
Eu sustento uma e outra
Bem contra a minha vontade

Se as saudades matassem
Muita gente morreria
Mas as saudades não matam
Se não no primeiro dia.

Amei, fui desgraçado,
Jurei nunca mais amar,
Fizeram-me esses teus olhos
As minhas juras quebrar.

Amar e saber amar
Amar e saber a quem
Amar a luz dos teus olhos

410

E não amar mais ninguém.

Amar e escolher amores
Ensinou-me quem podia
Amar foi a natureza
Escolher foi a simpatia.

Palavra de Deus não mente
Ouve o que digo eu
Ouvi uma voz do céu:
"José, tu has-de ser meu!"

Ana quero, Ana amo,
Ana trago no sentido,
Quando me falam em Ana
Falam-me no meu alívio

José quero, José amo,
José trago no sentido,
Por causa de ti José
Eu trago o sono perdido.

Quem tem amores não dorme
Se não com olhos abertos,
Eu durmo com os meus fechados,
Que os meus amores estão certos.

Esta noite sonhei eu
Contigo, minha beleza,
Acordei, achei-me só:
Nos sonhos não há firmeza.

O açúcar para ser doce
Deve ser de além-mar,
A mulher para ser boa
Ana se há-de chamar.

A rosa para ser rosa
Deve ter folha e pé,
O amor para ser firme
Há-de se chamar José.

Amor com amor se paga
Nunca vi coisa mais justa.
Paga-me contigo mesma,
Meu amor, pouco te custa.

Amor com amor se paga,
Tem cuidado, meu amor,

Olha que Deus não perdoa
A quem é mau pagador!

Meu amor, anda daí
À igreja dar a mão
Calar as bocas do mundo,
Descansar o coração.

Tu és peixe mais lindo
Que anda na funda lancha,
Só quando contigo casar
É que meu coração descansa.

1) Darias algum título a esta série de cantigas? Justifica.

2) Quais são os elementos que fazem com que esta história tenha um fio condutor e uma estrutura narrativa?
 3) Em que se assemelham estas quadras às cantigas de desafio?
4) Qual é a imagem habitual que a literatura tradicional dá sobre os papéis do homem e da mulher na sociedade e sobre os seus comportamentos amorosos? Nestas cantigas a imagem corresponde ao estereótipo? Por que razão?

5) Encontra provérbios nestas cantigas. Qual é o tema dominante desses provérbios? Em que situações se aplicam?
7) Encontra outras frases com o tom moralizador no texto.

8) Quando é que os protagonistas das cantigas ganham uma identidade? Por que razão?
9) Quais são as características que o José e a Ana têm em comum?
10) Caracteriza o José e a Ana separados, ao longo das cantigas.
11) Qual é a posição do José e da Ana em relação à saudade?
12) Qual é a posição do José e da Ana em relação ao dormir/sonhar e dormir/estar acordado?
13) Tenta organizar estas quadras por outra ordem. Qual seria então o desenvolvimento desta história: acrescenta mais personagens, mais nomes e mais cantigas.
14) Escreve esta história como se fosse um conto.
15) Em que esta história se assemelha a um conto tradicional?
16) Nem todas destas cantigas foram recolhidas por Teófilo Braga. Nos cancioneiros que conheces procura outras quadras e faz uma história organizando-as pela ordem que te parecer melhor.
17) Escreve um poema ou um conto que tenha por título um dos provérbios citados nas cantigas.
18) Encontra contrastes, comparações e metáforas nestas cantigas: 19) Encontra paralelismos que se referem ao José e à Ana
.

20) Qual é a função das vozes do além que os protagonistas ouvem?

21) Que sabes sobre Teófilo Braga?

22) Faz um desenho que tenha por tema a Primeira República Portuguesa.

22) Que sabes sobre este acontecimento?

23) Encontra nos cancioneiros de Braga três provérbios que falam sobre ciúmes?

24) Qual é a visão que as cantigas políticas oferecem sobre algumas figuras da história portuguesa? Por que?

25) Consegues explicar com as tuas palavras o provérbio "quem desdenha quer comprar?"

26) Se quiseres, desenha-o

27) Explica o provérbio "Cantigas-leva as o vento". Qual é o papel dos jovens para o vento do esquecimento não levar as vossas lindas cantigas, contos e provérbios?

28) Que santo popular se menciona mais nas cantigas do cancioneiro? Sabes explicar por que?

29) Encontra nos cancioneiros de Braga provérbios que tenham esta estrutura:

QBQ SP_____

QCSME,_____

OHF HF_____

30)Escreve um conto ou poema inspirado na seguinte cantiga:

"Foste pedir-me ao meu pai
Sem saber o querer meu
O pai em tudo governa
Mas nisso governo eu"

31) Escreve um conto ou poema inspirado num dos seguintes provérbios:

a)Só não muda a amizade que se funda na virtude

b) quem nesta vida não ama noutra não se salvou

c) Deus do céu é que nos conhece

32) Conheces um provérbio parecido com "tanto dá a água na pedra que a faz amolecer"? Explica o seu significado.

33)Depois de teres lido várias cantigas, escreve uma

34) As cantigas amorosas são as mais bonitas da poesia popular portuguesa. Aprende de cor e declama pelo menos três.

35) Dedica uma cantiga a alguém muito especial para ti.

36) Qual é a opinião que a sabedoria popular exprime sobre o "amor primeiro"?
Conheces alguma cantiga ou provérbio que falem sobre isso. Qual é a tua opinião?

37) Conheces alguma cantiga ou provérbio com os meses do ano?

38) Desenha um provérbio sobre os meses-

39) Conheces alguma cantiga do cancioneiro sagrado? O que te ensina?

40) Qual é a visão que o povo tem de Deus nos seus provérbios? Conheces alguns?

41) Escreve um conto ou poema sobre "madrasta-o nome lhe basta". A madrasta é mesmo sempre má? Pensa nisso.

42) Informa-te um pouco com a ajuda dos teus pais, avós ou livros sobre Teófilo Braga e escreve algumas frases sobre ele.

43) Conheces alguma expressão idiomática ou frase feita em português? Consegues explicá-la?

44) Encontra nos cancioneiros de Teófilo Braga algumas cantigas sobre a saudade. Escreve um conto ou poema com este tema

45) Completa os provérbios com as palavras que faltam:
O amor que é entendido_____
Quem_____sempre_____
Não há_____que por_____não venha

46) O primeiro provérbio faz-te lembrar um outro mais conhecido? Explica-º

47) Completa a cantiga:
"Não há sol como o de Maio...."
48) com que flor se igualam as raparigas e com que os rapazes nas cantigas populares portuguesas?

49) O provérbio "correcto" é "quem tem amores não dorme". O que significa? Qual seria o seu significado se fosse conhecido como: "Quem tem amores dorme bem e sonha melhor"?
50) No cancioneiro de Braga há cantigas com erros gramaticais. Lê com atençâo e corrige-os.

PARTE VI
Bibliografia

a) Cancioneiros:

BRAGA, Teóphilo (1913) *Cancioneiro Popular Portuguez*. J. A Rodrigues &C Editores, Lisboa
_____ (1869) *Cantos Populares do Archipelago Açoriano*, Typ. Da livraria Nacional, Porto
_____(1982) *Cantos Populares do Arquipélago Açoriano*, Universidade dos Açores, Ponta Delgada
CORTESÃO, Jaime (1914) *Cancioneiro Popular, Antologia precedida de um Estudo Crítico,*Renascença Portuguesa, Porto
DIAS, Tenente Francisco José (1981) *Cantigas do povo dos Açores*, instituto Açoriano de Cultura, Angra do Heroísmo
VASCONCELLOS, José Leite de (1975) *Cancioneiro Popular Português, vols. I, II,* Universidade de Coimbra
VIANA, António Manuel Couto (1975) *Tesouros da Literatura popular Portuguesa*, Verbo, Lisboa
VIANA, Abel (1956) *Para o Cancioneiro Popular, Algarvio,* separata da "Revista de Portugal, Edição de Álvaro Pinto, Lisboa

b) Obras literárias de Teófilo Braga consultada para este trabalho:

BRAGA, Teófilo, (1864) *Visão dos Tempos*, Em Casa da Viúva Moré-Editora, Porto.
_____ (2008) *Viriato*, Quid Novi, Lisboa.
_____(2006) *Viriato*, Esfera do Caos, Lisboa
_____(2000) *Poesia do Direito, Origens Poéticas do Cristianismo, As Lendas Cristãs*, Prefácio de Maria da Conceição Ayevedo, Imprensa Nacional-Casa da Moeda, Lisboa.
_____(1843) *As Melhores Páginas da Literatura Portuguesa*, Introdução, Selecção e Notas por A. Do Prado Coelho, Livraria Rodrigues, Lisboa.i
_____(1869) *Torrentes, Últimos Versos* Carneiro e Moraes Editores, Porto.

c) Epistolografia

BRAGA, Teófilo (1994) *Cartas a Maria do Carmo Barros Leite (1864-1909),* Biblioteca Pública do Arquivo de Ponta Delgada, Ponta Delgada.
BRAGA, Teófilo, BRAGA, Maria José (1996) *Minha Freira, Cartas Familiares,* Organização, Introdução e Notas por José Luís Brandão da Luz, Instituto Cultural de Ponta Delgada, Ponta Delgada.
BRAGA, Teófilo, Wilhelm Stock (1936) *Cartas Inéditas Conservadas na Biblioteca de Münster,* Correspondência mantida entre 1876 e 1923, Universidade de Coimbra, Coimbra.

d) Colectâneas e dicionários de provérbios:

BRAGA, Teófilo "Adagiário Português" *in: Revista Lusitana vol. XVIII*, nº3-4, 1914, pp. 225-274

COSTA ,José Ricardo Marques da (2004) *o Livro dos Provérbios Portugueses*, Editorial Presença, Lisboa

PARENTE, Salvador (2005) *O Livro dos Provérbios*, Âncora Editores, Lisboa

RIBEIRO, Cláudia (2009) *Provérbios & Adágios Populares, Milhares de Provérbios e Adágios Resgatados da Cultura Portuguesa*, Planeta Editora, Lisboa

SANTILLANA, Marqués de, Íñigo López de Mendoza, (1995) *Refranes que Dicen las Viejas tras el Fuego*, Reichenberger, Mungia

SANTOS, Maria Alice Moreira dos (org.) (1999) *Dicionário de Provérbios, Adágios, Máximas, aforismos e Frases Feitas*, Porto Editora, Porto

SOARES, Rui João Baptista (2002) *Do Ano ao Santo Tudo é Encanto, Ditos Populares ao Longo do Ano*, Gráfica Almodina, Torres Novas

e) Dicionários:

ABBAGNANO, Nicola (2003) *Dicionário de Filosofia, Martins Fontes, São paulo."Positivismo"*, pp,776.

AUDI, Robert (Ed.) (1996) *The Cambridge Dictionary of Philosophy*, Cambridge University Press, , New York.

BARCELOS, J. M. Soares de (2008) *Dicionário dos Falares dos Açores, Vovabulário Regional de Todas as Ilhas*, Edições Almedina, Lisboa (obra consultada embora não directamente referida)

BLACKBURN, Simon (1997) *The Oxford Dictionary of Philosophy*, Oxford University Press, Oxford, New York.

_____(1997) *Dicionário de Filosofia*, Gradiva, Lisboa.

BUDDON, Raymond (*Et. Al.*) (1990) *Dicionário de Sociologia*, Publicações Dom Quixote, Lisboa.

CASTELEIRO, João Malaca (coord.) (2001) *Dicionário da Língua Portuguesa Contemporânea da Academia das Ciências de Lisboa (vol. I)* Editorial Verbo, Lisboa

CHEVALIER, Jean, GHEERBRANT, Alain (1982), *Dicionário dos Símbolos Mitos, Sonhos, Costumes, Gestos, Formas, Figuras, Cores, Números*, Editorial Teorema, Lisboa.

DELICADO, António (1923) *Adágios Portuguezes Reduzidos a Lugares Comuns*, Livraria Universal, Lisboa (obra consultada embora não directamente referida)

FERREIRA, Aurélio Buarque de Holanda (1987) *Dicionário Aurélio da Língua Portuguesa*, Nova Fronteira, Rio de Janeiro.

HOUAISS, Antônio *et.al* (2003) Dicionário Houaiss da Língua Portuguesa, vol.1, Temas e Debates, Lisboa

JOVANOVIĆ, Radomir (2007) *Veliki leksikon sranih reči i izraza,*Alnari, Beograd.

MACHADO, José Pedro (1956) *Dicionário Etimológico da Língua Portuguesa*, Livros Horizonte, Lisboa

MOISÉS, Massaud (1978), *Dicionário de Termos Literári*os, Editora Cultrix, São Paulo.

NEVES, Orlando (2000) *Dicionário de Expressões Correntes*, Círculo de Leitores, Lisboa

POPOVIĆ,Tanja (2007) *Rečnik književnih termina*, Logos Art, Beograd

PRADO COELHO, Jacinto do (1981) *Dicionário das Literaturas Portuguesa, Galega e Brasileira,Vol.I*, Livraria Figueirinhas, Porto.
ROLLO, Maria Fernanda (org.) (2010), *Dicionário da História da I República e do Republicanismo 3 vols.* Assembleia da República, Lisboa.
SERRÃO, Joel (1992) *Dicionário da História de Portugal*, Livraria Figueirinhas, Porto, pp.367-371.
THEODORSON, George A and THEODORSON, Achilles, G (Coords.) (1998) *A Modern Dictionary of Sociology*, Thomas Y. Cromwell Company, New York.

e) Gramáticas

CUNHA, Celso, CINTRA LINDLEY Luís Filipe (2002), *Nova Gramática de Português .Contemporâneo*, Edições Sá de Costa, Lisboa, pp.85-118
MIĆUNOVIĆ, Ljubo (2002) *Gramatika bey muke, Priručnik za osnovne i srednje škole,*Altera, Beograd
STANOJČIĆ, Živojin, POPOVIĆ, Ljubomir (2001) *Gramatika srpskoga jezika*, Zavod za udžbenike i nastavna sredstva, Beograd
VÁZQUEZ CUESTA, Pilar, MENDEZ DA LUZ, Maria Albertina,(1971) *Gramática da Língua portuguesa*, Edições 70, Lisboa, pp.265-270
VILLALVA, Alina (2008) *Morfologia do Português*, Com a colaboração de Maria Helena Mira Mateus, Universidade Aberta, Lisboa.

f) Bibliografia teórica:

AA.VV. (1980) *Retórica da Poesia, Literatura Linear, Literatura Tabular*, Editora Cultrix, São Paulo.
ABREU, Jorge de (2010) *O 5 de Outubro A revolução Portuguesa*, Alfarrábio, Lisboa,
ALMEIDA PAVÃO Jr José de, (1980) *Popular e Popularizante*, Universidade dos Açores, Ponta Delgada.
_____ (1981) *Aspectos do Cancioneiro Popular Açoriano*, Universidade dos Açores, Ponta Delgada
ARISTÓTELES, (2005) *Retórica*, Instituto de Filosofia da Universidade de Lisboa, Imprensa Nacional-Casa da Moeda, Lisboa.
ASSUNÇÃO, Ana Paula (1985) *Loures na Memória da República O 4 de Outubro de 1910*, Serviços Culturais do Município de Loures, Loures,
BAÊNA, Manuel Sanches (1990) , *Diário de D. Manuel e Estudo sobre o Regicídio*, Alfa, Lisboa.
BARTHES, Roland (1977), *Fragmentos de um Dicurso Amoroso*, Lisboa, Edições 70.
BAPTISTA, Jacinto (1964) *O Cinco de Outubro*, Editora Arcádia, Lisboa.
BERGER, Stefan (2006) *A Companion to Nineteenth Century Europe 1789-1914*, Blackwell Publishing, Malden, Oxford, Victoria,
BONIFÁCIO, Maria de Fátima (2010) *A Monarquia Constitucional 1807-1910*, Texto Editora, Lisboa.
BRAGA, Theóphilo (1902) *Historia da Poesia Popular portugueza, As Origens, 2 vols*, Manuel Gomes Editor, Lisboa
_____ (1983) *História das Ideias Republicanas em Portugal*, Vega, Lisboa
_____ (1884) *Os Centenários como Synthese Affectiva nas Sociedades Modernas*, Typographia de J. Silva Almeida, Porto.
_____(1891) *Camões e o sentimento Nacional*, Livraria Internacional

de Ernesto Chardon, Casa EditoraLugan & Geneolex, Porto.
_____(1880) *História do Romatismo em Portugal,* Nova Livraria Internacional, Lisboa,
_____ (1907) *Romanceiro Geral Portuguez,vol.I-III., Edição fac-similada,* Vega, Lisboa
_____(1912) *Soluções Positivistas da Política Portuguesa,* 2 vols. Livraria Chardon, Lello & Irmão, Porto.
_____ (1994) *O Povo Português nos seus Costumes, Crenças e Tradições, vol, I,* Prefácio de Jorge Freitas Branco, Publicações Dom Quixote, Lisboa
_____(2005) *História da Literatura Portuguesa (Recapitulação), 1.º Volume, Idade Média, vol I,* Imprensa Nacional- Casa da Moeda, Lisboa
_____(1984) *História da Literatura Portuguesa, 2.º Volume (Renascença),* Imprensa Nacional-Casa da Moeda, Lisboa
_____(1984) *História da Literatura Portuguesa, 3.º Volume, Os Seiscentistas,* Imprensa Nacional-Casa da Moeda, Lisboa
_____(2000) *Poesia do Direito, Origens Poéticas do Cristianismo, As Lendas Cristãs,*Imprensa Nacional-Casa da Moeda, Lisboa.
_____(2006), *Discursos sobre a Constituição Política da República Portuguesa,* Introdução e Cronologia de Carlos ConsiglieriSete Caminhos, Produções Eleitorais, Lisboa.
BRANDÃO, Fernando de Castro (1991) *A Primeira República Portuguesa. Uma Cronologia,* Livros Horizonte, col. Horizonte Histórico, Lisboa.
BREYNER, Professor Thomaz de Mello, Conde de Mafra, (2004) *Diário de um Monárquico (1908-1910),* Transcrição, Selecção, Anotações e Nota prévia de Gustavo de Mello Breyner Andresen,. Fundação eng.o António De Almeida, Porto.
_____ (1996) *Diário de um Monárquico (1902-1904)* Transcrição, Selecção, Anotações e Nota prévia de Gustavo de Mello Breyner Andresen,. Fundação eng.o António De Almeida, Porto
BREYNER, Professor Thomaz de Mello, Conde de Mafra, (2004) *Diário de um Monárquico (1911-13)* Transcrição, Selecção, Anotações e Nota prévia de Gustavo de Mello Breyner Andresen,. Fundação eng.o António De Almeida, Porto.
BRUNO, Sampaio (1987) *A Ditadura,*Prefácio de Cecília Barreira, Edições Rolim, Lisboa.
CABRAL, Manuel Villaverde (1984) *Portugal na Alvorada do Século XX, Forças Sociais, Poder Político e Crescimento Económico de 1890 a 1914,* Editorial Presença. Lisboa.
CASCUDO, Luís da Câmara (1984), *Literatura Oral no Brasil,* Belo Horizonte, Editora Itataiaia.
CATROGA, Fernando, ALMEIDA, Pedro Tavars de (Coords.) (2010) *Res Publica Cidadania e Representação de Portugal,* Museu da Presidência da República, Lisboa.
CIDADE, Hernâni (1961) *Século XIX, A Revolução Cultural em Portugal e Alguns dos Seus Grandes Mestres,* Editora Ática, Lisboa.
CATROGA, Fernando (2013) *A Geografia dos Afectos Pátrios, As Reformas Político-Administrativas(séculos XIX, XX),*Almedina, Lisboa.
CONSIGLIERI, Carlos (Org,) *Teófilo Braga e os Republicanos, Dossier Pessoal José Relvas,* Introdução e notas de Carlos Consiglieri, Veja, Lisboa.
Coelho, Jacinto do Prado (1983) *A Originalidade da Literatura Portuguesa,*Instituto de Cultura e Língua Portuguesa, Ministério de Educação, Lisboa.
CORDEIRO, Joaquim António da Silva (1999) *A Crise em Seus Aspectos*

Morais, Introdução, organização e Notas de Sérgio Campos Matos, Edições Cosmos, Centro de História da Universidade de Lisboa, Lisboa.

COUTO, Jorge (org.) (2007) *Guerra Peninsular,* Biblioteca Nacionl de Portugal, Lisboa.

DIAS, Luís Augusto Costa (Coord.) *1910, O Ano da República,* Apresentação de Jorge Couto, Biblioteca Nacional de Portugal, Lisboa.

DUARTE, Afonso (1948), *Um Esquema do Cancioneiro Popular Português,* Lisboa, Seara Nova.

FERRÃO, Carlos (1976) *História da Primeira República,* Terra Livre, Lisboa

_____ (1966) *A obra da República, reformas de Instrução, Defesas do Ultramar, Perfis de Republicanos,* Editorial O Século, Lisboa.

FERRAROTTI, Franco (1967) *La Sociologia, Storia, Concetti, Métodi,* ERI, Edizioni Rai Televisione Italiana, Torino

FERREIRA, Alberto, MARINHO, Maria José (1978) *Antologia de Textos da Questão Coimbrã,* Morais Editores, Lisboa.

_____ (1966) *Bom Senso e Bom Gosto, A Questão Coimbrã,* Vol I, Imprensa Nacional-Casa da Moeda, Lisboa.

FERREIRA, David (1973) , *História Política da I República,* Livros Horizonte, Lisboa.

FERNANDES, Graça (2010), *A Imprensa e a República* nos *Jornais A Monarquia e O República (1910-1925),* Papiro Editora, Porto.

FINNEGAN, Ruth (1996), *Oral Poetry Its Nature, Significance and Social Context,* New York, Cambridge University Press.

GALLAGHER, Tom (1983) *Portugal, ATwentieth Century* Interpretation, Manchester University Press, Manchester.

GARNEL, Maria Rita Lino (2007), *Vítimas e Violências da I República,* Imprensa da Universidade de Coimbra, Coimbra.

GOMES, António Martins (2011) *Às Armas, Formação do Republicanismo na Literatura e Cultura Poruguesa,* Caleidoscópio, Casal de Cambra.

GUIMARÃES, Ana Paula Amorim de Sousa (1990), *Olhos, Coração e Mãos no Cancioneiro Popular Português,* Lisboa, Faculdade de Ciências Sociais e Humanas da Universidade Nova de Lisboa.

GUIMARÃES, Alberto Laplaine (2000) *Os Presidentes e os Governos da República no Século XX,* Caixa Geral de Depósitos, Imprensa Nacional-Casa da Moeda, Lisboa.

HOMEM, Amadeu Carvalho (2001) *Da Monarquia à República,* Polimago Editoes, Lisboa.

_____ (1989) *a Ideia Republicana em Portugal, O Contributo de Teófilo Braga,* Minerva, Coimbra

IN MEMORIAM *do Doutor Teófilo Braga (1929),* Imprensa Nacional-Casa da Moeda.

IRIARTE SANROMÁN, Álvaro (2001) *A Unidade Lexicográ*fica, *Colações, Frasemas, Pragmatemas,* Universidade do Minho, Centro de Estudos Humanísticos, Braga

IRINESCU, Teodora (2005): *Elemente de limbă, cultură şi civilizaţie românească pentru străini,* Casa Editorială Demiurg, Iaşi

JÚDICE, Nuno (1998) *As Máscaras do Poema,* Aríon Publicações, Lisboa

_____ (1997) *Viagem por um Século de Literatura Portuguesa,* À Volta de Literatura, Lisboa.

JUNQUEIRO, Guerra (1967) *Finis Patriae,* Lello & Irmão, Porto.

LAPA, Manuel. Rodrigues (1984) *Estilística da Língua Portuguesa*, Coimbra Editora, Coimbra

LEAL, João (2000) *Etnografias Portuguesas (1870-1970) Cultura Popular e Identidade Nacional,* Publicações dom Quixote, Lisboa

LEAL, Ernesto Castro (Coord.), (2013)*Liberalismo e Antiliberalismo,* Centro de História da Faculdade de Letras da Universidade de Lisboa, Lisboa.

_____(Coord. (2012) *Monarquia e República,*Centro de História da Universidade de Lisboa, Lisboa.

LEAL, Ernesto Castro, NUNES, Tetesa (Coords.) (2012), Antónbio Granjo, República e Liberdade ,Assembleia da República, Lisboa.

LIMA, Fernando de Castro Pires (1962) *Cancioneiro,* Fundação Nacional para a Alegria no Trabalho, Lisboa

LOPES, Ana Cristina Macário , *Texto Proverbial Português Elementos para uma Análise Semãntica e Pragmática in:* http://www1.ci.uc.pt/celga/membros/docs/textos_pdf/texto_proverbial_portugues.cont ributos_para_uma_analise_semantica_e_pragmatica..pdf A página Web foi consultada pela última vez no dia 13 de Março de 2015 às 13:20

LUZ, José Luis Brandão da (2006) *Caminhos do Pensamento,* Edições Colibri, Lisboa

_____ "Teófilo Braga e a Dimensão Social da Religião" *in:*REIMÃO , Cassiano. PIMENTEL. Manuel Cêndido (Coords. e Orgs.), (2003) *Os Longos Caminhos do Ser, Homenagem a Manuel Barbosa e Costa Freitas,*Universidade Católica Editora, Lisboa, pp.384-395

MACHADO, Álvaro Manuel (1976) *A Geração de 70, Uma Revolução Cultural e Literária,*

MACHADO, José Pedro, (1997) *Estrangeirismos na Língua Portuguesa,* Círculo de Leitores, Lisboa, pp. 5-15

MARIANO, Maria Fátima (2010) *As Mulheres na I República,* Caleidosco´pio Editores, Lisboa.

MARINOVIĆ, Anamarija (2009) *Viszao dos Homens, Mulheres e Criančas nas Narrativas Curtas da Tradição Popular Portuguesa e Sérvia in:* cvc.instituto-camoes.pt/.../dissertacoes-e-teses/2113-2113/file.html

_____ (2014), *Motivos de Beleza e Amor no Cancio neiro Popular Português e Sérvio, in:* www.ulisboa.academia.edu/AnamarijaMarinovic

MARQUES, A.H. DE Oliveira (coord) (1978) *História da Primeira República Portuguesa,* Iniciativas Editores, Figueira da Foz

MARTINS, Ailce de Sant'Anna (2008) *Introdução à Estilística,* UDSP, São Paulo.

MARTINS, António Viana (1976) *Da I República ao Estado Novo,,* Iniciativas Editores, Lisboa.

MARTINS, Rocha (2007), *João Franco, O Último Cônsul de D. Carlos,* Bonecos Rebeldes, Lisboa.

MATOS, Sérgio Campos (Coord.) *Crises em Portugal nos Séculos XIX e XX,* Centro de História da Faculdade de Letras da Universidade de Lisboa, Lisboa.

MEDINA, João (Coord). (1978) , *História da República Portuguea, (Antologia),* Cooperativa Editora, Lisboa.

_____(2004) é Povinho sem Utopia, , Ensaios sobre o Estereótipo Nacional Português, Câmara Municipal de Cascais, Cascais.

_____(1990) *"Oh! A República!... Estudos sobre o Republicanismo e a República Portuguesa, ,* Centro de Arqueologia e História da Universidade de Lisboa,

Instituto de Investigaçaõ Científica, Lisboa.

MIEDER, Wolfgang (2004), *Proverbs. A Hanbook*, Greenwood Press, Westport
_____(2008) *Proverbs Can Speak Louder Than Words*, peter Lang, new York

MÓNICA, Maria Filomena (2010) *A queda da Monarquia, Portugal na Viragem do Século*, Publicações Dom Quixote, Lisboa.

MORIN, Edgar Bocchi, CERUTI, Mauro (1990) *Os Problemas do Fim do Século*, Editorial Notícias, Lisboa.

MOURA, Maria Lúcia de Brito (2004) *A Guerra Religiosa na Primeira República*, Editorial Notícias, Cruz Quebrada.

MOUSCHI, (2003), *o século XX, Viragens, Tempos, Tendências*, Instituto Piaget, Lisboa.

NOVAIS, Noémia Malva (2006) *João Chagas, A Diplomacia e a Guerra (1914-1918)*, Edições MinervaCoimbra, Coimbra

NUNES, Maria Arminda Zaluar (1978) *O Cancioneiro Popular em Portugal*, Instituto de Cultura Portuguesa, Lisboa

NUNES, Teresa Maria Sousa (2009).*Dinastia de Bragança, D. Carlos O Diplomata (1889-1908)*, Academia Portuguesa de História, Lisboa.

OLIVEIRA Leonel (Org.) (2008) *Quem é Quem Portugueses Célebres*, Círculo de Leitores, Lisboa, Braga, Joaquim Teófilo, p.100.

PALLIER, Jean (2001) *D. Carlos I rei de Portugal, Destino Maldito de um Rei Sacrificado*, Bertrand Editora, Lisboa.

PAXECO, Fran (1917) *Teófilo no Brazil*, Caza Ventura, Abrantes,

PEREIRA, José Carlos de Seabra(1995) *História Crítica da Literatura Portuguesa*, Coordenação de Carlos Reis, Vol.7 *Do Fim do Século ao Modernismo*, Editorial Verbo, Lisboa.

PETROVIĆ, Tihomir (2006) *Retorika*, Univerzitet u Novom Sadu, Novi Sad.

PIMENTEL, J.F. Vieira (2001) *Literatura Portuguesa e a Modernidade*, Angelus Novus, Braga,

PINHEIRO, Rafael Bordalo (2005) *Album das Glórias*, Direccção de António José Saraiva e Henrique Monteiro, Expresso, Lisboa.

PIRES, António Machado (1975) ,*O Século XIX Português, Cronologia e Quadro de Gerações*, Livraria Bertrand, Lisboa.

PRADO COELHO, A.do, (1946) *o Romance Popular Português na obra de Teóflo Braga*, Livraria Central da Editora Gomes de Carvalho, Lisboa

PROENÇA, Maria Cândida (1990) *A primeira Regeneração e a Experiência Nacional (1820-1823)*, Livros Horizonte, Lisboa.

PROENÇA, Cândida MANIQUE, António Pedro (1990) *Illustração Portuguesa*, Edições Alfa, Lisboa.

QUADROS, António (1989) *A Ideia de Portugal na Literatura Portuguesa dos Últimos Cem Anos*, Fundação Lusíada, Lisboa.

QUENTAL, Antero de (1983), *Odes Modernas*, Prefácio de Nuno Júdice, Ulmeiro, Pontinha.

QUILIS, Antonio, (1997) *Métrica Española*, Ariel, Barcelona

RAMOS, Feliciano (1966) *Breves Noções de Poética e Estética*, Livraria Cruz, Braga.

RAMOS, Rui (2006) *Presidetes de Portugal, Teófilo Braga Fotobiografia*, Museu da Presidência da República, Lisboa

RECKERT, Stephen, MACEDO, Hélder (1996), *Do Cancioneiro de Amigo*, L, Assírio & Alvim, Lisboa.

RÊGO, Manuela (Coord.) *O Ano de 1907, No Advento da República*, Biblioteca Nacional de Portugal, Lisboa.

_____ (Coord.) *O Ano de 1909*, Biblioteca Nacional de Portugal, Lisboa.

REIS, António (Dir.) (1989) *Portugal Contemporâneo, Vol I. Consolidação e Decadência da Monarquia Liberal, esperanças e Frustrações da nova Ordem Socioeconómica, As Tensões Culturais, A Evolução das Mentalidades*, Publicações Alfa, Lisboa.

_____(Dir.) (1990) *Portugal Contemporâneo (1851-1910), Vol II*, Publicações Alfa, Lisboa.

_____ (Dir.) (1990) Portugal Contemporâneo , Vol. III, Edições Alfa, Lisboa.

REIS, Carlos, (Coord.) (1989) *Literatura Portuguesa Moderna e Contemporânea*, Universidade Abertra, Lisboa.

REIS, Maria Alice (Org.) (1979), *A Pedagogia e o Idel Republicano*, NotaIntrodutória de Joaquim Ribeiro Magalhães, Ministério da Cominicação Social, Direcção Geral de Comunicação, terra Livre, Lisboa.

RITA, Annabela, VILA MAIOR, Dionísio (coords.) (2010) *Do Ultimato à(s) República(s), Variações Literárias e Culturais*, Esfera do Caos Editores, Lisboa.

ROBERTO, José Vala (2010) *O ano 10, A Vida em República*, Editora Adelaide Cabral, Investigação e Textos, Planeta DeAgostini, Lisboa

ROLLO, Maria Fernanda (org.) (2012) *Congresso Internacional I República e Republicanismo*, Atas, assembleia da República, Lisboa.

RODRIGUES, Ernrsto (2002) *Existe uma Cultura Portuguesa? in: Revista da Faculdade de Letras, Cultura*,5ª série, Nº 26, Lisboa *pp. 41-47*

ROMERO, Sílvio"A Poesia Popular no Brasil", *in: Revista Brasileira, ano 1, tomo 1, 1879, pp-184-189.*

ROSÁRIO, Joaquim Lourenço da Costa (1989) *Narrativa Africana da Expressão Oral: transcrita em Português*, Lisboa, Instituto de Cultura e Língua Portuguesa.

ROSAS, Fernando, ROLLO, Maria Fernanda (Coord.) (2009) *Histórias da Primeira República Portuguesa*, Tinta da China, Lisboa.

ROSAS, Fernando (2004) *Pensamento e Acção Política, Portugal Séculos XIX-XX (1890-1976), Ensaio Histórico*, Editorial Notícias, Lisboa.

SA, Victor de (1986) *Liberais e Republicanos,*Livros Horizonte, Lisboa.

SAMARA, Maria Alice, BAPTISTA, Tiago (2010) *Os Cartazes da Primeira República, Tinta-da-China, Lisboa.*

_____2010 *As Repúblicas da República, História, Cultura Política e Republicanismo*, Dissertação de Doutoramento em História Contemporânea, Faculdade de Ci~encias Sociais e Humanas, Universidade Nova de Lisboa.

ROSAS, Fernanso (2010), *Lisboa Revolucionária, Roteiro dos Conflitos Armados no Século XX*, Tinta-da-China, Lisboa.

SARDICA, José Miguel (2011) *O Século XX Português,*Texto Editora, Lisboa, pp.9-54

_____(2010) *A Primeira República e as Colónias Portuguesas,*

_____ (1994) *a Dupla Face do Franquismo, A Crise da Monarquia Portuguesa*, Prefácio de Fernando Rosas, Edições Cosmos, Lisboa

SEABRA, Fernando Santos (2010), *Ver a República*, Universidade de Coimbra, Coimbra.

SERRÃO, Joel , OLIVEIRA, A.H. Marques de (Dir,) (1991) *Nova História de*

Portugal, Portugal da Monarquia à República, Editorial Presença, Lisboa.
SILVA, Carlos Guardado da (2006), *História das Festas,* Colibri, Câmara Municipal de Torres Vedras, , Instituto Alexandre Herculano.Lisboa, Torres Vedras.
SKORGE, Silvia (1959) *Os Sufixos Diminutivos em Português,* Centro de Estudos Filológicos, Lisboa.
SOARES, Mário (1950) *As IdeiasPolíticas e Sociais de Teófilo Braga,* Prefácio por Vitorino Magalhães Godinho, Centro Bibliográfico, Lisboa.
SOUSA, Osvaldo Macedo de (2010) *As Caricaturas da Primeira República,* Tinta-da-China, Lisboa.
TEIXEIRA, Nuno Severiano (1990), *O Ultimatum Inglês Política Externae Política Interna no Portugal de 1890,* Alfa, Lisboa.
TELES, Basílio (1990) *Memórias Políticas,* Edições Alfa, Lisboa.
_____(2015) *Heróis do Mar, História dos Símbolos Nacionais,* Esfera dos Livros, Lisboa.
TELO, António José (2010) *Primeira República,* Vol I Editorial Presença, Lisboa.
TENGARRINHA, José Manuel (1983) *Estudos de História Contemporânea de Portugal,* Editorial Caminho, Lisboa.
MACHUQUEIRO, Pedro Urbano da Gama (2013) *Nos Bastidores da Corte, O Rei e a Casa Real na Crise da Monarquia1908-1909,* Dissertação de Doutoramento em História, Faculdade de CiÊncias Sociais e Humanas, Universidade Nova de Lisboa.
VALENTE, Vasco Pulido (2009) *Portugal, Ensaios de História e Política,*Aletheia Editores, Lisboa.
VASCONCELLOS, José Leite de (1890) *Poesia Amorosa do Povo Português*, Viúva Bertrand e Cª , Sucessores Carvalho & Cª , Lisboa
VENTURA, António (2010a), *Os Postais da Primeira República,* Tinta-da-China, Lisboa.
_____ (2010b) *Mais Postais da Primeira República,* Tinta-da-China, Lisboa.
_____ (2000) *Anarquistas, Republicanos e Socialistas em Portugal, As Convergências Possíveis, (1892-1910),* , Edições Cosmos, Lisboa.
VIDAGAL , Luís (1988) *Cidadania, Caciquismo e Poder Portugal 1890-1916*, Livros Horizonte, Lisboa.
VIEGAS GUERREIRO, Manuel (1978) *Para a Historia da Literatura Popular Portuguesa*, Instituto de Cultura Portuguesa, Lisboa
_____(coord.) (1992) *Literatura Popular Portuguesa, Teoria da Literatura Oral /Tradicional/Popular*, ACARTE, Fundação Calouste Gulbenkian, Lisboa, pp. 5-7, 101-129,191-239
VIEIRA, Joaquim (1999) *Portugal Século XX, Crónica em Imagens 1900-1910*, Círculo de Leitores, Lisboa
_____(1999) *Portugal Século XX, Crónica em Imagens 1910-1920*, Círculo de Leitores, Lisboa.
VILHENA, Maria da Conceição (1987) *Correspondência de Teófilo Braga Cartas em Italiano,*, Universidade dos Açpres, Ponta Delgada
WHEELER, Douglas L.(1978) *Republican Portugal A political History 1910-1926*, The University of Wisconsin Press, London.

g) Artigos de revistas, capítulos de livros, entradas de dicionários e comunicações de conferências:

ABREU, Luís Machado de " Anticlericalismo", *in:* ROLLO, Maria Fernanda (org.) (2010), *Dicionário da História da I República e do Republicanismo Vol. I, A-E.* Assembleia da República, Lisboa., pp.152-159.

CARVALHO, Paulo Archer " Regicídio", *in:* ROLLO, Maria Fernanda (org.) (2010), *Dicionário da História da I República e do Republicanismo, vol.3, N-Z* Assembleia da República, Lisboa., pp.520-536.

CASTRO, Ivo José "Reforma Ortográfca de 1911", *in:* ROLLO, Maria Fernanda (org.) (2010), *Dicionário da História da I República e do Republicanismo, vol.3,M-Z.* Assembleia da República, Lisboa.pp.502-512.

CUNHA, Paula Ferreira da "Governo", *in:* ROLLO, Maria Fernanda (org.) (2010), *Dicionário da História da I República e do RepublicanismoVol 1 A-E.* Assembleia da República, Lisboa., pp.155-160.

CHACOTO, Lucília "Los refranes *de Don Quijote de la Mancha* en la traducción portuguesa" *in:* http://www.clul.ul.pt/files/lucilia_chacoto/07._Los_refranes_de_Don_Quijote_de_la_Mancha_en_la_traduccin_portuguesa.pdf

CIDRAES, Maria de Lourdes, "Dos mitos, dos poetas e dos tempos (Literatura, memória histórica e imaginário nacional", pp. 63-70 *in: Revista da Faculdade de Letras, Cultura,*5ª série, Nº 26, Lisboa, 2002, pp.29-39.

CRISTÓVÃO, Fernando "Um poeta lírico, pamfretário, por uma República Falhada",*in:* RITA, Anabela, Vila-Maior, Sionísio (2011), *Do ultimatum à(s) República(s),* Esfera do Caos Editores, Lisboa., pp-161-180.

CUNHA, Norberto Ferreira da "Leonardo Coimbra e a I República", *in:*LEAL, Ernesto Castro (2011), *República e Liberdade,* Centro de Filosofiia da Universidade de Lisboa, Lisboa,pp.37-137.

GONÇALVES, Maria Filomena "Contribuciones para el estudio de la Paremiología portuguesa: el *Florilegio dos Modos adagios de Fallar* e *adagios da lingoa Portuguesa (1655)"in: Parémia* nº 18, 2009, pp. 153-162

HOMEM, "Braga, Joaquim Teófilo Fernandes", *in:* ROLLO, Maria Fernanda (org.) (2010), *Dicionário da História da I República e do Republicanismo Vol. I, A-E.* Assembleia da República, Lisboa., pp.441-443

FARINHA, Luís "Republicanismo e Imprensa"*in:* ROLLO, Maria Fernanda (org.) (2010), *Dicionário da História da I República e do Republicanismo Vol.3, N-Z,* Assembleia da República, Lisboa, pp.615-625.

FERNANDES, Ana Lúcia "Reformas Educativas", *în:* ROLLO, Maria Fernanda (org.) (2010), *Dicionário da História da I República e do Republicanismo, Vol.3. N-Z* Assembleia da República, Lisboa, pp.515-520..

FRANCO, José Eduardo "Jesuítas no Foco da Propaganda: A Solução Republicana e a Exorcisão da Decadência",*in:* RITA, Anabela, Vila-Maior, Sionísio (2011), *Do ultimatum à(s) República(s),* Esfera do Caos Editores, Lisboa., pp-252-295.

GUIMARÃES, Paulo "Propaganda Republicana" , *in* ROLLO, Maria Fernanda (org.) (2010), *Dicionário da História da I República e do Republicanismo Vol.3, M-Z* Assembleia da República, Lisboa., pp.388-398

KRNJEVIĆ, Hatidža, "Notes on the Poetic of Serbo-Croatian Folk Lyric", *in: Oral Tradition* 6/2-3 1991.

LEAL, Ernesto Castro. NOVAIS, Noémia Malva " Greves Académicas",*in:* ROLLO, Maria Fernanda (org.) (2010), *Dicionário da História da I República e do Republicanismo Vol I, A-E* Assembleia da República, Lisboa., pp.184-189.

LEAL, Ernesto Castro "Nacionalismos Portugueses: Cultura e Política no Século XX" in: *Revista da Faculdade de Letras, Cultura*,5ª série, Nº 26, Lisboa, 2002 pp.29-39

LOPES, António ", Maçonaria e República",*in:* ROLLO, Maria Fernanda (org.) (2010), *Dicionário da História da I República e do Republicanismo Vol.2 H-M.* Assembleia da República, Lisboa, pp.731-740.

MARINOVIĆ, Anamarija. Usos e funções dos provérbios inseridos na poesia popular portuguesa e brasileira. *Textos escolhidos de cultura e arte populares*, Rio de Janeiro, v.9, n.2, p. 7-19, nov. 2012.

MARTINS, Ana Maria "Aspectos da negação na história das línguas românicas (Da natureza de palavras como *nenhum, nada, ninguém*)»*in Actas do XII Encontro Nacional da Associação Portuguesa de Linguística*,VV.AA, (1996) Braga, Universidade do Minho, volume II, pp. 179-209

MILITZ, Hans Manfred "Proverb- Anti-Proverb Wolfgand Mieder's Paremiological Approach" in: Western Folklore nº 58, Winter 1999, pp 25-32

MIMOSO, anabela Brito de Freitas "Provérbios. Uma Fonte para a História de Educação" *in:Revista Lusófona de Educação,*Nº 12, 2008, pp.155-163

NEMÉSIO, Vitorino, "Açorianidade", *Revista Insula*, número 7-8, Ponta Delgada

NUNES, Teresa Maria S., "Efémera glória",*in:* Revista da Faculdade de Letras, *Cultura*,5ª série, Nº 26, Lisboa, 2002 pp. 23-28.

PAREDES, Marçal Menezes,"A Querela dos Originais, Notas Sobre a Polêmica entre Silvio Romero e Teófilo Braga",*in:Estudos Ibero-Americanos*, núm.2, 2006,pp.103-119, Pontífica Universidade Católica do Rio Grande Do Sul, Brasil.

.

PEREIRA, José Esteves "A tensão entre o Progresso e a Tradição", *in: REIS, António,* _____(Dir.) (1990) *Portugal Contemporâneo (1851-1910), Vol II,* Publicações Alfa, Lisboa., pp.235-262

PROENÇA, Maria Cândida, MANIQUE, António Pedro "Da Reconciliação à Queda da Monarquia", *in:* REIS, António (Dir.) (1989) *Portugal Contemporâneo, Vol I. Consolidação e Decadência da Monarquia Liberal, esperanças e Frustrações da nova Ordem Socioeconómica, As Tensões Culturais, A Evolução das Mentalidades,* Publicações Alfa, Lisboa., pp.13-100

RITA, Anabela "Retrato Nacional da Monarquia á República", *in:* RITA, Anabela, Vila-Maior, DIONÍSIO (2011) *Do Ultimatum à(s) república(s),*, Esfera do Caos Editores, Lisboa.

ROMERO, Silvio (1886) "Uma Esperteza. Os Contos Populares do Brasil e o Sr. Teófilo Braga. Protesto,", Tipografia da Escola de Serafim José Alves, Rio de Janeiro.

RODRIGUES, Ernrsto, "Existe uma Cultura Portuguesa?*"in: Revista da Faculdade de Letras da Universidade de Lisboa, Cultura,* 5.,a Série Nº 26, Lisboa, 2002, pp.

RODRIGUES, Maria Manuela "Analfabetismo e Alfabetização", *in:* ROLLO, Maria Fernanda (org.) (2010), *Dicionário da História da I República e do Republicanismo Vol. I, A-E.* Assembleia da República, Lisboa., pp.106, 114.

SARAIVA Arnaldo "de Espanha nem bom vento..." Separata da revista em homenagem a João Francisco Marques,2002, Faculdade de Letras Porto

SARDICA , José Miguel "Franquismo", *in:* ROLLO, Maria Fernanda (org.) (2010), *Dicionário da História da I República e do Republicanismo Vol. I, A-E.* Assembleia da República, Lisboa., pp.111-118

SILVA, Joaquim Lino da, "Os adágios e a sua recolha"*in: Revista Lusitana (Nova Série)*Nº 10,1989, pp. 157-187.

SILVA, Cristiana Lucas "Antonio Sardinha e a Monarquia: Uma Teoria da

Nacionalidade", *in*: LEAL, Ernesto Castro (Coord.) (2012), *Monarquia e República*, Centro de História da Universidade de Lisboa, Lisboa, pp. 34-48.

SOARES, Rui João Baptista, "De Paremiografia à Paremiologia: O papel da AIP-IAP como facilitador de intercâmbios internacionais" *in: Perspective Contemporane asupra Lumii Medievale,*Universitatea din Piteşti, Facultatea de Litere, Piteşti, Nº1 2009, pp.21-24.

TORGAL, Luís Reis "A Universidade entre o Dinamismo e o Estrangulamento Cultural",*in:* REIS, António (Dir.) (1989) *Portugal Contemporâneo, Vol I. Consolidação e Decadência da Monarquia Liberal, esperanças e Frustrações da nova Ordem Socioeconómica, As Tensões Culturais, A Evolução das Mentalidades,* Publicações Alfa, Lisboa, pp.252-270.

VENTURA, António "Buíça, Manuel dos Reis (1876-1908)",, *in:* ROLLO, Maria Fernanda (org.) (2010), *Dicionário da História da I República e do Republicanismo Vol. I, A-E.* Assembleia da República, Lisboa., pp.458-460.

_____ " Carbonária Portuguesa", *in:* ROLLO, Maria Fernanda (org.) (2010), *Dicionário da História da I República e do Republicanismo Vol. I, A-E.* Assembleia da República, Lisboa., pp.537-540.

_____ "Antimaçonismo e Antirrepublicanismo", *in:* ROLLO, Maria Fernanda (org.) (2010), *Dicionário da História da I República e do Republicanismo Vol. I, A-E.* Assembleia da República, Lisboa., pp.159-162.

VIEGAS GUERREIRO, Manuel (1987) "Literatura popular: Em torno de um conceito" *in: Literatura Popular/Oral/Tradicional,* Fundação Calouste Gulbenkian, Lisboa

XATARA, Maria Cláudia, SUCCI, Thais Marini "Revistando o conceito do provérbio"*in:Veredas revista de Estudos Linguísticos,* Nº 1 2008, pp. 33-48

ZIMBELMANN, Regina "Almeida Garret e o Cânone romântico" in: Via Atlântica, nº 1, Março de 1997, pp. 55-65

h) atrigos em suporte digital e páginas web:

BARBOSA, Juliana Bertucci, " O Uso dos Verbos no Desenvolvimento da Linguage" *in:*http://www.revel.inf.br/files/artigos/revel_5_o_uso_dos_verbos_no_desenvolvimen to_da_linguagem.pdf

BOŠKOVIĆ, Aleksandar (2011), *Teorije humora, in: http://www.scribd.com/doc/55025315/Aleksandar-Boskovic-Teorije-Humora#scribd*

CARVALHO, Paulo Archer " Regicídio", *in:* ROLLO, Maria Fernanda (org.) (2010), *Dicionário da História da I República e do Republicanismo, vol.3, N-Z* Assembleia da República, Lisboa., pp.520-536.

COSTA, Susana Goulart "Temas e Factos - Açores Descoberta, Povoamento e Sociedade" *In*: http://www.fcsh.unl.pt/cham/eve/content.php?printconceito=1102

CRISTÓVÃO, Fernando "Por quê um acordo Ortográfico e por quê este?" *in: http://www.lusosofia.net/textos/20121023-cristovao_fernando_porque_um_acordo.pdf*

GOUVEIA, Carlos A. M, "As Dimensões de Mudança nas Formas de Tratamento em Português Europeu" *In:* http://ler.letras.up.pt/uploads/ficheiros/6695.pdf

FAZITO, Dimitri "A identidade cigana e o efeito de "nomeação": deslocamento das representações numa teia de discursos mitológico-científicos e práticas sociais" *in: http://www.scielo.br/scielo.php?pid=S0034-77012006000200007&script=sci_arttext*

FREITAS, Tiago *et.al.* "O processo de integração dos estrangeirismos no português europeu" *in:* http://www.iltec.pt/pdf//wpapers/2003-redip-estrangeirismos.pdf

JUSTICE, Lawrence A. "Catolicismo e Maria" *in:*
http://www.palavraprudente.com.br/estudos/paul_j/catolicismo/cap05.html
KARELIN, Arhimandrit Rafail "Tajna spasenja" *in:*
http://www.svetosavlje.org/biblioteka/Knjige/TajnaSpasenja/tajna_spasenja10.htm
LOPES, António ", Maçonaria e República",*in:* ROLLO, Maria Fernanda (org.)
(2010), *Dicionário da História da I República e do Republicanismo Vol.2 H-M.*
Assembleia da República, Lisboa, pp.731-740.
MANSO, Artur "Soluções Positivistas para a educação Portuguesa", *in:*
http://repositorium.sdum.uminho.pt/bitstream/1822/29261/1/Te%C3%B3filo.Braga.pd
f
MARINOVIĆ,Anamarija,https://www.academia.edu/8514522/Possíveis_paralelismos
_entre_a_estrutura_linguagem_e_temas_entre_as_cantigas_inseridas_no
_____, „Antétese eslava" *in:*
https://lisboa.academia.edu/AnamarijaMarinovic/Dictionary-Entrees
MILHORANZA, Alexandre "O Livro de Job: Haja paciência" *in*
MOURA, Vasco Graça "Deveras Decepcionado" *in:*
ww.dn.pt/inicio/opiniao/interior.aspx?content_id=1929973&seccao=Vasco%20Gra%
E7a%20Moura&tag=Opini%E3o%20-%20Em%20Foco&page=-1
: http://milhoranza.com/2012/08/10/antigo-testamento-jo/#axzz3UHbofjtk
OSÓRIO, Paulo, "O Uso do pretérito Perfeito e Imperfeito pelos Aprendentes de
Português Língua Segunda" *In*
*http://www.revel.inf.br/files/artigos/revel_5_o_uso_dos_verbos_no_desenvolvimento_*
da_linguagem.pdf
PESSOA, Nadja Paulino " A Expressão da Obrigação em Português Europeu: Uma
Análise nos Meios de Divulgação em Portugal" *in:*
http://www.simelp2009.uevora.pt/pdf/slg33/05.pdf
RIBEIRO, Guilherme, "Recursos Estilísticos" *in:*
http://esjmlima.prof2000.pt/figuras_estilo/figuras_estilo.html
SILVA, F. Maria Luísa: s.v. "Símbolo", *E-Dicionário de Termos Literários (EDTL),*
coord. de Carlos Ceia, ISBN: 989-20-0088-9, <http://www.edtl.com.pt>, consultado
em 21/03/2015
SILVA , José Pereira da, "Um século de ortografia oficial da língua portuguesa", *in:*
http://www.filologia.org.br/xv_cnlf/minicursos/01.pdf
http://www.centenáriodarepublica.org
http://cvc.instituto-camoes.pt/figuras/tbraga.html
http://cvc.instituto-camoes.pt/filosofia/rep7.html
http://www.arqnet.pt/dicionario/bragateofilo.html
http://www.fflch.usp.br/dlcv/posgraduacao/ecl/pdf/via01/via01_05.pdf.
http://www.hkocher.info/minha_pagina/port/port_q03.htm
http://www.museu.presidencia.pt/presidentes_rep.php?id=24
http://www.presidencia.pt/?idc=13&idi=37
http://www.priberam.pt/dlpo/trocadilho
http://www.proverbiario.com.br/core/index.php?option=com_content&view=article&i
d=47&Itemid=66
http://www.vidaslusofonas.pt/teofilo_braga.htm

i) **Leituras avançadas e recomendadas:**

427

BREYNER, Professor Thomaz de Mello, Conde de Mafra (1996) *Diário de um Monárquico, Viagens entre 1908 e 1909ª bordo do Yacht Real Amélia, Companhias Oceanográficas de El-Rei D. Carlos de Portugal,* Transcrição, introdução e nota prévia de Gustavo de Mello Breyner Andrsen, Fundação Eng.o António de Almeida, Porto.

CABRAL, Luís (1991) *O ultimatum e 0 31 de Janeiro,* Catálogo de Exposição, Biblioteca Municipal do Porto, Port

CALAFATE, Pedro " Teófilo Braga e o republicanismo" *in:* Ernesto Castro Leal (coord.) (2010) *Republicanismo, Socialismo, Democracia,* Centro de História da Faculdade de Letras da Universidade de Lisboa, pp. 53-61

CIDADE, Hernâni, "Doutor Teófilo Braga – As directrizes da sua obra de história literária", pp. 187-206 *in: Revista da Faculdade de Letras* 1936, Iª série, Tomo III, N.º 1-2

CINTRA, Luís Filipe Lindley, "Tu e vós, como forma de tratamento de Deus em orações e na poesia em língua portuguesa", pp. 145-176 *in: Revista da Faculdade de Letras,* 1971,IIIª série, nº 13

COELHO, A. do Prado, "Teófilo Braga", pp. 326-341*in: Revista da Faculdade de Letras* 1936, Iª série, Tomo III, N.º 1-2

_____ "Teófilo Braga, intérprete de Camões", pp. 81-124 *in: Revista da Faculdade de Letras* 1938, Iª série, Tomo V, N.º 1-2

COELHO, Adolfo F., "Palavras e coisas Notas para a história da língua e vida portuguesa" *in: Revista Lusitana (Nova Série),* vol. VXIII,1914, Nº 1-2, pp. 1-16

CORREIA, Félix (1917), *Quem Matou o Rei D. Carlos,* Portugália editora, Lisboa

MARTINS , Rocha (2007), *O Regicídio,* Bonecos Rebeldes, Lisboa.

LOPES, Óscar (1984) *Album de Família, Ensaios sobre Autores Portugueses do Século XIX,* Editorial Caminho, Lisboa.

MEDINA, João (2006) *A vida de João Chagas: De Degradado da 1.a Classe a Primeiro-Ministro,* Câmara Municipal de Cascais, Junta de Freguesia de Estoril, Cascais, Estoril.

MEDINA, João, "A imagem da República: ensaio de iconologia histórica sobre a origem e metamorfose da imagem feminina republicana", pp. 81-90 *in: Revista da Faculdade de Letras* 1993Vª série, tomo 15

MOLDER, Jorge (*Et. Al.*) (1997), *A Banda Desenhada Portuguesa (1914-1945),* CAM, Fundação Calouste Gulbenkian, Lisboa

NOBRE, Eduardo (2003) *Família Real, Album de Fotografias,* Quimera Editores, Lisboa.

PEREIRA, Conceição Meireles "Iberismo", *in:* ROLLO, Maria Fernanda (org.) (2010), *Dicionário da História da I República e do Republicanismo Vol. 1, A-E.* Assembleia da República, Lisboa, pp.335-338.

QUINTAS, José Miguel, BRAGA, Luís de Almaida "Integralismo Lusitano", *in:* ROLLO, Maria Fernanda (org.) (2010), *Dicionário da História da I República e do Republicanismo, Vol2, F-M* Assembleia da República, Lisboa, pp.474-478

RÉGO, Raul (1986) *História da República, Vol. I, A Ideia e a propaganda,* Prefa´cio de Mário Soares, Círculo de Leitores, Lisboa.

REIS,António (*Et. Al*) (2010) *O Cinco de Outubro ea Primeira República,* Caminho, Lisboa

RIBEIRO, Mário de Sampaio, « Do justo valor da canção popular", pp. 305-325*in: idem*

RODRIGUES, *Ernesto (*2010*) 5 de Outubro, ma Reconstrução,*Gradiva, Lisboa.

_____ (1999) *Cultura Literária Oitocentista,*Lello Editores, Porto.

_____(1998) *Mágico Folhetim, Jornalismo e Litereatura em Portugal,* Editorial Notícias, Lisboa.

SARDICA, José Miguel "Ultimato Britânico" *in*: ROLLO, Maria Fernanda (Org.), 2010, *Dicionário da História da I República e do Republicanismo,* Assembleia da República, Lisboa, pp 1023-1033.

TELO, António José (1980), *DecadÊncia e Queda da I República Portuguesa2 Vols.* Regra do Jogo, Lisboa.

TENGARRINHA, José (1982), *A Revolução de 1820*, Editorial Caminho, Lisboa.

TRINDADE, *Luís (2007) ,Primeiras Páginas, O Século XX nos Jornais Portugueses,* Tinta-da-China, Lisboa

VENTURA, António (1994) *Entre a República e a Arcádia, O Pensamento e a Acção de Emílio Costa,* Edições Colibri, Lisboa.

_____"Formiga Branca", *in:* ROLLO, Maria Fernanda (org.) (2010), *Dicionário da História da I República e do Republicanismo Vol.2, F-M.* Assembleia da República, Lisboa., p.93

j) Consultas das páginas web avançadas:

http://www.leme.pt/biografias/portugal/presidentes/teofilo.html

http://alfarrabio.di.uminho.pt/vercial/obrteofilo.htm

http://www.cm-palmela.pt/NR/rdonlyres/2699A4EF-465D-4C5E-B8D7-C4544B81B2B0/39794/Escolas1Republica.pdf

Nota sobre a autora

Anamarija Marinović nasceu em 1982 em Belgrado (Sérvia), onde terminou a Licenciatura em Lícenciatura em Língua Espanhola e Literaturas Hispânicas pela Faculdade de Filologia da Universidade de Belgrado, Desde 2006 vive em Lisboa, onde concluiu o Curso Anual de Língua e Cultura Portuguesa para Estrangeiros, o Mestrado em Língua e Cultura Portuguesa (Português LE /L2) e o Doutoramento em Linguística (especialidade em Linguística Aplicada pela Faculdade de Letras da Universidade de Lisboa.

É investigadora do Centro de Literaturas e Culturas Lusó- fonas e Europeias (CLEPUL), linha 5 (interculturalidade ibero-eslava). Organizou e participou em diversas conferências e congressos internacionais, é autora de vários livros (no prelo)

É tradutora literária. Traduz do português e espanhol para sérvio. Das suas traduções destacam-se o romance contemporâneo espanhol La Dama Número Trece de José Carlos Somoza, A Europa Desencantada Para uma Mitologia Europeia de Eduardo Lourenço. É organizadora e tradutora da obra selecta do Padre António Vieira para sérvio.

Domina as seguintes línguas: sérvio, português, espanhol, italiano, inglês, russo e romeno. Das línguas clássicas conhece latim.

Teófilo Braga e a Poesia Popular é a sua segunda obra depois de ter publicado também a **Gatologia.**

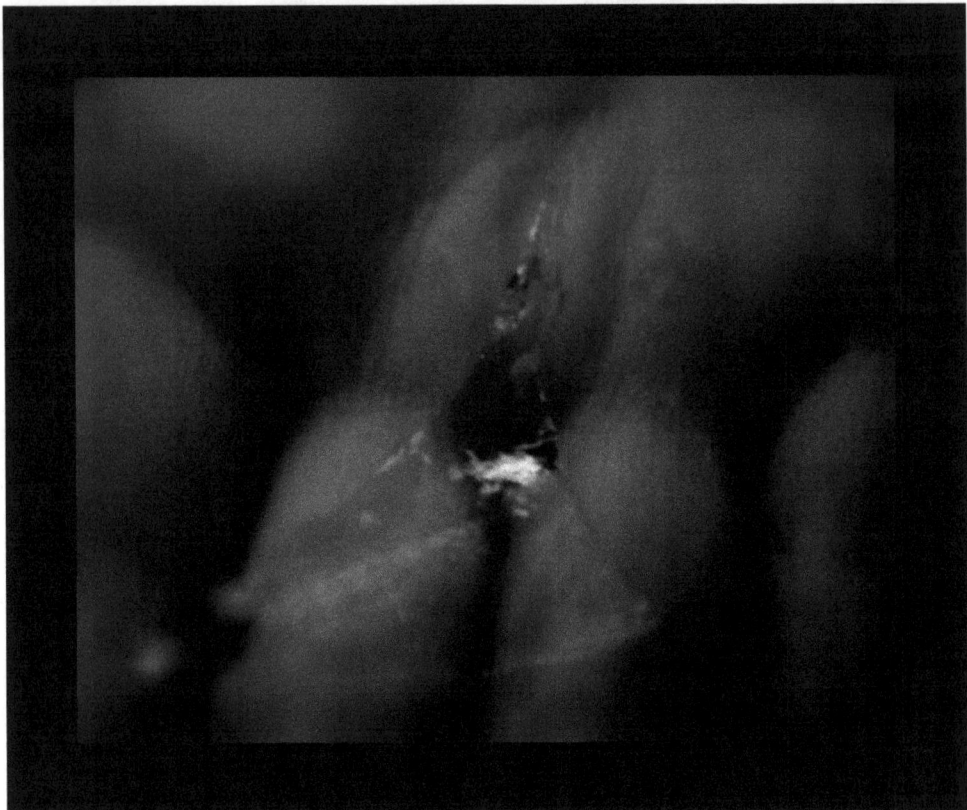

www.ingramcontent.com/pod-product-compliance
Lightning Source LLC
Chambersburg PA
CBHW051936090426
42741CB00008B/1172